逆向思考的真谛

——炒股不是你想的那样

（第二版）

高　扬　著

地震出版社
Seismological Press

图书在版编目（CIP）数据

逆向思考的真谛：炒股不是你想的那样/高扬著．—2版．
—北京：地震出版社，2022.2
ISBN 978-7-5028-5400-3

Ⅰ.①逆…　Ⅱ.①高…　Ⅲ.①股票投资-基本知识
Ⅳ.①F830.91

中国版本图书馆CIP数据核字（2021）第247052号

地震版　XM5029/F（6192）

逆向思考的真谛：炒股不是你想的那样（第二版）
高　扬　著
责任编辑：李肖寅
责任校对：凌　樱

出版发行：地震出版社
北京市海淀区民族大学南路9号　　邮编：100081
发行部：68423031　68467991　　传真：68467991
总编办：68462709　68423029
证券图书事业部：68426052
http：//seismologicalpress.com
E-mail：zqbj68426052@163.com
经销：全国各地新华书店
印刷：北京广达印刷有限公司

版（印）次：2022年2月第二版　2022年2月第二次印刷
开本：710×1000　1/16
字数：283千字
印张：16.25
书号：ISBN 978-7-5028-5400-3
定价：58.00元

再版序

做个明明白白的投资者

在股市里，有谁是特意为了亏钱而来炒股的吗？我想答案是：几乎没有！但有太多的投资者为了赚钱而来，但却亏了。请问你和他们的本质区别在哪里？这是一个值得所有投资者深入思考的问题。如果你是赚钱的那一类人，看透了这个问题，你将一直明明白白地赚下去；如果你目前是亏钱的那一类人，看不透这个问题，也只能一直稀里糊涂地亏下去。正如巴菲特的牌桌理论所说：如果你打了半个小时的牌，还不知道牌桌上的菜鸟是谁，那么菜鸟就是你了。很多赚不到钱的投资者始终不明白自己为什么会亏：明明在不停学习，为什么这么多年来没有本质的进步？这个问题非常重要。我需要从两个方面来阐述。

第一，大多数投资者研究股票的时候只顾闷头研究自己的方法、自己的系统，完全不考虑牌桌上的菜鸟是谁，这是一件非常危险的事情。因为当牌桌上的菜鸟不知道自己是菜鸟，甚至不知道牌桌上还有别人的时候，他将永远徘徊在成功之后的踌躇满志和失败之后的沮丧失落之间。他们以为自己面对的是没有生命的股票，却不知道自己需要面对的是股票背后活生生的人。他们以为股票涨跌的规律是机械式的，比如股价跌到某根神秘的均线之后获得支撑就会上涨，却不知道任何一条机械式规律带来的都是暂时的盈利和最终的亏损。他们以为只要现在盈利就够了，却不知道从亏损结局的角度来说，现在盈利多少都无关紧要。相信机械式规律和只从自己的角度看问题，将无数投资者牢牢固定在亏损阵营之中。

第二，大多数股票投资者都会使用机械式规律进行操作，并从操作结果中获得强化。如果交易成功，投资者感到欣慰和满足，即得到正面强化。反之，如果操作失败，投资者感到沮丧，即得到负面强化。但很多人可能永远都不知道，大多数股票投资者炒股的结局不是由他们所使用之规律的准确度决定的，而是由人类思维中的强化规律决定的。为了便于广大读者理解此处内容，我们举个例子。

股民老高无意间得到一条炒股秘诀——上升中的股票只要回落到20周均线附近并且止跌企稳之后都能上涨。发现这个秘诀之后老高如获至宝。这里我们要说的是，老高的悲惨命运即将开始，因为这分明是一条“机械式规律”。在这条规律中，股票是没有生命的，股票是不会思考的。老高无需考虑其他人，只要盯住20周均线就可以在股市中赚得盆满钵满。老高需要考虑牌桌上谁是菜鸟吗？完全不需要！有20周均线就足够了。这时，某股正好跌到20周均线附近并且企稳，老高买入，随即股价大幅拉升，老高获利卖出，老高大赚！这就是老高通过秘诀获得的第一笔收益。至此老高相信自己不是菜鸟了，并且相信自己掌握了股市中的秘诀，以后可以大富大贵了。但是并非如此。通过秘诀获得收益这个事件，只能算得上一次正面强化。正面强化的效果是让老高无比相信这个秘诀。倘若老高第二次使用这个秘诀进行交易，并且惨败离场，老高会从此放弃这个秘诀吗？不会的！因为一次负面强化的效果远远无法抵消一次正面强化的效果。这里我们再举个例子：家长在教育孩子的时候，表扬孩子叫作正面强化，批评孩子叫作负面强化。我们都知道要对孩子进行正面教育，要多鼓励少批评，就是这个道理。家长对孩子进行正面强化的效果会持续很久，而负面强化的效果则会很快消失。家长都有这样的感受，如果经常批评孩子的话，孩子会变得越来越顽皮，极少有孩子被批评一两次之后就彻底改掉了之前的坏习惯。正是因为负面强化效果无法持久，所以家长们才不得不对孩子经常施加负面强化。有句老话“三天不打，上房揭瓦”，说的就是这个现象。

再说回股票投资，很多投资者会一直使用某种固定的股票分析方法，即便在赚一笔亏三笔之后依然使用原来的方法，就是因为赚的那一笔交易形成的正面强化效果一直存在，而亏损的三笔交易则被很快遗忘。一般来说，当某条机械式规律给投资者带来的亏损达到这条规律带来收益的3~10倍之间时，投资者才会开始逐渐放弃这条规律。而一旦决定放弃这条规律，投资者一般都会产生一种一笔勾销的感觉，仿佛自己不曾亏损，仿佛自己刚刚踏上起跑线，或许还会说：以前的亏损都是那条规律造成的，与我无关，以后我不再使用那条规律了，就不会再亏了，我会重新研究、学习股票知识，再找一条新的规律来使用，我的交易生涯要重新开始……

这哪里是重新开始？只不过是开启了下一个循环而已！

股市中几乎所有的机械式规律都会给投资者造成亏损结局。请广大读者注意，笔者在此处使用了“结局”这个词。无论结局来临之前的过程如何，结局都不会有变化。无数的股票投资者都是在不同的过程间进行循环，比如老高信奉20周均线，老李看好MACD指标，老赵喜欢基本面和消息面，老孙则喜欢筹码分步和对着K线数波浪……每个人的“秘诀”只有形式上的不同，但本质都是机械式的规律。

为什么有的投资者现在处于盈利的状态，而有的投资者此时已被深套？不是因为这些机械式规律之间有着高低之分，而是因为每个人都在自己的循环之中处于不同阶段。有人正在接受正面强化，有人在接受负面强化，还有人正在放弃一条旧的机械式规律，有人正在接受一条新规律……

从本书第一版出版至今，已经有很多读者和我取得了联系并进行了交流。在与广大读者深入交流的过程中，笔者愈发地感觉到上述循环的可怕之处。那些明明为赚钱而来却不知道为什么亏损的投资者，其实就身处循环之中。他们的表现就像笔者在本书第六章导读中所述：“……他们回答说知道，但真的不知道自己想要什么。他们回答说明白，但真的不明白自己正在做什么。他们虽然在生理上是清醒的，但其一言一行、一颦一笑，都在受其沉眠的潜意识所支配，故而如在梦中……”

笔者由衷地希望本书能给更多的投资者带来一个崭新的视角，希望能够帮助更多的投资者看清炒股的本质，希望广大读者在读完本书之后都能这样说——炒股原来不是我想的那样！

高　扬

2021年9月于青岛

前　言

炒股不是你想的那样

在笔者还是一个股票初学者的时候，和大部分股票投资者一样，对未来有着很多远大的理想，并相信可以通过炒股去实现它们。在阅读了大量关于股票投资方面的书籍之后，我变得更加自信了。2007 年入市，我战绩辉煌。2008 年熊市，我损兵折将，不仅利润全失，就连本金也被市场夺走一半。2009 年，我再次大幅盈利，有一种东山再起的感觉。似乎地球上已经没有什么能阻挡我成为亿万富豪了。通过对自身能力的“客观评价”和自认为合情合理的“精确计算”，觉得再有 3~5 年的时间就可以过上住豪宅开跑车的生活了。

美梦没做多久，东方金钰出现了。2010 年 4 月初笔者经过“认真地分析”终于发现了那只我盼望已久的，能快速实现梦想的股票——东方金钰（600086）。经过几个月的“艰苦奋战”，笔者以亏损近乎 40%的战绩了结了这笔交易。最终导致笔者的本金和自信心都受到了沉重的打击。

下面笔者带领大家来回顾一下我自炒股以来最最失败的这笔交易。无论你把它当成笑话开心一下，还是当作反面教材引以为戒，笔者都深感欣慰。

那时我发现了这只主力吸筹迹象非常明显的股票，并且个股的 K 线形态也非常稳健地突破了前期高点，均线系统呈现标准的多头排列并有即将向上发散的趋势，同时基本面的各项数据一切正常。所以笔者极力看好这只股票，经过一段时间的跟踪，在股价向上突破箱体之时满仓买入。

图一和图二是笔者当时紧密关注“主力建仓”时期的东方金钰日 K 线图，外加筹码分布图。

按照我的“经验”来说，这样的股票未来必定会有很大的涨幅。所以我当时才会毅然全仓买入。果然笔者的分析是正确的，这只股票后来真的大涨特涨，成为股市中当时最耀眼的明星。

如图三所示，东方金钰当年受到玉石价格大幅上涨的影响，致使股价在短短 4 个月之内涨幅高达 253%。但让我没有想到的是，在上涨之前的这轮下

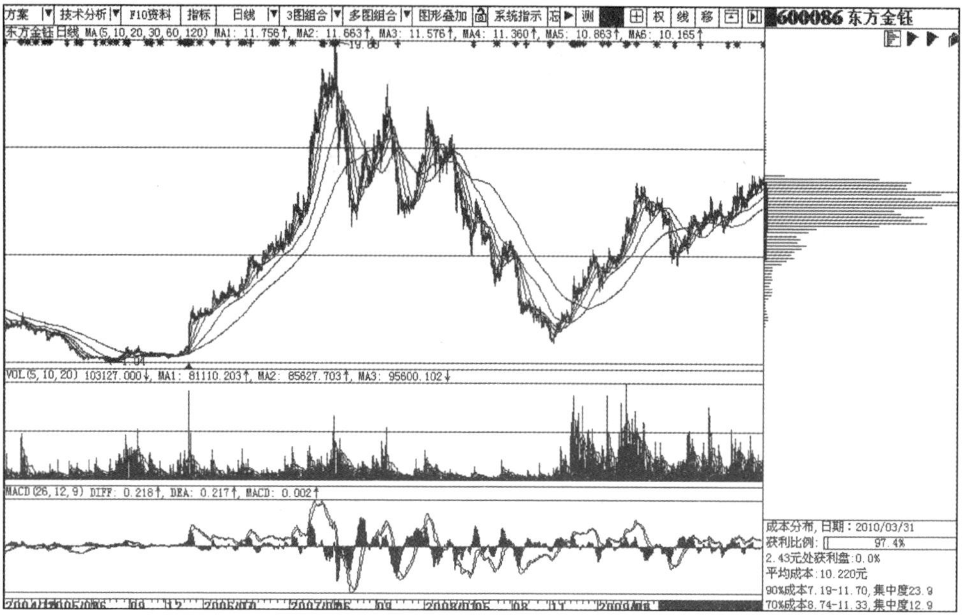
600086 东方金钰
VOL(5, 10, 20) 103127.000↓, MA1: 81110.203↑, MA2: 85627.703↑, MA3: 95600.102↓
MACD(26, 12, 9) DIFF: 0.218↑, DEA: 0.217↑, MACD: 0.002↑
成本分布，日期：2010/03/31
获利比例： 97.4%
2.43元处获利盘：0.0%
平均成本：10.220元
90%成本7.19-11.70，集中度23.9
70%成本8.74-11.33，集中度12.9

图一

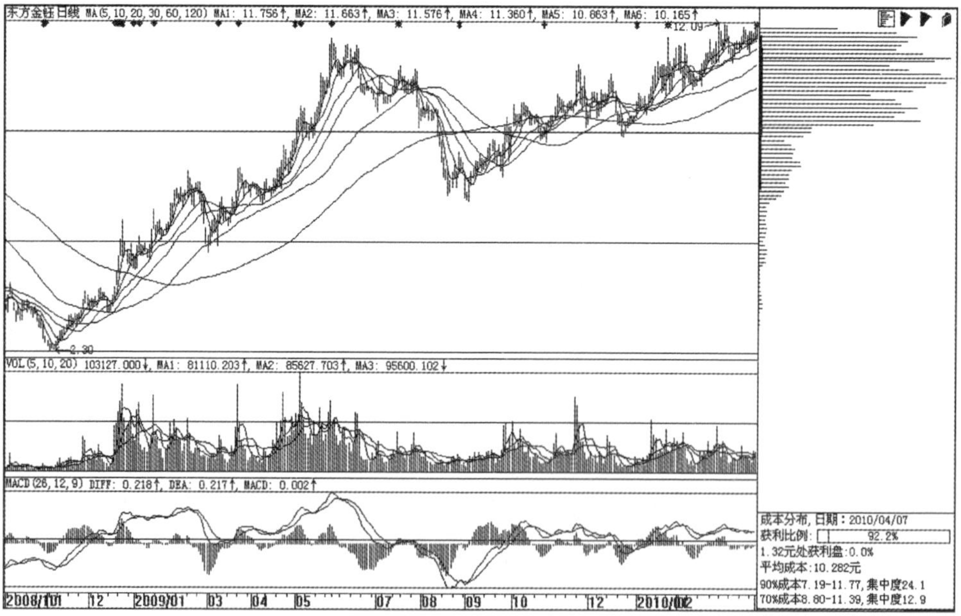
VOL(5, 10, 20) 103127.000↓, MA1: 81110.203↑, MA2: 85627.703↑, MA3: 95600.102↓
MACD(26, 12, 9) DIFF: 0.218↑, DEA: 0.217↑, MACD: 0.002↑
成本分布，日期：2010/04/07
获利比例： 92.2%
1.32元处获利盘：0.0%
平均成本：10.282元
90%成本7.19-11.77，集中度24.1
70%成本8.80-11.39，集中度12.9

图二

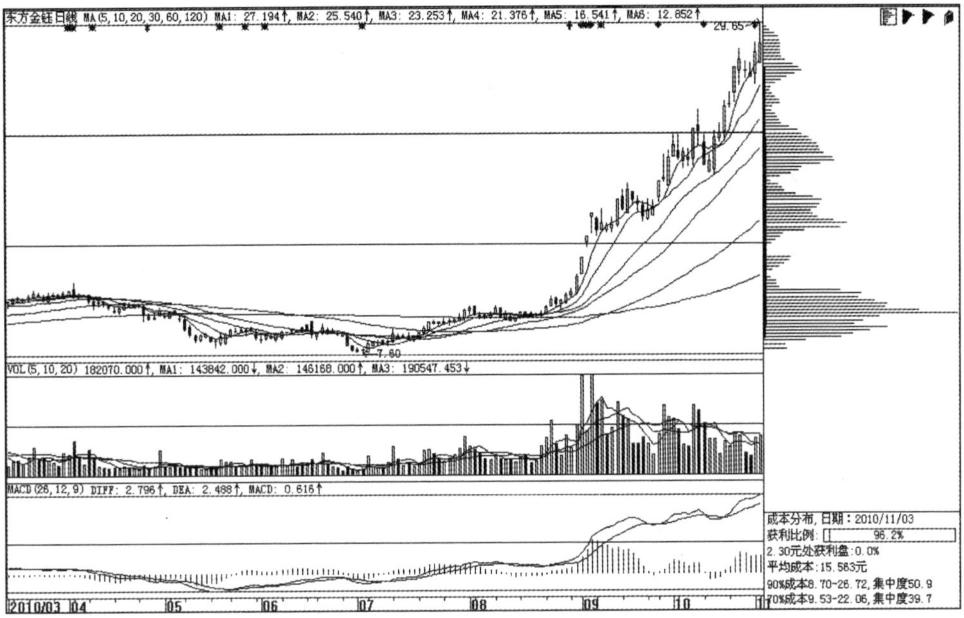

图三

跌中，我以大幅亏损并割肉卖出的结局提前了结了这笔交易。

如图四所示，在大涨之前先有一轮大跌，最大跌幅达到41%。我成功地在最高点附近满仓买入，而且在最低点附近卖出，中间还果断地做了两笔反向波段。

这不仅是一次惨痛的失败，更是一个标准的反面教材。正是从这时起，笔者开始对以前所学的一切股票知识产生怀疑。为什么我总是小赚大亏？为什么书中说能涨的形态在我买完之后总是下跌？为什么不光是我，股民们个个都在不断地学习，但能笑到最后的却寥寥无几？也正是这个时候，笔者扔掉了大部分关于炒股的书籍，并立志寻找一种真正可以在市场中获得成功的方法。

曾经的惨痛教训告诉我，凡是“遇到××××形态就应该买入，因为后面会如何如何上涨”的知识都是假的。因为炒股远远不是我想的那么简单！

时间一晃过去了7年，在这7年里，笔者一直思考着。犯过很多错误，也走了很多弯路，但得到的却是更多经验和成果。现在，笔者把炒股的真正方法写成此书，与广大股民朋友分享。

这本书中没有一招制胜的诀窍，更没有稳赚不赔的秘密，却有在股市中如何思考的正确方法，以及绝大多数投资者失败的本质原因。在笔者看来，死记硬背那些所谓的经典K线形态，盲目学习某些“投资高手”的选股技巧，

图四

这些都毫无意义。如果想在交易中取得最后的成功，我们必须从根本上了解市场，认清市场运行的真正规律；同时还要深入地挖掘自身存在的问题，深刻地剖析自己思想深处的错误；放下“面子”，勇敢地面对自己的缺点和不足；摒弃那些“学点方法就能变成高手”的天真想法，通过思考来提升自己的思想境界，最终才能脱离亏损者的阵营，步入投资的正道。

笔者在本书中避免使用“庄家”“主力”等字眼，取而代之的是“市场”。因为笔者发现，通过研究主力行为来获取信息的手段很难让你在股市里长久生存，研究市场中广大散户的行为才是上策。这正是很多股票投资者难以接受的地方。因为它与传统的股票分析方法格格不入，甚至和大家印象中炒股高手的秘籍大相径庭，而这也正是笔者完成此书的目的——将逆向思考的真谛展现给大家，同时向传统的股票分析体系发起挑战！

受天资所限，笔者用了 7 年的时间才完成本书，不过好在你只需要几个小时便可以读完它。

高　扬

2019 年 3 月于大连

目　　录

第一章　市场涨跌的规律

导读

横看成岭侧成峰，远近高低各不同。不识庐山真面目，只缘身在此山中。

无论你通过何种方式研究股票，研究市场，其实都是在寻找市场中的规律，并运用你找到的规律来指导以后的操作。由于各类市场参与者审视市场的角度不同，对市场理解的深度不同，大家对市场的认识自然各不相同，通过研究所得出的规律也就显得五花八门了。

笔者通过多年研究，也发现了一条市场涨跌的规律，并将之不断拓展延伸，最终得出一系列实战性极强的股票交易方法。从本章开始，请听笔者娓娓道来……

一、市场的真实目的

所有研究股票的人其实都是在做同一件事——寻找市场涨跌的规律。有人喜欢从技术面入手，研究K线形态、均线、成交量以及各种指标的关系；有人喜欢从基本面入手，通过上市公司的财务报表来了解企业内部的运营的真实情况，再结合当下市场的宏观趋势制定相应的投资计划。总之，我们都在用自己的方式寻找这个市场涨跌的规律，然后根据找到的规律来指导我们的操作。

市场上的规律看上去可以有无数种，正所谓“横看成岭侧成峰，远近高低各不同”。但是在这无数种规律之中，只有一种是值得我们永远信赖的、永恒不变的规律——大部分投资者在市场里最终都是亏损的。

虽然在牛市中大家都是盈利的，但是在牛市中盈利的人们又有多少能够预先知道熊市的到来，全身而退呢？如果以一年或者几年为周期来计算、衡量市场中大部分股票投资者，最终能够保持盈利的就寥寥无几了。大部分投资者最终都是亏损的，这就是市场中永恒的规律。反过来说，市场永无休止地波动，就是为了制造投资者的亏损。在本书接下来的章节中，笔者将带领大家循序渐进地探索这条规律的更深层次的意义，并从中发展出一套只需保持冷静头脑便可从本质上提高操作成功率和单笔交易利润率的股票交易方法。

为了便于大家理解和利用市场涨跌的规律，请大家先看下面的例子。

如图 1-1 所示，这是一个非常简单的 K 线形态（这个形态叫什么名字笔者不感兴趣，不过我猜有很多人能说出来），在大部分情况下，投资者看到这个形态都会觉得未来继续上涨的可能性较大，并会不自觉地把后续形态想象成图 1-2 中的样子。

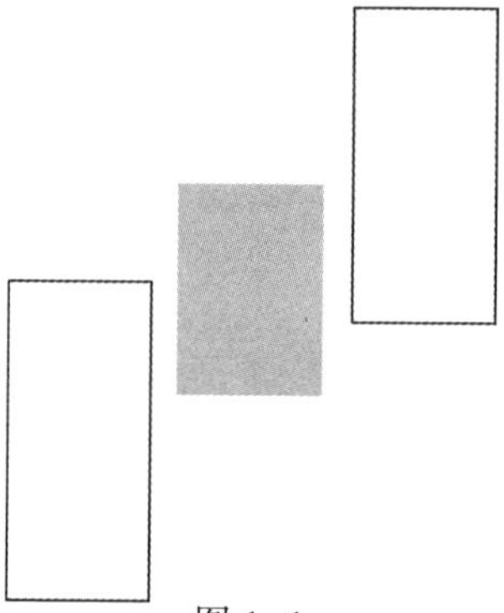

图 1-1

因为投资者对后市抱有较大希望，当图 1-1 的走势出现之后，大家会立刻通过技术分析寻找支持看涨的理由，看哪些理由能够支持市场走出类似于图 1-2 所示的走势。

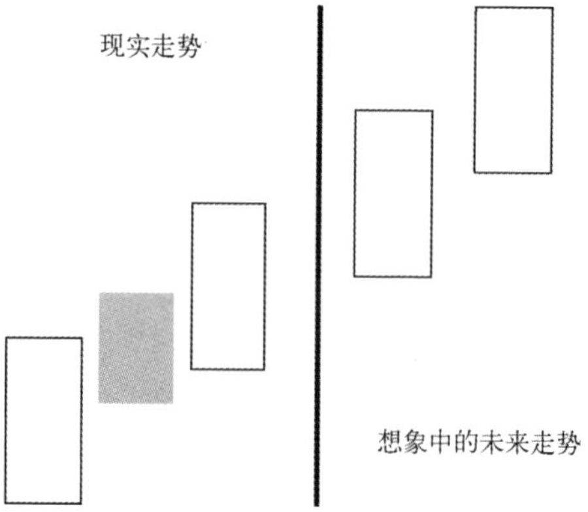

图 1-2

但市场并不是这么思考问题的（在与市场进行博弈的时候，为了更容易、更清晰、更准确地得出结论，我们最好把市场想象成一个独立的主体，这个主体也拥有一定的思维和主观能动性，并且百分之百知行合一）。市场虽然永无休止地制造K线、产生波动，但在它看来这样做的目的并不是让投资者从自己这里获得利润，反而是最大化地制造投资者亏损。所以，与投资者想象的完全不同，实际上市场后面的走势可能如图1-3所示。

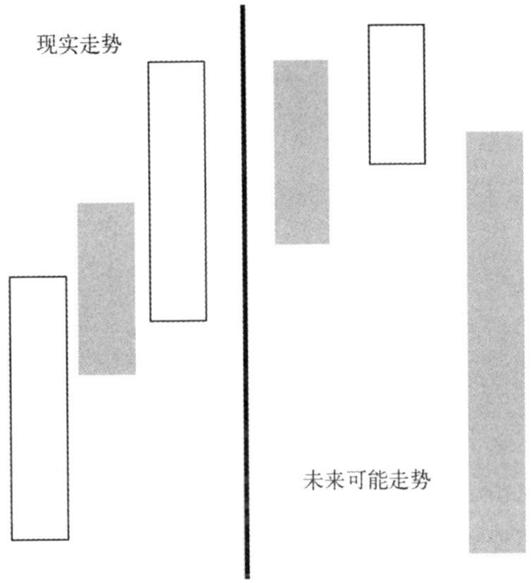

图 1-3

也可能如图1-4所示。

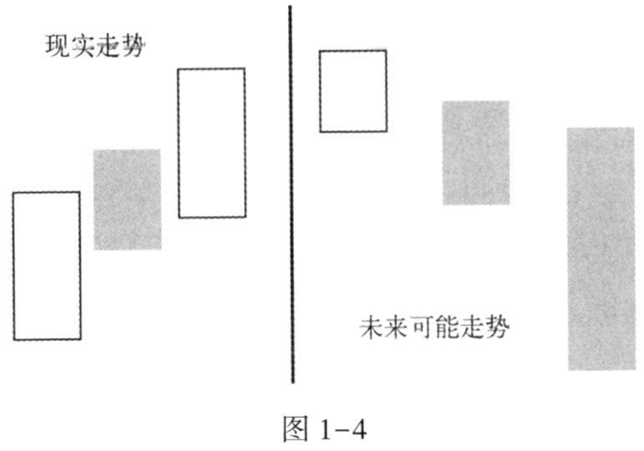

图 1-4

还有可能直接如图1-5所示。

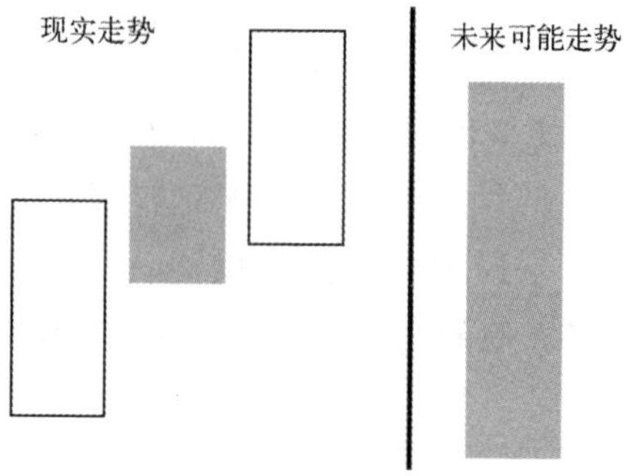

图 1-5

如果读者朋友们此时打开电脑中的股票行情软件，翻看任何一只股票或者指数 K 线图，你们能毫不费力地找到很多类似的情况。市场先是给出一个诱导投资者们买入的形态，之后一般都不会继续大幅上涨，反而开始缓慢下跌，跌到前期买入的投资者无法忍受且纷纷止损卖出的程度之后，才能重拾升势（就像东方金钰的走势是为了制造笔者的亏损一样，无论哪只股票或者大盘的走势都是遵照这个规律去运行的）。我们固然可以在任何一波下跌之后都找到相关的外部原因，但是我们无法解释为什么每当大家纷纷看好，并满怀期望地买入之后，导致下跌的外部因素便纷至沓来。

或许只有一种说法可以解释这种现象——市场波动的目的本来就在于此。在交易时间里，市场永不停歇地制造价格波动，然后用价格波动来影响投资者的情绪，投资者在情绪的作用下产生相应的交易行为，最后以亏损的方式把资金永远留在市场里。请记住，投资者不会每一笔交易都亏损（如果真是这样就好了，因为不会有人把全部家当都押在逢赌必输的赌局中，也就不会有人因为投资而倾家荡产、家破人亡了），相反有时候会连续盈利。但市场一般不会让投资者盈利太多，而且用不了多久，就会用同样的方式让投资者把利润归还回来，顺便再把他们的本金留下一些。

所以说，市场布的是一个大局，它着眼于长远的目标，并不为眼前的得失而斤斤计较。几乎所有在某段时间里因为“战胜了市场”而自信心爆棚的人，最终都难逃惨败的结局。我们无须探究市场如此邪恶的原因到底是什么，只要看看大多数人在市场中最后的结果如何，知道事实确实如此，这就足够了。

如果读到这里，你仍然无法同意笔者的观点，那么还是合上这本书比较好，因为接下来的二十几万字纯粹是在浪费你的宝贵时间。如果笔者对于市场涨跌规律的这点粗浅认识能够有幸得到你的认同，那么接下来的内容一定能够给你带来更大的帮助。

市场既然有意实现让投资者最终亏损的目的，那么它是如何做到的呢？为了能够更好地了解市场的最终目的（也是最终手段），我们可以将它分成三个层次来解读。

第一层：市场会通过价格波动让投资者最终亏损。

第二层：市场通过价格波动，在上涨周期中，让投资者尽可能少盈利；而在接下来的下跌周期中，让投资者尽可能多亏损。

第三层：市场通过价格波动，在上涨周期中，让尽可能少的投资者盈利，并且是尽可能少盈利；反而在下跌周期中，却争取让尽可能多的投资者亏损，并且是尽可能多亏损。

这就是市场产生价格波动的目的，同时也是市场涨跌的规律。无论大盘还是个股，其中的任何一根 K 线，都有其存在的道理，而这个道理就是：要么让本该大幅盈利的投资者尽可能小赚离场，要么让本该小亏止损的投资者尽可能以大亏的结果来结束这笔交易。所以，每当一轮牛市过后，大部分股民朋友账户中的盈利并不是很多，而在接下来的一轮熊市中，却可以让无数股民朋友亏损累累。有人说这是因为弱势有效市场的原因，也有人说这是因为投资者心态不好。但是在笔者看来，这一切都是市场在利用人性的弱点而有意为之。假如不懂得克服并且利用人性的弱点，即使学习再多的股票分析方法，也很难避免最终亏损的命运。

二、人类的有限理性

有人说，人性的弱点在市场中无非就是贪婪和恐惧。其实并非这么简单。为了研究这个问题，我们需要谈论一下“感性人”的话题：现代经济学理论有一个重要假设，那就是把所有人都设想成“理性人”，即所有人都会理智地做出对自己有利的最佳选择。而股市中的任何技术分析方法也把股票交易者都设想成“理性投资者”，即学习该方法的任何投资者都会理性地看待市场、等待机会、识别陷阱、制定交易策略、执行交易行动等。非常可惜的是，这一切都是错的。因为从心理学的角度来讲，人类的本质是感性而非理性的。人们日常生活和工作中有更多的决定是受到感性的指使，而非经过理性思考得出的。

例如，古代带兵打仗的将军，在敌强我弱的情况下会选择死守城池，闭门不战。可是当敌人使用激将法，故意激怒这个将军之时，他就会怒发冲冠，非要提枪上马带领手下冲出去与敌军决一死战。想必类似这样的例子大家在电视里经常看到。

如果你想减肥，在充分了解肥胖对身体危害之后，你制定了详细的减肥计划。但是在丰盛的美餐和可口的冰激凌面前，你或许会想，要不吃完这顿再重新开始减肥吧。

又如，你去商城购物，本来只是为了买一个电饭锅，但当你看到琳琅满目的打折商品之后，原来买电饭锅的计划被彻底打乱了，最后当你走出商城的时候，购物车里装了一大堆虽然打折但未必迫切需要的商品，但我不确定其中是否包括你原本打算购买的电饭锅。

只要你足够细心，一定会发现，在我们的生活中有数不尽的事例可以证明我们所做的决策往往是因为一时冲动、感情用事。不是我们不够理智，而是我们往往只能把理智停留在计划阶段，而当我们付出实际行动之时，会有很多事件干扰我们，最终我们在感性的驱使下作出了和理性计划下不太一样的决定。

如果你对“感性人”的理念能够认可，就不难理解大多数股民在交易之时一般都是感情用事的事实。每当大盘强劲上涨，个股纷纷拉升的时候，股民绝对不会空仓观望，在害怕踏空行情、害怕错过买入良机心态的驱使下选择目标股，并且尽快买入。买完之后便坐在电脑前发呆，盼着股票尽早上涨。可惜大多数时候股票运行的方向往往不遂人愿，追高买入之后等来的一般都是向下调整，等到快速下跌的时候，很多人又因为害怕股价进一步下跌而慌乱卖出。

在很多投资者交易的时候，虽然中间有理性的思考，但是在做决定的关键时刻，在股民心里感性往往占了上风。因此，我们完全可以说，很多股民在不停地学习各种各样的理性分析方法，却一直在不知不觉间让感性控制着自己。所以无论怎么学习，都在做着和以前相同的事情。

三、感性之下的分析

笔者并不想和大家探讨如何在理性前提下分析股票的走势，相反我们要认同感性的存在。用市场当前的走势，结合普通股民此时此刻感性的想法，最终得出市场现在想要什么的结论。如果当前走势说明市场想要越来越多的投资者入场，那么可以得出结论，目前市场正在构筑一个阶段性的顶部，现在应该卖出或者空仓观望，不应该积极买入。而如果当前走势说明市场想用一些较为悲观的走势阻挡场外投资者资金入场，同时清理场内的持股投资者，那么就说明未来上涨的可能性很大，我们不应该再继续观望了，尽管当前的 K 线形态可能是你不喜欢的，感觉不应该买入，也应该积极入场操作。

下面笔者列举了两个实战案例，作为开胃小菜奉献给大家。希望广大读者可以通过这两道小菜感受市场让投资者最终小赚大亏的运行规律，同时也希望大家可以看出，这绝不是对着一张大幅上涨的 K 线图，用“过去完成时”信口开河——指着 K 线图中的某个低点，说那里已经出现了多么明显的买入信号。相反，我们一定要使用“现在进行时”，并在任何一个案例中都把自己设身处地般融入当时的情景中，用“假如现在就是这个情况，我们对未来一无所知，这个时候我应该怎么办”的态度来思考问题。也只有这样，你才能真正体会到其中的奥妙所在。因此，本书所有 K 线图均是以图中最后一根 K 线为“当下”，每一幅 K 线图都是“今天的走势”。并非像其他书籍那样事先把后面的走势摆在大家眼前，教你如何看图说话。而这也正是本书与那些讲述传统股票分析知识书籍的最大差别。因为笔者希望大家习惯于站在今天，面对未知的未来去思考现在应该怎么办。

案例一：

如图 1-6 所示，赞宇科技这只股票于 2014 年 2 月 11 日走出一个稳健的突破形态，此时无论 K 线形态、成交量，还是 MACD 指标几乎都是完美的。

这样的形态没有哪个投资者会拒绝吧？此时我们可以这样思考：根据本章第一节中所讲述的市场的最终目的进行分析，市场是为了让投资者亏损，而不是为了让投资者盈利。现在它走出这么好看的形态是为了吸引大家纷纷买入，所以，以后的走势是大概率下跌的。图 1-7 为赞宇科技 2014 年 2 月 11 日这一天的分时图。从图中来看，上涨的时候分时形态都非常好看，而且每逢上涨都伴随一定的成交量。从分时图的角度就更加肯定了今天投资者会看好并且买入该股的观点。对于这样一只投资者已经看好并买入的股票来说，该股的买点肯定不是现在，而是这些已经入场的投资者将来小赚离场的时候（如果他们能够盈利的话）。

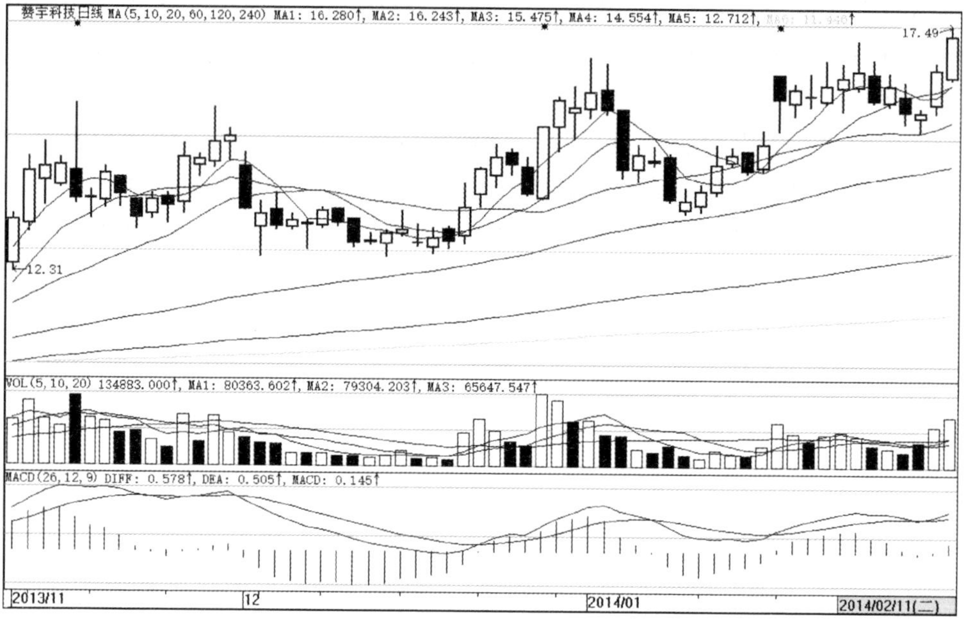
赞宇科技日线 MA(5,10,20,60,120,240) MA1: 16.280↑, MA2: 16.243↑, MA3: 15.475↑, MA4: 14.554↑, MA5: 12.712↑
17.49
12.31
VOL(5,10,20) 134883.000↑, MA1: 80363.602↑, MA2: 79304.203↑, MA3: 65647.547↑
MACD(26,12,9) DIFF: 0.578↑, DEA: 0.505↑, MACD: 0.145↑
2013/11
12
2014/01
2014/02/11(二)

图 1-6

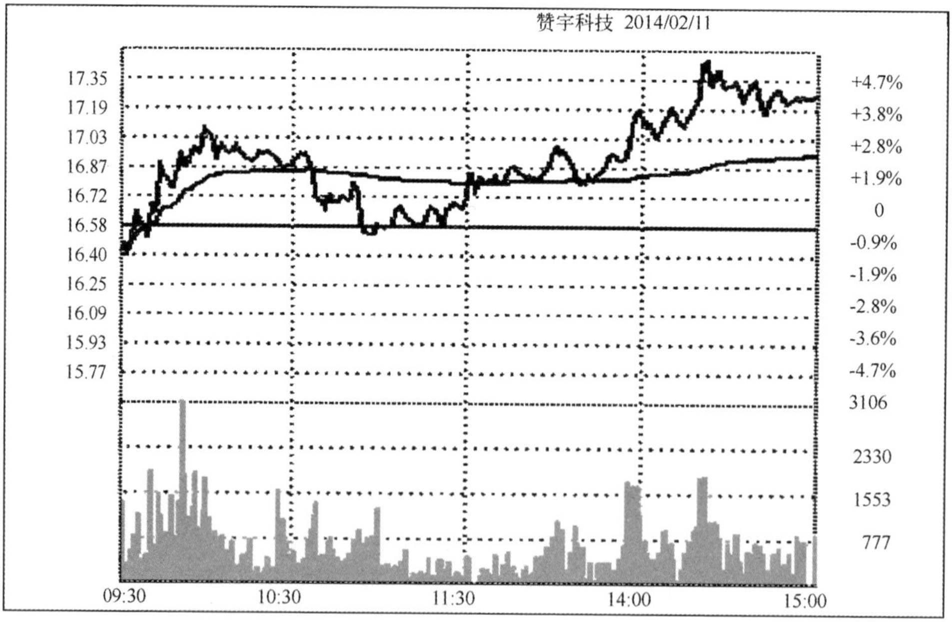
赞宇科技 2014/02/11
17.35
17.19
17.03
16.87
16.72
16.58
16.40
16.25
16.09
15.93
15.77
+4.7%
+3.8%
+2.8%
+1.9%
0
-0.9%
-1.9%
-2.8%
-3.6%
-4.7%
3106
2330
1553
777
09:30
10:30
11:30
14:00
15:00

图 1-7

图 1-8 是该股在未来四个交易日内的走势。可以看出，该股走势整体持平，略微上涨。这满足了让投资者小赚的条件，但是场内的投资者离场了吗？恐怕未必。因为，如图 1-8 所示，这四天里股票技术形态都还不错，没有恐怖的下跌，而且同期大盘走势也非常好。在投资者眼里，市场的整体趋势是向上的，而该股是缩量洗盘，清洗浮动筹码。但是请问面对如此稳健的缩量调整形态你会卖出吗？如果你不卖，别人也觉得没必要卖，没准还有人加仓呢。

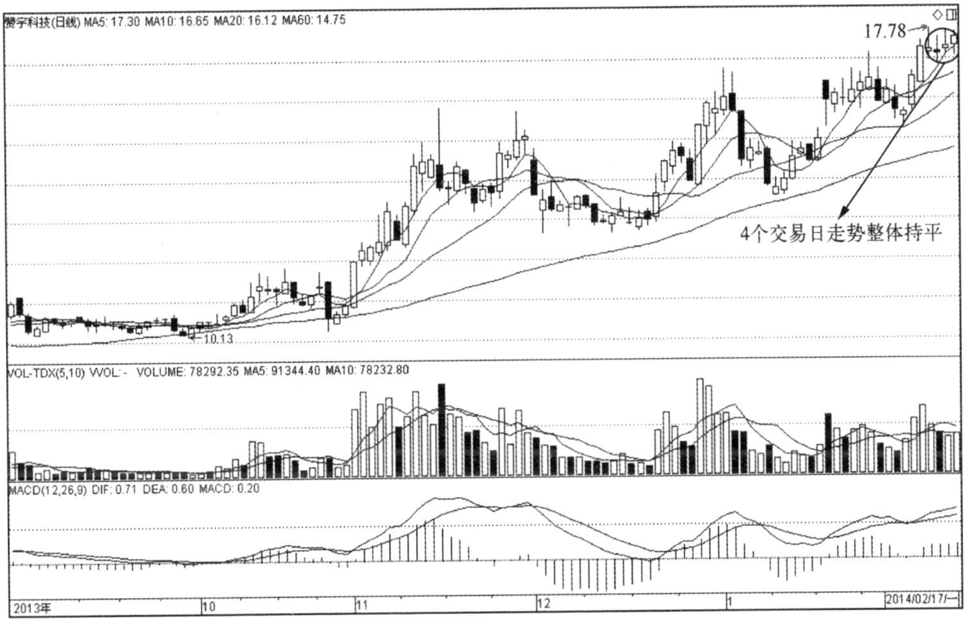

图 1-8

又过了一个交易日，即 2014 年 2 月 18 日，今天该股有所下跌，如图 1-9 所示。下跌原因很明显，是受大盘拖累，大多数投资者都是这样认为的，所以不会因为今天的下跌而对该股失去信心。

从均线系统上来看，今天的下跌似乎也没那么可怕，因为 10 日均线对股价起到非常好的支撑作用（这是大部分前期已经入场的投资者此时此刻的观点）。这样一来，投资者对该股的未来走势就多了一些信心。到今天为止，从 K 线走势来看，前期买入的投资者已经略有亏损了，但是并没有止损卖出的意思。（因为投资者们找到了一些能够继续持有的理由。在你买入股票之后，小幅被套之时，是否也有过这样的想法呢？）

下一交易日，2014 年 2 月 19 日，走势如图 1-10 所示。

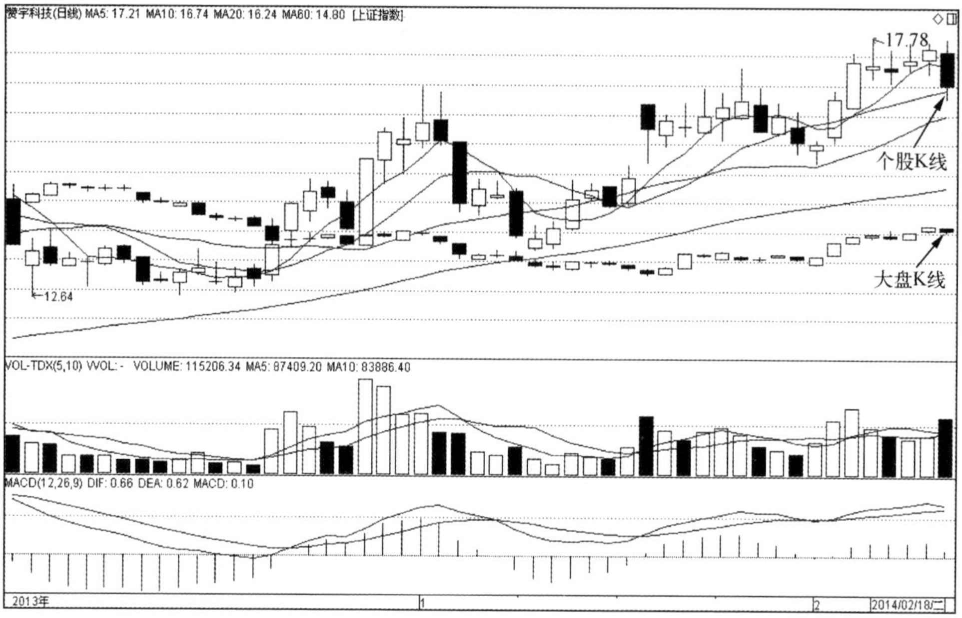
赞宇科技(日线) MA5: 17.21 MA10: 16.74 MA20: 16.24 MA60: 14.80 [上证指数]
17.78
个股K线
大盘K线
12.64
VOL-TDX(5,10) VVOL: - VOLUME: 115206.34 MA5: 87409.20 MA10: 83886.40
MACD(12,26,9) DIF: 0.66 DEA: 0.62 MACD: 0.10
2013年
1
2
2014/02/18/二

图 1-9

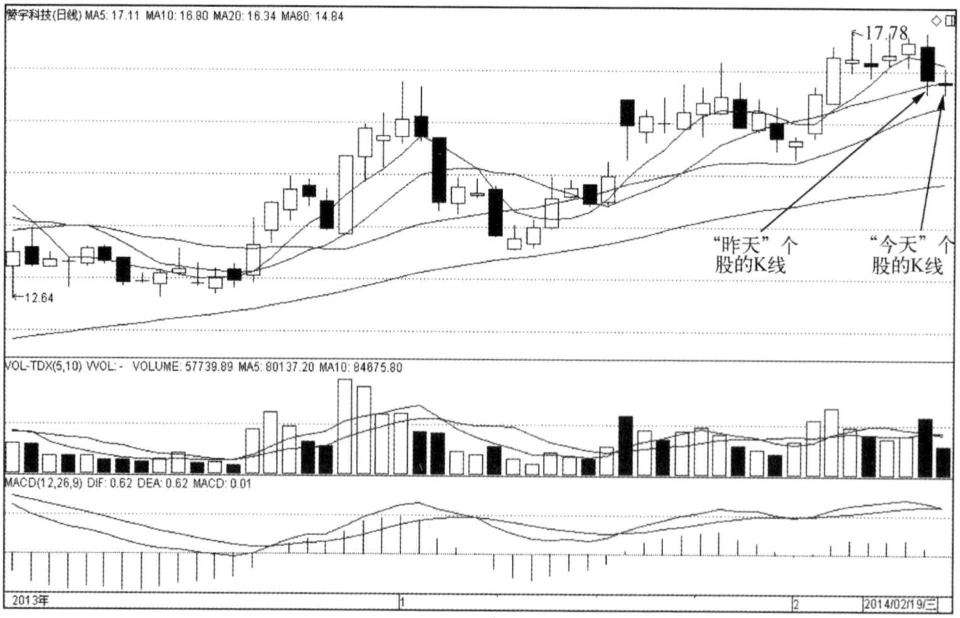
赞宇科技(日线) MA5: 17.11 MA10: 16.80 MA20: 16.34 MA60: 14.84
17.78
"昨天"个股的K线
"今天"个股的K线
12.64
VOL-TDX(5,10) VVOL: - VOLUME: 57739.89 MA5: 80137.20 MA10: 84675.80
MACD(12,26,9) DIF: 0.62 DEA: 0.62 MACD: 0.01
2013年
1
2
2014/02/19/三

图 1-10

在投资者看来，似乎没什么好怕的，依然略有亏损，但损失并没有进一步扩大，10 日均线的支撑仍然有效，而且量能进一步萎缩。（这似乎依然是投资者可以继续持有的理由）MACD 将要死叉，这点让人有些担心，可是看看前期，MACD 已经死叉了但之后还能涨起来，所以就不要过分担心了吧（对“今天”的分析到此为止，下一幅图将是下一个“今天”，请大家跟随笔者的思路，去看看下一个“今天”市场是怎样运行的）。

2014 年 2 月 20 日，走势如图 1-11 所示。今天投资者肯定悲观了，因为连续三个交易日累积下跌近 9%，从个股形态来看肯定会有一部分人止损离场了，但是从量能来看，止损的投资者应该不是很多。因为如果前期买入的投资者在今天集体止损的话，量能肯定会有所放大，而今天的成交量依然维持在缩量的状态。所以可以断定依然有很多散户留在场内，原因或许是认为该股后市还有上涨的希望，或许是因为已经亏了很多，不愿意止损。不过这已经不重要了，因为市场已经成功地在高点诱惑散户买入，并阻止他们在下跌之初卖出离场。

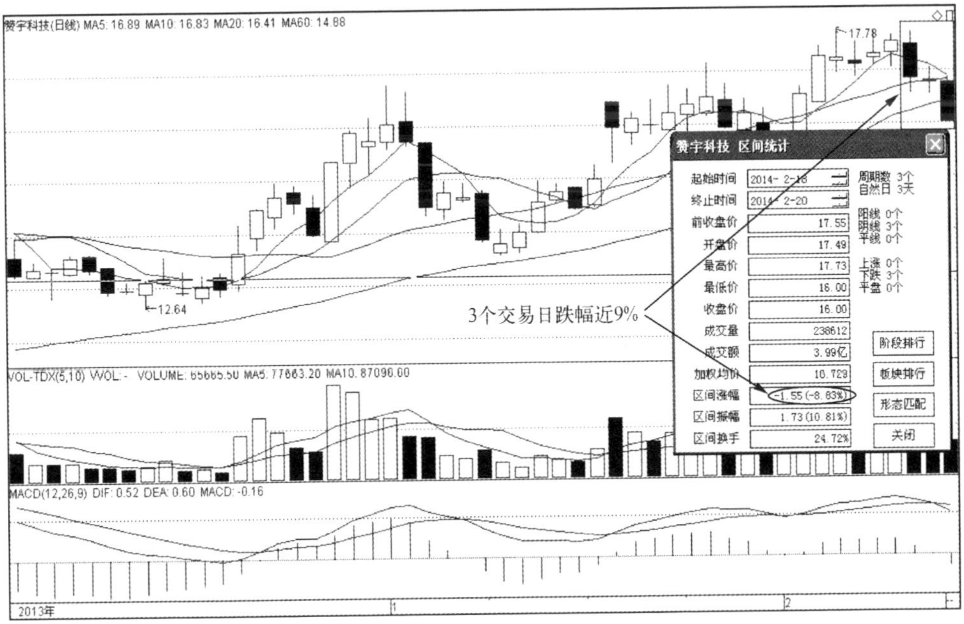

图 1-11

个股小幅下跌之时，其上升趋势貌似可以维持，投资者很可能会选择逢低补仓，然后个股大跌！

大跌之后，看似要出现反弹，投资者会想：这次真的可以补仓了吧？然后市场再跌！

已经跌去很多很多了，按理说总应该反弹了吧？现在补仓应该是安全的了。可惜市场继续下跌。

等到下跌趋势已经非常明显的时候，很多人早已把资金挂在了原来以为上涨可以维持的高位。由于不忍割肉，所以只能眼看着市场一步一步继续向下运行。建仓的头寸一步一步扩大亏损，直到被深度套牢……

如图 1-12 所示，该股在接下来的一个月中，总跌幅超过 20%，无数抄底资金被深套其中。

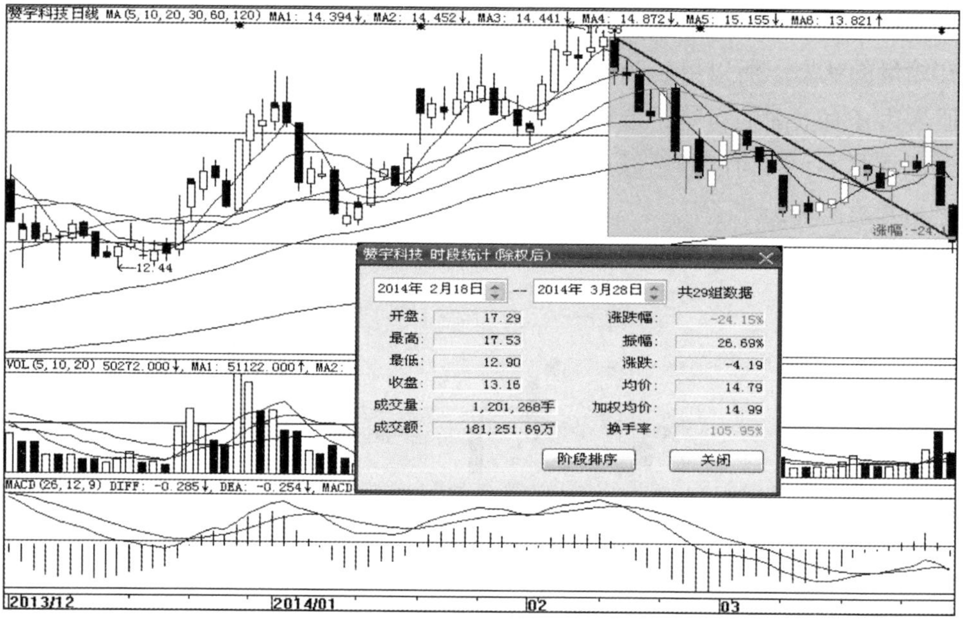

图 1-12

以上就是案例一的全部内容，从中我们可以得出以下结论：

（1）近乎完美的形态势必导致投资者蜂拥买入；

（2）投资者蜂拥买入的个股未来势必涨少跌多；

（3）集中买入的投资者即便获利不一定卖出，只有当他们卖出的时候我们才可以放心买入，尽管那个时候股票形态肯定已经不好看了；

（4）不是所有股票都可以越跌越买，逢低补仓的；

（5）投资者集中买入的股票，未来如果下跌，肯定遵循让投资者亏损最大化的原则。每天都不是跌停，投资者每天都可以卖出，市场如何让投资者亏损最大化呢？答案是——希望。从开始下跌的第一天起，每一根阴线都跌到一个看似有支撑的位置，让你觉得不会再跌了，于是才能怀着焦虑的心态继续持有下去。而当跌到再也没有继续持股的理由之时，往往也是下跌行情将要结束的时候。

案例二：

图 1-13、图 1-14 向大家展示了德奥通航在 2015 年牛市中波澜壮阔的涨幅。但在牛市中，涨幅超过 100%、200%的股票比比皆是，而该股仅是其中的一只，不是涨幅最大的，不是业绩最好的，它仅仅是诸多牛股中普通的一只。

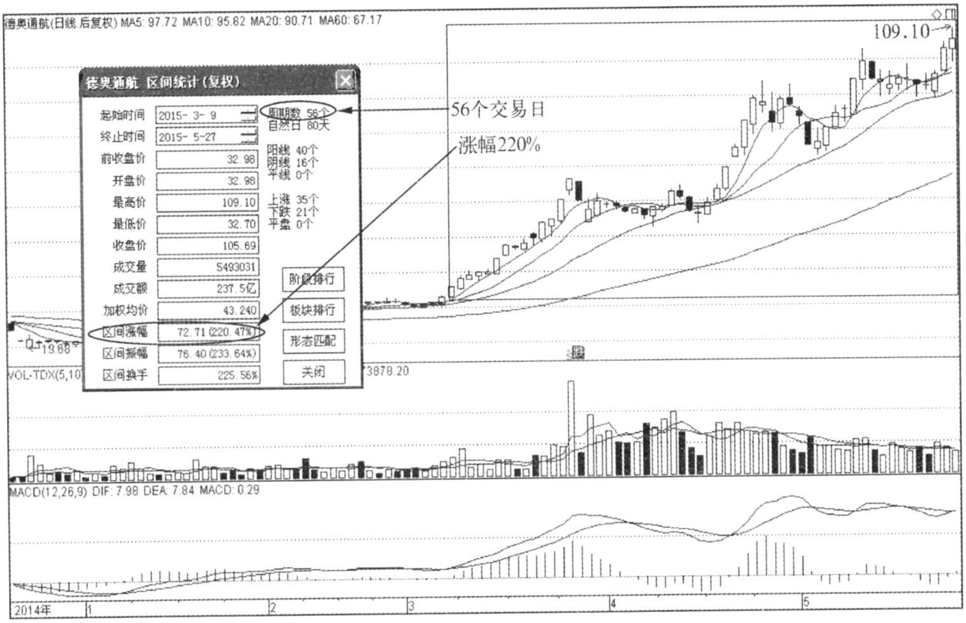

图 1　13

按理说，任何一个股票投资者只要在 K 线形态启动突破之时买入（如图 1-14 的横线处，20.79 元附近），并且坚定持股 56 个交易日，超过 220%的利润便可以轻而易举地收入囊中。可能很多投资者在看到这只股票的时候也会在心中盘算：要是我的话，我会在那里买入，因为那里符合我的建仓标准，然后我会在那个地方卖出，因为那里出现了我认为的卖出信号，最后我能从中轻松获利多少。如果你也有这样的想法就大错特错了，因为你犯了一个“过去完成时”的错误，这也是大部分投资者在学习股票分析时不知不觉间所犯下的一个典型错误。

别忘了市场波动的规律就是让我们这些投资者小赚大亏。面对一幅暴涨的K线图，任何轻松获利的计划都只可能存在于我们的想象中，属于“看图说话”的范畴。在整体涨幅超过200%的行情中，恐怕很大一部分投资者真正能从中得到的利润不足20%。下面笔者将带领大家来细细品读这两幅K线图（图1-13、图1-14）背后的奥秘。

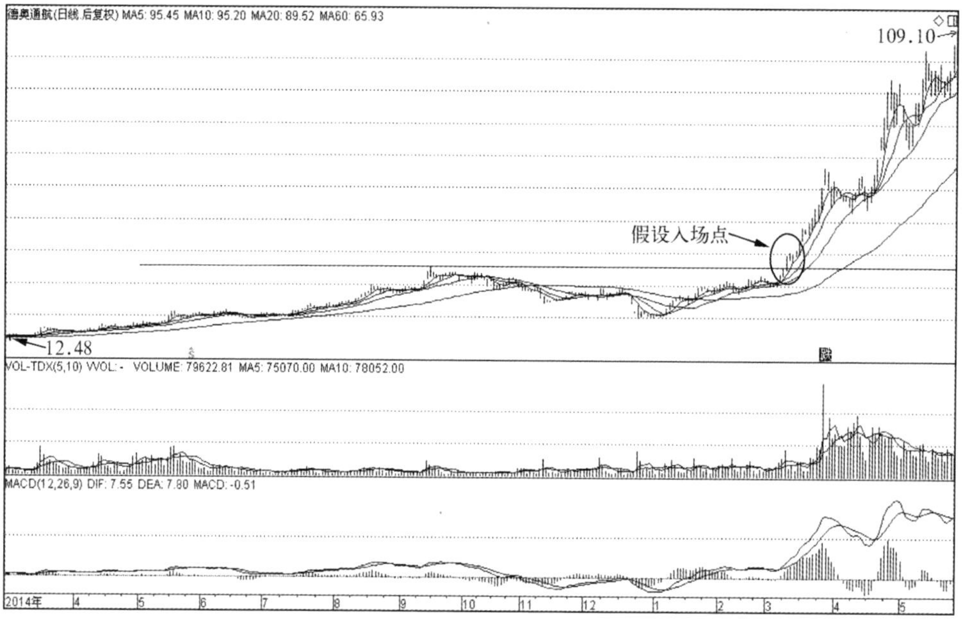

图1-14

如图1-15所示，德奥通航这只股票从2015年3月初开始启动，从历史K线图中我们可以清晰地看到，启动之前该股的均线系统处于黏合状态，随时准备向上发散。而且股价处于相对低位，成交量明显萎缩。这一切都符合“主力底部吸筹”的标准。任何一位学过技术分析的投资者都能得出以上结论，任何一位看到过现在这幅K线图的人都会同意以上观点。

但是，炒股真的没有那么简单。因为该股后期的大幅上涨，在很大程度上“压缩”了前期股价的图形，所以当股价尚未开始大幅上涨的时候，它的形态完全不是现在你看到的这个样子。

如图1-16所示，这就是该股在突破启动第一天（2015年3月9日）的K线图形。你会惊讶地发现，这哪里是低位？分明是高位嘛！均线黏合吗？看起来也不像黏合的样子。成交量萎缩了吗？根本就是放量的！前期底部价格是

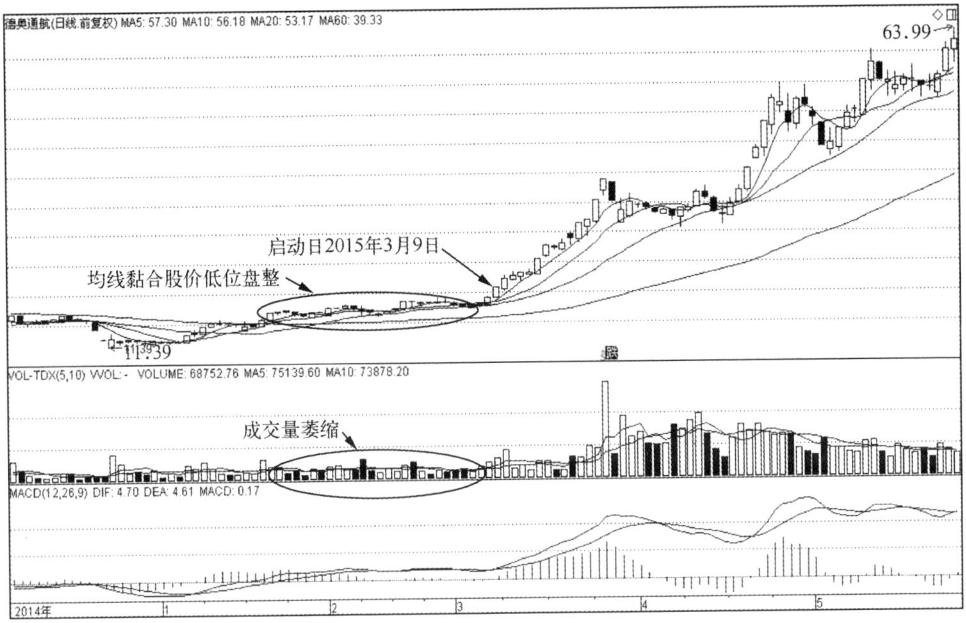
德奥通航(日线,前复权) MA5: 57.30 MA10: 56.18 MA20: 53.17 MA60: 39.33
63.99
启动日2015年3月9日
均线黏合股价低位盘整
11.39
VOL-TDX(5,10) VVOL: - VOLUME: 68752.76 MA5: 75139.60 MA10: 73878.20
成交量萎缩
MACD(12,26,9) DIF: 4.70 DEA: 4.61 MACD: 0.17
2014年
1
2
3
4
5

图 1-15

德奥通航(日线,前复权) MA5: 18.71 MA10: 18.51 MA20: 17.99 MA60: 15.93
20.87
启动日2015年3月9日
11.39
前期底部
VOL-TDX(5,10) VVOL: - VOLUME: 61164.09 MA5: 39110.95 MA10: 30121.82
MACD(12,26,9) DIF: 0.82 DEA: 0.70 MACD: 0.24
2014年
8
9
10
11
12
1
2
2015/03/09/一

图 1-16

11.39元，而当前价格则超过了20元，已经近乎翻倍了。如此一来情况就变了。

“看图说话”时你能发现的拥有无数买入理由的股票，其实在每一个“当下”都是这样让我们胆战心惊。所以，我们应该拒绝“过去完成时”的股票分析方式，取而代之的是在每一个当下，用“现在进行时”的方式研究此时此刻投资者们的想法。

我们将该股当前走势进一步放大，如图1-17所示。

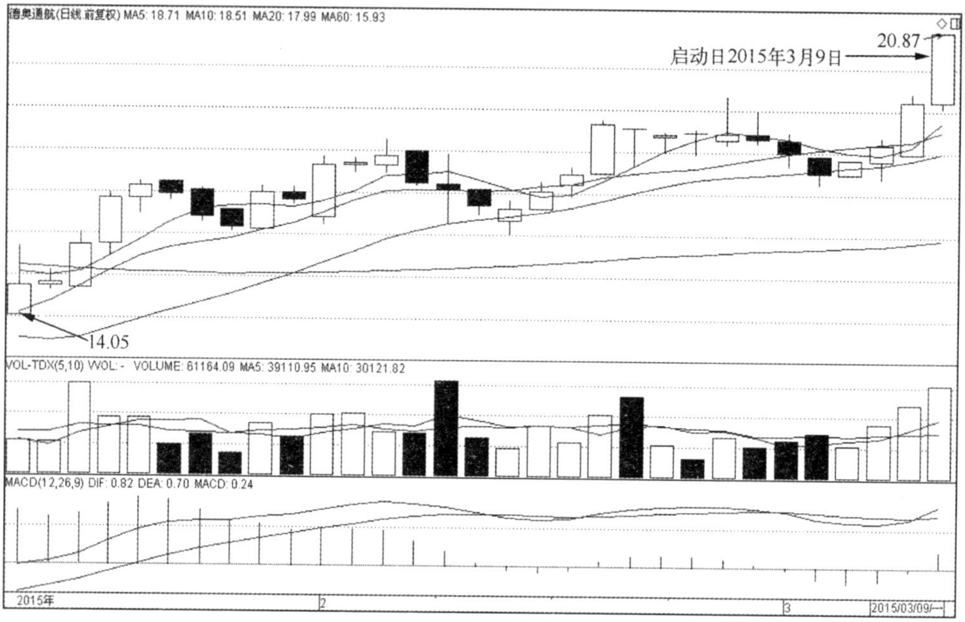

图1-17

现在我们已经知道该股目前处于“高位”了，虽然近看K线图形、成交量、MACD指标走得都不错，但是在这一天里有多少投资者会买入呢？依据笔者分析，肯定不多。首先，目前股价处于“高位”，单凭这一点就可以让很多“稳健派”投资者打消买进这只股票的念头。其次，当我们翻开该股这一天的分时图时就能看到，真正留给投资者买入的时间少之又少！下面笔者用两幅图来说明我以上的观点。第一幅图（图1-18）是我们案例一中介绍的赞宇科技经过压缩的日线图；第二幅图（图1-19）是德奥通航2015年3月9日当天的分时图。

如图1-18所示，赞宇科技这只股票2014年2月11日走出了完美形态，诱惑投资者蜂拥买入，投资者们为什么会买？因为当前形态好，并且它的价格看起来一点也不高。图 1-18 是该股从上市首日一直到“当下”的压缩图形。用图 1-18 去对比德奥通航启动日的压缩图 1-16，哪只股票“高”，哪只股票“低”，你就会一目了然。

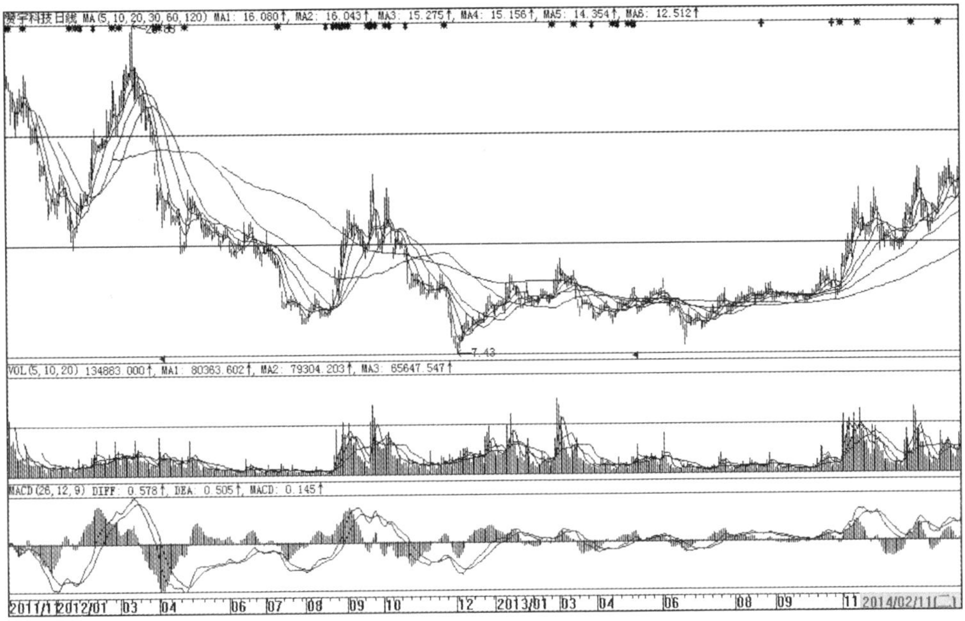

图 1-18

图 1-19 是德奥通航 2015 年 3 月 9 日（启动日）的分时图。先不研究该股日 K 线形态位置高还是不高，我们来看看该股今日留给投资者买入的时间有多少。如果有人说只要没涨停投资者就能买，我不能说你错了，但是请人家仔细想一下，假如我们选择了几只目标股，打算买入其中一只的话，你是买涨幅目前已经超过 6%的还是买涨幅不到 3%的？答案肯定是后者。今天（2015 年 3 月 9 日）收盘之后，所有人知道该股涨起来了，也都知道该股成功突破前期高点了，但是在刚刚开盘，且尚未成功突破的时候，又有几个人知道该股从今天起，未来会有超过 220%的涨幅呢？

笔者说该股今天没给投资者留多少买入的时间，是因为开盘 10 分钟之内该股没怎么涨，可能当时关注该股的投资者们就算看见了这只股票，也未必能看好它。而开盘 10 分钟之后，该股迅速攀升 8%左右。这时有多少人能够在自己

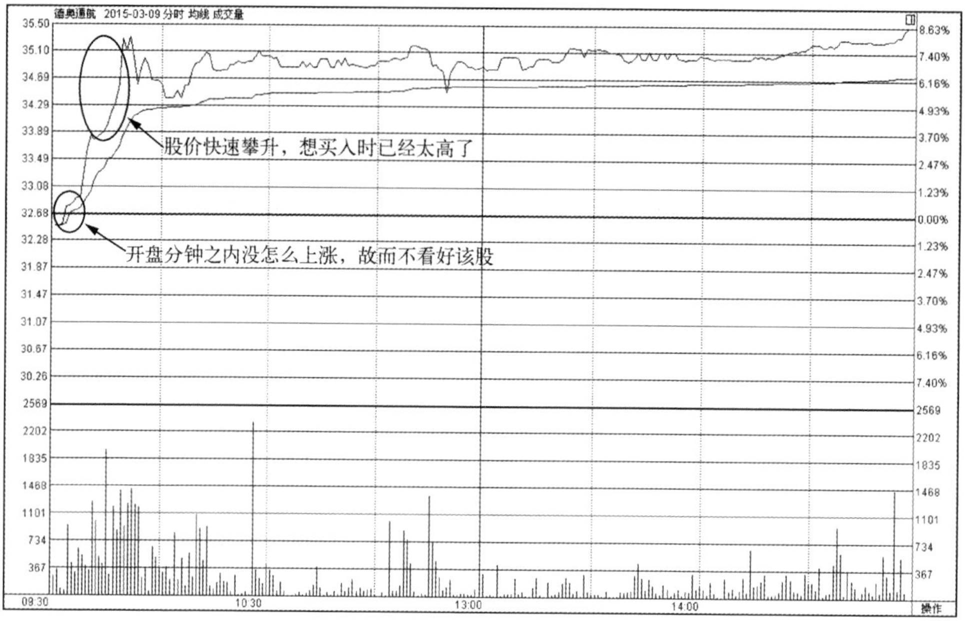

图 1-19

喜欢的价位来得及买入呢？笔者说的“留给投资者买入的时间”是让投资者看好，同时又让投资者敢于买入的时间。而对于该股启动日的分时图来说，留给投资者买入的时间是极少的。尽管如此，不代表今天没有买入的投资者，只不过大家都不敢放心大胆地重仓买入而已。如果你对这一点有疑问，请查看案例一中赞宇科技 2014 年 2 月 11 日的分时图（图 1-7）。哪只股票留给投资者买入的时间长，哪只股票留给投资者买入的时间短，相信你会一目了然的！

德奥通航这只股票在真正启动的第一天里（2015. 3. 9）买入的投资者不是很多，接下来我们看看该股在启动之后第二天（2015. 3. 10）是如何运行的。

对于该股今天的走势（图 1-20），再创新高、量价齐升、维持上涨趋势等评价恐怕依然属于“看图说话”的范畴。不要忘记一点，昨天就已经“很高”了，而今天更高。该股今日开盘之后快速杀跌，目测最大跌幅在 3%左右，别忘了昨天买入的投资者截至收盘才赚了几个点。昨天单日涨幅 8. 63%，而买入的投资者可不是在开盘就买入的。由此推断，该股今日早盘杀跌时，就已经触碰一部分投资者的持股成本了。昨天追高买入，到收盘赚了 3%～5%，今天一开盘，几乎全没了。卖还是不卖？请你设身处地地考虑一下其他投资者“当下”的感受吧。如果开盘没卖的话，紧接着该股快速拉升，失去的利润转眼又回来了，而且一度超过 10%，如果这个时候投资者不卖的话，后面呢？从上午 10：30 以后该股的走势开始疲软。对于一只有明显盈利而且走势开始疲软的股票，投资者是卖还是不卖呢？笔者相信，你现在已经懂了，这就是洗盘。洗盘的方式有很多种，但目的却只有一个，那就是让股票里面的投资者出去，同时让股票外面的投资者不要进来。

已经明显获利 + 走势开始疲软 = 场内的投资者很可能会离场；

昨天就很高 + 今天更高 = 场外的投资者很少会进来

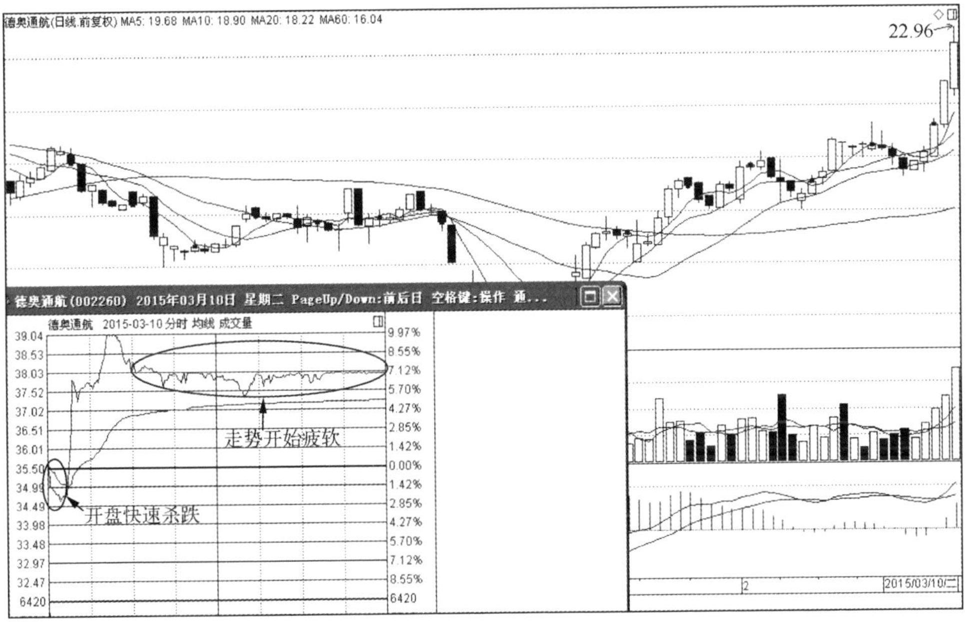

图 1-20

如果今天该股的走势告诉我们，场内投资者很可能有集中离场的迹象，这就是让我们开始买入的信号。但这并不是说在今天临收盘的时候必须满仓买入，而要尽量分批建仓。今天卖出的投资者固然很多，但新入场的投资者肯定还是会有一些的。无论个股还是大盘，若要维持强劲的上涨势头，必须保证场内投资者数量的稀少性，而且越少越好。这就是为什么那些大家都不敢买的股票越涨越高的原因。而对于该股今日走势来说，既然已经有人入场了，市场明日必然会有动作。这里请大家注意，笔者不是在分析股票，更不是在预测未来走势。我们只需要看清现在状况，然后等待市场对此作出回应。等我们看清了市场的真正意图，然后才能顺势而为。在面对未来走势的问题上，我们要做一个没有主见的人，不要去主观地分析市场，而要让市场自己告诉我们它想怎么做。

下一交易日，2015 年 3 月 11 日，如图 1-21 所示。

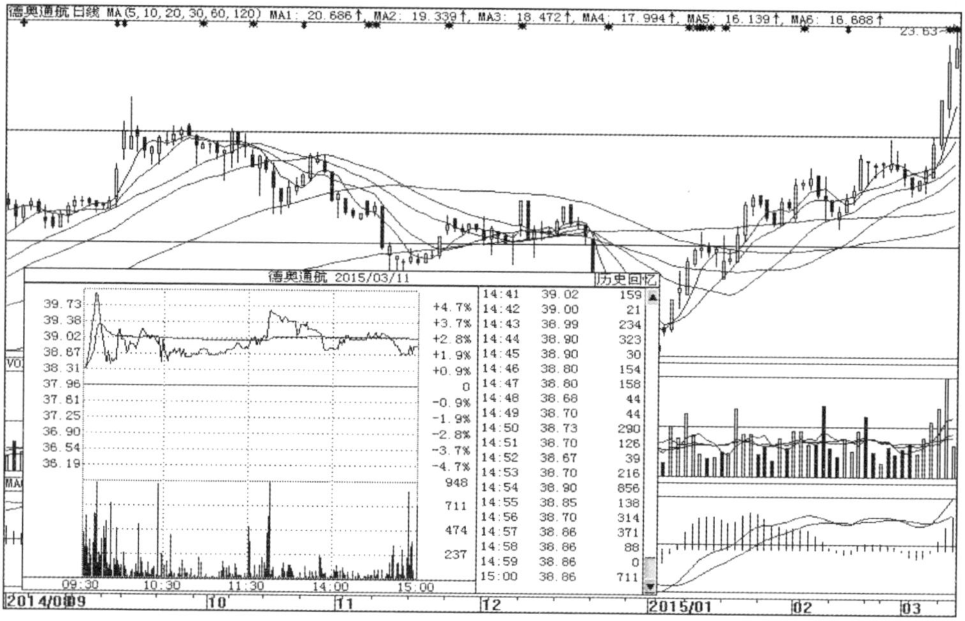

图 1-21

今天是该股正式启动的第三天。今天的走势用几句话就可以概括：依然很高，上涨无量，涨幅开始缩小，明显的上影线代表上方有压力。综上所述，今天还是洗盘。因为该股场内的投资者多半没有胆量继续持有以期待更多的利润，而场外的投资者由于以上几点原因几乎不会再看好这只股票。截至今日，我们可以说该股已经具备了大幅上涨的基本条件，目前场内投资者数量已经十分稀少，而且随着上涨，该股的 K 线形态只会越来越高，场内投资者数量也就会越来越少。

图 1-22 为该股 3 月 12 日的日线图外加分时图。从分时图上看，全天有一大半的时间都在跌，而且上午跌得最为凶猛，最大跌幅超过 4%。临近尾盘股价才重拾升势。细心的人会说，今天刚好跌到 5 日均线，在 5 日均线处获得支

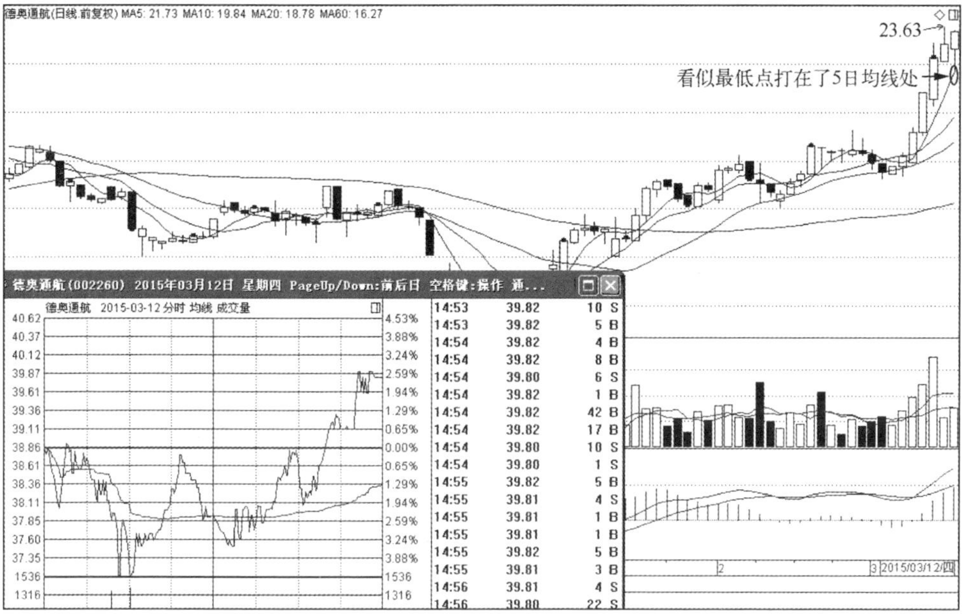

图 1-22

撑，我会在这里买入。但是如果你再细心一点的话就会知道移动均线的计算方法——5 日均线的价格等于过去的 4 个交易日收盘价，外加当日盘中当前价格（收盘后就是当日的收盘价）的总和再除以 5。也就是说，股价在收盘时涨起来了，此时 5 日均线价格刚好等于今天的最低价，而盘中下跌的时候，5 日均线可不是现在的价格。笔者计算了一下，当该股今日跌到最低点的时候，5 日均线价格为 21.38 元，而今日最低点的价格为 21.67 元。也就是说，该股的股价在今天从来就没有跌破或者跌到过 5 日均线。所谓的今天最低点刚好触及 5 日均线的画面并不真实，所以你的“5 日均线买入法”今天根本派不上用场！

又过了一个交易日，3 月 13 日，走势如图 1-23 所示。

今天的走势很容易概括：没量，没涨，显现压力。在绝大多数投资者眼里，当前股价依然处于危险的“高位”，敢于在这里大胆、大仓位买入的投资者一定少之又少。前期买入的短线投资者现在还剩下多少？你看今天的成交量就知道了。更何况前期能有多少投资者是买入的呢？所以，当看透这一层之后，是应该买入还是应该卖出，你心里应该有本账了吧？

又过了一个交易日，“今天”是星期一，3 月 16 日。图 1-24 所示为今天

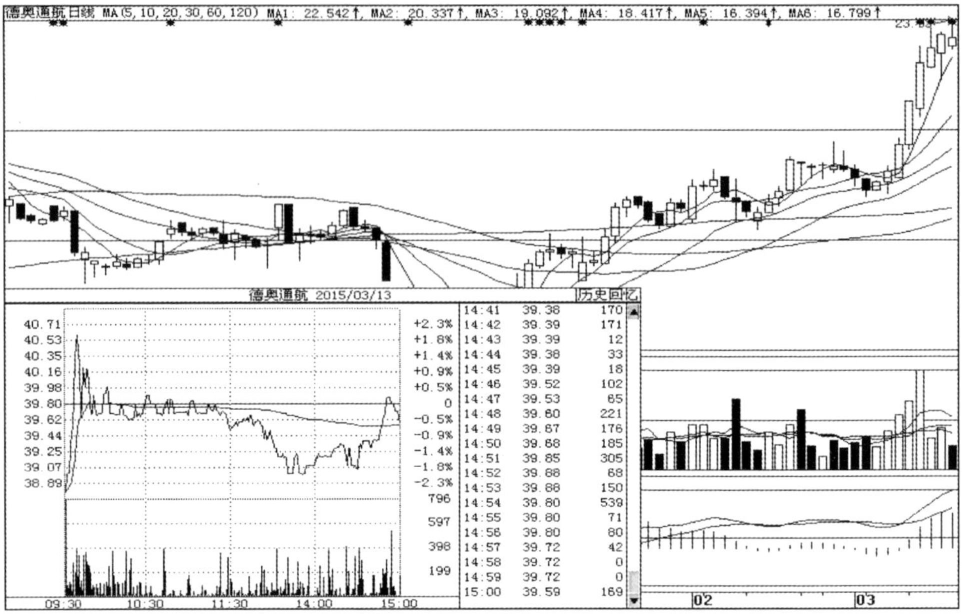
德奥通航 日线 MA(5,10,20,30,60,120) MA1: 22.542↑, MA2: 20.337↑, MA3: 19.092↑, MA4: 18.417↑, MA5: 16.394↑, MA6: 16.799↑
德奥通航 2015/03/13
历史回忆
09:30
10:30
11:30
14:00
15:00

图 1-23

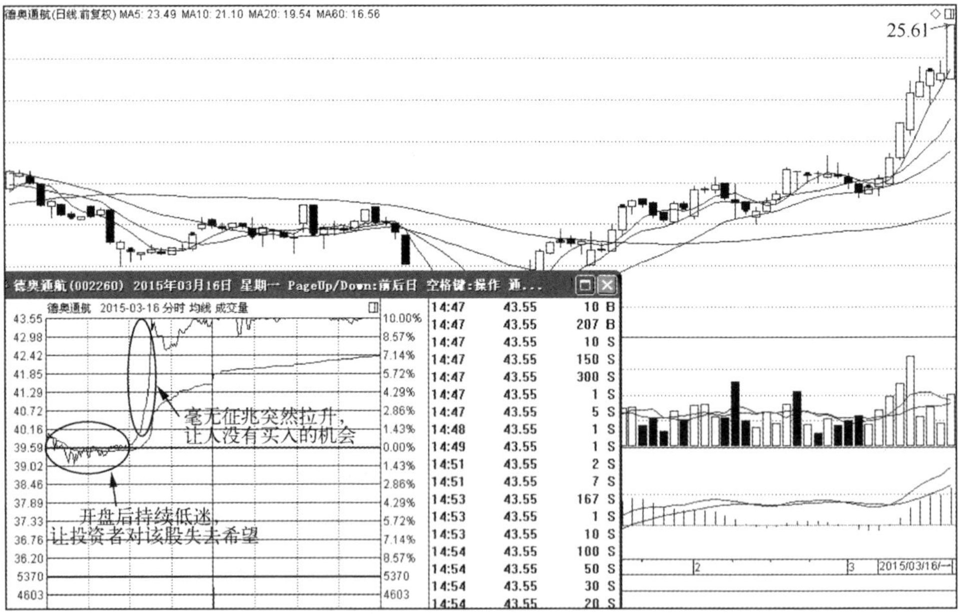
德奥通航(日线 前复权) MA5: 23.49 MA10: 21.10 MA20: 19.54 MA60: 16.56
25.61
德奥通航(002260) 2015年03月16日 星期一 PageUp/Down:前后日 空格键:操作 通...
德奥通航 2015-03-16 分时 均线 成交量
毫无征兆突然拉升，
让人没有买入的机会
开盘后持续低迷，
让投资者对该股失去希望

图 1-24

该股的完整走势。

或许只有等这个形态走出来之后，大家才会发现，原来前期连续三个交易日的洗盘就是为了今天的涨停。投资者们每日都梦寐以求的涨停今天来了，但是昨天的形态你看好吗？就算看好了你敢买入吗？就算你买入了，又买了多少呢？就算买了很多，今天早盘你卖掉了吗？经过笔者如此分析，大家应该能深深地感受到市场的邪恶了吧？在股市里从来就没有什么轻松获利，所谓的轻松获利要么是偶尔运气好的结果，要么是对必然遇到的困难视而不见之后产生的错觉。

如图 1-24 中的分时图所示，10:30 过后该股开始拉升。拉升之前的形态大家不看好，所以不会买，反倒有可能卖，拉升的时候大家都看好，但是有机会吗？真正留给投资者买入的时间又有多少呢？再者说，就算我们投资者手疾眼快，能抢到筹码，以目前的位置来看，又有几个投资者敢于在今天或者前几天重仓买入呢？所以，笔者说股市表面上是我们投资交易的场所，实际上是让“感性人”最终亏钱的地方。上涨的时候投资者能赚到的其实很少，而下跌的时候却会亏很多。从今天的分时图中我们可以充分理解“小赚大亏”的前半部分了。

股市里很少有白送给投资者的大块利润，因为那违背了市场让投资者“小赚大亏”的根本原则。即便是有一些可以白白捡来的大块利润，也只不过是市场暂时放在投资者手里的（所谓白捡利润，就是 T 日 K 线形态几乎完美，投资者敢于大胆买入，T+1，T+2 连续大涨，让投资者轻松获利，这也叫作“躺赚”。这种利润来得十分容易，就像白白捡到的一样。）。

还有一点非常重要！该股 2015. 3. 16 这天的确涨停了，但是在涨停分类里面，这天的涨停形态属于弱势的尾盘封停。在很多投资者眼里，早盘涨停的属于强势股，代表主力实力雄厚；而尾盘涨停的属于弱势股，因为主力没什么实力，只能利用少量的资金在临近尾盘时突然封停（这纯属无稽之谈）。因此该股今日的表现足以让无数投资者对它的后势失去信心，再加上目前高高在上的形态和价格，恐怕很多股民朋友连继续观察该股的兴趣都没有了。然而事实我们刚才已经看见了，该股涨到现在，连“半山腰”还没走到呢。

图 1-25 是该股从启动日（3 月 9 日）至今（3 月 16 日）的整体日 K 线图。

从启动日开始，短短的 6 个交易日内，该股涨幅已经超过 33%。虽然目

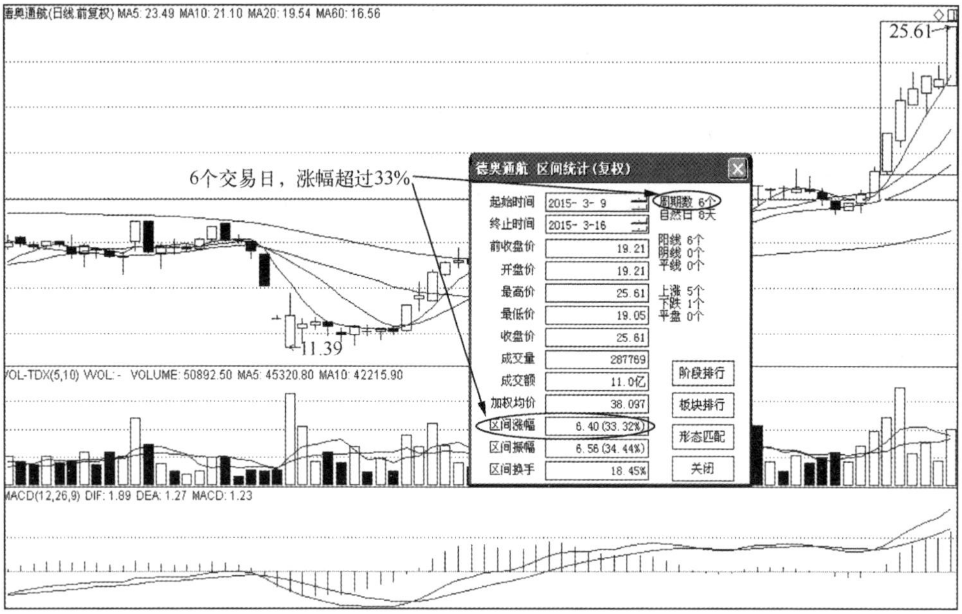

图 1-25

前个股形态的高度让我们感到有些畏惧，但是它上涨的步伐才刚刚开始。

假如今天尾盘封停之前，你在涨停板价格上买入该股，在未来 50 个交易日中还有超过 140%的利润空间，虽然你最终能收获多少利润并不好说，但有一点可以肯定，在这 50 个交易日的时间里，你可以任意选择时点卖出，届时就算你想亏损，那都是不可能的！

图 1-26 中最左侧的一根 K 线就是 2015 年 3 月 16 日，假设是你买入的时候。笔者列举本例的用意不仅仅是向大家介绍市场波动的规律，更想用一个实际的例子告诉大家，炒股在很多时候和我们想象的不一样，高高在上的形态和价格并不是不能买入的理由，能否再继续上涨才是买与不买的关键。很多投资者朋友买入的股票都是他们主观上想买的，卖出的股票都是他们感觉应该卖的。然而我们在股市里甚至在现实生活中都不能“想做什么就做什么”，而是“应该做什么才做什么”。可惜而且又巧合的是，我们想做的事情中很多都是不应该做的，而不想做的事情却恰恰是应该做的。就连笔者崇敬的美国投机大师——杰西·利弗莫尔也不能例外，他凭借自己的才华创造了巨额的财富，却又因为后期的放任自流，将全部财富损失殆尽。回到我们眼前的这个例子，其实要抓住牛股并非不可能的事情，但需要我们理智地看清，

什么事情是我们不想做，但又应该去做的。

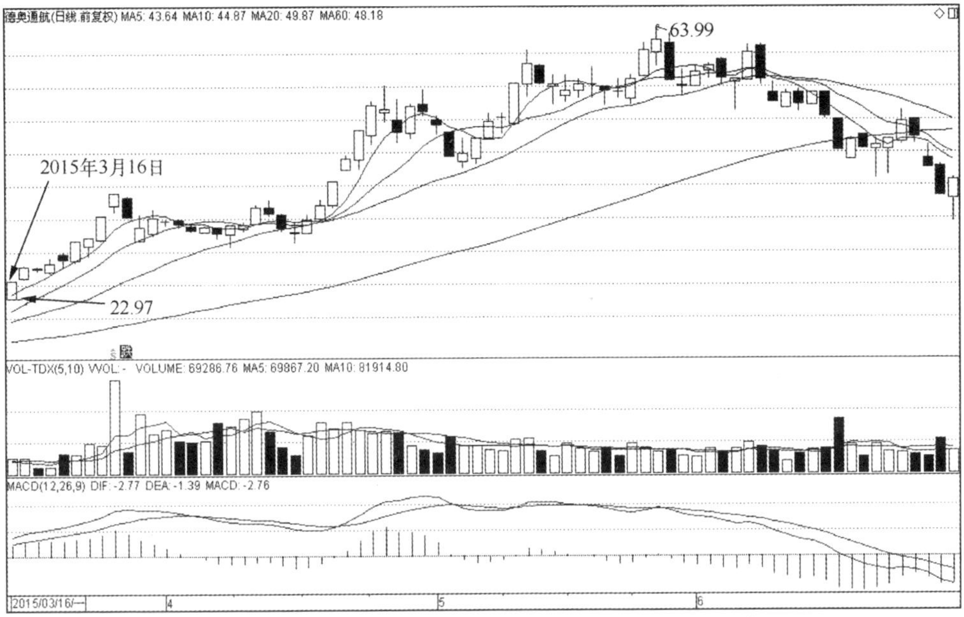

图 1-26

四、如何做股市中的“寿星”

笔者在这里向大家介绍一套从选股到交易，较为简单而又具有系统性的操作方法。这套方法的得出，全部来源于笔者之前讲过的“市场运行的规律”。它虽然很难让你的利润达到最高，但可以使风险降到最低；虽然很难让你成为别人眼中的“明星”，却可以帮助你成为市场中的“寿星”。

具体操作步骤如下。

1. 选股

成功的交易者往往在行情不好的时候开始选择目标股票，为不知道什么时候才能开始的下一笔交易积极准备。而失败的交易者往往在行情欣欣向荣的时候才开始选股，但选到的只能是一些别人也都看好，大家纷纷买入的股票。所以，越是在大盘走势难看的时候，我们越要打起精神，把尽可能多的“难看”股票拉进自选股，因为它们中间说不定会有那么几匹黑马。

2. 入场

目标股里的“场内散户数量”才是我们分析的关键因素。在这些股票的走势图中，上一次形态好看之时就是他们买入的价位。设身处地地把自己想象成他们。他们被套，我们就想象自己被套，跟着他们一起难过；他们盈利，我们就想象自己盈利，和他们一起高兴。只要他们套着不肯出来，我们就不要进去。如果他们盈利了，但不是很多，一旦卖出就是我们开始分批入场的时机。

3. 离场

如果我们买入之后被套了，无须惊慌，因为炒股被套是家常便饭。此时我们只需要重新分析一下当前的形势即可。如果发现之前的买入是一个错误的决定，那就趁损失还不大的时候尽早离开。

如果发现当初买入之时没有犯下错误，只是市场没有按照我们预想的方向运行，那也没什么可犹豫的，离场再观望一段时间便是。

如果我们买入之后盈利了，也无须立刻卖出。因为大部分普通投资者用感性认识的方法买入股票只能把握到较小的上涨行情，而普通投资者把握不到的才是大块的上涨行情。当大盘表现得非常平稳，而个股表现得积极向上，投资者再次纷纷入场之时，我们再卖也来得及。

4. 注意事项

（1）如果你觉得只要是突破前期高点（或创历史新高），解放前期套牢盘的股票都能继续上涨的话，那就大错特错了。解放了前期被套的投资者之时，前期买入的投资者能否卖出，并且当下新进去的投资者是多是少也极为重要。如果在解放前期被套筹码的时期，个股和大盘都处于比较稳健的形态之下，前期被套的投资者会做何感想？“套了我这么久，现在涨得又这么好，我非要大大赚上一笔不可。”如果这样的话，不但前期被套的投资者没有出场，反而诱惑更多的投资者买入，那么该股未来的走势就很危险了。相反，解放前期被套筹码之时，大盘和个股走势都处于不明朗的形态之下，那么这只股票后期是否会有行情，就值得我们进一步研究了。总之，交易没有固定的方法，没有固定的模式。任何固定的方法可以让你在一段时间里获利颇丰，同样可以让你在另外一段时间里损兵折将。所以真正的交易高手不是那些学会了很多种方法的书呆子，而是那些懂得灵活运用市场规律的人。

(2) 真正应该买入的位置，一般看上去都不怎么好看，似乎只有不会炒股的人才会在那个地方买入。而真正应该卖出的位置，一般看上去都完美极了，似乎谁要在这个地方卖，简直傻透了。

(3) 无论在市场内还是在日常生活中，失败者大多是任性而为的，成功者都是自律的。所以，只学习炒股方法，不学习鉴别、克制、利用情绪是无法在股市里取得成功的。

以上案例并非笔者通过精挑细选找到的例子，沪深两市几乎所有的股票都是符合这个规律而运行的。大家也可以参照自己手中的股票来分析一下，看看是否符合这个规律。任何个股的阶段性高点几乎都会符合大盘形态积极向上同时个股稳步上涨的特征；而阶段性低点则符合大盘形态较为迷茫，且个股形态无比悲观的规律。

表面上看，股市是人们投资理财的场所，任何符合相关法律以及证券交易所和证券公司开户条件的人都可以在这里进行交易。但是，在笔者看来，股市是一个让“感性人”最终亏钱的场所。怎么能让“感性人”赚得更少，股市就怎么走；怎么能让“感性人”亏得更多，股市就怎么走。然而，无论大盘还是个股的任何一根 K 线走势，总是能够同时“照顾”到买卖双方的大部分投资者。首先，如果要上涨，就让投资者在上涨之前尽可能多卖，并且大部分卖在低位，同时让投资者在上涨之前尽可能少买；如果要下跌，就让投资者在下跌之前尽可能多买，并且大部分买在高位，同时让投资者在下跌之前尽可能少卖。其次，如果要上涨，在上涨之前的下跌幅度十分有限，因为市场不会让投资者在上涨之前买到更便宜的筹码；如果要下跌，在下跌之前的上涨幅度也很有限，因为市场不会给投资者足够的获利卖出空间。所以，没有受过专业培训的普通投资者能够轻松把握的上涨大多数是小涨，不容易把握的才是大涨；反过来，投资者能够轻松回避的下跌中，绝大多数都是小跌，回避不了的、来不及回避的一般都是大跌。

这就是我们所熟悉的股票市场，它不是一位有着怪脾气的先生，而是一个阴险狡诈的博弈对手。它不仅目的明确，而且手段高明。任何一个不了解它行为方式的投资者，在它的面前可以说毫无胜算可言。

单单了解市场是不够的，我们还应该深入地了解普通散户的行为方式。正是因为他们极具规律性的行为，才使得市场一次又一次地重演历史，一次又一次地战胜散户。在下一章的内容中，笔者为大家总结了几条散户行为与市场未来走势之间恒久不变的关联。它们既是市场为散户精心设置的陷阱，同时也是散户在交易中失败的真正原因。

第二章　散户当前行为与市场未来走势的关系

导读

知道了市场究竟是以何种规律来运行的，并不代表可以顺利地遨游股海，穿越牛熊。因为人的思维是极其复杂的，散户也未必是单纯地追涨杀跌那么简单。在本章中，笔者为大家深入剖析散户心理，研究散户在不同的市场环境下将会产生什么不同的行为，最后将散户行为与市场可能的未来走势挂钩。如此一来，我们在市场中投资便更有保障了。

在上一章中，笔者抛出了几个观点，在很多人看来这些观点是有违常理甚至荒诞的。如果你无法接受这些观点，可能是因为你的思想被传统的交易方法所禁锢，任何有违曾经所学过知识的观点在你看来一定是错误的。而这是阻碍你提高交易水平最大的障碍。我们可以把世界上的真理分为两种：一种是已经被证伪的，另一种是尚未被证伪的。所以笔者希望正在阅读本书的广大读者，用怀疑的态度重新审视你头脑中的观点。无论是曾经学到的，还是正在学习的。

在本章中，笔者将与大家针对第一章中所讲述的内容进行更深层次的探讨，并由此延伸出更多对于普通散户投资者来说更具实战意义的方法和内容。

一、散户十条

你可以说股票市场的走势是由政策指引的；或者是由资金推动的；又或者是有着属于它自己的规律，常人无法看透……但是这类说法在实战面前都有站不住脚的时候。因为它们虽然可以完美地解释历史，却不能经常准确地预见未来。如果我们想在市场中对尚未发生的走势有所“预见”，在笔者看来，只能从散户行为分析的角度出发。

在市场运行基本规律的指导下，我们很容易就能发现，市场的涨跌和当前的散户行为有着极为稳定而且恒久不变的关联，如下所述：

（1）大量散户集中入场，代表市场即将下跌。

（2）大量散户集中出场，代表市场即将上涨。

（3）多数散户始终犹豫，不敢放心地买入，代表市场会继续上涨。

（4）多数散户始终坚信，相信市场总能涨回去，代表市场会继续下跌。

（5）明明大部分散户已经出场，市场却还在继续下跌，代表未来总会出现一轮更大的上涨行情。

（6）明明大部分散户已经入场，市场却还在继续上涨，代表未来总会出现一轮更大的下跌行情。

（这里所谓的“市场”，可以理解为大盘指数，也可以理解为个股，这代表大盘走势的分析和个股走势分析完全可以使用相同的方法。若将大盘当前走势分析和个股当前走势分析相叠加的话，效果更为显著，在本章下面的篇幅中，笔者会为大家进行详细的讲解。）

细心的读者看到这里的时候一定会对笔者提出这样一个问题：你的理论我姑且相信，但你如何得知市场中其他散户此时此刻的想法和具体行为呢？如果你不知道他们在做什么，你的理论岂不是半点意义都没有吗？

完全正确！能够正确地分析市场中其他散户在此时此刻的想法和行为，不仅是在市场中保持长久生存的重要能力，更是一个优秀的股票投资者在制定决策之时所需要考虑的主要甚至全部的因素。而这也正是笔者要在本章中向大家介绍的内容。

如何猜测他人的想法，这本是一个属于心理学范畴的话题，但对于一个没有学过心理学的普通散户投资者来说，其实也不难做到。由于大部分人的思维在整体上是极其相似的，所以此时你所想的也正是他人所虑的。至少可以说，当前市场走势给你的第一主观印象，就可以近似地看成市场中大多数散户此时此刻的想法了。

这好比在你眼中的绝世美女在其他人看来长相一定不差。又好比假如你有足够多的钱，法拉利和夏利之间你选哪个？（反正我会选择前面的那个。）你看，我们的想法在很多时候都是一样的。我们可以推己及人，把自己的想法当作别人的想法去处理问题，炒股就是这么简单。

以上便是猜测市场中广大散户整体行为的常用方法——推己及人法。它的优点是简单易用，而且在大部分情况下都有着很高的准确率。就像是在顶级品牌的自行车专卖店中摆放的那一款最低配置而且最便宜的自行车一样。骑上它，你显得非常专业，能够轻松地超过赛场中的大部分选手，但它却不是最好的。

如果我们想要最好的，那就得在细致方面做更多的文章。笔者经过多年研究，把散户行为特征与市场运行规律进行对比，最后总结出如下十个规律，即散户十条。

第一条：看起来好看的形态，定会吸引大部分散户买入。所以阶段性顶部大多由好看的形态组成，无论大盘还是个股都是如此。好看的形态所维持的时间越长，构筑的顶部越大，未来下跌空间越大。倘若大盘和个股同时呈现好看的形态，这在散户眼里绝对是买入的良机，同时也是那些交易高手眼中的红色警报。

第二条：看起来难看或者拿不准的形态，只有少部分散户才会在此时选择买入。因为没有构成“散户集中买入”，才使得市场可以继续上行。因此，在市场的上涨阶段里，几乎所有 K 线形态没有一个是漂亮的，是足以吸引散户蜂拥买入的。而这里所说的“所有 K 线形态”，是指从上涨的起点开始到临近顶部的这段时间里，任何几根连续 K 线所构成的形态。在这个阶段的每一天里，散户们多半都处于举棋不定的状态。而那些交易高手们，却都在壮着胆子勇敢地试探。

第三条：好看的形态形成，散户入场之后，如果股价继续上涨，只有当散户们赚得足够多了之后才会考虑卖出，如果赚得不够多，散户们是不会卖的。所以每当市场出现一个漂亮形态之后，只要后面没有出现大幅度的上涨，散户资金一定会进多出少，因此下跌风险就不能解除。反过来说，如果市场想要清理场内散户，而后继续上涨的话，一定是在散户买入之后，经历较为明显的上涨，使场内散户充分获利并且因为害怕利润回吐而卖出之后，才能成功地洗盘。

第四条：散户买入之后，如果股价下跌，只有赔得较少，同时散户对当前形态持悲观态度之时，才会选择止损离场。如果散户们赔得较多，那么无论他们对当前局势看法如何一般都会死扛。所以漂亮形态出现之后的小幅下跌，一般不是上涨过程中的调整，而是大幅下跌的前兆。但大幅下跌出现之后，一般不会立刻大幅上涨，而是继续萎靡不振，且持续一段时间。而这段持续萎靡的阶段可以说是在酝酿下一轮上涨，也可以说是在消耗场内已经大幅亏损的散户最后仅存的一点耐心！

第五条：目前看上去像底部的形态，散户就会放心地买入。然后市场会用实际行动向散户证明其实那远远不是底部。由此可见，在行情持续火热的阶段，交易水平越低的散户，越会去寻找看似像底部并且快要突破的个股买入。而那些交易水平很高的散户，往往会选择看似“高高在上”的股票进行交易。而在市场行情低迷的时候，交易水平越低的散户，越会去寻找看似像底部并且正在筑底的个股买入。而那些交易水平很高的散户，往往选择已经成功拉升的股票，并在其高效洗盘之时入场。这就说明，交易水平低的散户，无论什么时候都喜欢买低位的股票。而交易水平高的散户，无论什么时候都不可能买入那些看似安全稳健的形态。

第六条：目前看上去像顶部的形态，散户一般都不会买。所以往往出现形态越高的股票散户越不买，散户越不买的股票越是疯狂上涨的情况。无数事实可以证明，已经涨起来的股票要比那些尚未开始上涨的股票更容易继续上涨。但这并不意味着上涨的股票可以永远地涨上去。涨到什么时候是头呢？答案是：涨到你因为不愿意继续踏空而买入，并且一旦买了就舍不得卖出的时候。

第七条：大盘形态好看之时，散户内心的安全感比较充足，因此对个股形态的要求会大幅降低。所以每当大盘走好的时候，个股形态不是很好的股票也会引发散户的集中买入，从而被迫见顶。所以在这种时候，因为空仓观望，而持续踏空的人或许才是真正的高手。因为他们知道，一个投资者在牛市中盈利的数额代表的不是他的交易水平，而仅仅是他的野心而已。

第八条：在大盘形态难看之时，散户会从个股方面寻找交易的安全感，从而对个股形态的要求会非常高。因此在大盘形态非常难看的时候，无论形态多么好看的股票都很难引来散户的集中买入。所以，往往越是在这样的时候，越是应该大胆地尝试。很多黑马就是在这个时候开始起飞的。

大胆地尝试不等于无脑地选择，更不等于一旦买了，不见利润就不卖出。这些品质可以说是果断和坚持，更可以说是冲动和贪婪。笔者之所以使用“大胆地尝试”这个词语，是想告诉大家，一只能够上涨的股票，在上涨之前多半看起来软弱无力或者摇摇欲坠。而软弱无力、摇摇欲坠的股票未来却不是一定能够上涨的。

我们要做的不是用尽毕生所学去选出那只能够上涨的股票然后满仓买入（就像笔者当年买入东方金钰那样），而是尝试着买入那些散户们敬而远之的股票，能够获利自然是好，倘若不能，离场便是。试着阻止自己在事先进行各种预测，试着接受你以前不能接受的结果，试着阻拦自己在事情尚未结束之时提前断言，试着告诉自己——要在市场面前做一个谦卑甚至无知的“傻瓜”。

第九条：如果大盘通过呈现恐怖的下跌走出一轮熊市，本已经成功地完成了对场内散户的清理，却依旧维持连绵阴跌的话，并不意味着大盘将长时间下跌，一直跌到你认为的位置。因为大盘此时是在为下一轮上涨进行时间和空间的积累。而下一轮牛市能持续多久，能涨多高，全看这个时期积累的多少。至于积累到何时何处，没有人能够预料。这也诠释了为什么不要在下跌周期中武断地预言底部在哪里。无论什么底，都不是在它刚好形成之时能够看出来的。同理，在上涨的过程中，无论什么顶，都不是能在其刚刚形成之时就可以被精准预测的。

第十条：如果大盘通过呈现积极的形态，本已经成功地诱惑散户集中买入之后，却依旧维持积极上涨状态的话，并不意味着大盘将永无休止地上涨，或者一直涨到你认为的位置。因为大盘此时是在为下一轮下跌进行时间和空间的积累。因此，没有人知道涨势会在何处终结，但是未来迟早会出现一轮惨烈的下跌。

善于思考的读者此时一定会发现问题：第九条和第十条之间似乎可以形成一个无限闭循环，即大盘会不停地疯狂上涨，由于上涨过度，到了某个点位之后便开始疯狂下跌，由于下跌过度，再次疯狂上涨，如此循环……如果单纯地从字面上理解，第九条和第十条确实有这样的嫌疑，但事实绝非如此。我们在市场中应该做的，不是根据自己学到的理论去预测市场的未来走势，而是应该在面对模糊的未来时，运用自己学到的理论，去选择一种最恰当的操作行为。等待市场告诉我们结果之后，我们只需要接受它，然后结束这笔交易。

笔者将散户十条浓缩成如下口诀：

好看的多半会下跌，
难看的在酝酿上涨。
涨得上去才是洗盘，
跌下来了很难再涨。
低位的没准是陷阱，
高位的形态才很棒。
大盘好看尽量空仓，
大盘难看尝试入场。
过度上涨迟早大跌，
过度下跌早晚暴涨。

二、散户十条的应用

在这里，笔者向大家郑重声明：不要从微观的角度去解释上面十条内容。我们越是宏观地观察市场，越容易发现其中的规律。如果你严格按照这十条操作，有时会承担一些损失，有时会错过一些利润，但你最终得到的将是在市场中的长久生存和慢慢积累起来的财富。为了便于大家更加直观而且深入地理解散户十条，笔者为大家展示几个案例。

第一条：好看的多半会下跌

图 2-1 所示为酒鬼酒在 2016 年 6 月 16 日的日 K 线图，依据散户十条中的第一条，看起来好看的形态就会有散户买入，而且散户买入的数量也将和个股所呈现图形的好看程度成正比。由此我们可以判定，应该有一部分散户会买入该股。虽然入场散户的具体数量不得而知，但是“今天”买入该股的散户一定多于卖出该股的。

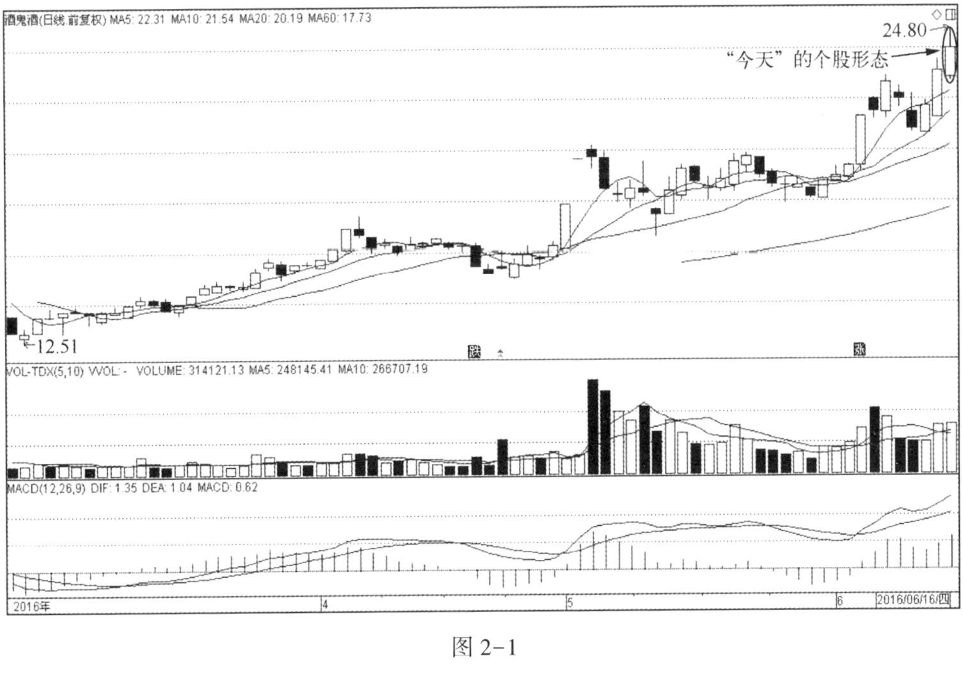

图 2-1

所以在未来的 13 个交易日之内，在大盘明显上涨的情况下，该股的涨幅只有 1.54%，如图 2-2 所示，可以同时说明以下五个问题：

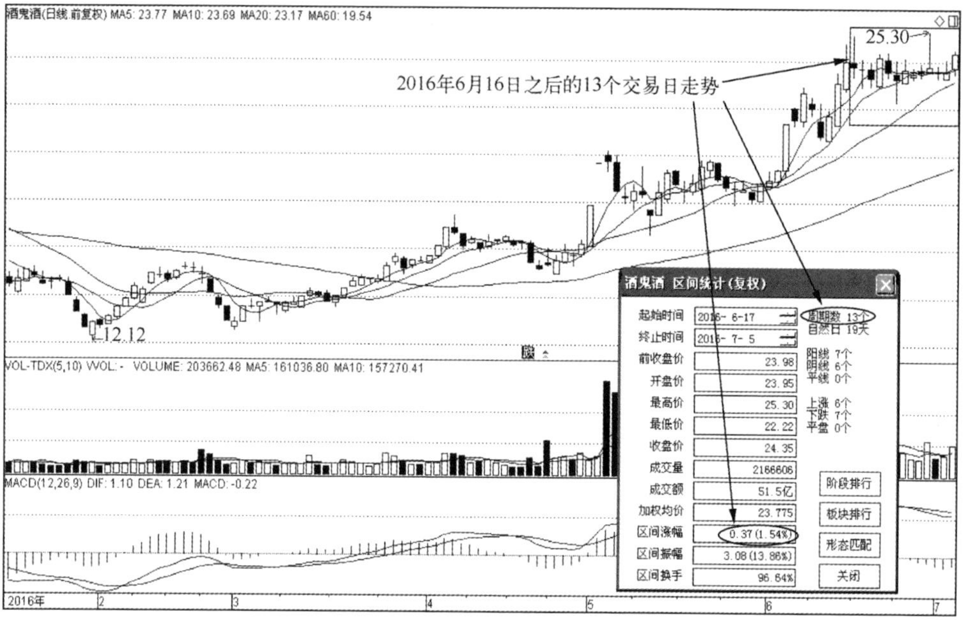

图 2-2

（1）形态越是好看的股票，买入的散户就会越多。

（2）好看的形态维持得越久，买入的散户就会越多。

（3）只要是散户集中买入的股票，短时间内就很难大幅上涨。

（4）在大盘的上涨周期中，没有上涨的股票几乎都是前期被散户集中买入的股票。

（5）遇到此类情况：大盘连续上涨，同时个股仅有小幅攀升，且形态连续乐观的时候，其实是市场在向大家发出应该离场的危险信号。（如果大家读过利弗莫尔的书籍，一定对他所描述的“市场求着他离场”的字样不会感到陌生。市场如何“求”他离场呢？就是这样“求”的！相反，市场也有“求”他入场的时候，怎么“求”的呢？就是把上述情况反过来描述：大盘持续阴跌，同时个股仅有小幅下跌，且形态一直非常恐怖。）

图 2-3 为该股 2016 年 7 月 6 日的日线图。

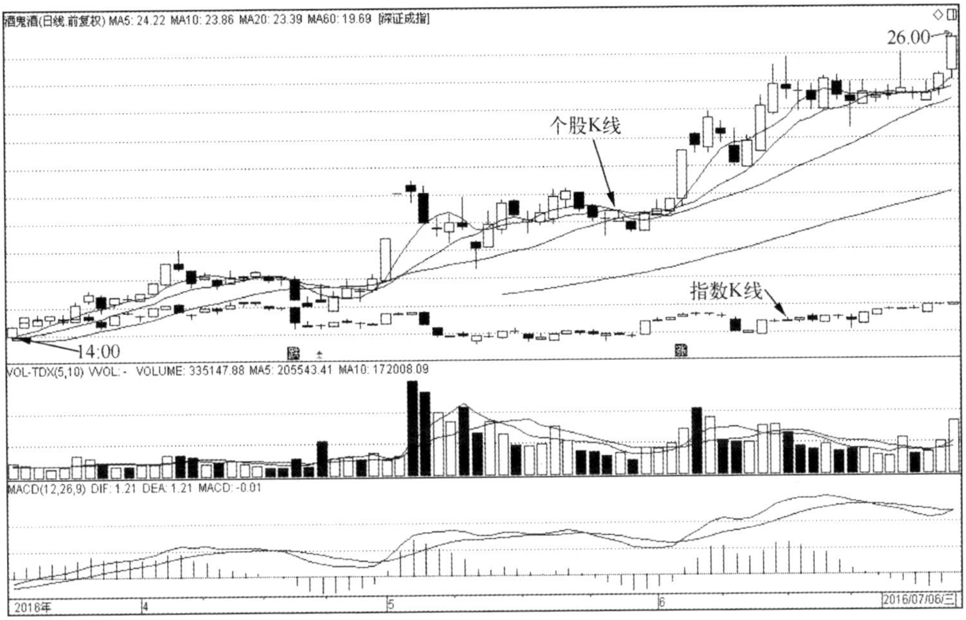

图 2-3

在散户集中买入的第 14 个交易日里，该股终于涨了！

目前该股的 K 线形态好看吗？——依然好看。

前期买入的散户今天会卖吗？——多半不会！

为什么呢？——因为散户持股期间没有特别吓人的 K 线形态出现，而今天的走势又格外引人注目。

前期没有买入的散户今天会买吗？——多半会！

为什么呢？——今天的形态更好看，无论 K 线、成交量，还是指标。

如此一来，该股场内的散户数量是增加了还是减少了呢？——当然是增加了！

那么该股还能继续上涨吗？——市场不会让如此多的散户轻松盈利。虽然此时没有谁能断言该股未来短期内是涨是跌，但想必走势不会太乐观。

从“今天”的上涨可以看出，散户在市场中想赚点钱是多么不容易。他们在自己喜欢的位置买入，在大盘持续上涨的阶段里，14 个交易日后才能赚到钱，而且仅仅赚了 6%。倘若在大盘下跌的阶段中，后果可想而知。

图 2-4 为酒鬼酒在 2016 年 7 月 6 日那天涨过之后的运行态势。用了 18 个

交易日，跌去 20%。

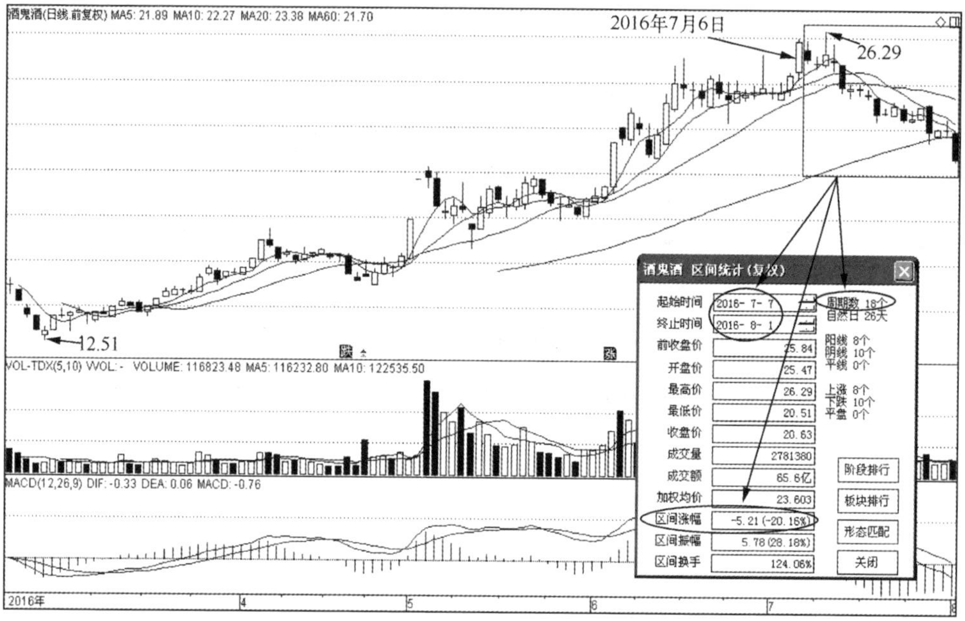

图 2-4

这就是当一只股票被散户集中买入之后的正常走势。下跌是必然的，区别只在于早跌、晚跌、多跌、少跌而已。如果你认为该股本轮下跌是受大盘牵累的话，这或许算是个理由。但是你肯定无法解释下面这幅图片，请看图2-5。

如图 2-5 所示，又过了一段时间，大盘止跌企稳，并收复失地，但此时个股却远远没有，相比前期 2016 年 7 月 6 日的最高点，目前仍有超过 15%的跌幅。

此时你依然可以为它为什么没有大幅上涨而继续寻找借口，但是 30 个交易日，15%的损失，是我们完全可以避免的，只要你能认清市场运行的真实规律，只要你懂得散户十条。图 2-6 为酒鬼酒在 2016 年 7 月 6 日最高点之后的中期走势。

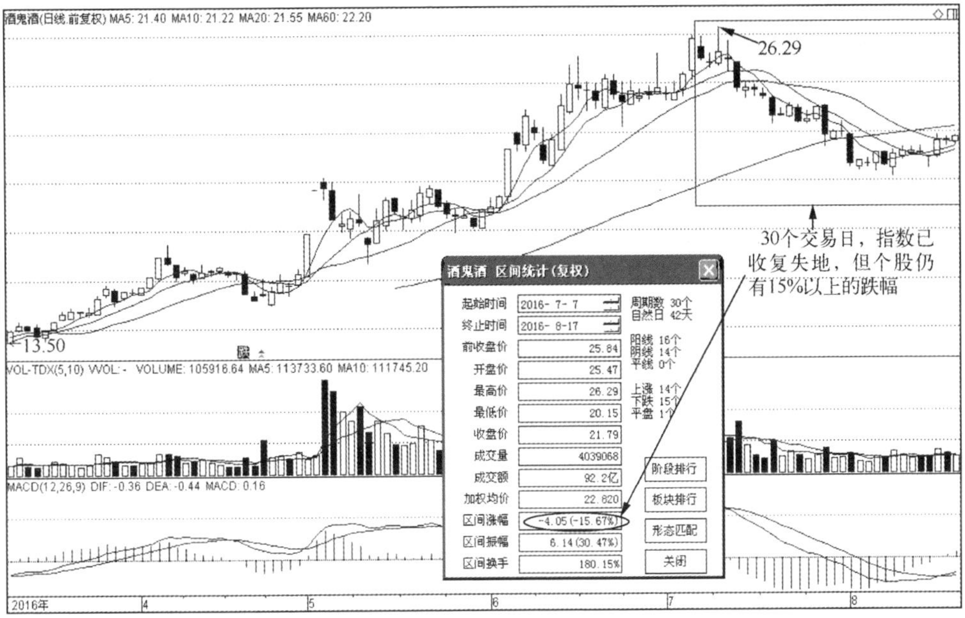
酒鬼酒(日线,前复权) MA5: 21.40 MA10: 21.22 MA20: 21.55 MA60: 22.20
26.29
13.50
30个交易日，指数已收复失地，但个股仍有15%以上的跌幅
VOL-TDX(5,10) VVOL: - VOLUME: 105916.64 MA5: 113733.60 MA10: 111745.20
MACD(12,26,9) DIF: -0.36 DEA: -0.44 MACD: 0.16
酒鬼酒 区间统计(复权)
起始时间 2016- 7- 7
终止时间 2016- 8-17
前收盘价 25.84
开盘价 25.47
最高价 26.29
最低价 20.15
收盘价 21.79
成交量 4039068
成交额 92.2亿
加权均价 22.820
区间涨幅 -4.05(-15.67%)
区间振幅 6.14(30.47%)
区间换手 180.15%
周期数 30个
自然日 42天
阳线 16个
阴线 14个
平线 0个
上涨 14个
下跌 15个
平盘 1个
阶段排行
板块排行
形态匹配
关闭
2016年
4
5
6
7
8

图 2-5

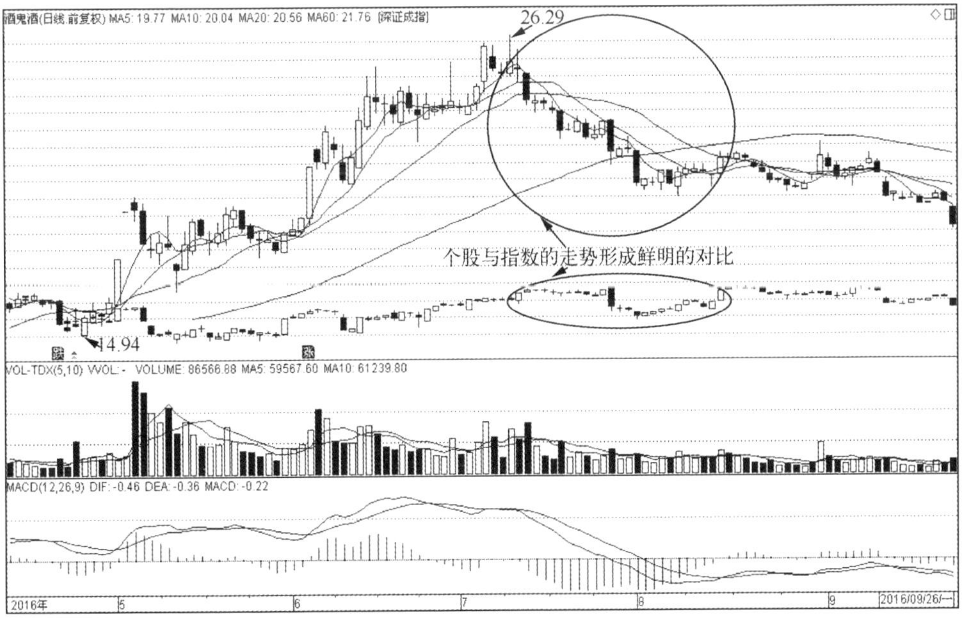
酒鬼酒(日线,前复权) MA5: 19.77 MA10: 20.04 MA20: 20.56 MA60: 21.76 [深证成指]
26.29
14.94
个股与指数的走势形成鲜明的对比
VOL-TDX(5,10) VVOL: - VOLUME: 86566.88 MA5: 59567.60 MA10: 61239.80
MACD(12,26,9) DIF: -0.46 DEA: -0.36 MACD: -0.22
2016年
5
6
7
8
9
2016/09/26/一

图 2-6

正如酒鬼酒这只个股在这段时间中所表现的这样：

大盘小跌之时，个股大跌。

大盘大涨之时，个股小涨。

大盘再次下跌之时，个股暴跌。

如此一而再，再而三地弱于大盘，其根源只有一个——个股好看的时候有散户集中买入。或许还有一个原因——个股形态好看之时，大盘形态同样好看，于是引发更多散户集中买入！

其实，笔者完全可以把每一根K线都列举出来，并逐一详细分析，但这并没有太大的意义。因为我们在实战中，不应该关注每一根K线是如何运行的，那样就中了市场的圈套，让我们鼠目寸光。我们应该放眼全局，关注"这一段时间里"市场都在做些什么。毕竟诱惑散户集中买入（大家俗称的主力出货）和引导散户纷纷卖出（大家俗称的主力洗盘）都不是在一两日内就能完成的。与其在交易时间里时刻盯盘，被市场耍得团团转，不如做一名淡定的投资者，放眼全局，以"一段时间"为单位去分析市场的真正意图。（注：笔者无法确定"一段时间"到底是多久，在不同的实际情况中，不同的个股中，"一段时间"或许只是三五天，甚至更短；或许是几十天之久，甚至更长。）

第二条：难看的在酝酿上涨

笔者有无数个案例可以向大家展示，但是一个有趣的想法突然产生了。我为什么不把酒鬼酒的例子再说一遍呢？在第一条的案例中，我向大家展示了它在下跌前夕是如何诱惑散户不断买入的。那么在第二条的案例中，我就向大家介绍一下它在前期的上涨的过程中，是如何阻止散户买入的吧。有人可能会觉得这样做略有偷懒的嫌疑，请大家见谅，我认为这样更有趣，而且更有意义。

接下来，笔者希望大家做好心理准备，因为大家将看到一连串的K线图形分析。内心浮躁，想一口吃个胖子的读者看到如下内容，会有听和尚念经一般的感觉，请在身边准备一个枕头。然而在内心沉稳，求知欲强的读者眼中，这或许是一顿饕餮盛宴！

面对一只新关注的股票，从哪里入手分析才好呢？或许有人会产生这样的疑问。

随便哪天都可以！

我们可以从任何一天开始研究一只股票想要传递给散户的信息，我们就选择一根有标志性的 K 线好了。

如图 2-7 所示，2016 年 5 月 3 日，酒鬼酒强势涨停。笔者确定单凭这一根 K 线就足以让众多散户爱上它，可惜绝大多数散户并没有机会买入，只能看着早早就被巨单封死的涨停板，然后盘算着明日应该如何买入。（笔者说该股今日虽然强势涨停，狂赚眼球，却不让大家买入，是因为该股在冲高之前并没有什么预兆，被淹没在茫茫股海之中，散户无法发现它，就算发现了，也不会看好并买入它。而冲高的过程又如此坚决并且短暂，让绝大多数人来不及反应。能够反应过来的人多半也在为买还是不买而犹豫。就这样，封板了。所以该股今日走势的目的仅仅是让大家把它拉进自选股票池而已。）

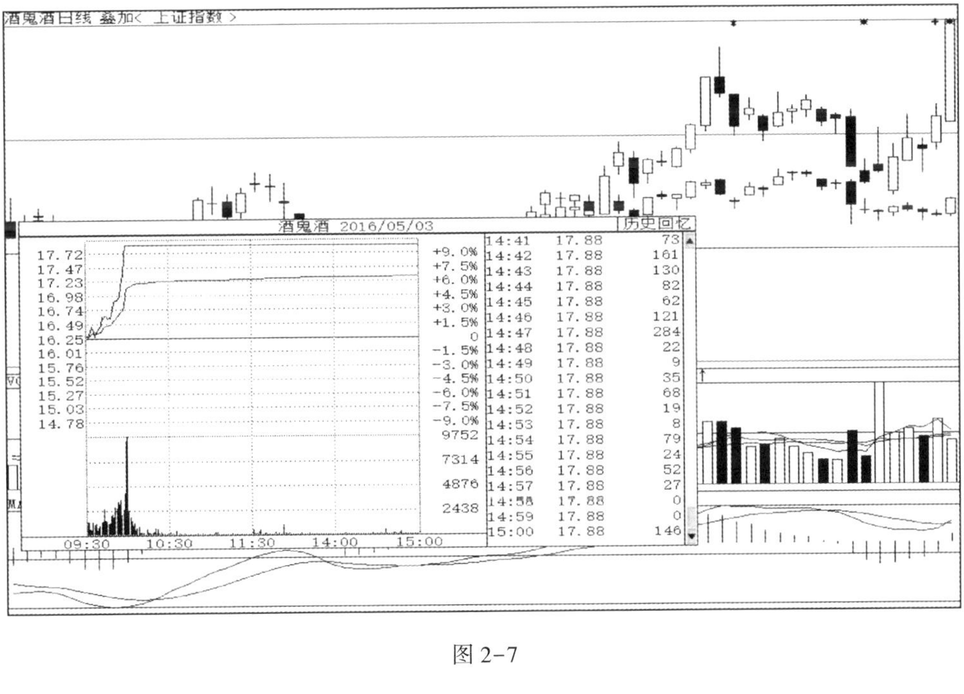

图 2-7

“存在的就是合理的。”这句话在分析股票时非常适用。

如图 2-8 所示，该股在这个交易日中一字涨停板。不管此时该股有什么利好，它运行的方式都可以有无数种，为什么偏偏选择最为极端的一字涨停板呢？更何况当日并无利好。

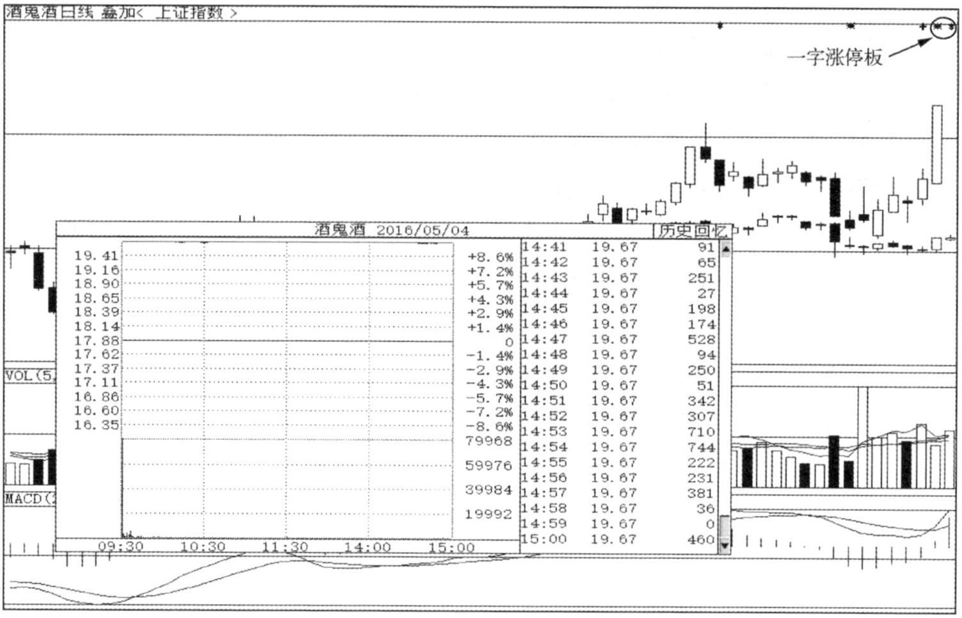

图 2-8

如果你从其他的角度分析，多半会得出一些模糊不清的结论。但如果从笔者第一章中所讲述内容的角度分析，结论就会清晰得多了——昨天有太多的人将它拉入自选股票池，准备今天买入。而市场想拉升该股，同时又要避免让散户低位介入，那就只有一字涨停这一种方法了。不管怎么说，前期没有涨的时候，散户不看好，因此不可能集中买入。现在散户看好它了，想集中买入，却没有机会。

市场运行的规律也有另外一种解读方式——让散户高位接盘。可现在已经是高位了，却不让散户买，那么答案就很明显了——市场会让散户在更高的价位买入它。一连串的图形分析就从此时开始。

请注意每幅图下面分析文字中“此时 K 线形态比较糟糕”这句话。

如图 2-9 所示，又过了一个交易日，“今天”是 2016 年 5 月 5 日。

有经验的投资者一眼就能看出来，突然爆发的巨量会在开盘第一分钟里体现出来。你会发现当时盘中的量比高得离谱，而且离谱的量比会从开盘一直维持到收盘。

有人会说，这是主力进行对倒出货。

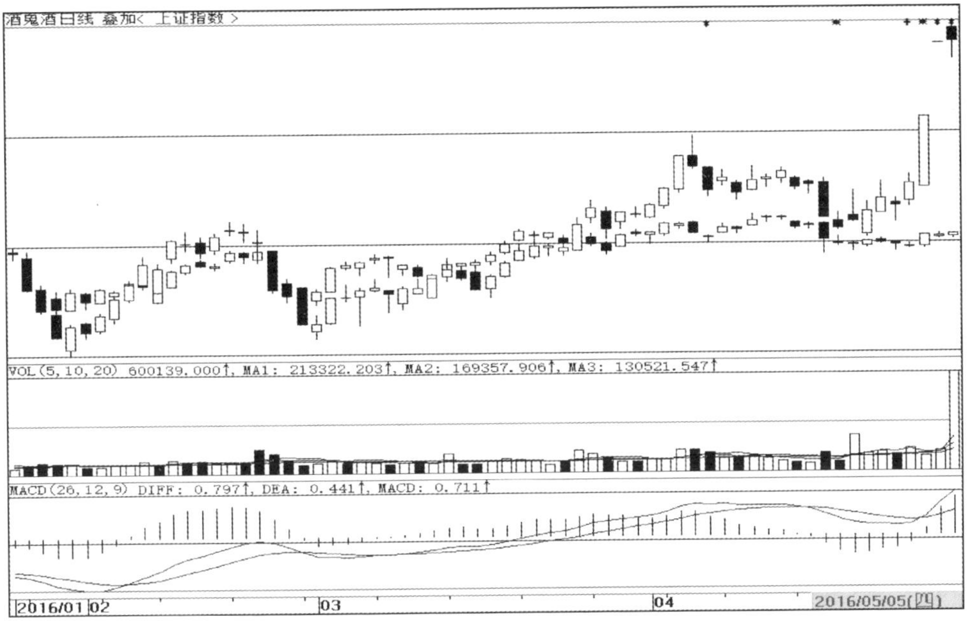

图 2-9

还有人会说，这是主力经过 2 个涨停板的拉高之后进行出货。

但是请想想，100 个散户中有几个敢在 2 个连续涨停板之后满仓买入该股呢？如果这个数字不能超过 50 的话，大家所说的“主力”就不可能成功地“出货”。

在笔者看来，此时一切分析都是徒劳的，因为答案已经明明白白地展现在我们面前——此时 K 线形态比较糟糕。

知道这一点就足够了，因为这代表散户不可能集中买入，未来继续上涨就目前来看依然可能。换句话说，从略微宏观一点的角度来看，今天的形态是为日后的某一日能让散户在更高的价位上集中买入奠定基础。

但是不管怎么讲，如此巨量中肯定有冲动型散户的买入成分，因此短时间内是涨是跌还不好说。我们应该继续观望。

下一个交易日，如图 2-10 所示，“今天”是 2016 年 5 月 6 日。

“昨天”（2016. 5. 5）我们没有选择入场，是因为不知道昨天的放量是否会有散户跟进，也不知道如果有散户跟进的话，入场散户数量多少，在没有看到散户明确的离场迹象之时，我们当然选择观望。

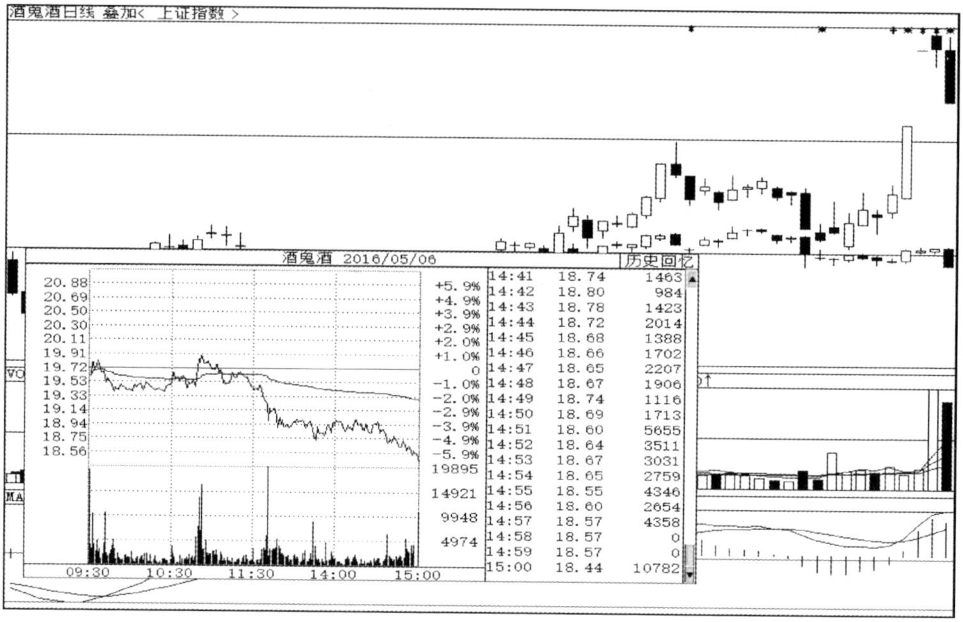

图 2-10

“今日” 大跌。

此时，或许你会用各种方法分析大跌的原因，或许你会四处打听是什么消息引发了今日大盘的暴跌。但这绝对没有丝毫意义！我们来从如下角度分析：

第一，今天大盘虽然暴跌，但是有没有上涨的股票？肯定有！那么该股今日为什么没有上涨？原因很简单，一定是昨天有大量冲动派的散户入场，而市场不可能让如此冲动的散户轻松赚钱。

第二，今日暴跌是否预示着明日也会暴跌？未必！别忘了该股前面涨停的初衷——为了让散户在更高的位置买入。那么今日的暴跌就完全可以理解为对该股连续涨停之前，场内“潜伏”散户的集中清理。一只股票能先让散户获利 2 个涨停板，再将他们清洗出局，市场如此“大方”的表现实在罕见！后面一定有戏。这同时印证了之前的一个观点：在上涨行情中只有少数人（潜伏散户）能获利，而且是小幅获利。

第三，今天的暴跌会让关注该股的散户趁机抄底吗？未必！散户如果想买便宜货，也得是他们敢于买入的时候才行。像大盘今日这样毫无征兆的暴跌，有多少散户会对未来充满信心呢？一定很少！

第四，我们要从略微宏观的角度来研究股票正在向散户传递的信息。该股今日想说什么呢——此时 K 线形态比较糟糕！知道这一点就足够了。

又过了一个交易日，“今天”是 2016 年 5 月 9 日，走势如图 2-11 所示。

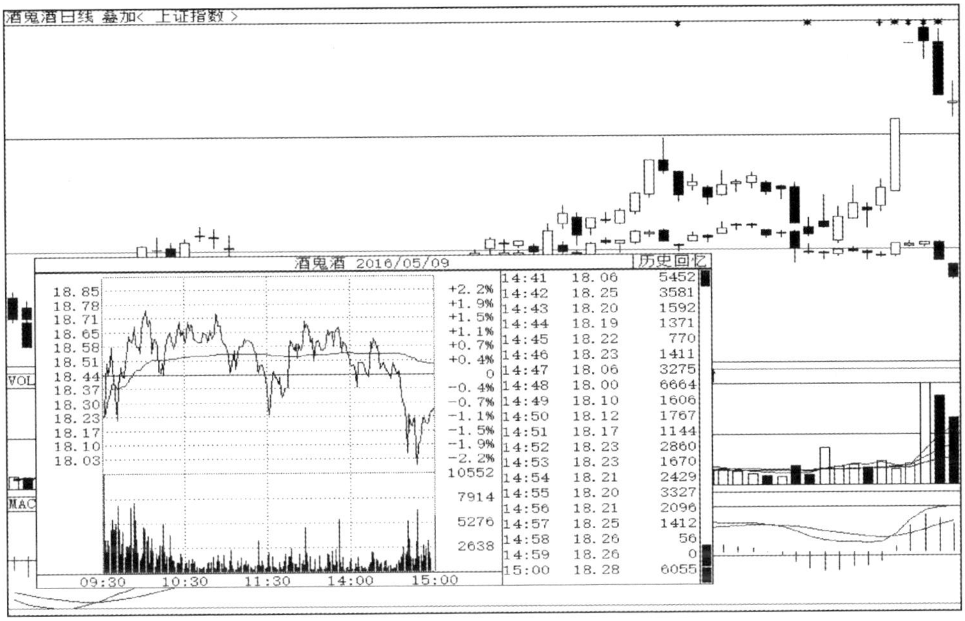

图 2-11

个股看似企稳了，但是散户敢买吗？

还是未必！

对于大盘的恐惧感打消了大部分散户买入股票的热情。今天该股虽然还保留在散户的自选股票池中，但是大家已经渐渐淡忘了前几天“逢低必买”的誓言。因为此时 K 线形态依然糟糕。

下一个交易日，“今天”是 2016 年 5 月 10 日，走势如图 2-12 所示。

大盘企稳了，个股也企稳了。散户敢买吗？

依然未必！

对于大盘是否会继续暴跌的担心，对于个股能否突破上方高点压力的疑惑，使得该股无法成为散户心目中的理想买入对象。此时 K 线形态不算太好。

又过了一个交易日，“今天”是 2016 年 5 月 11 日，走势如图 2-13 所示。

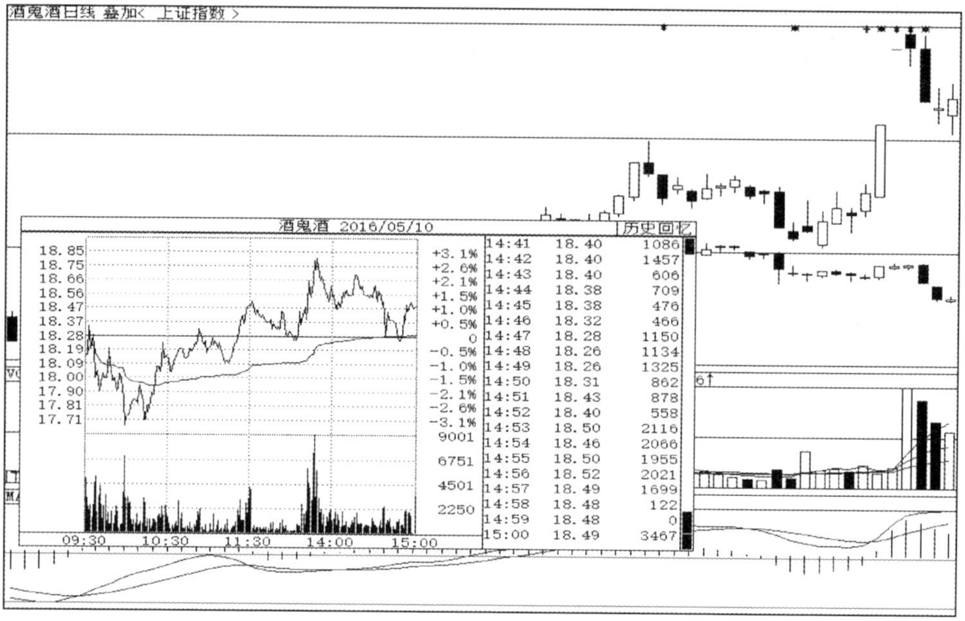

酒鬼酒日线 叠加< 上证指数 >
酒鬼酒 2016/05/10
历史回忆
18.85
18.75
18.66
18.56
18.47
18.37
18.28
18.19
18.09
18.00
17.90
17.81
17.71
+3.1%
+2.6%
+2.1%
+1.5%
+1.0%
+0.5%
0
-0.5%
-1.0%
-1.5%
-2.1%
-2.6%
-3.1%
9001
6751
4501
2250
09:30
10:30
11:30
14:00
15:00
14:41 18.40 1086
14:42 18.40 1457
14:43 18.40 606
14:44 18.38 709
14:45 18.38 476
14:46 18.32 466
14:47 18.28 1150
14:48 18.26 1134
14:49 18.26 1325
14:50 18.31 862
14:51 18.43 878
14:52 18.40 558
14:53 18.50 2116
14:54 18.46 2066
14:55 18.50 1955
14:56 18.52 2021
14:57 18.49 1699
14:58 18.48 122
14:59 18.48 0
15:00 18.49 3467

图 2-12

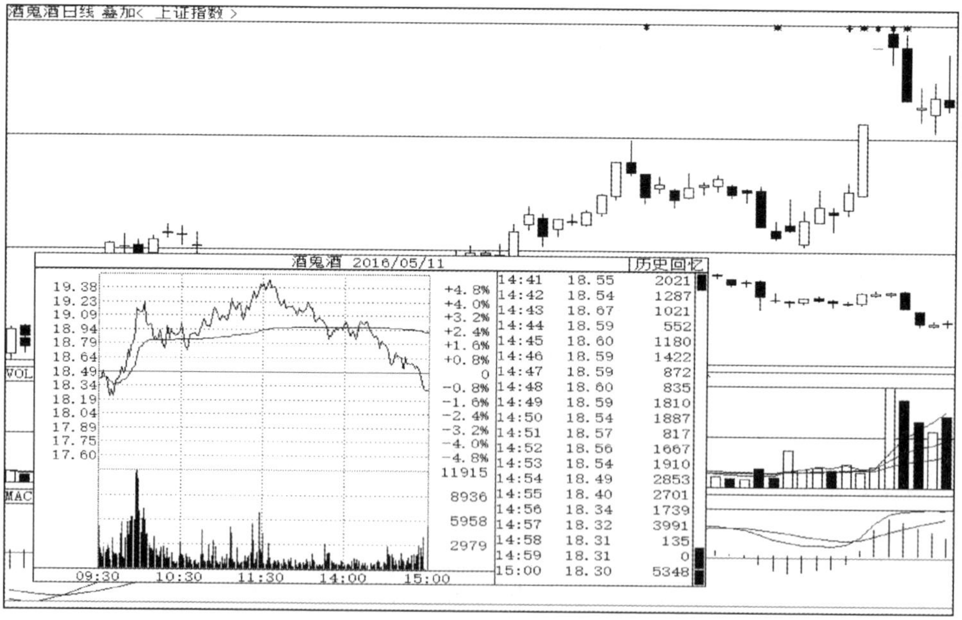

酒鬼酒日线 叠加< 上证指数 >
酒鬼酒 2016/05/11
历史回忆
VOL
MAC
19.38
19.23
19.09
18.94
18.79
18.64
18.49
18.34
18.19
18.04
17.89
17.75
17.60
+4.8%
+4.0%
+3.2%
+2.4%
+1.6%
+0.8%
0
-0.8%
-1.6%
-2.4%
-3.2%
-4.0%
-4.8%
11915
8936
5958
2979
09:30
10:30
11:30
14:00
15:00
14:41 18.55 2021
14:42 18.54 1287
14:43 18.67 1021
14:44 18.59 552
14:45 18.60 1180
14:46 18.59 1422
14:47 18.59 872
14:48 18.60 835
14:49 18.59 1810
14:50 18.54 1887
14:51 18.57 817
14:52 18.56 1667
14:53 18.54 1910
14:54 18.49 2853
14:55 18.40 2701
14:56 18.34 1739
14:57 18.32 3991
14:58 18.31 135
14:59 18.31 0
15:00 18.30 5348

图 2-13

大盘没再下跌，但这并不意味着肯定能涨。而此时个股明显的上影线也清楚地向散户们展示了上方压力的真实性。此时 K 线形态比较糟糕！

不用多说，“今天”（2016 年 5 月 12 日）个股的 K 线形态一样糟糕，看图 2-14 大家便会感觉到。

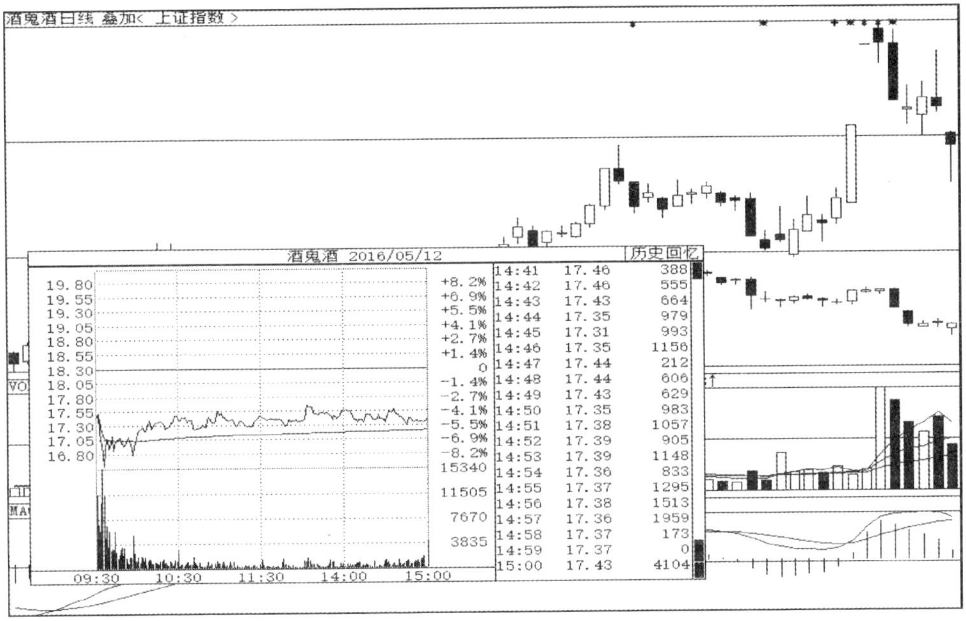

图 2-14

有多少散户敢于在这里买入？

很少！

有多少散户敢于在这里满仓买入？

更少！

所以，“今天”（2016 年 5 月 13 日）涨了，如图 2-15 所示。

不仅涨了，而且解放了 4 个交易日前所买入的散户筹码。

虽然涨幅较大，但是今天的 K 线形态不是很好，成交量没有放大，上方压力犹在，MACD 指标也没有明显的买入信号。

“今天”（2016 年 5 月 16 日）又涨了，如图 2-16 所示。但是有多少散户敢在这里重仓买入呢？恐怕有一部分，但不会很多。原因不用多说，看看“大前天”的上影线就知道了。所以此时的 K 线形态依然算不上好。

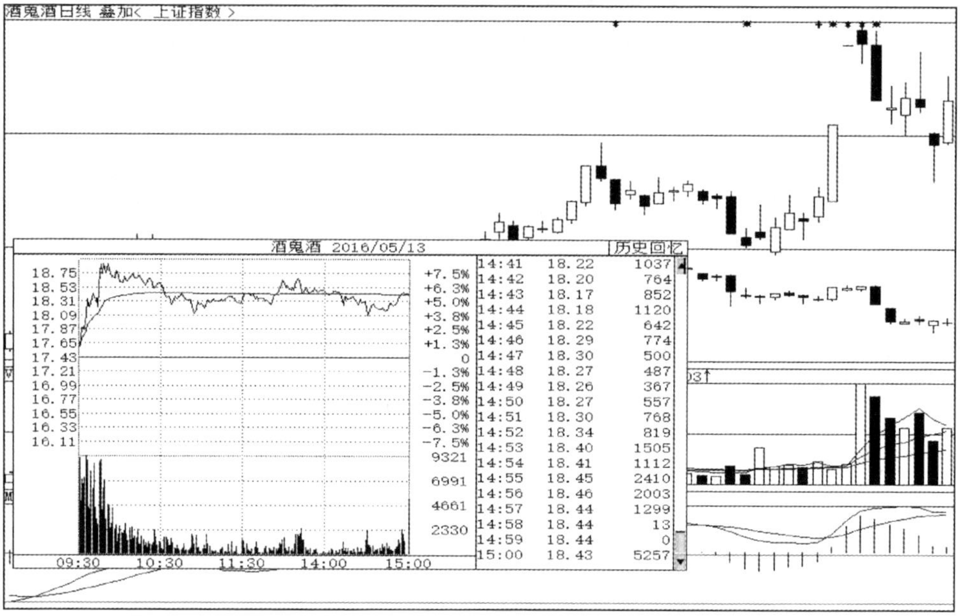
酒鬼酒日线 叠加< 上证指数 >
酒鬼酒 2016/05/13
历史回忆
18.75
18.53
18.31
18.09
17.87
17.65
17.43
17.21
16.99
16.77
16.55
16.33
16.11
+7.5%
+6.3%
+5.0%
+3.8%
+2.5%
+1.3%
0
-1.3%
-2.5%
-3.8%
-5.0%
-6.3%
-7.5%
9321
6991
4661
2330
09:30
10:30
11:30
14:00
15:00
14:41 18.22 1037
14:42 18.20 764
14:43 18.17 852
14:44 18.18 1120
14:45 18.22 642
14:46 18.29 774
14:47 18.30 500
14:48 18.27 487
14:49 18.26 367
14:50 18.27 557
14:51 18.30 768
14:52 18.34 819
14:53 18.40 1505
14:54 18.41 1112
14:55 18.45 2410
14:56 18.46 2003
14:57 18.44 1299
14:58 18.44 13
14:59 18.44 0
15:00 18.43 5257

图 2-15

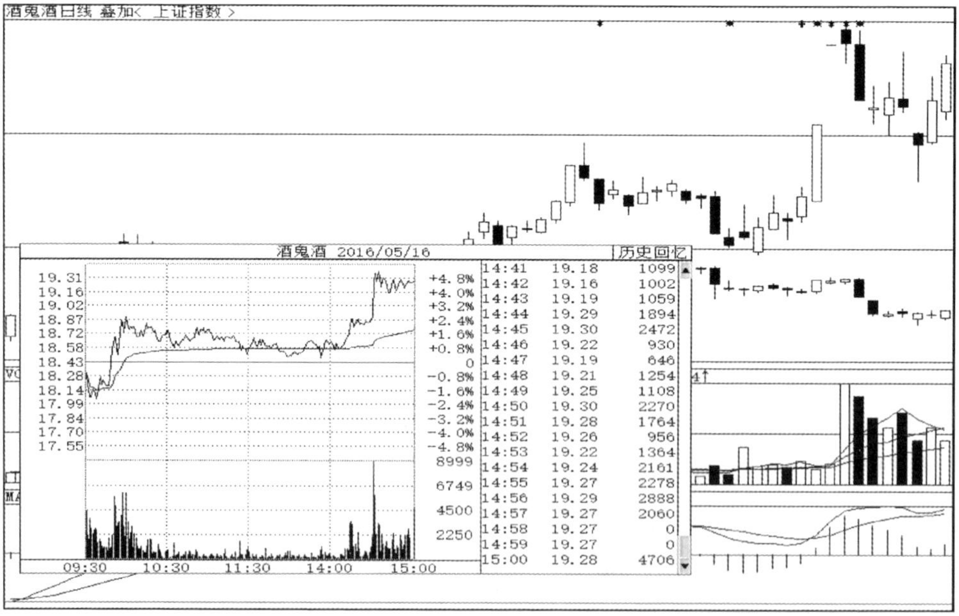
酒鬼酒日线 叠加< 上证指数 >
酒鬼酒 2016/05/16
历史回忆
19.31
19.16
19.02
18.87
18.72
18.58
18.43
18.28
18.14
17.99
17.84
17.70
17.55
+4.8%
+4.0%
+3.2%
+2.4%
+1.6%
+0.8%
0
-0.8%
-1.6%
-2.4%
-3.2%
-4.0%
-4.8%
8999
6749
4500
2250
09:30
10:30
11:30
14:00
15:00
14:41 19.18 1099
14:42 19.16 1002
14:43 19.19 1059
14:44 19.29 1894
14:45 19.30 2472
14:46 19.22 930
14:47 19.19 646
14:48 19.21 1254
14:49 19.25 1108
14:50 19.30 2270
14:51 19.28 1764
14:52 19.26 956
14:53 19.22 1364
14:54 19.24 2161
14:55 19.27 2278
14:56 19.29 2888
14:57 19.27 2060
14:58 19.27 0
14:59 19.27 0
15:00 19.28 4706

图 2-16

大家会想出无数种原因来解释“今天”的下跌，如图 2-17 所示。但这并没有意义。原因有两个：

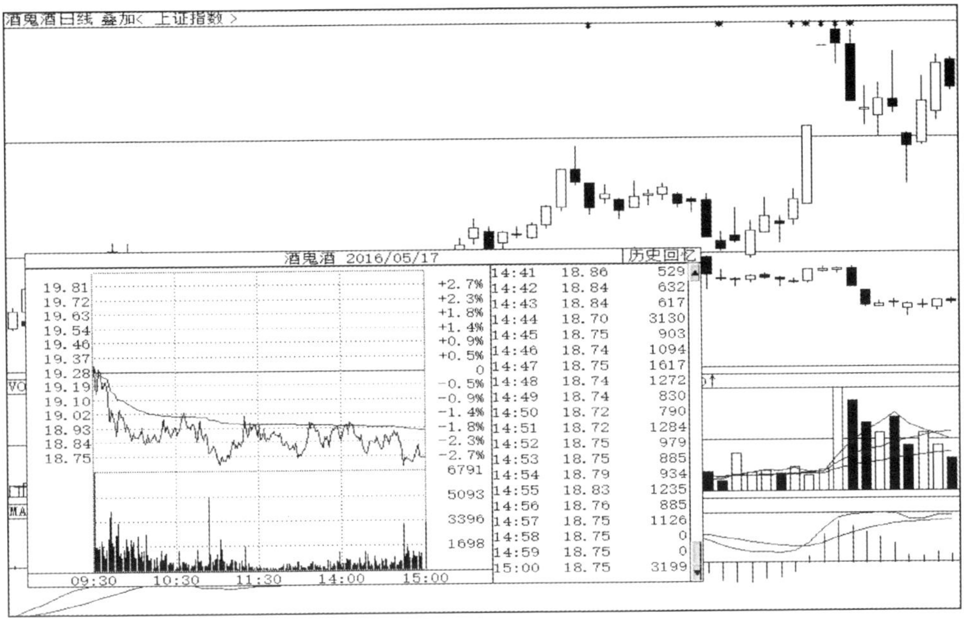

图 2-17

第一，个股今天依然维持不太好看的 K 线形态。从略微宏观的角度来说，知道这一点就可以放心了。

第二，无论研究个股还是大盘，费尽心机地挖掘单日走势的原因只能让你的视野越来越狭窄。如果你还是一定要知道今天下跌的原因的话，看看昨天的形态是否好看，估量一下昨天有多少散户入场就可以了。

如图 2-18 所示，“今天”（2016 年 5 月 18 日）个股依然维持着糟糕的 K 线形态。大盘的走势也让很多散户无法乐观起来。该股前期并没有什么能让散户集中买入的走势出现。如此一来，有什么好担心的呢？

2016 年 5 月 19 日，“今天”个股勉强涨了一些。没有太漂亮的分时走势，没有吸引散户的 K 线形态，更没有大盘在安全感上的支持。总之，一切都是那么的一般。但是当我们看到 MACD 形态的时候，亮点出现了——这是一个即将死叉的暗示，它相当于在告诉大家：我要跌了，场内的快走而场外的不要进来，如图 2-19 所示。

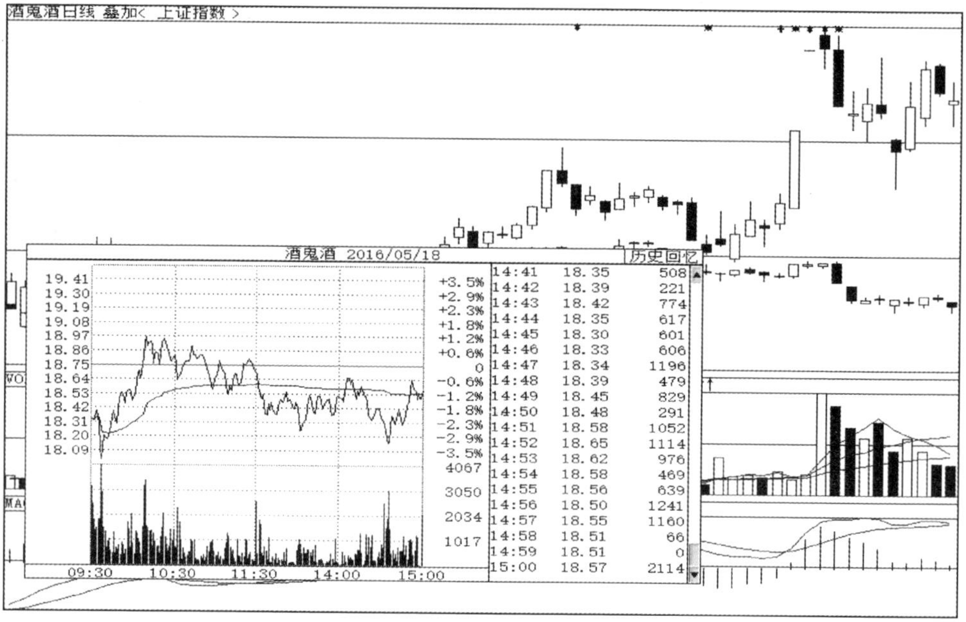
酒鬼酒日线 叠加< 上证指数 >
酒鬼酒 2016/05/18
历史回忆
09:30
10:30
11:30
14:00
15:00

图 2-18

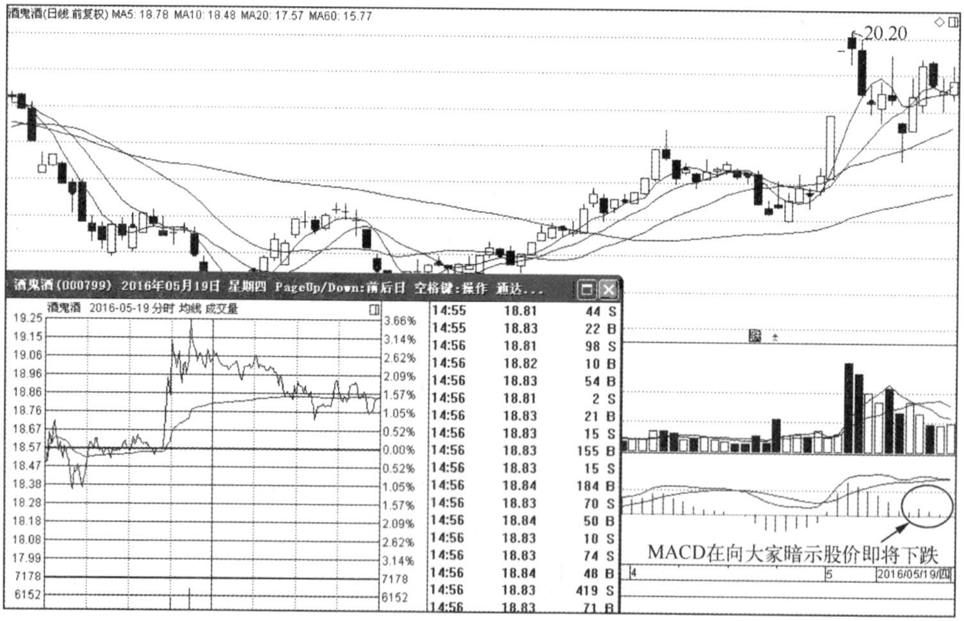
酒鬼酒(日线 前复权) MA5: 18.78 MA10: 18.48 MA20: 17.57 MA60: 15.77
20.20
酒鬼酒(000799) 2016年05月19日 星期四 PageUp/Down:前后日 空格键:操作 通达...
酒鬼酒 2016-05-19 分时 均线 成交量
MACD在向大家暗示股价即将下跌
2016/05/19/四

图 2-19

如图 2-20 所示，“今日”（2016 年 5 月 20 日）小涨 3%，K 线形态虽然有所好转，但是没有突破前期高点，很多散户依然不会放心买入。

今天大盘虽然上涨，但是总的来看依然算不上乐观。

因此，今天散户没有构成集中买入！日后继续上涨依然有可能。

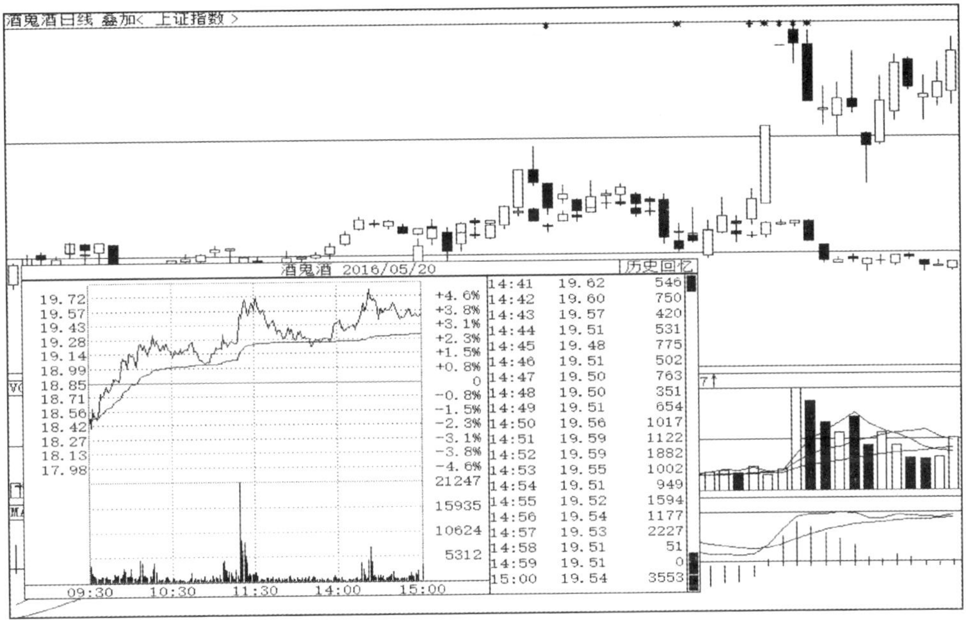

图 2-20

如图 2-21 所示，“今日”（2016 年 5 月 23 日）个股的 K 线形态虽有所好转，但是涨幅微乎其微，昨天好不容易放出来的成交量今天再次萎缩。因此今天的走势在大多数散户眼里勉强有点乐观。

如图 2-22 所示，今天是 2016 年 5 月 24 日，很多散户的笑容在脸上稍纵即逝，“昨天”刚刚好转的 K 线形态，“今天”被一根跌幅为 3.8%的阴线彻底破坏，这就代表日后依然有继续上涨的可能，只不过是时间问题，所以我们的心依然是定的。

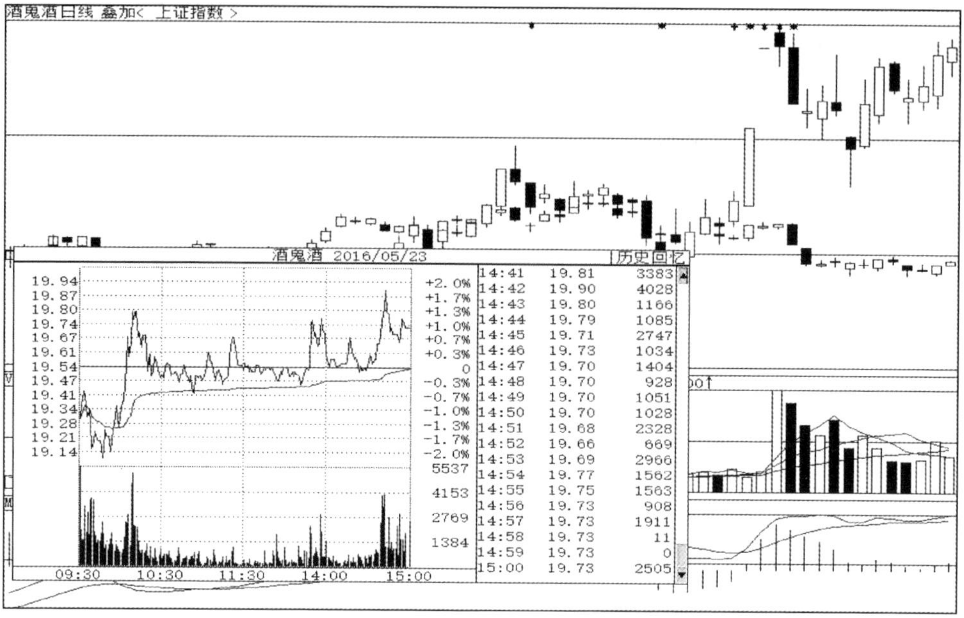
酒鬼酒日线 叠加< 上证指数 >
酒鬼酒 2016/05/23
历史回忆
19.94
19.87
19.80
19.74
19.67
19.61
19.54
19.47
19.41
19.34
19.28
19.21
19.14
+2.0%
+1.7%
+1.3%
+1.0%
+0.7%
+0.3%
0
-0.3%
-0.7%
-1.0%
-1.3%
-1.7%
-2.0%
5537
4153
2769
1384
09:30
10:30
11:30
14:00
15:00
14:41 19.81 3383
14:42 19.90 4028
14:43 19.80 1166
14:44 19.79 1085
14:45 19.71 2747
14:46 19.73 1034
14:47 19.70 1404
14:48 19.70 928
14:49 19.70 1051
14:50 19.70 1028
14:51 19.68 2328
14:52 19.66 669
14:53 19.69 2966
14:54 19.77 1562
14:55 19.75 1563
14:56 19.73 908
14:57 19.73 1911
14:58 19.73 11
14:59 19.73 0
15:00 19.73 2505

图 2-21

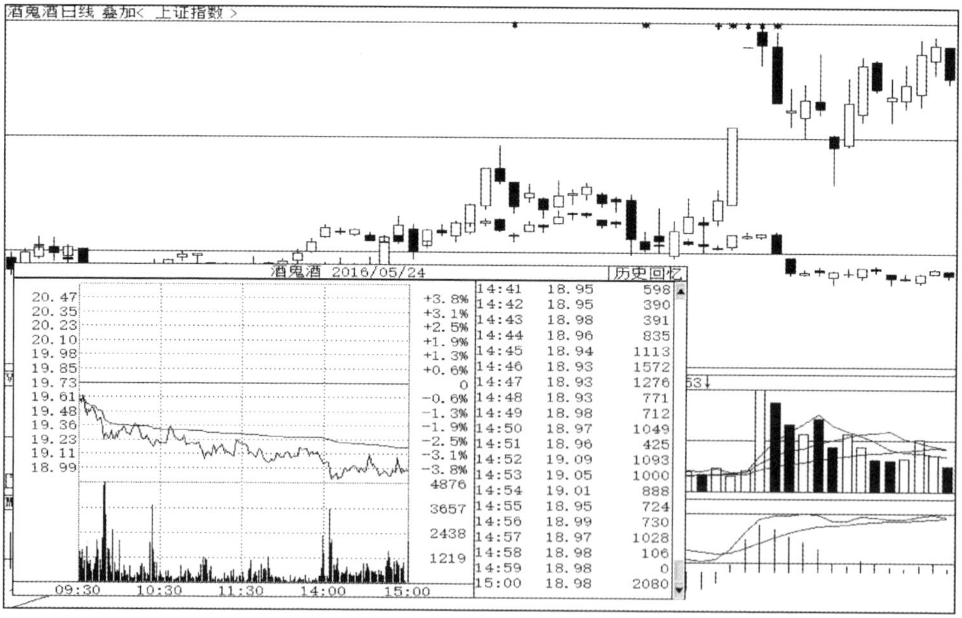
酒鬼酒日线 叠加< 上证指数 >
酒鬼酒 2016/05/24
历史回忆
20.47
20.35
20.23
20.10
19.98
19.85
19.73
19.61
19.48
19.36
19.23
19.11
18.99
+3.8%
+3.1%
+2.5%
+1.9%
+1.3%
+0.6%
0
-0.6%
-1.3%
-1.9%
-2.5%
-3.1%
-3.8%
4876
3657
2438
1219
09:30
10:30
11:30
14:00
15:00
14:41 18.95 598
14:42 18.95 390
14:43 18.98 391
14:44 18.96 835
14:45 18.94 1113
14:46 18.93 1572
14:47 18.93 1276
14:48 18.93 771
14:49 18.98 712
14:50 18.97 1049
14:51 18.96 425
14:52 19.09 1093
14:53 19.05 1000
14:54 19.01 888
14:55 18.95 724
14:56 18.99 730
14:57 18.97 1028
14:58 18.98 106
14:59 18.98 0
15:00 18.98 2080

图 2-22

又是一个“今天”，2016 年 5 月 25 日，如图 2-23 所示。

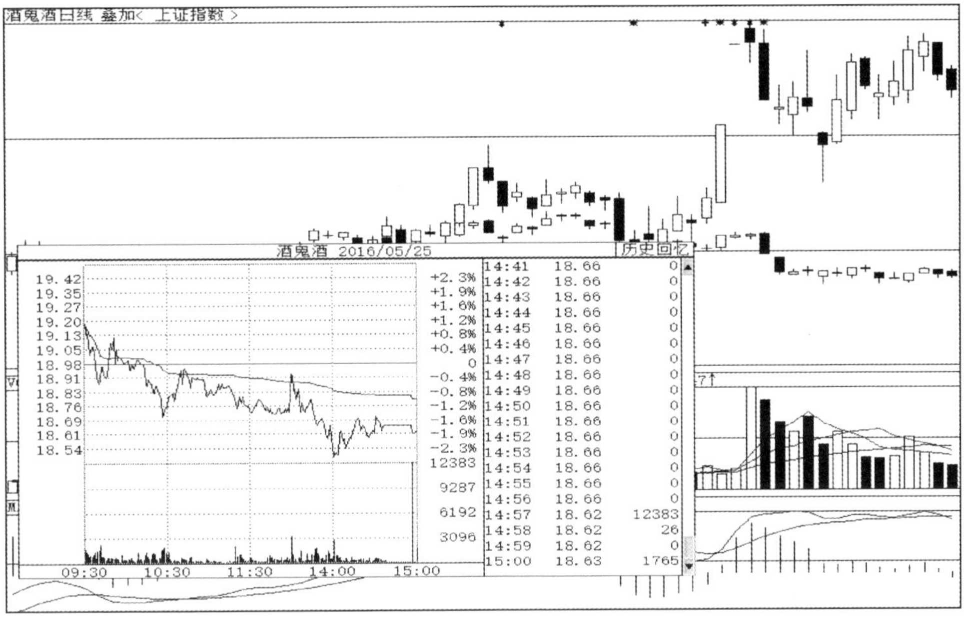

图 2-23

“今天”进一步下跌。

K 线形态依然没有好转，场内散户多半是亏损的，但是目测损失不大。大盘形态一天比一天糟糕。似乎没有什么理由支持散户继续留在里面。如果你每日坚持盯盘的话，会不会有一种耐心似乎被耗尽的感觉？

没错，就是这个时候，有人看到的是无尽的黑暗，而我们正因为他们看到的黑暗，才察觉到一丝曙光。

此时符合“勇敢地尝试”的标准，可以在临近收盘之时入场。虽然继续观望几天也是可以的，但是笔者早已迫不及待地入场了。

“今天”是 2016 年 5 月 26 日，走势如图 2-24 所示。

上午个股跟随大盘下跌，但下跌幅度和所造成的恐慌情绪却远远大于大盘。如果你是昨天刚刚和笔者一起买入的该股，今天有没有一种“恨不得马上卖出，远离是非之地”的感觉呢？

这就代表真正的底部已经很近很近了，或许已经到了，或许还没有，又或许我们之前的所有分析都是错误的，未来等待我们的不是上涨，而是更加

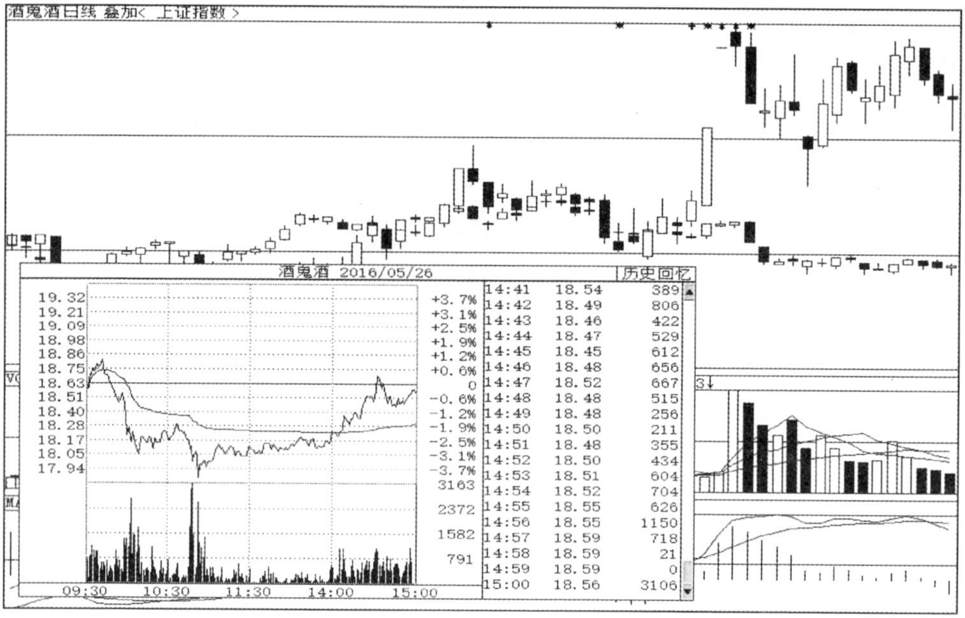

图 2-24

惨烈的下跌。谁知道呢？

还记得笔者前面所说过的话吗？“我们在市场中应该做的，不是根据自己学到的理论去预测市场的未来走势，而是应该在面对模糊的未来时，运用自己学到的理论，去选择一种最恰当的操作行为。等待市场告诉我们结果之后，我们只需要接受它，然后结束这笔交易。”

如此说来，后面的涨跌并不重要。重要的是不要把自己的愿望当成预测的断言，让自己怀着开放的心态去接受一切结果。如果日后进一步下跌，卖掉便是了，没什么大不了的。

放弃心中美好的希望，你就能得到真正的平和。又经过了 4 个交易日的等待，曙光终于到来。如图 2-25 所示，该股于 2016 年 6 月 1 日让笔者开始正式盈利。

我们从不去预测未来会怎样，只会做好现在应该做的事情，至于结果如何，让市场自己来告诉我们便是。前面的高点没有突破，量能没有放出，MACD 指标没有金叉，K 线形态谈不上乐观，场内散户数量依然稀少，总之一切都是那么完美，如图 2-26 所示。

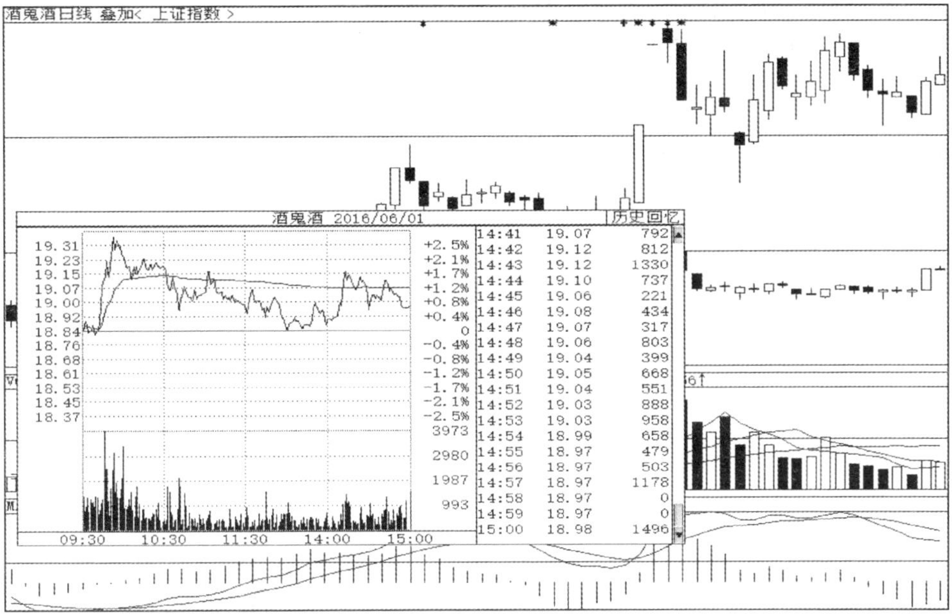
酒鬼酒日线 叠加< 上证指数 >
酒鬼酒 2016/06/01
历史回忆
19.31
19.23
19.15
19.07
19.00
18.92
18.84
18.76
18.68
18.61
18.53
18.45
18.37
+2.5%
+2.1%
+1.7%
+1.2%
+0.8%
+0.4%
0
-0.4%
-0.8%
-1.2%
-1.7%
-2.1%
-2.5%
3973
2980
1987
993
09:30
10:30
11:30
14:00
15:00
14:41 19.07 792
14:42 19.12 812
14:43 19.12 1330
14:44 19.10 737
14:45 19.06 221
14:46 19.08 434
14:47 19.07 317
14:48 19.06 803
14:49 19.04 399
14:50 19.05 668
14:51 19.04 551
14:52 19.03 888
14:53 19.03 958
14:54 18.99 658
14:55 18.97 479
14:56 18.97 503
14:57 18.97 1178
14:58 18.97 0
14:59 18.97 0
15:00 18.98 1496

图 2-25

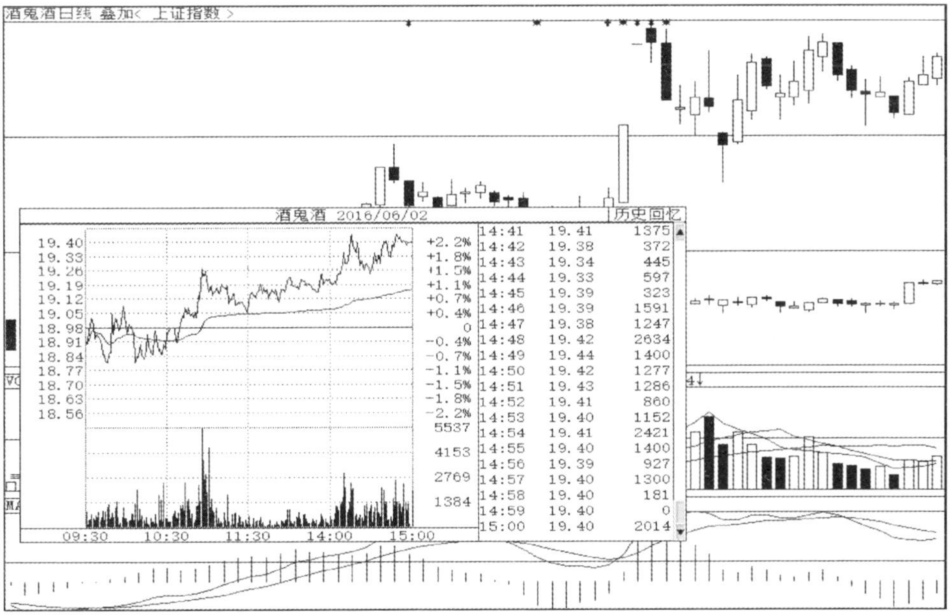
酒鬼酒日线 叠加< 上证指数 >
酒鬼酒 2016/06/02
历史回忆
19.40
19.33
19.26
19.19
19.12
19.05
18.98
18.91
18.84
18.77
18.70
18.63
18.56
+2.2%
+1.8%
+1.5%
+1.1%
+0.7%
+0.4%
0
-0.4%
-0.7%
-1.1%
-1.5%
-1.8%
-2.2%
5537
4153
2769
1384
09:30
10:30
11:30
14:00
15:00
14:41 19.41 1375
14:42 19.38 372
14:43 19.34 445
14:44 19.33 597
14:45 19.39 323
14:46 19.39 1591
14:47 19.38 1247
14:48 19.42 2634
14:49 19.44 1400
14:50 19.42 1277
14:51 19.43 1286
14:52 19.41 860
14:53 19.40 1152
14:54 19.41 2421
14:55 19.40 1400
14:56 19.39 927
14:57 19.40 1300
14:58 19.40 181
14:59 19.40 0
15:00 19.40 2014

图 2-26

所以我们继续持有，而且没有理由不去持有。

如图 2-27 所示，笔者持股的第 8 个交易日（2016 年 6 月 3 日），该股突然涨停。

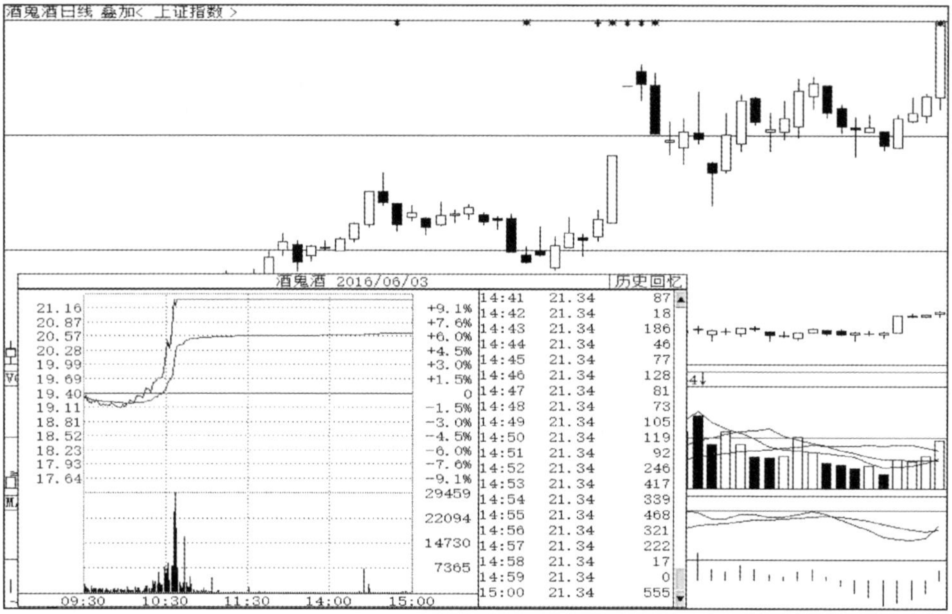

图 2-27

没有人能够预测到今天的涨停，连笔者本人也深感意外。它来得还是那么突然，让散户来不及跟进。只有那些在“应该买入之时试探着买入”的散户们才能得到这份意外之喜。而那些“走好了之后才敢买”的散户们，只能眼睁睁地看着涨停了。

今天的形态虽然堪称完美，但散户还是没有买入的机会。看着市场坚定地把散户拒之门外，我们有什么理由不继续持有呢？

“今天”是 2016 年 6 月 6 日，走势如图 2-28 所示。

今天没有涨停，理论上给了所有人自由买入的机会。但是广大散户会因此纷纷买入吗？绝对不会。别忘了，散户都是“看着走好了之后才敢买入”的。那么散户今日是否会集中买入，就要看今日的 K 线形态和分时走势了。

今日该股略微高开之后迅速下跌，全天中上涨的时间目测不超过 20 分钟，其他时间里的走势都是低迷的，如此一来，散户买入的热情势必被打消。

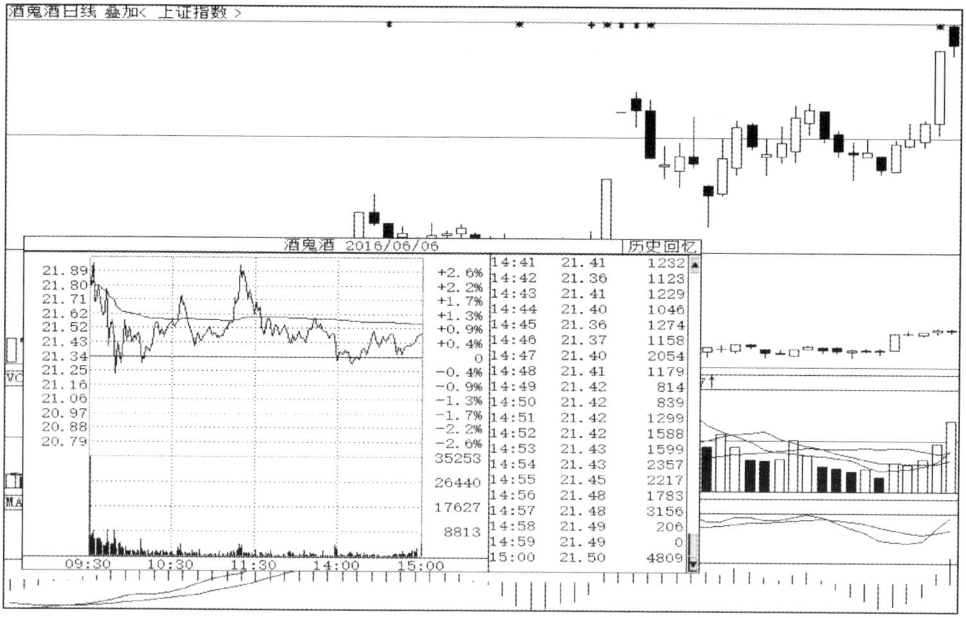

图 2-28

即便散户买入的热情没有减退，今天也不是应该卖出的时机。别忘了笔者在散户十条里第八条中所讲的，“试着阻止自己在事先进行各种预测，试着接受你以前不能接受的结果，试着阻拦自己在事情尚未结束之时提前断言……”

我们只在该买入的时候买入，无论当时想不想买，都不能阻碍我们客观的行动。

我们只在值得继续持有的时候持有，至于当下的结果是盈是亏，都不在分析可否继续持有的因素之内。

我们只在该卖的时候卖出，所谓“该卖的时候”，一定是市场用实际行动告诉我们“散户都进来了，而且行情结束了”的时候。

那么此时，散户都进来了吗？未必！行情结束了吗？更未必！那么我们应该卖出吗？当然不应该！

如图 2-29 所示，从“今日”的 K 线形态和分时走势来说，这确实是个散户入场的大好日子。如果说主力今天出货了，仍然未必。因为有两个重要因素需要深入研究。

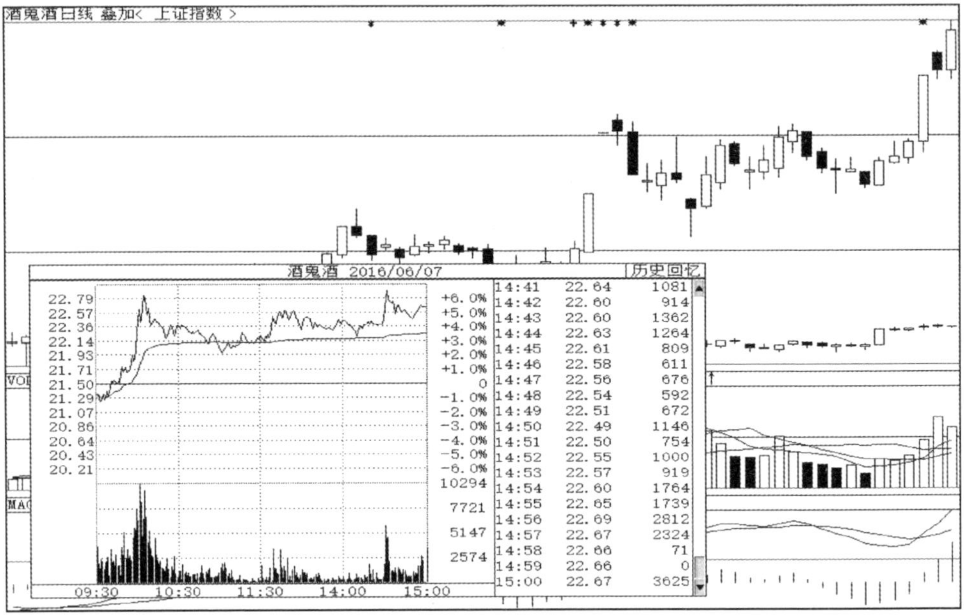

图 2-29

一只股票，如果要让大量的散户重仓买入，必须满足两个条件。

第一，时间。要让散户有充分的时间观察、思考、犹豫、再犹豫、试探性买入，然后不断加仓。这个过程很难在一天之内完成。虽然通过今天个股的走势来分析，散户确实有理由看好并且买入它，但是该股是否会从明天开始一路下跌，尚未可知。

第二，大盘。散户永远只会在大盘看似稳健之时大量买入股票。而“今天”乃至最近一段时间里，大盘的走势并没有呈现欣欣向荣的景象。因此，在这样的大盘环境之下，散户就算买入，数量想必相对有限。

再加上最后一点，市场并没有用实际行动来向我们证明行情已经结束。因此再等一天也无妨。

如图 2-30 所示，“昨天”（2016 年 6 月 7 日）有散户入场，“今日”（2016 年 6 月 8 日）该股并没有走出冲高洗盘的形态。从微观的角度来说，“今天”个股确实向我们发出了一个短线卖出的信号。持股 10 个交易日，盈利超过 15%。

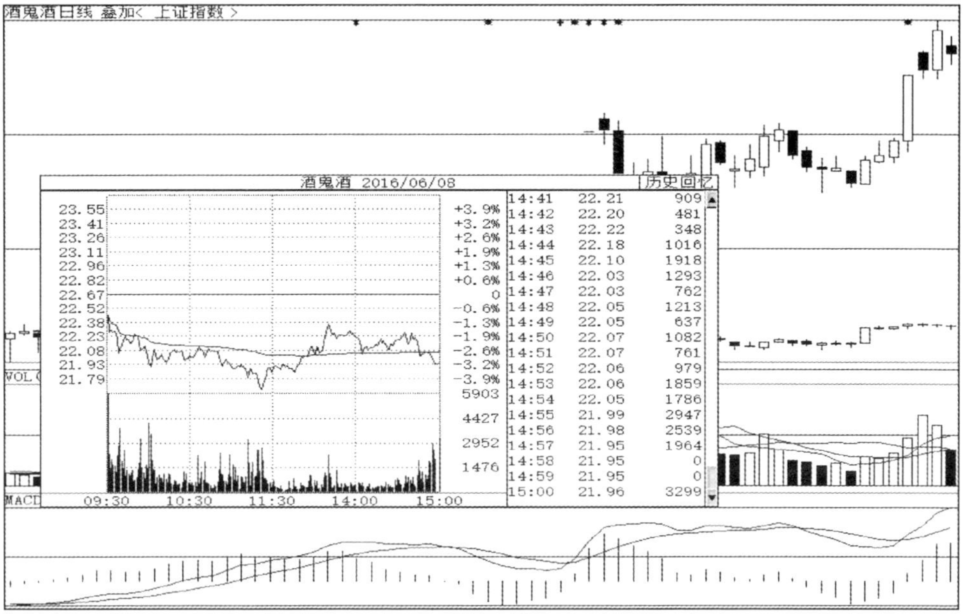

图 2-30

但是对于目光远大的中长线投资者来说，这时并不是最好的卖出时机。因为该股之前给场内的潜伏散户送了两个涨停板的“大红包”，由此便知该股的志向非常远大。

结合笔者之前所讲述的内容，大家很容易知道，一只股票如果真正要构筑一个长期顶部，必须最大限度地吸引散户投资者入场。这样一来就需要相对较长的时间，同时大盘走势必须配合。所以，目前只是短线投资者获利了结的良机。

端午节过后，再开盘已是 2016 年 6 月 13 日。没错，又是一个“今天”。你可以说“今天”的下跌是受大盘所累，如图 2-31 所示。也可以说是因为“前天”入场的散户太多。但是下跌真正的原因并不重要。重要的是今天个股的 K 线形态再次糟糕起来。看着 K 线形态如此糟糕，中长线投资者可以放心了。另外，大盘和个股的双重下跌让场内散户对未来更加绝望，如果有谁在“今天”选择加仓，他一定是个高手！

下个交易日，“今天”是 2016 年 6 月 14 日，走势如图 2-32 所示。

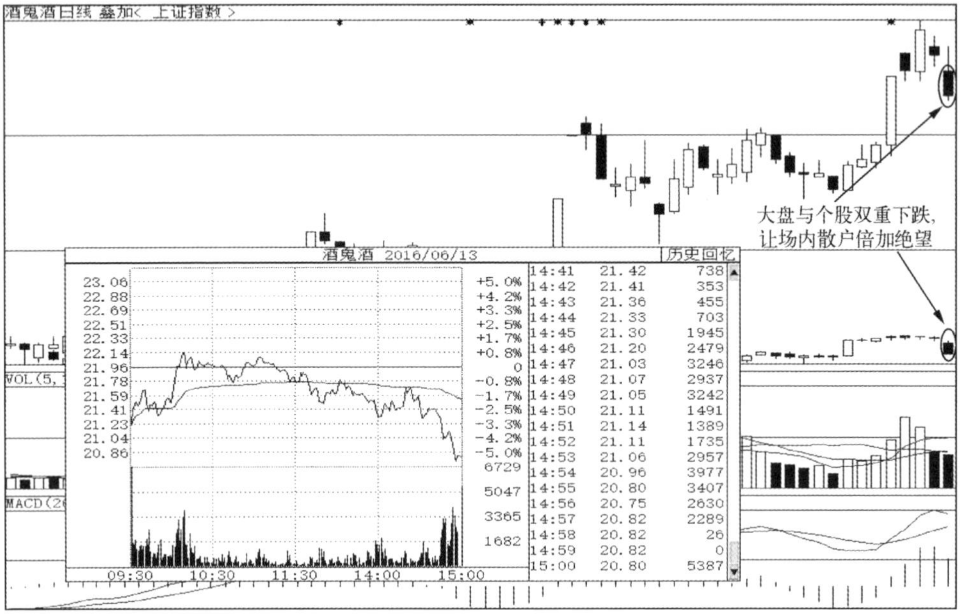
酒鬼酒日线 叠加< 上证指数 >
大盘与个股双重下跌，
让场内散户倍加绝望
酒鬼酒 2016/06/13
历史回忆
23.06
22.88
22.69
22.51
22.33
22.14
21.96
21.78
21.59
21.41
21.23
21.04
20.86
+5.0%
+4.2%
+3.3%
+2.5%
+1.7%
+0.8%
0
-0.8%
-1.7%
-2.5%
-3.3%
-4.2%
-5.0%
6729
5047
3365
1682
09:30
10:30
11:30
14:00
15:00
14:41 21.42 738
14:42 21.41 353
14:43 21.36 455
14:44 21.33 703
14:45 21.30 1945
14:46 21.20 2479
14:47 21.03 3246
14:48 21.07 2937
14:49 21.05 3242
14:50 21.11 1491
14:51 21.14 1389
14:52 21.11 1735
14:53 21.06 2957
14:54 20.96 3977
14:55 20.80 3407
14:56 20.75 2630
14:57 20.82 2289
14:58 20.82 26
14:59 20.82 0
15:00 20.80 5387

图 2-31

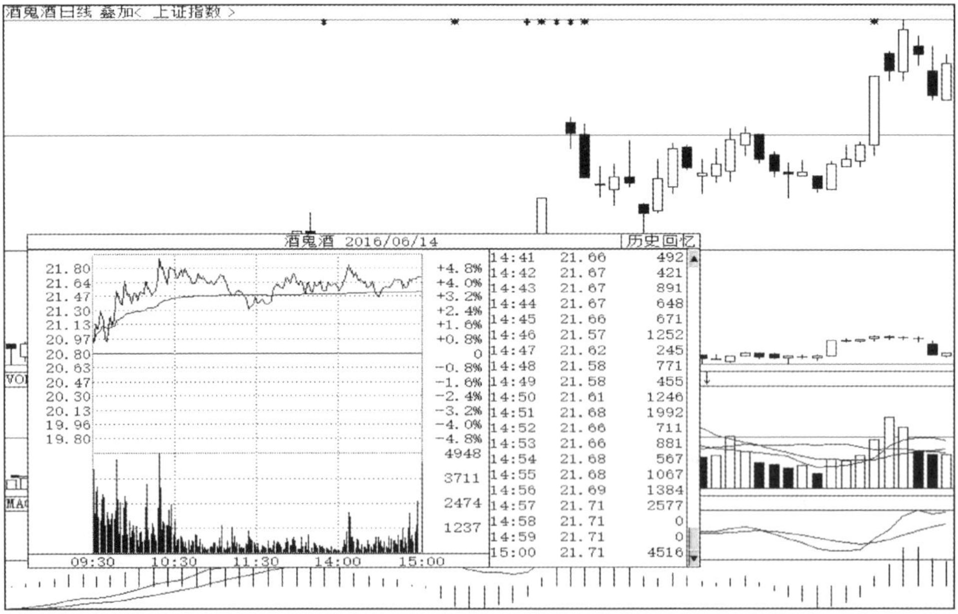
酒鬼酒日线 叠加< 上证指数 >
酒鬼酒 2016/06/14
历史回忆
21.80
21.64
21.47
21.30
21.13
20.97
20.80
20.63
20.47
20.30
20.13
19.96
19.80
+4.8%
+4.0%
+3.2%
+2.4%
+1.6%
+0.8%
0
-0.8%
-1.6%
-2.4%
-3.2%
-4.0%
-4.8%
4948
3711
2474
1237
09:30
10:30
11:30
14:00
15:00
14:41 21.66 492
14:42 21.67 421
14:43 21.67 891
14:44 21.67 648
14:45 21.66 671
14:46 21.57 1252
14:47 21.62 245
14:48 21.58 771
14:49 21.58 455
14:50 21.61 1246
14:51 21.68 1992
14:52 21.66 711
14:53 21.66 881
14:54 21.68 567
14:55 21.68 1067
14:56 21.69 1384
14:57 21.71 2577
14:58 21.71 0
14:59 21.71 0
15:00 21.71 4516

图 2-32

“昨天”个股糟糕的 K 线形态，配合大盘恐慌的走势，一定会吓走很多散户。这也符合散户十条中的第四条：在亏损较少的前提下，如果对未来感到悲观，散户一般会选择止损离场。

昨天散户离场，今天立刻上涨，一切安排得都是那么井井有条。这也再一次验证了市场运行的真正规律！

“今日”再次大涨，如图 2-33 所示。此时 K 线形态已经较为乐观。无论日 K 线、分时图还是大盘走势，都已经让散户开始觉得心里有底了。这是好事吗？绝对不是！连续 5 个交易日内，已经出现了两次乐观形态。你听到远处传来的警报声了吗？

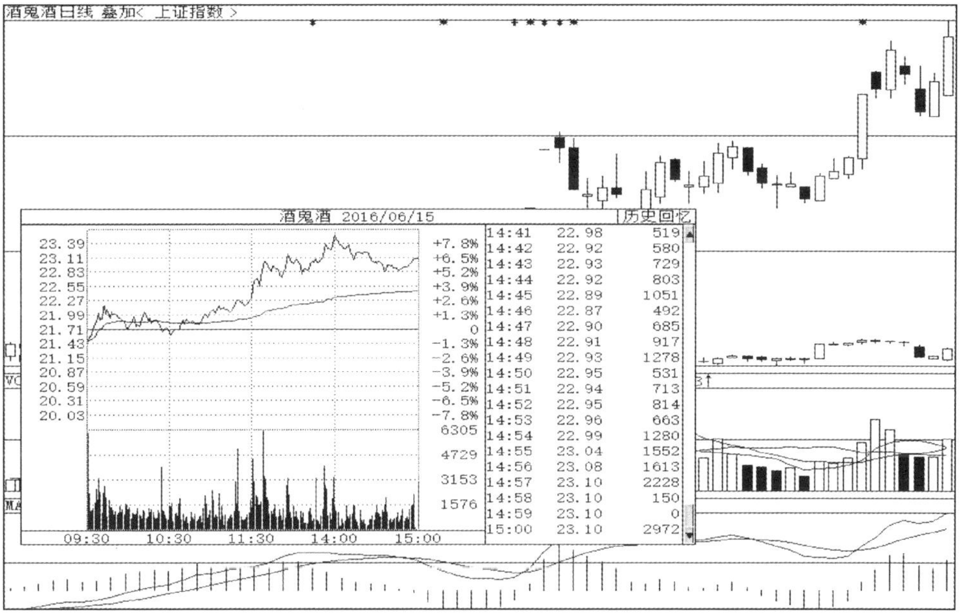

图 2-33

如图 2-34 所示，大家是否觉得这幅图有点眼熟呢？没错，就是第一条案例中的第一张图（图 2-1）！

至此，上涨过程中散户的犹疑和涨势接近尾声时散户的憧憬被完整地连接在一起。笔者想通过这个案例告诉大家：在发现一只目标股票之后，应首先分析该股场内散户数量的多少，然后等待散户离场的信号。当你感觉某日或某段时间的形态足以清洗场内大多数散户之时，真正的买点就很近了。我

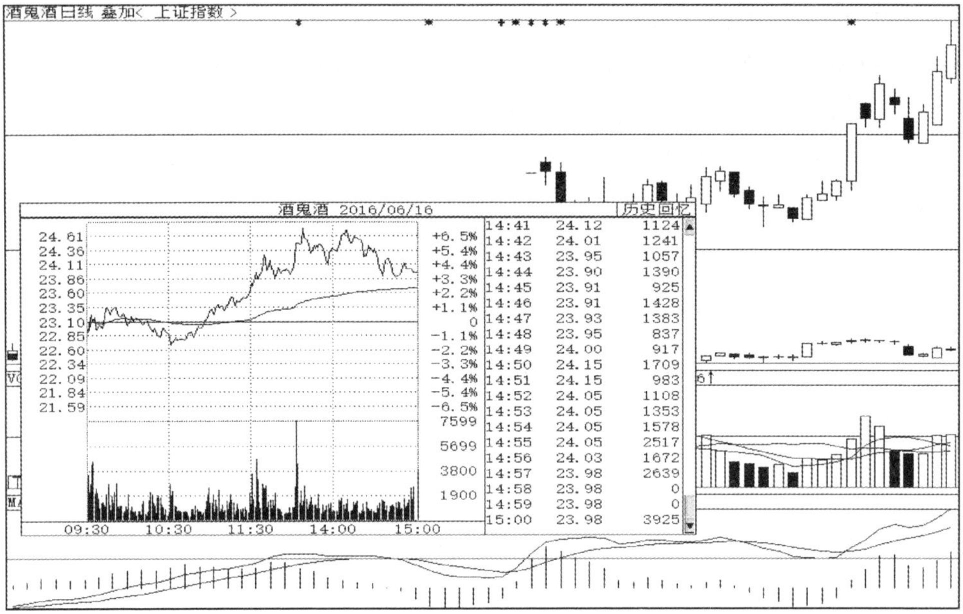

图 2-34

们应该在什么时候“勇敢地尝试买入”呢？就在散户离场之后，且个股继续呈现“比较糟糕”的形态之时！

细心的读者会立刻发问：“假如我无法确定散户离场的时机怎么办？从这个案例来看，该股的‘糟糕形态’一直持续了很长时间，我到底应该在哪一天的哪一时刻入场操作呢？”

笔者无法精确地回答这个问题，因为市场运行的轨迹本身就无法定量地精确计算，只能定性地大致分析。从这个案例来说，笔者也没有非常精确地把握买点，买入之后也被套了 3 个交易日。但是只要你确定该股前期出现过较为明显的散户离场迹象，只要你确定该股当前的形态是糟糕的，那又何必拘泥于入场的具体信号在哪里呢？

炒股和百米赛跑完全不同。炒股没有明确的发令枪声，也没有明确的终点线，更没有一场比赛定输赢的规则。在笔者看来，炒股更像是投资者与市场之间的“对打”。市场的目的是一拳一拳地击打我们投资者，而我们则想通过击打对方（市场）获取点数（利润）。当市场虚张声势，试图吓退我们之时，我们就发起进攻（买入）；在市场以退为进，试图诱惑我们继续进攻之时我们应当转为防守（卖出）。这一攻一防视为一个回合（一笔交易）。很多人在攀比，看谁能在单个回合中把对手（市场）打得更狠，却鲜有人为能够多和对手（市场）较量几年而努力。

如图 2-35 所示，笔者画了一条“水平线”。这不仅仅是一条水平的直线，更是一条衡量投资者交易水平的线。

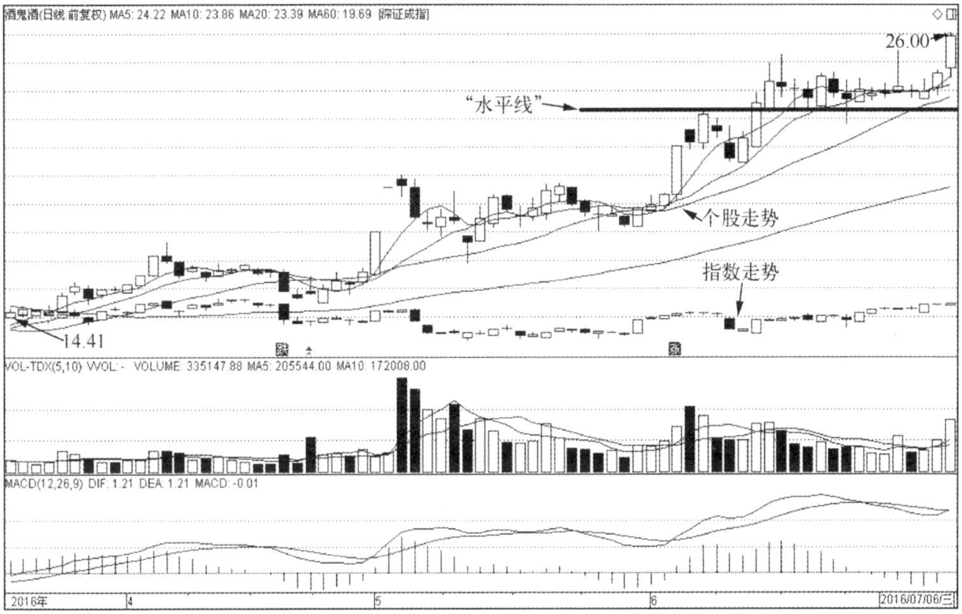

图 2-35

通过笔者刚才大篇幅的讲述，我们现在已经知道，在这条水平线之下，股价运行了几十个交易日。只要能够在这条水平线之下买入，将来都能获得非常丰厚的利润。在这几十个交易日的时间中，该股的 K 线形态要么比较糟糕，要么不容乐观，好不容易出现了 3 个涨停板，却没有一个是可以让散户轻松赚到的。虽然普通的散户投资者有无数机会可以重仓买入该股，但是他们不会这么做。原因很简单——没有走好的形态，散户不会买！

在这条水平线之上，K 线形态开始明朗。即便是下跌，其形态也并不恐怖。所以普通的散户投资者在水平线以上买入的居多。这就预示着，大多数散户投资者在看好一只股票并且买入之后，要么直接亏损，越亏越多；要么持有一段时间，小幅获利，还没等他们赚够，股价便开始下跌，最后还是亏损。

市场中不乏交易水平高超的散户投资者。对于任何一只股票而言，他们一定是在股票的“水平线”之下买入，所以他们才能历经牛熊更迭而不倒，用时间积累自己的财富。

如果要问他们在买入一只股票之前是否会对它胸有成竹？他们多半会告诉你：炒股是一个不断尝试的过程。

第三条：涨得上去才是洗盘

在很多投资者看来，洗盘一定是股票走出一根较大的阴线，或者在某个价位附近长时间横盘，如此一来，场内的散户就都卖出了，于是主力再重新拉抬股价。非常遗憾的是，这个对于洗盘的定义仅仅是我们一厢情愿的看法而已。

所谓的“洗盘”本身是一把双刃剑。如果使用不好，就会让散户捡到更廉价的筹码，即白白地让散户轻松获利，这不是市场想要的结果。因此市场每次使用这把双刃剑的时候，其时机和方式的选择都是非常值得我们深入研究的。换句话说，市场每一次洗盘，都是在给我们上一堂生动的实战教学课程。

我们先来讨论一下大家普遍认同的“大阴线洗盘”。

如果要让一根阴线起到洗盘的效果，首先它的跌幅不会太小，只有跌得多了，散户才会害怕，因为害怕才会卖出。可是散户十条中的第四条却告诉大家，散户赔得很少才会考虑止损，如果赔得多了会怎么办呢？毫无疑问，要么加仓，要么死扛！如此一来，场内的散户资金不是越跌越少，而是越跌越多。所以，在市场看来，利用大阴线洗盘并不一定是明智之举，而真正大幅上涨的股票中，也鲜有大阴线跌下来，然后再出现大阳线涨上去的情况。

而真正的高效洗盘到底是什么样子的呢？

上涨！

首先上涨，涨到场外散户不敢轻易买入的高度。

然后再上涨，涨出场内散户不敢继续持有的形态。

最后还是上涨，涨到让场外散户因为实在不想错过下个涨停而买入为止。请看下面实战案例。

如图 2-36 所示，这是西部证券 2015 年 11 月 4 日的走势图。突破平台，强势涨停。可惜的是笔者没有在之前布局这只股票，甚至没有关注它。

下一个交易日，2015 年 11 月 5 日，如图 2-37 所示，该股再次涨停，虽然比前一日更加强势，但是已经从平台上涨了 20%，不知道还有多少人敢于买入这只股票。这一天，笔者终于注意到它，而且在盘算着明天要不要买入一些试试。

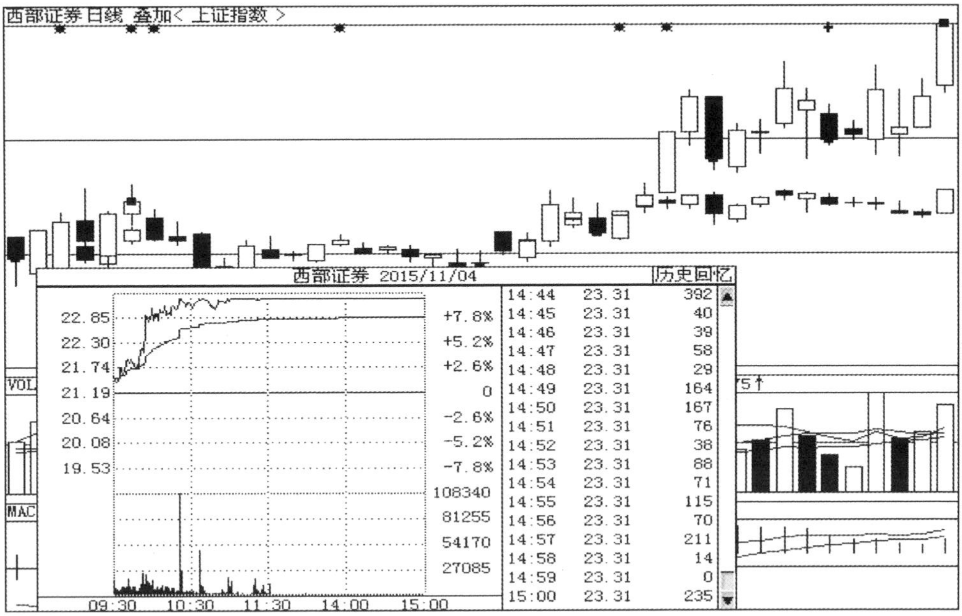
西部证券 日线 叠加< 上证指数 >
西部证券 2015/11/04
历史回忆
22.85 +7.8%
22.30 +5.2%
21.74 +2.6%
21.19 0
20.64 -2.6%
20.08 -5.2%
19.53 -7.8%
108340
81255
54170
27085
09:30 10:30 11:30 14:00 15:00
14:44 23.31 392
14:45 23.31 40
14:46 23.31 39
14:47 23.31 58
14:48 23.31 29
14:49 23.31 164
14:50 23.31 167
14:51 23.31 76
14:52 23.31 38
14:53 23.31 88
14:54 23.31 71
14:55 23.31 115
14:56 23.31 70
14:57 23.31 211
14:58 23.31 14
14:59 23.31 0
15:00 23.31 235
VOL
MAC

图 2-36

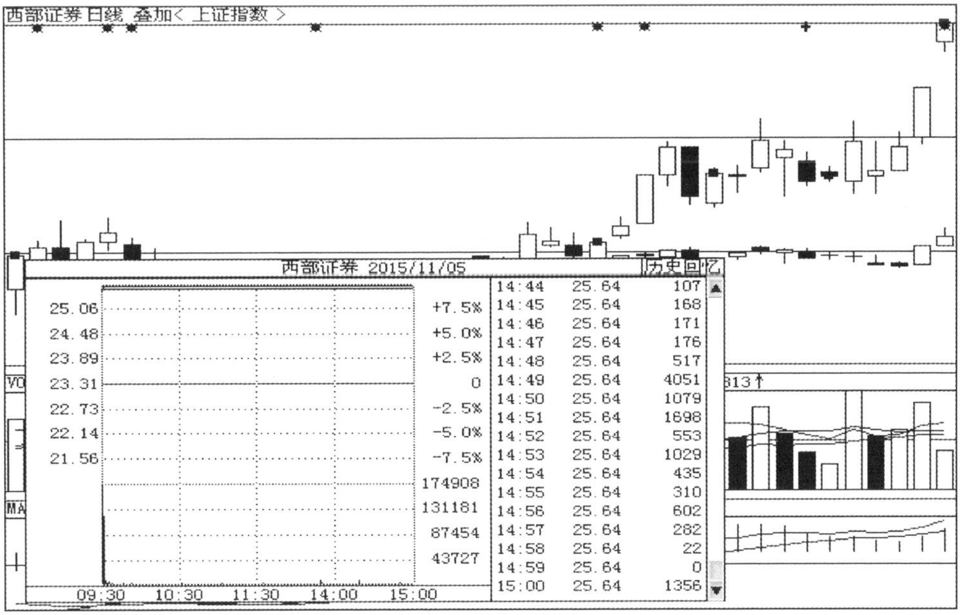
西部证券 日线 叠加< 上证指数 >
西部证券 2015/11/05
历史回忆
25.06 +7.5%
24.48 +5.0%
23.89 +2.5%
23.31 0
22.73 -2.5%
22.14 -5.0%
21.56 -7.5%
174908
131181
87454
43727
09:30 10:30 11:30 14:00 15:00
14:44 25.64 107
14:45 25.64 168
14:46 25.64 171
14:47 25.64 176
14:48 25.64 517
14:49 25.64 4051
14:50 25.64 1079
14:51 25.64 1698
14:52 25.64 553
14:53 25.64 1029
14:54 25.64 435
14:55 25.64 310
14:56 25.64 602
14:57 25.64 282
14:58 25.64 22
14:59 25.64 0
15:00 25.64 1356

图 2-37

因为笔者有个非常好的习惯，那就是喜欢在下午临近收盘的时候再买入股票。这样做的好处是可以尽可能多地观察个股当日走势，以便作出更加准确的决定，而坏处你们也看到了，就如图 2-38 所示。

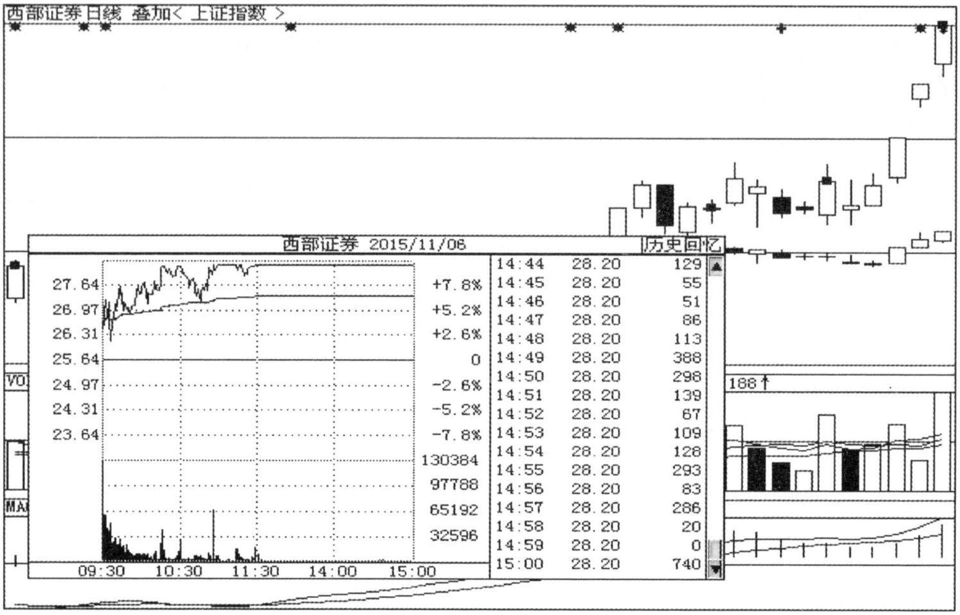

图 2-38

已经从下面的平台上涨 30%，此时敢于买入该股的人已经越来越少了。还有一个小细节，“今天”的涨停弱于“昨天”。不知道是市场刻意制造的假象，还是因为什么其他的原因，但这不重要，因为我们完全可以确定，明天如果再涨的话，无论是否放量，敢于买入该股的投资者将更加稀少。

“今天”是 2015 年 11 月 9 日，如图 2-39 所示，该股今天没涨停！笔者下午快收盘的时候终于可以买进一些了。因为炒股是一个“勇敢尝试”的过程，所谓勇敢，是在别人不愿意和不敢买入的时候去买入；所谓尝试，是连自己都对买入的股票没有太大的信心。这话虽然听起来十分没有说服力，但的确是交易的秘诀。如果大家敢于使用本书的理念进行交易，不久之后，大家一定会发现，我们所得的大部分利润其实都是通过这种看似危险且毫无把握的尝试而获得的。所以笔者今天买入了一些，但不是很多。

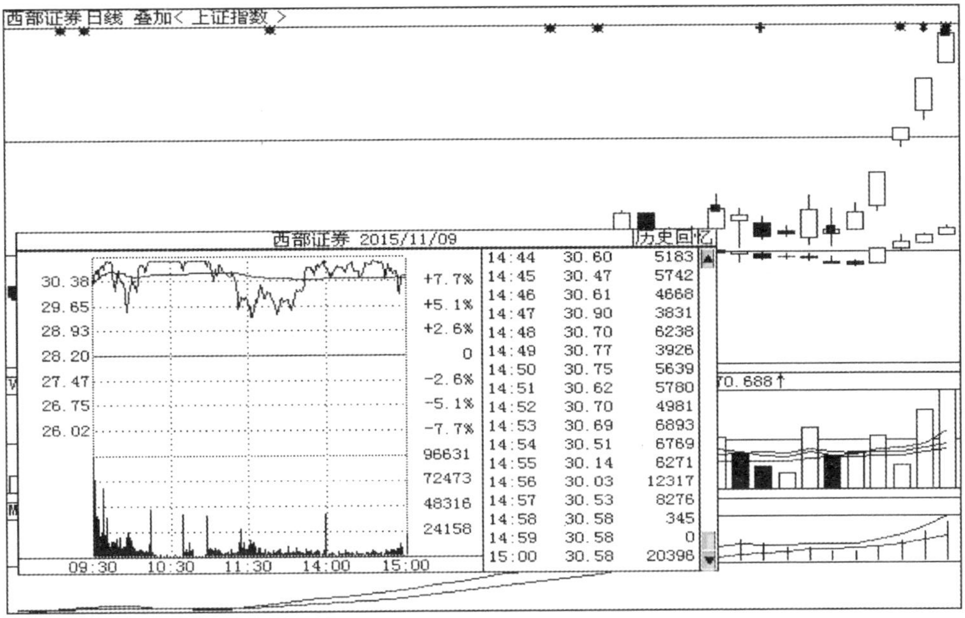

图 2-39

以下四个理由可以支持笔者入场：

（1）如果是一个看上去非常安全的形态，不仅我敢买，其他散户也都敢买，如此一来，是不是市场在吸纳散户资金就不好说了。而该股，貌似敢买的人不多。因为少有场外散户进入，所以该股具备继续上涨的条件。

（2）该股今日的分时图非常考究。明明上午就已经封停，却不一直封到收盘。上午和下午各有一次高位跳水式的下跌，不知道已经在场内埋伏的散户有多少愿意看着自己的利润急剧减少超过 20%？别看该股今日涨幅超过 7%，但笔者敢说这就是洗盘。

（3）因为笔者确定该股场内散户很少，所以就算未来要下跌的话，跌幅也不会太大，我可以在确定该股涨势终结之时从容卖出，而不会遭到太大的损失。

（4）因为笔者在该股上建立的头寸较小，所以跌多少都不怕。（恐怕这才是最有说服力的原因吧！）

“今天”是 2015 年 11 月 10 日，即笔者买入该股的第二个交易日，走势如图 2-40 所示。看到它这样上涨我就放心了。但我现在还不想卖出，因为市场没有告诉我散户已经开始介入，也没有告诉我上涨趋势有可能终结。

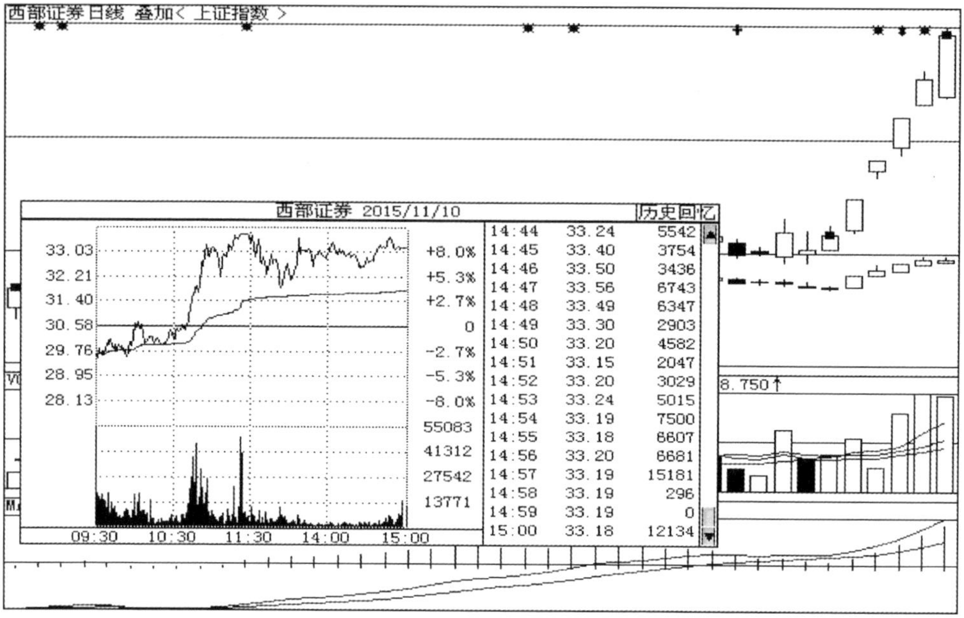

图 2-40

2015 年 11 月 11 日，走势如图 2-41 所示。

整整一个上午，我都非常担心。但是看着该股盘中超过 5%的跌幅，我想真正担心的肯定不止我一个。看着它糟糕的形态，我预感到，这只股票买对了，希望该股下午能有所表现吧。

下午的涨停确实出乎预料，但是在市场中，又哪里有那么多可以事先预料的事情呢？

正如兵法所云：兵者，诡道也……攻其无备，出其不意。此兵家之胜，不可先传也。

这段话的意思是：统兵打仗其实就是比谁更奸诈狡猾……在对方毫无防备之时发起进攻，使用对方无法预料的招数。这种种克敌制胜的法门，绝对没有什么固定的模式。

就像该股“今日”的走势，前三个小时都是在低迷盘整。如果没有预知未来的本事，谁能想到尾盘会如此强劲呢？笔者也是凡夫俗子，不会预见未来。正是因为看到上午走势如此低迷，其他场内的散户一定备受煎熬，这分

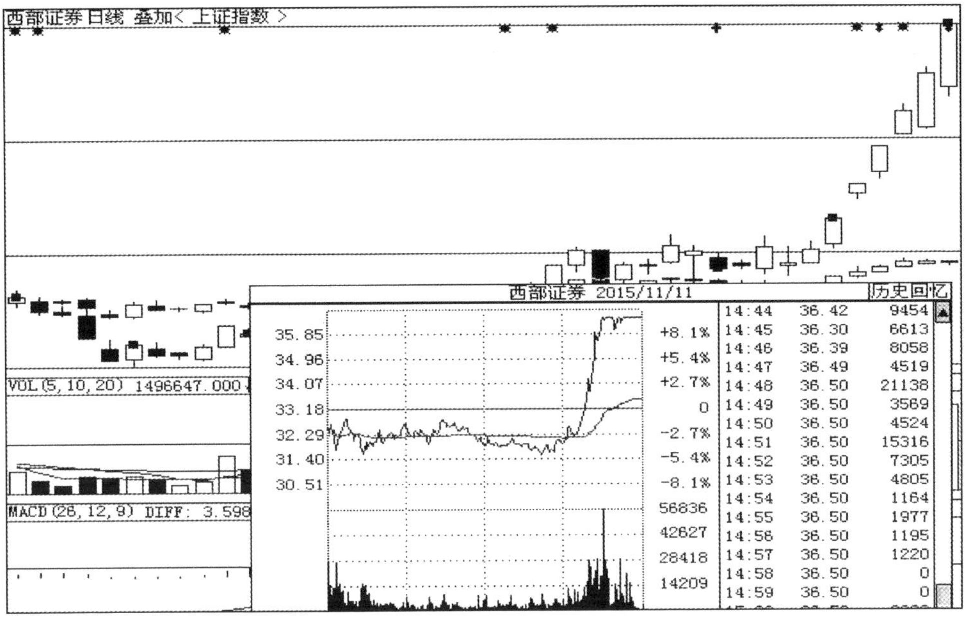

图 2-41

明是让散户离场的意图，我怎么可能就这样离开呢？可惜笔者上午没有加仓，这绝对是因为胆小而犯下的错误。

兵家之胜不可先传，所以大家千万不要认为前三个小时下跌，最后一个小时就会涨停，更不要认为买入之后下跌就应该继续持有。笔者在这只股票上没有轻易卖出，还有另外一个更加重要的原因。以下是一个小小的细节：

大家请回看昨天（11 月 10 日）的分时图，该股有近 3 个小时的时间都在高位横盘震荡，其震荡的区域在 32.50 元左右。也就是说，昨天买入该股的投资者中，大多数的成本价都在 32.50 元上下。而该股今日低迷盘整，其价位在 32.30 元附近。这就意味着，昨天买入的散户，今天要么不赚，要么小亏。个股走势如此之高，大盘今天也由晴转阴，在对未来走势很难确定的前提下，散户们亏得又不多，他们会怎么办呢？散户十条中的第四条会告诉你——止损卖出！（其实这不是止损，而是逃跑。）

如果说散户们都在纷纷卖出，笔者应该怎么做呢？当然是继续买入了！很抱歉，虽然理论上应该在这个时候加仓买入，但由于当时的形态确实难看，再加上笔者的胆量不够大，能够勉强在前天买入，而且今天维持不卖，已经是我心理承受能力的极限了。尾盘涨停之时，笔者也一度后悔莫及。我们要会调整心态，随时准备接受一切市场带给你的结果。说到这里，大家或许会有点感悟：一个人通过交易所获得成功的大小，不仅仅取决于他对市场理解的深度，更与其自身格局的大小、胆量的大小密切相关！撑死胆大的，饿死胆小的，这就是只有在中国 A 股市场可以见到的“中国特色”！

“今天”是 2015 年 11 月 12 日，涨势如图 2-42 所示。

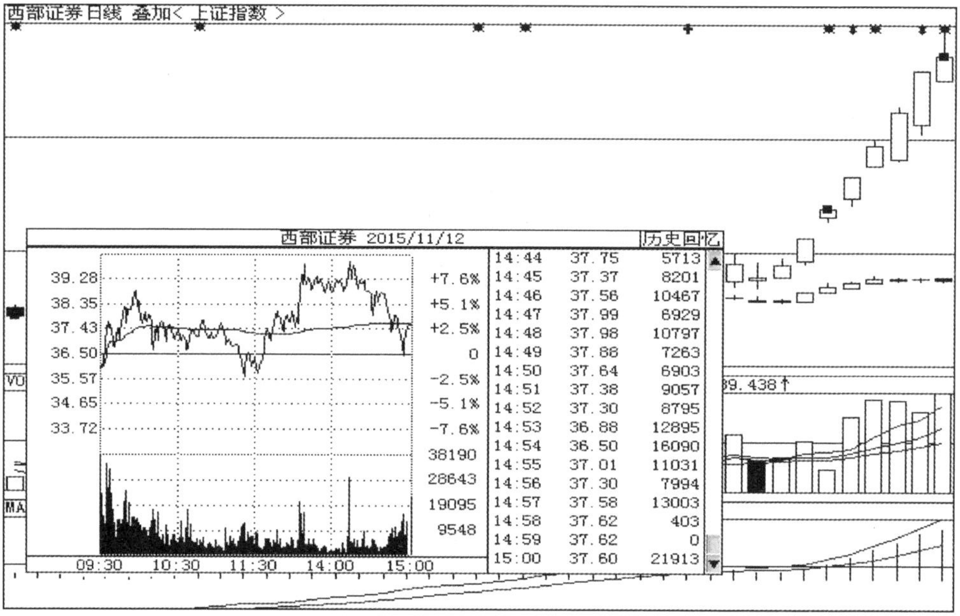

图 2-42

很明显，上涨的脚步放慢了！不知道是场内散户数量增加的原因，还是受大盘今日下跌所累。

但是，今天并不适合卖出。我在等着市场亲口告诉我：“散户已经大规模进入，我已经涨不动了。”

2015 年 11 月 13 日，该股走势如图 2-43 所示。

表面上看，该股后市还有上涨空间，但是笔者觉得自己开始真有点不愿意卖出，盼望着下一个涨停的出现。如果正在阅读本段文字的你和笔者有着

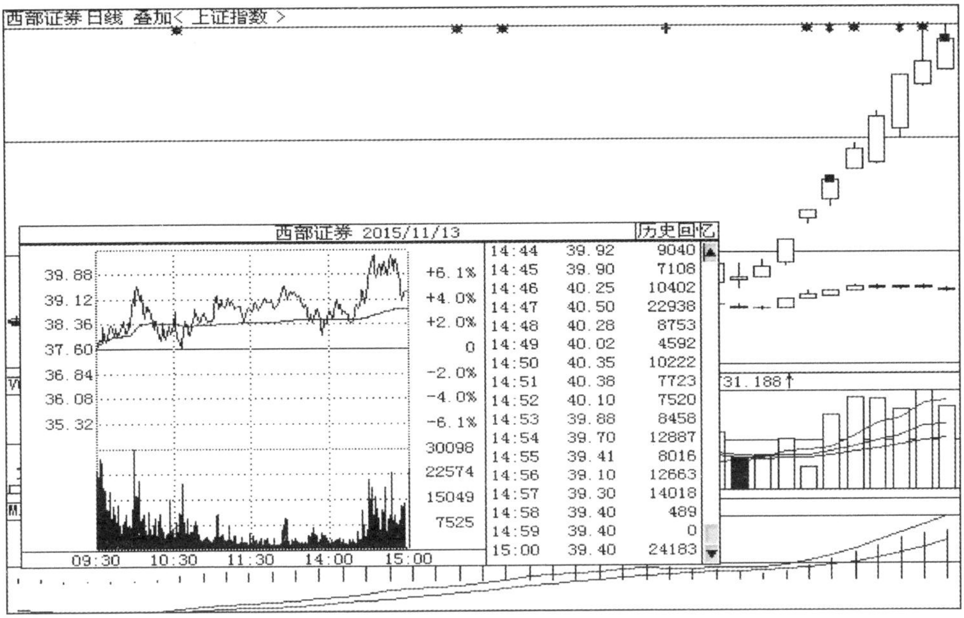

图 2-43

相同的感觉，那么说明你已经可以利用自己的直觉去交易了。如果你没有，就应该马上去培养自己对盘面的直觉。

这种直觉不是第六感，更不是什么超自然的能力，而是人类的潜意识对K线图形解读的结果。你的潜意识不会把这种解读的结果以报告的形式展示给你，它唯一能做的，就是让你在内心深处隐隐约约地感受到一丝不一样的东西。只要你的内心足够平和，就一定能够感觉到！

下一个交易日，11 月 16 日，走势如图 2-44 所示。

该股全天涨幅为 0，而且今天大盘是上涨的。大盘当日上涨就代表市场给了所有个股理所应当的上涨机会，而我们持有的这只西部证券，却主动放弃了这个机会。这意味着什么呢？

或许因为这两天场内散户数量有所增加，市场不愿意让他们轻松获利；又或许该股场内散户数量已经多到一定程度，市场已经开始考虑安排他们站岗了。谁知道呢？此时笔者不想用任何分析方法预测未来走势，我们要等市场亲自发出离场的信号才行！

又一个交易日，2015 年 11 月 17 日，走势如图 2-45 所示。

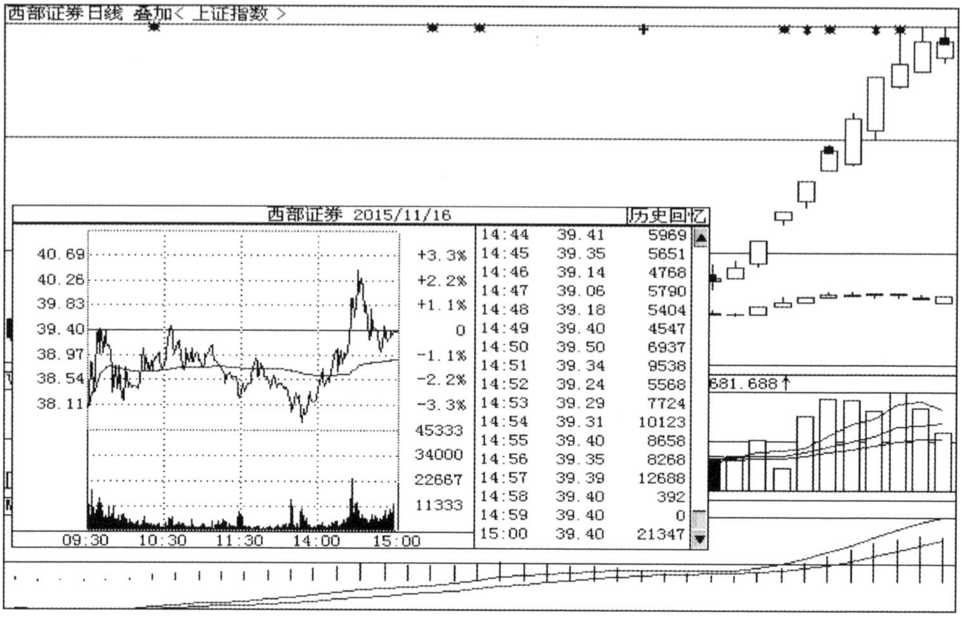
西部证券日线 叠加< 上证指数 >
西部证券 2015/11/16
历史回忆
40.69
40.26
39.83
39.40
38.97
38.54
38.11
+3.3%
+2.2%
+1.1%
0
-1.1%
-2.2%
-3.3%
45333
34000
22667
11333
09:30
10:30
11:30
14:00
15:00
14:44 39.41 5969
14:45 39.35 5651
14:46 39.14 4768
14:47 39.06 5790
14:48 39.18 5404
14:49 39.40 4547
14:50 39.50 6937
14:51 39.34 9538
14:52 39.24 5568
14:53 39.29 7724
14:54 39.31 10123
14:55 39.40 8658
14:56 39.35 8268
14:57 39.39 12688
14:58 39.40 392
14:59 39.40 0
15:00 39.40 21347
681.688↑

图 2-44

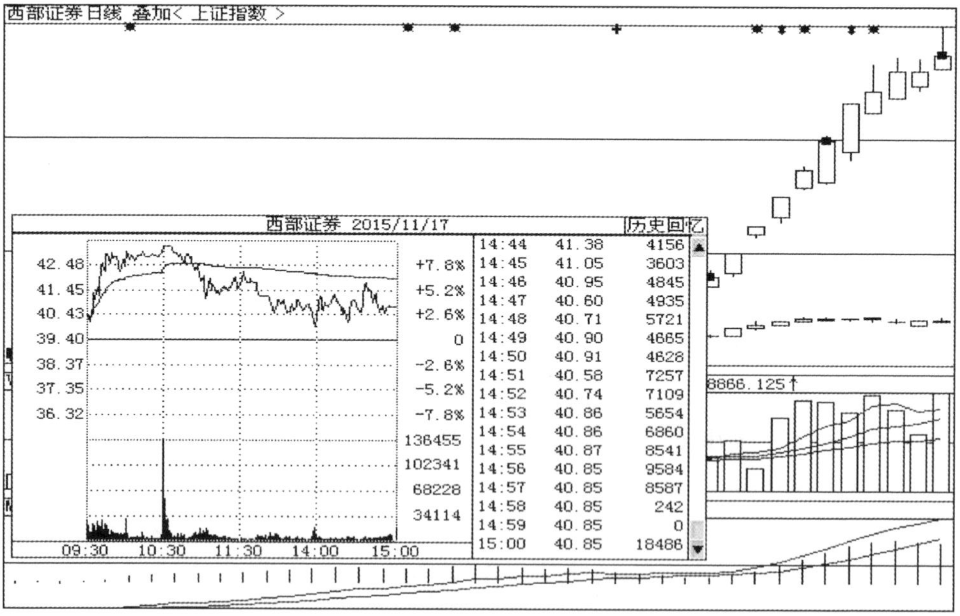
西部证券日线 叠加< 上证指数 >
西部证券 2015/11/17
历史回忆
42.48
41.45
40.43
39.40
38.37
37.35
36.32
+7.8%
+5.2%
+2.6%
0
-2.6%
-5.2%
-7.8%
136455
102341
68228
34114
09:30
10:30
11:30
14:00
15:00
14:44 41.38 4156
14:45 41.05 3603
14:46 40.95 4845
14:47 40.60 4935
14:48 40.71 5721
14:49 40.90 4665
14:50 40.91 4828
14:51 40.58 7257
14:52 40.74 7109
14:53 40.86 5654
14:54 40.86 6860
14:55 40.87 8541
14:56 40.85 9584
14:57 40.85 8587
14:58 40.85 242
14:59 40.85 0
15:00 40.85 18486
8866.125↑

图 2-45

今天的分时图依然有许多值得探讨的细节。但这些都已经不重要了。我们要让交易尽可能简单化，在没有必要复杂的地方就不要大费周章，因为现在的方向已经很明确了。等着吧，等市场发出信号之时离场即可。

2015 年 11 月 18 日，西部证券走势如图 2-46 所示。

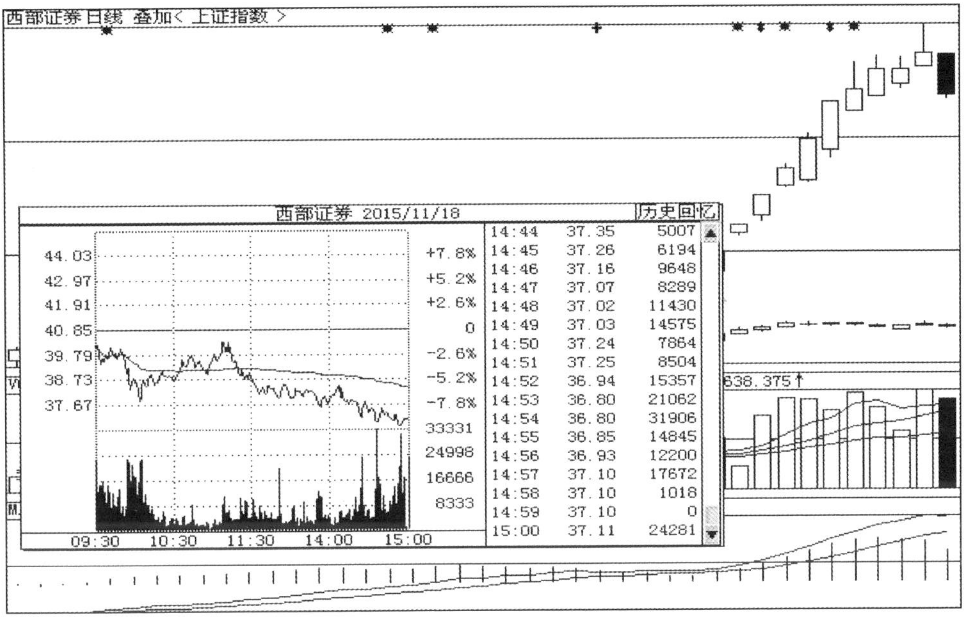

图 2-46

没错，这就是信号了。

美中不足之处是今天跌得多了一些，哪怕今天下跌 1%，都是市场号令我们离场的明确指示。

或许有些读者会说：早就知道要跌，为什么不早些离开？非要等到利润回吐 8%才走呢？

笔者对此的解释是：如果在我自己认为应该离开的时候离开，从这一只股票上我或许会多赚 8%的利润，但是在其他交易中，我所失去的利润或许远远不止 8%。在交易的方向上，我们必须有自己的立场，绝对不能随波逐流。但是在交易时机的选择上，我们必须尊重市场。任凭市场拿走貌似应该属于我们的利润，它迟早会还给我们更多。这就是在市场面前谦卑恭顺的好处。任何凭借自己的小聪明，对尚未发生的走势进行大胆预测的人，迟早会因为他们的“聪明”而受到惩罚！

图 2-47 便是笔者卖出该股之后，其后续的中期走势。这就充分说明个股涨幅开始减缓，并且有散户介入的迹象时（这是市场向你发出的离场信号），再继续持股已经毫无意义。

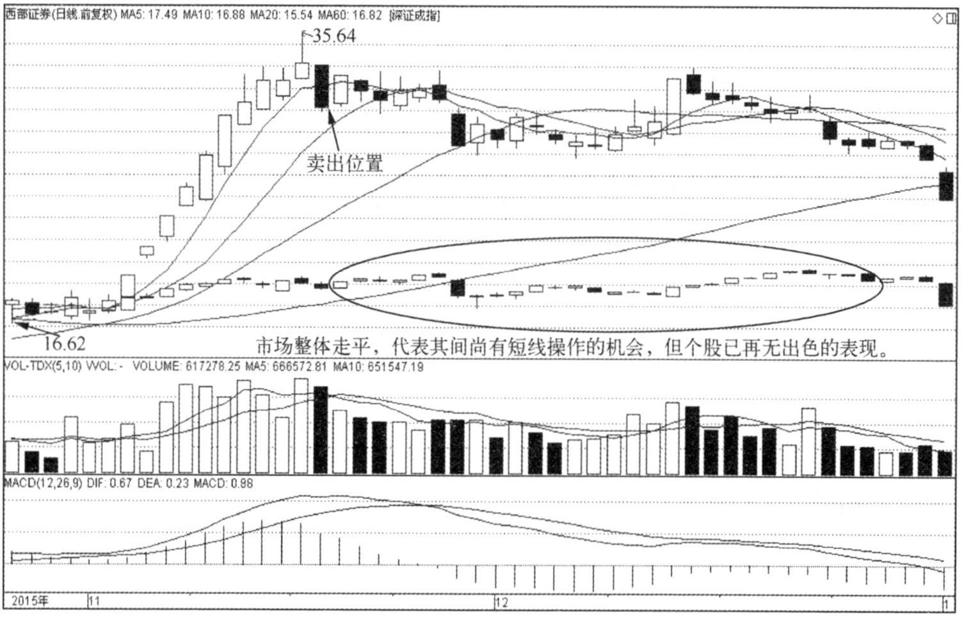

图 2-47

一名股票投资者，他在某只股票上所持头寸的大小，代表着他对这只股票的信心。虽然信心的多少与股票后市涨跌毫无关系，但是人们都是喜欢多买自己看好的股票，而少买不怎么看好的股票，对于那些非常不看好的股票则坚决不买。

在笔者看来，这样的做法过于主观。我们应该多买应该买入的股票，少买那些买不买都行的股票，对于不应该买入的股票则坚决不买。

在这笔交易中，笔者原打算用一半的仓位去买入该股。最后因为内心的恐惧将仓位缩减至 1/3，并在本应该加仓的时候放弃了难得的加仓机会。现在想来真不应该。笔者以较小的头寸，持股 7 个交易日，盈利略超 20%，如图 2-48 所示。

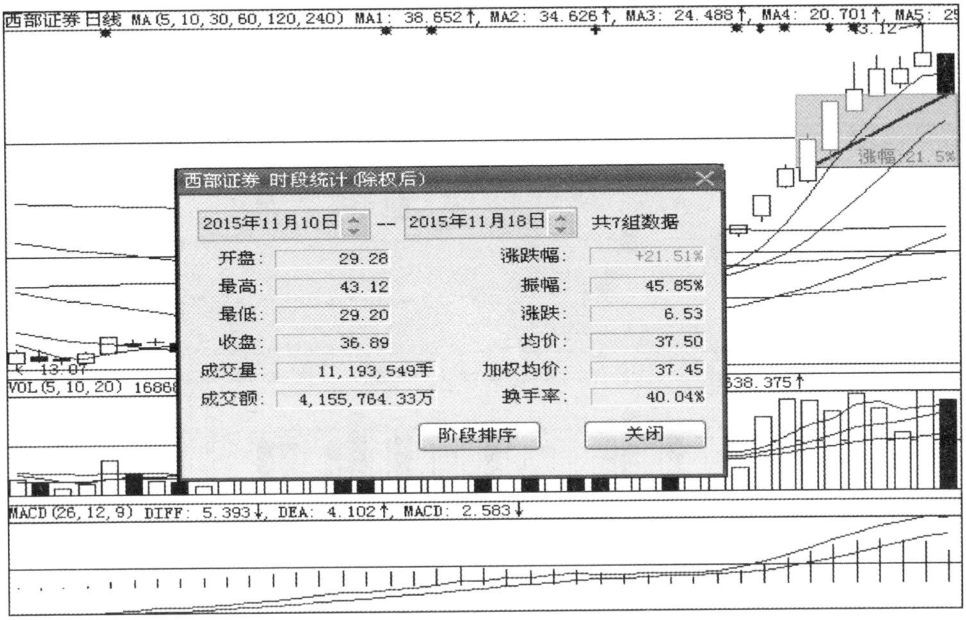

图 2-48

在这里，与大家分享一个我多年操盘的经验：

一只能让你盈利的股票，在买入之时会让你感到恐惧和犹豫。一只能让你亏损的股票，在买入之时你会感到安全而且急切。在你越不敢买入的时候恰好是买入时机；在你越不愿意卖出的时候，真正的最佳卖点可能已经很近了。

第四条：跌下来了很难再涨

韵达股份 2015 年 12 月 8 日的走势如图 2-49 所示。

这是一只走势看似非常稳健的股票。在大盘整体横盘期间，它却节奏鲜明地稳步攀升。

该股自 2015 年 12 月 8 日后的连续 16 个交易日走势图如图 2-50 所示。

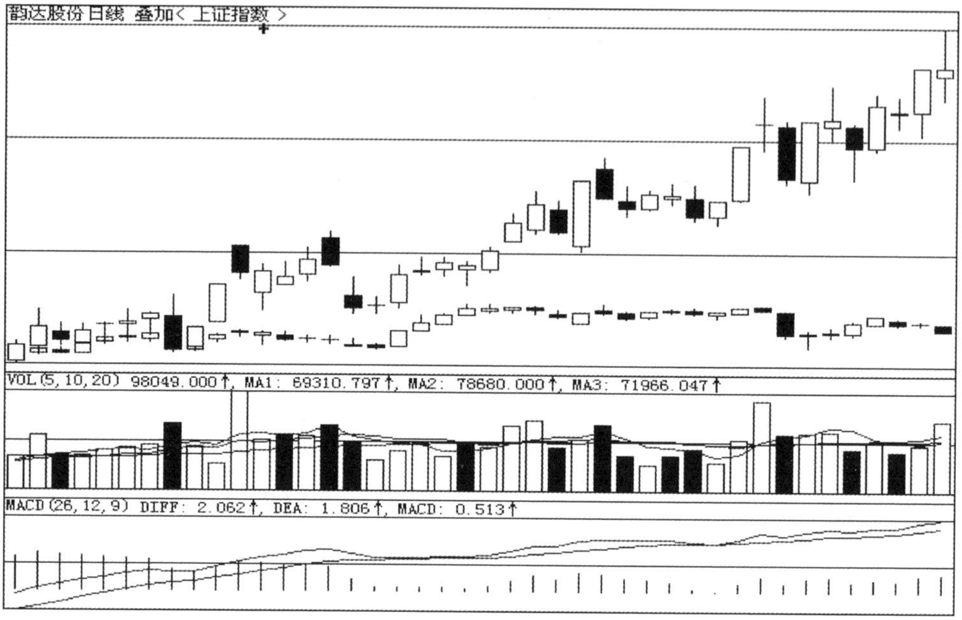
韵达股份日线 叠加< 上证指数 >
VOL(5,10,20) 98049.000↑, MA1: 69310.797↑, MA2: 78680.000↑, MA3: 71966.047↑
MACD(26,12,9) DIFF: 2.062↑, DEA: 1.806↑, MACD: 0.513↑

图 2-49

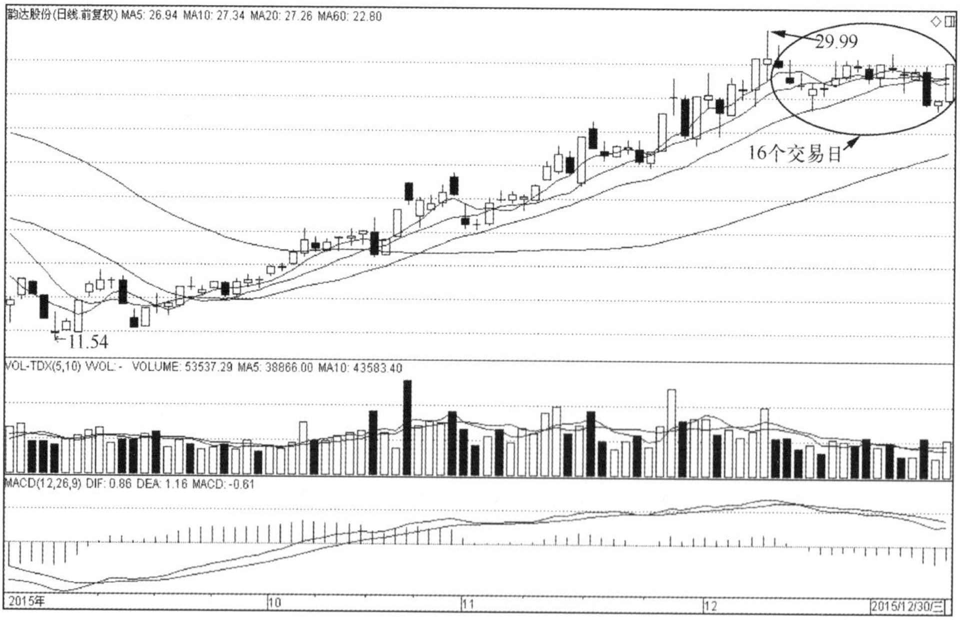
韵达股份(日线,前复权) MA5: 26.94 MA10: 27.34 MA20: 27.26 MA60: 22.80
29.99
16个交易日
11.54
VOL-TDX(5,10) VVOL: - VOLUME: 53537.29 MA5: 38866.00 MA10: 43583.40
MACD(12,26,9) DIF: 0.86 DEA: 1.16 MACD: -0.61
2015年
10
11
12
2015/12/30/三

图 2-50

我们可以说不知道为什么，该股调整了15个交易日，然后再次拉出长阳，准备再续一轮涨势。

也可以说经历了前期的稳步攀升之后，该股吸纳了足够多的散户资金，为了不让前期买入的散户轻松获利，该股选择横盘一段时间。或许因为场内散户耐不住寂寞，纷纷离开；又或许因为该股突然觉得没吃饱，总之它看似准备再次上涨。

无论是谁，对未来都是同样一无所知。我们应该做的不是研究预测未来的方法，而是在迷茫和混沌的环境中作出自己最佳的选择。

既然如此，那就勇敢地尝试一下吧。

2015年12月31日，韵达股份走势如图2-51所示。

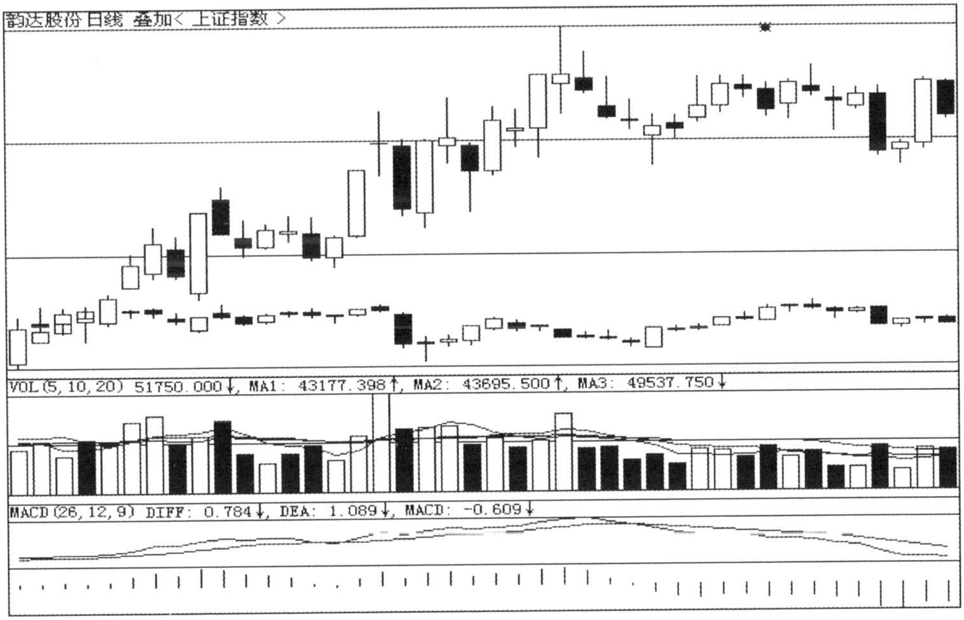

图2-51

如果我现在找出一堆卖出的理由，告诉大家"今天"卖出是最明智的选择，或许大家会以为自己收获了一些知识，其实那是骗人的。作为本书的作者，我知道该股未来会大跌，而你却未必知道。

"今天"是2016年1月4日，韵达股份走势如图2-52所示。大家还记得因为指数熔断制度的正式实施，导致大盘再次连续暴跌的那一幕吗？我们先

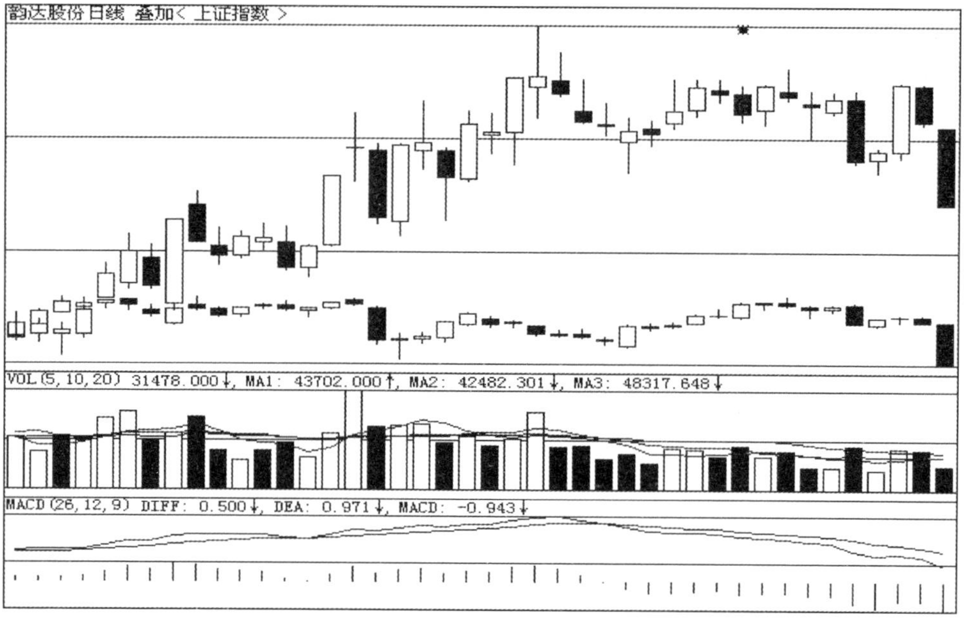

图 2-52

来说两句题外话。在笔者看来，指数熔断机制的实施只不过是大盘新一轮暴跌的替罪羊，因为它和市场暴跌同时出现，而两者间又可以找到貌似合乎逻辑的关联。但是当大家仔细读过本书前面章节之后便知，市场暴跌的唯一原因就是散户对市场的后市看多，从而大规模入场。在 2015 年，市场已经经历过两轮暴跌，每一轮暴跌之后，都会让大部分觉得“已经够惨了，再也不会更惨了”，而这正是下一次暴跌的根源。市场会在散户集体看好后市之时下跌，而且下跌的方式有很多种，其中最令人难以置信的那种，便是市场最终选择的方式！

就这样，我们在该股上建立的头寸莫名其妙损失了 10%。此时你当然可以找到无数个原因来告诉笔者，你当初为什么坚决不会买入这只股票；也可以找到无数个理由来告诉笔者，假如是你，你会如何在下跌的过程中卖出，所以你的头寸不会损失这么多。

但是无论你做什么，其实都是在回避笔者强加于你的亏损假设。大多数股民都会本能地回避这种假设，就像当股灾真正来临之际，他们本能地回避现实一样。当时他们或许在寻找大盘暴跌的理由；或许在打听周围的股友是否也遭受了亏损；或许在寻找市场上的利好消息，希望奇迹明天就会发生。但是无论他们做什么，其实都是在设法减轻跌停板给内心带来的痛苦。就算他们用某种神奇的方法治愈了内心的伤口，市场未来还是该怎么走就怎么走。

因为今日大盘跌得太过惨烈，所以导致个股大面积跌停。这与半年前的股灾如出一辙。它们的共同特征就是让散户猝不及防。这样的情况以前发生过，以后势必还会发生。我们应该做的不是建立防御机制，研究日后如何躲避股灾，而是建立自我保护的应急机制，在遭受损失之时，制止损失进一步扩大。(因为市场运行的最终规律就是通过下跌让散户亏损，至于在什么时间，什么点位，以什么方式下跌，那只不过是花样不同的问题。我们躲避了这种下跌，却躲避不了那一种。躲避来，躲避去，最终被躲避的上涨说不定比下跌还要多，得不偿失。如果真的要躲避所有下跌，方法只有一个，那便是从此不再交易。) 像该股今日走势这样一个典型案例，即便上次股灾你没有经历过，下次股灾你也早晚会遇到。

在这种时候，突如其来的灾难会让大部分投资者（无论散户还是机构）思维短路。因为无法接受如此之大的亏损数字，所以不能卖出！因为太希望早日回本，所以大多数人选择补仓。会补到什么时候呢？补到再也没有剩余资金为止。而市场会因为他们没有剩余资金而停止下跌吗？当然不会！不仅不会，还会加速下跌。大家当然可以为以后的下跌找到各种各样的理由，但市场运行的规律和目的还是那个，市场会在更低的位置等着我们割肉卖出。或许你会说，我赔得太多了，坚决不卖！没关系，市场很有耐心，而且很有手段。在它把各式各样以及各种风格的投资者全部战胜之前，下一轮牛市是不会来的！

下一交易日，2016 年 1 月 5 日，如图 2-53 所示。

“今天”没有直接跌停真是意外之喜。此时我们除了快快逃命之外，别的真的什么都不需要做了。

但此时有个非常重要的问题！

很多人在第一次止损的时候其实并没有遇到太多来自内心深处的阻碍，所以他们很容易就做到了。可是他们内心的阻碍出在不服输上。他们可以接受暂时的亏损，请注意亏损必须是暂时的。止损之后必须立刻把上一笔亏损赚回来！必须赚！立刻赚！所以他们又把资金全部投放在另一只股票上，如此一来，他们除了多花两笔手续费之外，和那些当初没有止损的投资者真的什么差别了。

如图 2-54 所示，这就是韵达股份在接下来的 6 个交易日中的表现，也是市场中大多数股票的典型。

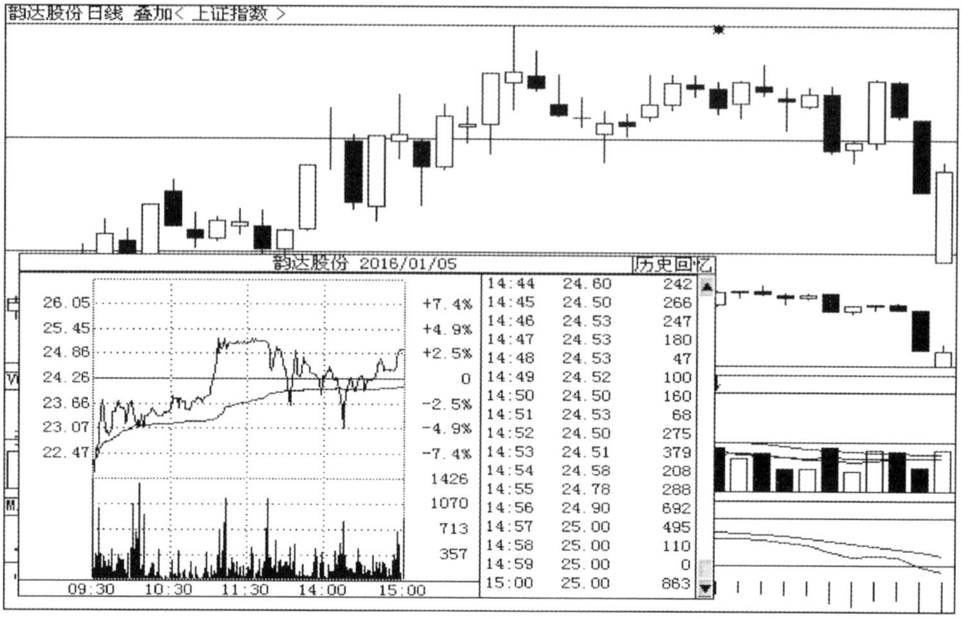
韵达股份日线 叠加< 上证指数 >
韵达股份 2016/01/05
历史回忆
26.05 +7.4%
25.45 +4.9%
24.86 +2.5%
24.26 0
23.66 -2.5%
23.07 -4.9%
22.47 -7.4%
1426
1070
713
357
09:30 10:30 11:30 14:00 15:00
14:44 24.60 242
14:45 24.50 266
14:46 24.53 247
14:47 24.53 180
14:48 24.53 47
14:49 24.52 100
14:50 24.50 160
14:51 24.53 68
14:52 24.50 275
14:53 24.51 379
14:54 24.58 208
14:55 24.78 288
14:56 24.90 692
14:57 25.00 495
14:58 25.00 110
14:59 25.00 0
15:00 25.00 863

图 2-53

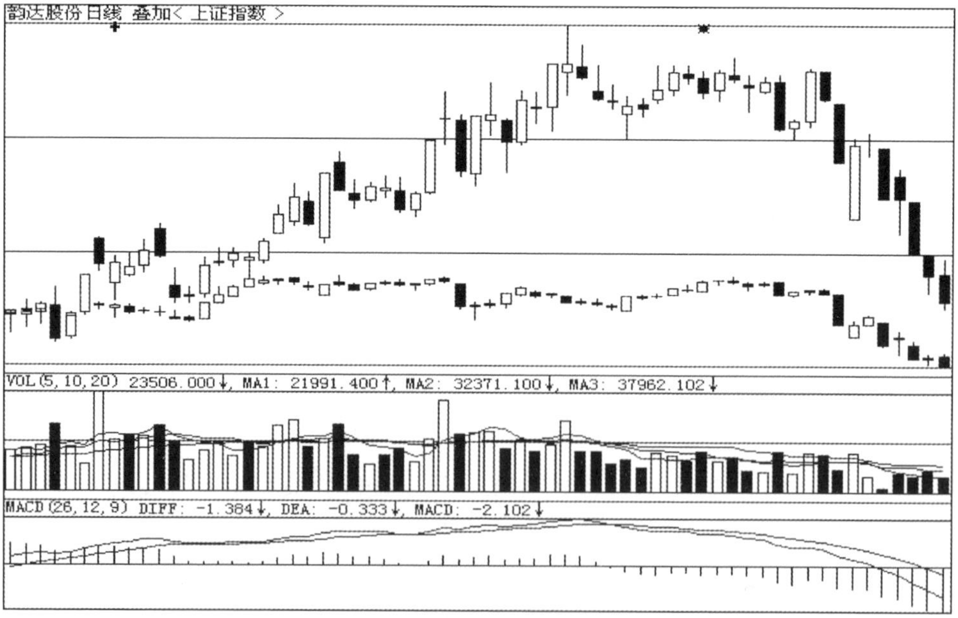
韵达股份日线 叠加< 上证指数 >
VOL(5, 10, 20) 23506.000↓, MA1: 21991.400↑, MA2: 32371.100↓, MA3: 37962.102↓
MACD(26, 12, 9) DIFF: -1.384↓, DEA: -0.333↓, MACD: -2.102↓

图 2-54

无论个股还是大盘，在持续上涨的行情中，很少有大阴线出现。原因是股价一旦深跌，因被套而加仓的散户将明显多于那些迫于恐惧而离场的散户。

笔者在这里和大家分享两个规律：

（1）假如前期出现了能够让散户纷纷买入的形态，之后一旦开始下跌，只要股价明显低于前期散户买入的价格，后面可以说很难再涨上去了。

（2）假如前期出现了能够让散户纷纷买入的形态，之后继续上涨，明显的大幅上涨，然后再跌，跌回前期散户买入的位置附近，而后止跌企稳，同时个股保持较为难看的 K 线形态。这说明后面还有继续上涨的希望。

而本案例中所列举的韵达股份，它在形成稳健形态，诱惑散户买入之后并没有继续上涨，而是横盘一段时间而后下跌。这种下跌直接导致前期买入的散户被套，而且越套越深。如此一来，加仓的散户多于止损的散户，后面的深跌可以说是必然！

第五条、第六条：低位的没准是陷阱　高位的形态才很棒

笔者有意将这两条合并阐述，是因为在很多时候我们面临的选择不是这只股票买还是不买，而是几只股票中我到底买哪只。至于想买股票之时是否应该建仓，我们稍后再议。假设现在有两只股票同时摆在你面前，一只看似低位、稳健、貌似筑底中，日后有上涨空间；而另一只看似高位、危险、有筑顶倾向，以后会跌多少不好说。此时你选哪一只？多数散户一定毫不犹豫地选择前者！请大家记住，以后一定要选后面的那个！

请看下面案例：

图 2-55 为黑牡丹 2016 年 9 月 29 日的日 K 线形态。这是一个标准的底部，而且有放量突破的迹象。图 2-56 为该股同期走势的放大日线图。虽然形态没有好到完美的程度，但是结合它明显的底部特征，让一般散户“敢于买入”应该是不难做到的。

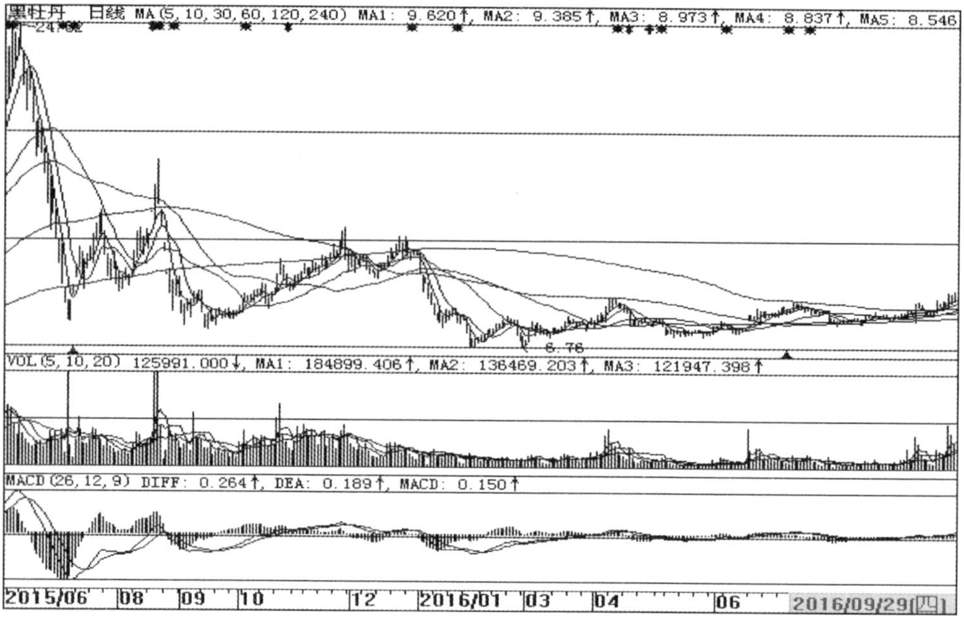
黑牡丹 日线 MA(5, 10, 30, 60, 120, 240) MA1: 9.620↑, MA2: 9.385↑, MA3: 8.973↑, MA4: 8.837↑, MA5: 8.546
6.76
VOL(5, 10, 20) 125991.000↓, MA1: 184899.406↑, MA2: 136469.203↑, MA3: 121947.398↑
MACD(26, 12, 9) DIFF: 0.264↑, DEA: 0.189↑, MACD: 0.150↑
2015/06
08
09
10
12
2016/01
03
04
06
2016/09/29[四]

图 2-55

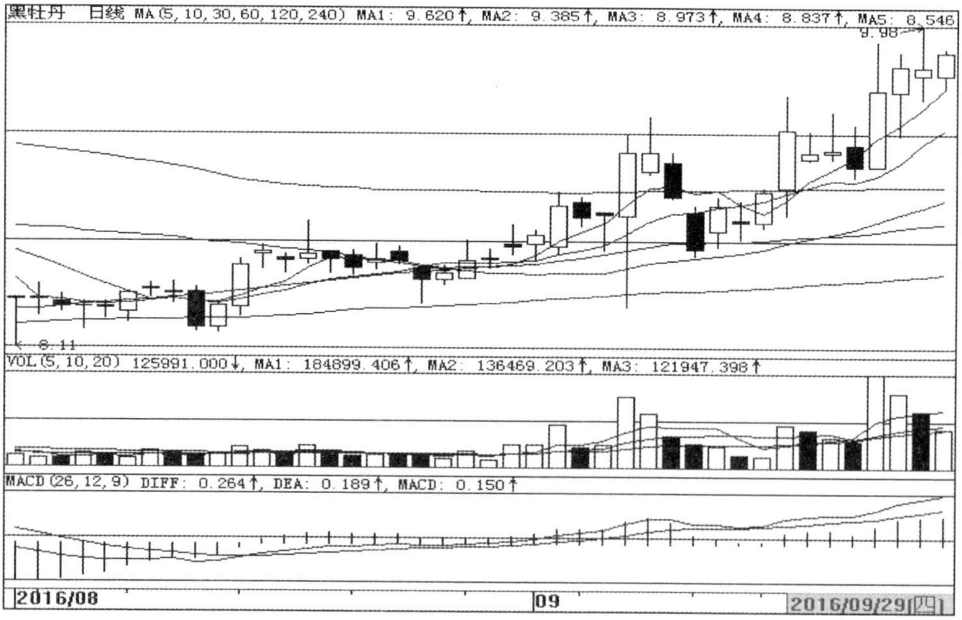
黑牡丹 日线 MA(5, 10, 30, 60, 120, 240) MA1: 9.620↑, MA2: 9.385↑, MA3: 8.973↑, MA4: 8.837↑, MA5: 8.546
9.98
8.11
VOL(5, 10, 20) 125991.000↓, MA1: 184899.406↑, MA2: 136469.203↑, MA3: 121947.398↑
MACD(26, 12, 9) DIFF: 0.264↑, DEA: 0.189↑, MACD: 0.150↑
2016/08
09
2016/09/29[四]

图 2-56

在敢于买入的时候买入，最终会使散户们在很多时候面临尴尬的结果。如图 2-57 所示，这段时间大盘一直在涨，而个股却让持有者小幅亏损。虽然目前损失不大，但足以彻底打破一个股票交易者应有的节奏。

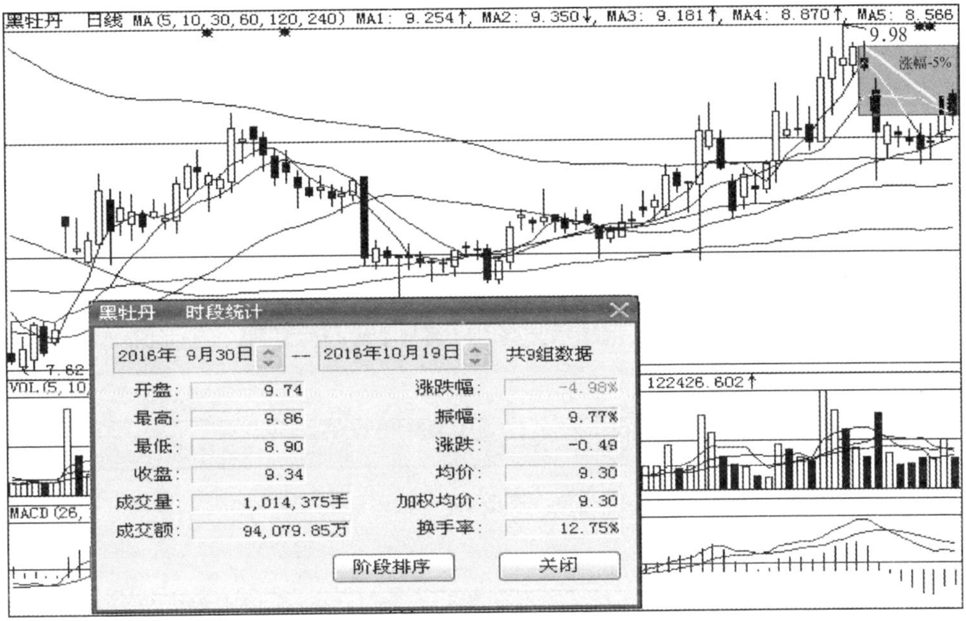

图 2-57

因为这个时候，大盘形态还算得上稳健。此时对一只亏损 5%左右的股票止损，很多人不仅不甘心，而且害怕卖掉之后股价上涨。所以，持股不动才是他们眼中的最佳选择。

该股在“散户敢于买入”之后，中期走势如图 2-58 所示。

只在敢于买入的时候买入，在不想止损的时候继续持股，是很多股票投资者失败的根源。然而他们并不甘于失败的命运，不断地学习，可是无论怎么学，也学不到在不敢买入之时买入的勇气。

同样是在 2016 年 9 月 29 日这一天，如果我们选择黑牡丹这样一只看似稳健的股票，结果多半是亏损的。就算我们可以及时止损，也无法得到真正获利的机会。如果我们在这一天作出另外一种选择，那么结果就大不相同了。

2016 年 9 月 29 日金轮股份的走势如图 2-59 所示。这一天的形态高高在上，将近 50 元一股的价格本身就让很多散户望而生畏。

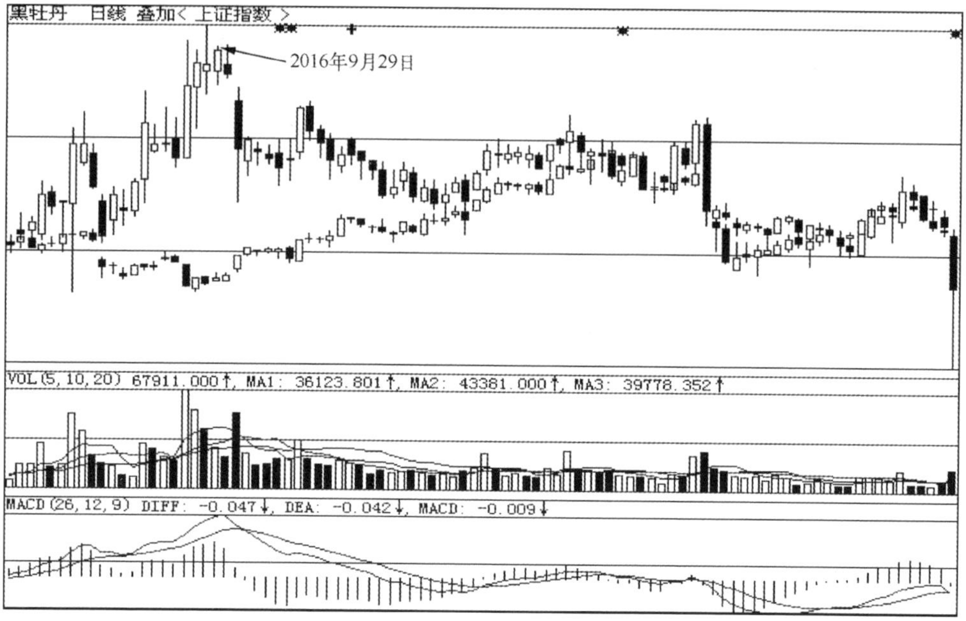
黑牡丹 日线 叠加< 上证指数 >
2016年9月29日
VOL(5, 10, 20) 67911.000↑, MA1: 36123.801↑, MA2: 43381.000↑, MA3: 39778.352↑
MACD(26, 12, 9) DIFF: -0.047↓, DEA: -0.042↓, MACD: -0.009↓

图 2-58

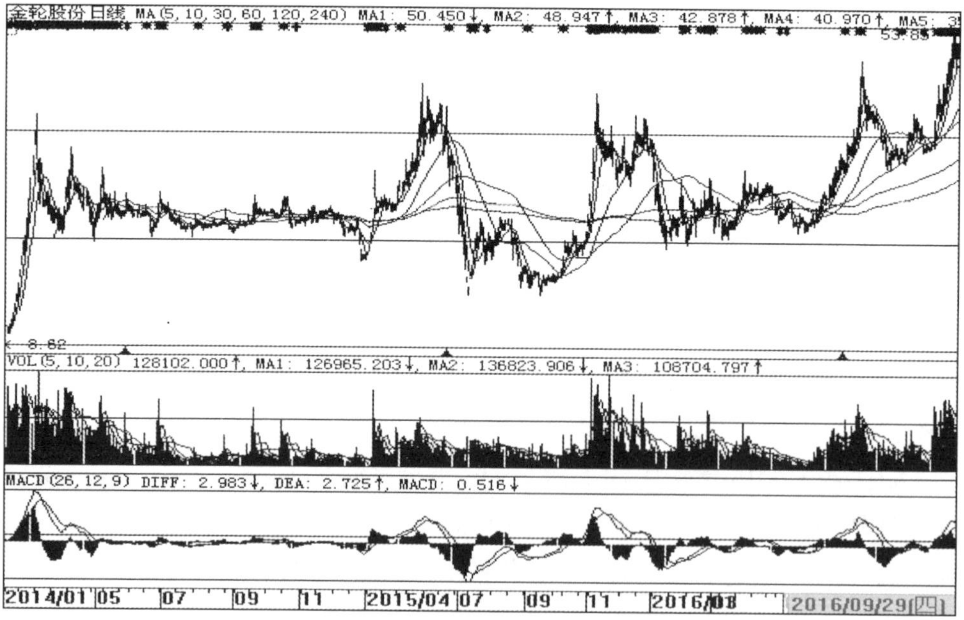
金轮股份日线 MA(5, 10, 30, 60, 120, 240) MA1: 50.450↓, MA2: 48.947↑, MA3: 42.878↑, MA4: 40.970↑, MA5:
53.85
8.62
VOL(5, 10, 20) 128102.000↑, MA1: 126965.203↓, MA2: 136823.906↓, MA3: 108704.797↑
MACD(26, 12, 9) DIFF: 2.983↓, DEA: 2.725↑, MACD: 0.516↓
2014/01 05 07 09 11 2015/04 07 09 11 2016/03
2016/09/29[四]

图 2-59

图 2-60 为金轮股份在 2016 年 9 月 29 日走势的放大版。

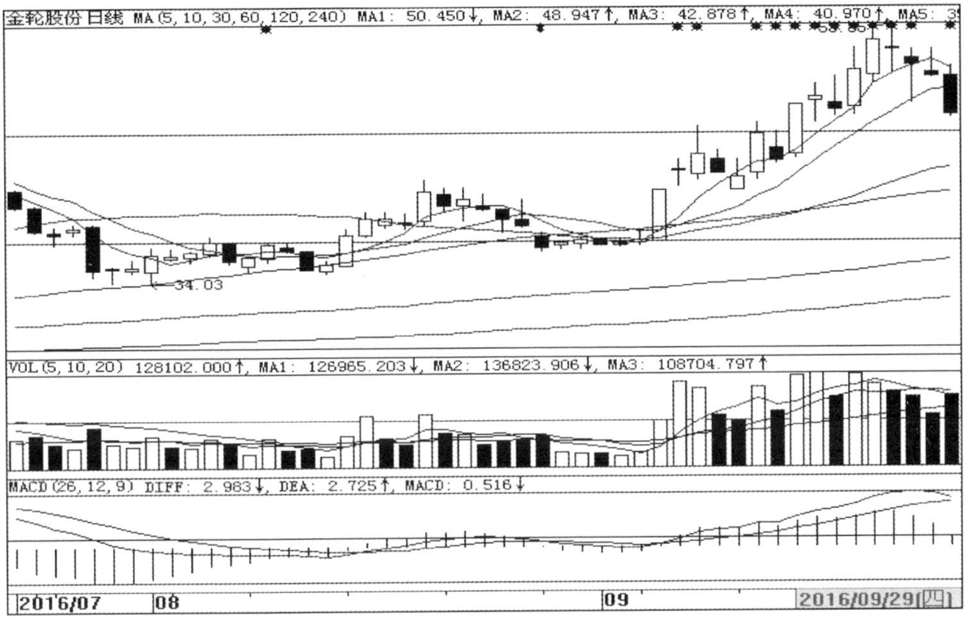

图 2-60

大家还记得散户十条的第二条吗?“难看的在酝酿上涨。”笔者绝对不是在告诉大家，但凡难看的形态日后一定立刻大涨。但是我们要始终怀着一颗勇敢的心，去不停地尝试、大胆地尝试，因为试得越多，碰到的黑马也就越多。最后你一定会得出和笔者一样的结论：在正确思维的引导下，通过“尝试”所获得的利润是非常可观的!

图 2-61 为金轮股份在 2016 年 9 月 29 日之后的短期走势。虽然其中期走势更加壮观，但不必细表。

假如我们在 9 月 29 日或者 9 月 30 日买入，或许未必能持有到 10 月 19 日这一天，又或许还能继续持有下去，但是无论你怎么做，收获的都必定是利润。至于如何能在这一天选出这一只股票，以及在以后每一个可以建仓的日子里都选出类似该股的股票，是不能用固定的模式去描述的。还是《孙子兵法》中的那句话：“此兵家之胜，不可先传也。”

虽然不可先传，但笔者还是可以将一些经验分享给大家：依据固定的模式选股，会有成功的时候，更会有失败的时候。但凡交易高手，没有谁是依靠某

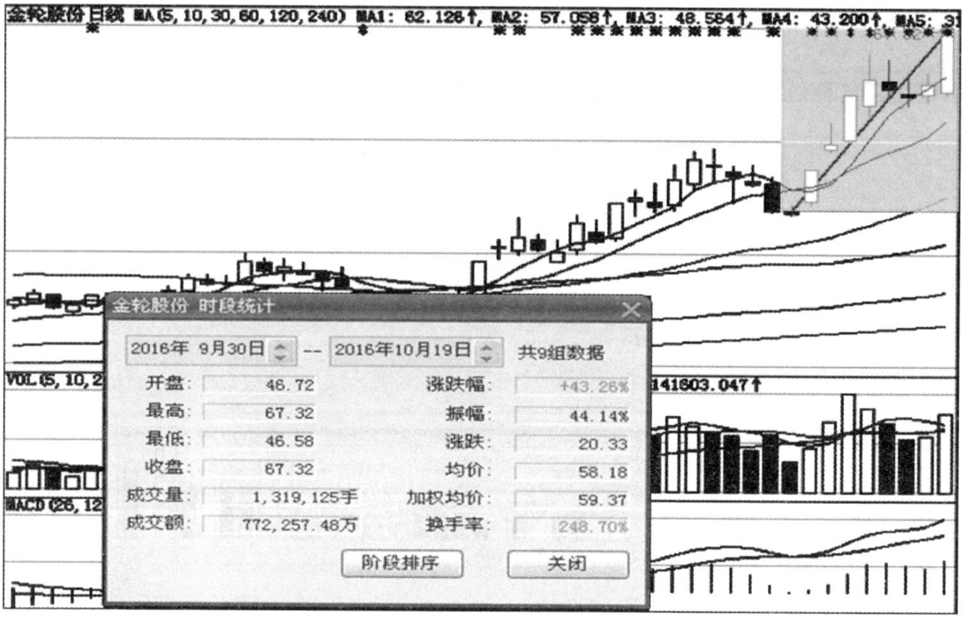

图 2-61

些鲜为人知的固定模式而获得长久成功的。我们要把正确的知识活学活用，用正确的思维方式去思考问题。只要你的思维方式是对的，提前布局黑马股的概率将远远超过普通股民。只要你的思维方式是对的，即便买入了错误的股票，也不会遭受太大的损失。在笔者看来，成功的投资者是因为他们的思维方式才能够获得成功；而失败的投资者，也正是因为他们的思维方式才遭受失败。

第七条、第八条：大盘好看尽量空仓　大盘难看尝试入场

至于散户十条中的这两条不用举例大家也不难明白。无论大盘在多高的点位，都有继续上涨的可能。同理无论大盘目前的点位看似多低、多么像底部，也都有继续下跌的可能。所以很多投资者以往所做出的决策（经过上涨之后，形态在“高位”变得难看，此时人们会本能地认为这就是顶部。同样经过下跌之后，形态在“低位”变得有希望，大家就觉得底部已经到了。）都是非常不科学的。

正因为市场中大部分散户都在用“不科学”的思维去思考问题，所以“科学”也就应运而生了。市场用美丽的形态诱惑散户买入，而一旦散户开始买入，只要形态不至于太过糟糕，散户一般是不会卖出的。因此，美丽形态出现之后，有时市场会立刻下跌；有时市场会稍等几天，等买入的散户足够

多之后再跌；还有的时候，市场会小涨，让前期买入的散户不至于赚够离场，又可以让新的场外散户买入。总之，下跌是必然的、迟早的。

相反，难看的形态不仅会导致场内散户离场，也可以防止场外散户进入。形态越是难看，离场的散户越多。至于难看形态出现之后，多长时间之后市场才会重新上涨，这不是能够刻板传授的，需要大家在实战中去摸索和领悟其中的奥妙。为了帮助大家理解难看形态与后期上涨之间的规律，笔者总结了一个“洗盘公式”。

洗盘效果 = 当前恐惧 × 焦虑程度 ÷ 买入形态

这个公式是本书的一个难点，较为抽象，读起来有些拗口，但是它具有极大的实用价值。若能很好地理解此公式，对投资者的中短线操作将带来无尽的益处。下面笔者来一一解释。

（1）洗盘效果。它代表市场当前形态对场内留存散户的清洗能力。洗盘效果越好，代表场内散户被清理得越干净，也就意味着大幅上涨来得越快。反之，通过估算，发现此时洗盘效果欠佳，那就说明未来短时间内要么只能小幅上涨，风险大于收益；也许后面还有一大波下跌也尚未可知。

如果要分析下一波上涨具体能涨多高，本公式无能为力，但它至少可以告诉大家未来涨幅较大或者较小，以及距离洗盘结束还需要多长时间（很长、较短、马上）。这些结果都无法精确地计算，只能是大致地估量。

（2）当前恐惧。它的意思是目前市场（大盘或者个股均可）的形态有多么恐怖、可怕，当前散户对未来的看法有多么悲观、迷茫。这是本公式中等号右侧的第一个变量，其重要性是最大的。该变量的大小与我们最终需要的结果——洗盘效果完全成正比。即，当前市场形态越恐怖，洗盘效果越好，离下一轮上涨到来的时间越近。反之，当前市场形态越平常，越不利于洗盘。

（3）焦虑程度。它是指散户从买入之时到现在为止，一共经历了多少个不安的日日夜夜。该变量前面的符号是“×”，代表它的大小与最终结果——洗盘效果之间依然是正比关系。即，散户买入之后，经历的“难看而不至于恐怖”的形态的时间越长，散户在此期间越是焦虑，现在洗盘的效果越好。反之，散户目前为止持股时间越短，越没有经历市场的百般折磨，他们持股的信心越坚定，那么现在的洗盘效果也就越差。

（4）买入形态。它的意思是目前场内所留存的散户，他们买入之时的形态如何，也可视为距离当前最近的一个“好看形态”。它前面的符号是“÷”，所以该变量的大小与最终结果之间成反比关系。即，场内散户买入之时，形态越好看，同时大盘形态越漂亮，而且好看形态持续的时间越长，代表场内散户数量越多，持股信念越坚定，所以未来清洗他们的难度越大，若想成功地清洗他们，下跌的时间和空间也必然越大。反之，若近期最后一个可以诱惑散户买入的个股形态，本身并不怎么好看，而此时大盘局势也不甚明朗的话。那就说明目前场内散户数量稀少，而且持股信念并不坚定，这就给现在的洗盘行动带来极大的便利。这样的洗盘一般不会持续太长时间，也不太可能跌得太深。

声明一：本公式之所以具有极大的实用价值，是因为涨跌行情均可用本公式来估算。我们既可以估算何种下跌之后才能迎来上涨，也可以站在相反的角度，估算何种程度的上涨之后才会遇到下跌行情。因此本公式不仅可用于股票操作中的寻找机会和规避风险，也可以用于股指期货等其他双边投资品种的交易。

声明二：本公式最大的局限性在于它是一种分布形态分析方法。分布形态即由几根到几十根 K 线组成的形态。在股票分析时，只看局部而忽略整体会大幅降低成功率。这也是很多短线投资者钻研短线技法多年却无本质性进步的原因。如果要研究个股整体结构，需要用到如下知识点：内在趋势的判断；趋势阶段的划分；趋势各阶段之间的作用关系；洗盘高点、出货高点的判断；牛股结构的识别等。这些知识点包含的信息量之大，足以再写一本与本书同样厚度的新书，所以在本书中无法体现。大家知道对个股的整体分析和局部分析一个都不能少，而整体分析也非常重要即可。

声明三：本公式是一个定性说明的公式，无法定量计算。本公式中所出现的四个变量（洗盘效果、当前恐惧、焦虑程度、买入形态）都无法换成具体数字而被精确计算。它们只能用“大”“小”去代替，例如：

洗盘效果 = 当前恐惧(大) × 散户焦虑(大) ÷ 买入形态(小)

如果当前的形态给出这样一个结果，当前市场的洗盘行为多半会起到非常良好的效果，如此一来，后面的上涨便为期不远了。此时可以稍做等待，也可以开始试探性地建仓。

洗盘效果 = 当前恐惧(小) × 散户焦虑(小) ÷ 买入形态(大)

若换成这样的情况，前期散户集中买入的股票，当前几乎无法被清洗干净，未来几天即便上涨也很难大涨，未来继续下跌将是大概率事件。所以此时应继续等待，买入时机可能远远没有到来。

请看下面的实战案例。

如图 2-62 所示，这是大北农在 2015 年 3 月 23 日的 K 线图，当时牛市正在如火如荼地进行着，而该股却在同一价位附近横盘 9 个交易日。

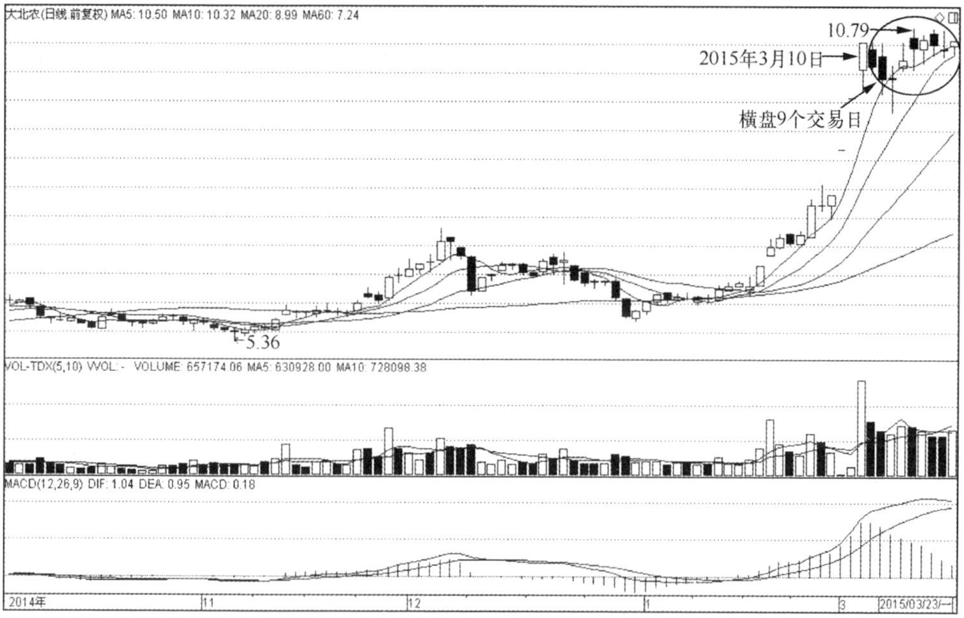

图 2-62

该股最近一个涨停板是放出巨量的，而且当日大盘形态也不算太差。我们完全可以认为有很多散户在那里买入了。而横盘的这 9 个交易日，其价位始终在上个涨停板 K 线实体附近，这代表在这 9 个交易日中，前期买入的散户处于整体保本的状态。看着大盘在持股期间轰轰烈烈地涨了 9 个交易日，而自己账户中的大北农却时绿时红，这种滋味应该不好受吧？

除散户持股的这 9 个交易日外，我还应该关注散户买入的那个涨停板。

图 2-63 所示为大北农前期最后一个突放巨量的涨停板。我们发现它的形态并不算稳健：早盘冲高之后迅速回落，然后一直低迷地盘整着，直到尾盘才突然冲高，封住涨停。

也就是说，早盘冲高时间太短，散户买不到；尾盘封停太突然，散户买不到。散户在这天中能买到的时间就是中间低迷盘整的时间，而这样低迷的形态，有多少散户乐于去买入呢？别忘了，这个形态出现在连续两个一字涨停板之后。由此可见，该股散户买入之时的形态并不算好。

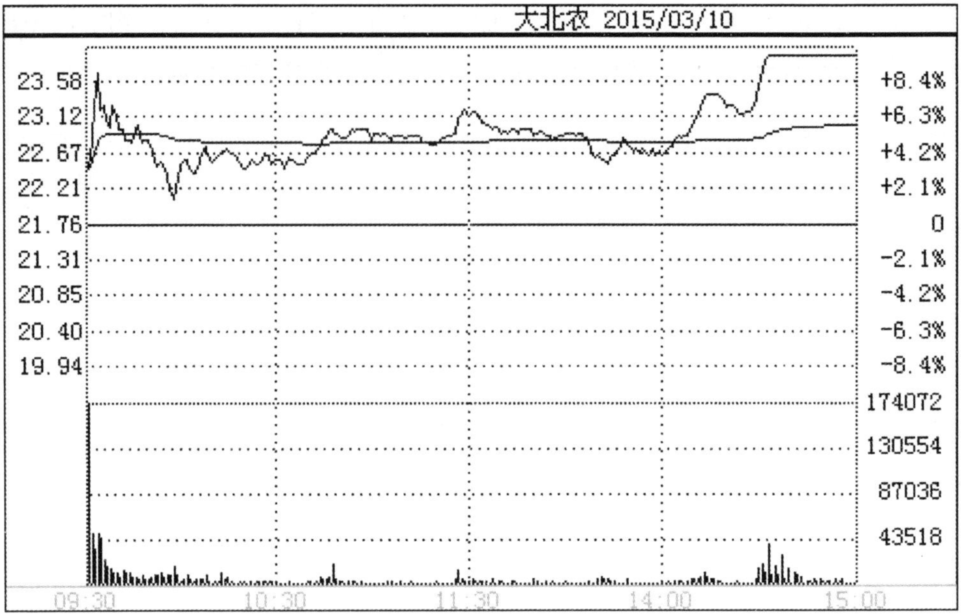

图 2-63

到这里，该股的洗盘公式已经有两个变量可以大致确定了。

洗盘效果 = 当前恐惧(无) × 散户焦虑(大) ÷ 买入形态(小)

由于目前没恐怖的下跌，也没有明显的冲高回落，所以说现在该股并没有开始清理场内散户。因此，“当前恐惧=无”。由于该股场内散户已经持股 9 个交易日，在这几天中大盘几乎天天上涨。所以，“散户焦虑=大”。又因为该股近期最后一个放量涨停中，其形态并不算太好。散户就算买入了，也未必对后市有多少信心。所以，“买入形态=小”。

三个决定结果的变量有两个已经出来了，而且都是比较有利的。这就意味着接下来只要该股随便跌一跌，就能起到极好的洗盘效果。

图 2-64 所示为大北农在 2015 年 3 月 24 日的走势，在上午 11 点左右，该股跟随大盘一路跳水。至于为什么跳水，并不重要。跳完了之后能否上涨？没有人知道。这次跳水会跳多深，会持续多久？大家也都在猜测。

大家都不知道的事情，笔者也不知道。但是笔者知道应该在什么时候勇敢地尝试，在什么时候耐心等待。而现在就是应该勇敢的时候了。

基于以上原因，笔者在发现跳水有结束迹象之时以将近一半的仓位果断入场。又由于对该股的把握较大，所以告诉了几位多年的好友，建议他们也

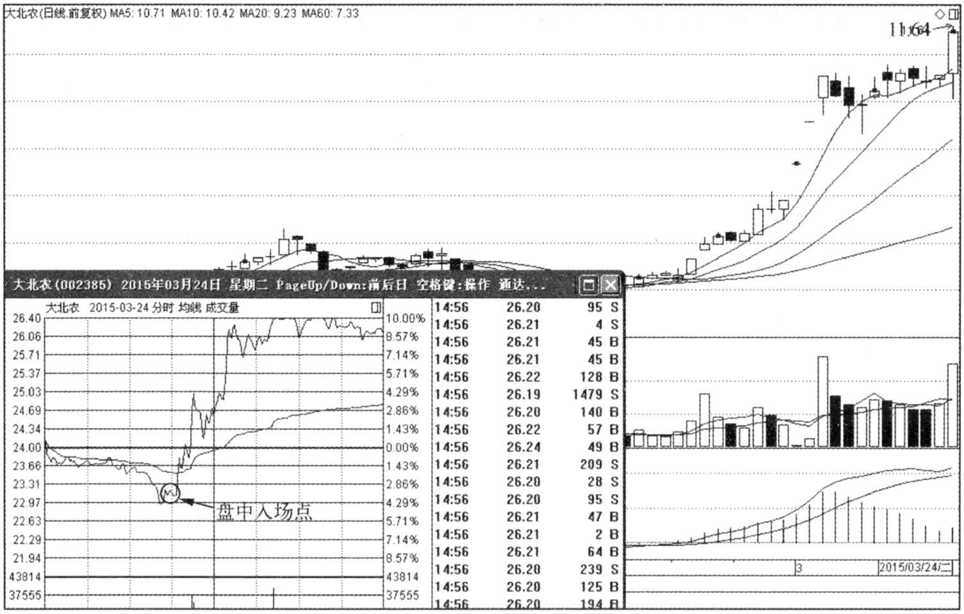

图 2-64

买点试试。两天后，笔者发现该股已经在开始吸引散户入场，同时又放弃了本该上涨的机会之时，决定暂时离场观望。直到这时，笔者才发现，那些被我通知建仓的朋友，竟然一个买入的都没有！他们虽然看到了一场好戏，却没有从中得到任何收益。

第九条、第十条：过度上涨迟早大跌　过度下跌早晚暴涨

这两条主要是用于分析市场宏观趋势的。市场运行的方式本身就是在不断地恢复平衡，然后又不断地打破平衡。如果我们从宏观的角度仔细品味上证指数历年的走势，就不难发现这个道理。

图 2-65 为上证指数有史以来的走势图，第九、第十两条完全可以充分地解释其中任何一段走势。由于篇幅的限制，笔者选择其中比较有代表性的几段来向大家说明。

图 2-66 为从 2007 年上证指数的历史高点到 2014 年 11 月末（也就是 2015 年牛市起点之前）的周 K 线图。由于第九、第十两条属于宏观的趋势分析法，所以用周 K 线的区域走势来判断更直观一些。

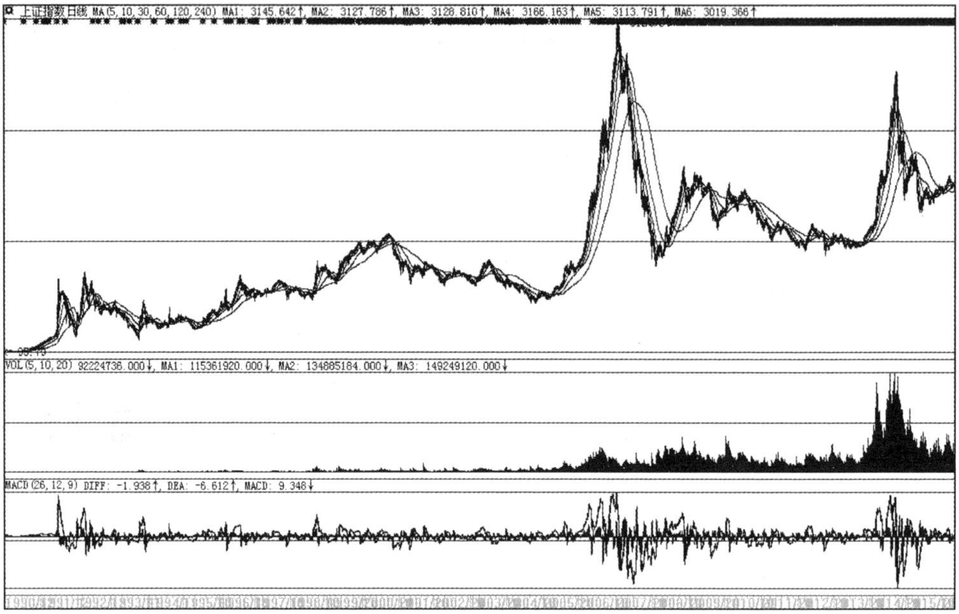
上证指数日线 MA(5,10,30,60,120,240) MA1: 3145.642↑, MA2: 3127.786↑, MA3: 3128.810↑, MA4: 3166.163↑, MA5: 3113.791↑, MA6: 3019.366↑
VOL(5,10,20) 92224736.000↓, MA1: 115361920.000↓, MA2: 134885184.000↓, MA3: 149249120.000↓
MACD(26,12,9) DIFF: -1.938↑, DEA: -6.612↑, MACD: 9.348↓

图 2-65

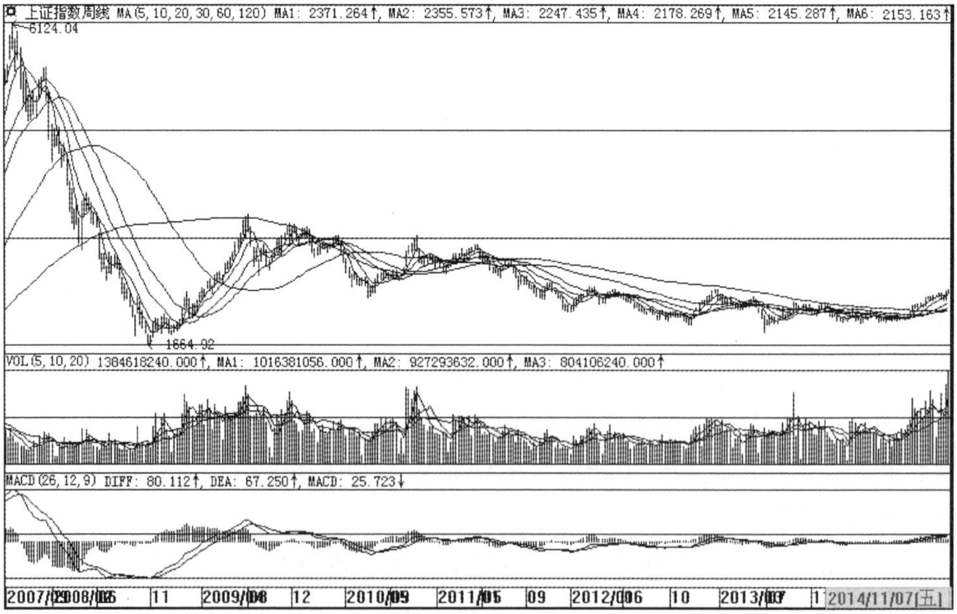
上证指数周线 MA(5,10,20,30,60,120) MA1: 2371.264↑, MA2: 2355.573↑, MA3: 2247.435↑, MA4: 2178.269↑, MA5: 2145.287↑, MA6: 2153.163↑
6124.04
1664.92
VOL(5,10,20) 1384618240.000↑, MA1: 1016381056.000↑, MA2: 927293632.000↑, MA3: 804106240.000↑
MACD(26,12,9) DIFF: 80.112↑, DEA: 67.250↑, MACD: 25.723↓
2014/11/07[五]

图 2-66

图 2-66 告诉我们，如何用一轮牛市来设想后面尚未发生的熊市，以及如何用一轮熊市来判断不知多久以后才能到来的牛市。

图 2-67 中所指示的区域，是沪指从历史最高点开始下跌的初期阶段。

图 2-67

指数在 6124 点的历史高点，历经 2006、2007 两年的牛市，市场为后期的下跌蓄积了巨大的时间和空间的能量（后面将此简称为时空量，但绝非时间、空间、成交量的意思）。在不触发下跌趋势的前提下，上涨趋势将继续维持，并继续为以后的下跌进行时空量的蓄积。而一旦触发下跌趋势，行情势必像洪水一样爆发，不把前期蓄积的时空量全部发泄完毕，是不会停止的。这不仅是市场运行的客观规律，更是万事万物运行的法则。可惜的是，我们尚不能定量计算趋势在某一个方向上时空量的蓄积程度，而是只能定性地分析。

图 2-68 所指示的区域为 3000 点左右的位置。此时市场已经遭受了七个多月的惨烈下跌，跌幅已经超过 50%。

从顶部下来之后，市场每形成一个绝望形态，就释放了一部分前期蓄积的时空量。而此时市场在上一轮牛市中所蓄积的时空量已经释放得差不多了，

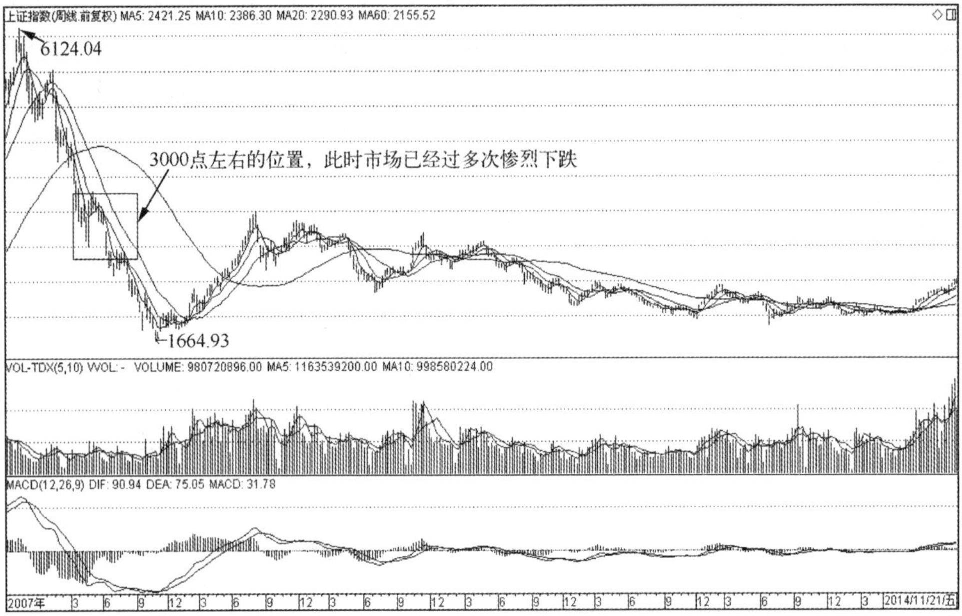

图 2-68

但依然没有停止的下跌。因为并不是释放完前期对下跌的蓄积之后便会立刻上涨，市场此时在寻找触发上涨趋势的机会。在市场找到机会之前，它将继续跌下去，当然从这以后的下跌不是白跌的，因为它在下跌的同时，也正在为下一轮上涨进行时空量的蓄积。

图 2-69 为沪指在 1664 点附近的走势图。

如果谁能在事先预料到这一轮下跌的终点在哪里，那么笔者可以保证他以后很难再对第二次。无论国家宏观调控如何进行，无论各路大资金如何入场，市场仍会沿着它自己的路径运行。这些所谓的重量级外部因素，充其量能够成为市场转变方向的机会，但绝对不是它改变趋势的原因。

当市场对原来蓄积的下跌能量释放完全之后，当市场又重新蓄积了上涨能量之后，当市场再遇到上涨的机会之时，趋势的改变已经是必然。但是这一轮上涨能持续走到哪里呢？要看以下三个因素：

第一，市场在前一轮的下跌中，为本轮的上涨蓄积了多少的时空量？

第二，市场本身是否有意愿在消耗完前期的上涨积蓄之后继续上涨，同时为下一轮下跌开始蓄积能量？

图 2-69

第三，市场在本轮上涨的过程中，散户的表现如何？

正如事实所呈现的，市场在上一轮熊市中，在释放完前期对下跌的时空蓄积之后，并没有为本轮上涨蓄积更多的时空量。而本轮上涨又有些操之过急，使得散户在较短的时间里便对上升趋势深信不疑。所以，市场是不可能带着所有散户共同走向胜利的。如图 2-70 所示，又一个顶部就这样筑成了。

所以，当看似完美的上涨趋势刚刚形成之后，要不了多久，如图 2-71 所示的这种下跌就展现在大家的眼前。又因为前一轮上涨之时，并没有对后期下跌进行太多的时空量蓄积，所以本轮下跌不像当时很多人所预测的那样——哪来的，就要回到哪去。市场以较小的下跌深度，吓走尽可能多的散户，市场已经完成了对前期入场准备再战一轮牛市的散户的清理，又在没有对下一轮上涨进行足够的时空量蓄积的前提下重拾升势。

上证指数(周线,前复权) MA5: 2421.25 MA10: 2386.30 MA20: 2290.93 MA60: 2155.52
6124.04
1664.93
VOL-TDX(5,10) VVOL: - VOLUME: 980720896.00 MA5: 1163539200.00 MA10: 998580224.00
MACD(12,26,9) DIF: 90.94 DEA: 75.05 MACD: 31.78
2007年
2014/11/21/五

图 2-70

上证指数(周线,前复权) MA5: 2421.25 MA10: 2386.30 MA20: 2290.93 MA60: 2155.52
6124.04
1664.93
VOL-TDX(5,10) VVOL: - VOLUME: 980720896.00 MA5: 1163539200.00 MA10: 998580224.00
MACD(12,26,9) DIF: 90.94 DEA: 75.05 MACD: 31.78
2007年
2014/11/21/五

图 2-71

如图 2-72 所示，这一轮上涨又出现在大家眼前。与前一轮上涨的高点非常相似，本轮上涨的高点又出现了很多看似非常好的形态。所以，散户再次入场。

图 2-72

如图 2-73 所示，这一段下跌走势在图 2-72 的介绍下，显得那么理所应当。图 2-71 中的下跌仅仅是对图 2-70 入场散户进行清理，清理之后并未继续下跌为以后的上涨积累时空量。所以图 2-72 中的上涨看上去很有希望，实则是强弩之末。所以图 2-72 的上涨难以持久，而图 2-73 中的下跌无疑是对笔者这种逻辑完美诠释。而此时，我们不知道后面会如何运行，满以为市场在清理完散户之后会继续上涨的。

如图 2-74 所示，等待我们的是再次下跌。细心的读者定会发现，本轮下跌似乎有什么不对的地方。没错，这一轮下跌之前，市场并没有给散户充分看好后市而买入的理由！如此说来，本轮下跌便不是释放前期对未来下跌的蓄积，也不是对入场散户的清理，那是什么？答案只剩一个了——为以后上涨进行时空量的蓄积。

上证指数(周线,前复权) MA5: 2421.25 MA10: 2386.30 MA20: 2290.93 MA60: 2155.52
6124.04
1664.93
VOL-TDX(5,10) VVOL: - VOLUME: 980720896.00 MA5: 1163539200.00 MA10: 998580224.00
MACD(12,26,9) DIF: 90.94 DEA: 75.05 MACD: 31.78
2007年
2014/11/21/五

图 2-73

上证指数(周线,前复权) MA5: 2421.25 MA10: 2386.30 MA20: 2290.93 MA60: 2155.52
6124.04
1664.93
VOL-TDX(5,10) VVOL: - VOLUME: 980720896.00 MA5: 1163539200.00 MA10: 998580224.00
MACD(12,26,9) DIF: 90.94 DEA: 75.05 MACD: 31.78
2007年
2014/11/21/五

图 2-74

我们虽然无法定量地计算前面的下跌到底为以后的上涨蓄积了多少时空量，但是光凭定性的分析也足以得出结论，如图 2-75 所示，这么少的上涨是远远不够的，接下来或许会有更大规模的上涨。所以，精于计算的投资者必定会在此处入场！

图 2-75

事实证明，无论多么精明的投资者在市场中都会有失败的时候。如图 2-76 所示，他们的失败并非源于疏忽大意，更不是无能的表现，而是市场的运行规律本是如此，市场会让散户亏损，无论多么聪明，无论多么愚蠢，你的行为都会在市场的计算之内，即便你聪明绝顶，市场早晚都会安排一波特定的走势来对付你。只不过交易水平较低的散户经常被市场“关照”，而交易水平很高的散户，被“关照”的次数较少罢了。

从这个角度来说，市场是公平的，只要是为了盈利而来的投资者，市场都会想方设法让他最终亏损。而换个角度来说，市场还是公平的，因为它今天用“非常手段”掠夺了你的利润，将来在某一日都会加倍还给你。前提是你能熬到那个时候。

大家还记得前面讲过的那个笔者强加给大家的亏损假设吗？很多人不止

图 2-76

损，于是遭受了惨痛的失败。很多人虽然止损，但是依然遭受了惨痛失败。其原因在于他们只能接受暂时的亏损，前一笔交易亏损后必须马上用第二笔交易赚回来。

如图 2-77 所示，此时市场依然低迷，明明已经蓄积了很多的时空量，但就是不涨。很多人在这里尝试，失败，再尝试，再失败，在本金和信心都无法支持他们继续留在市场中以后，真正的牛市才缓缓走来。

有人会说，我只要在一个形态惨烈的底部区域买入，然后持股不动就可以了。那是他针对这一个区间内市场走势所得出的结论。这次是这样，下次没准就不是了。就算有人真的能在一个较低的价位提前布局，那么他要等多久才能迎来牛市呢？

图 2-77 中方框区域的时间刚好是一年！

以上便是散户十条的全部内容，希望能给那些迷茫中的股票投资者带来切切实实的帮助。在笔者看来，大多数散户在交易中亏损，并不是市场的错。我们自愿走进市场参与交易，又凭自己的主观意愿买进和卖出，无论盈亏都不应该把原因强加于他人。如果赚了，或许不是因为我们的水平高超，仅仅

图 2-77

是行情有利于我们盈利；如果亏了，也不能埋怨市场，只是因为我们作出了和大多数人相同的选择。所以，我们要在交易的过程中始终放眼全局，以最宏观的视角审视市场当前所处的环境，确保我们的每一个决策不会犯下致命的大错。准确地预测未来并不是成功者能够成功的原因。他们之所以成功，仅仅是因为他们在每一个“当下”作出了比其他人更加理智、正确的选择。

第三章　股票情绪投机法

导读

在本章中，笔者为大家总结了几种典型的市场情况。之所以称为典型，是因为它们在每一轮牛熊轮回中，必定会在无数只股票上不止一次地出现。而每次出现之后，其后续走势都大致相同。在对市场运行规律的正确解读下，我们一眼便会看出市场的真实意图。本章的内容将会为大家今后的选股工作提供极大的便利。

有人曾说过这样一句话："关于情绪的研究或许可以打开投机学的一扇门。"笔者十分赞同。在现实生活中绝大多数人的行为都会在不同程度上受到情绪的影响，而且股市又绝对是一个可以轻易调动人们情绪的地方。所以，市场走势和情绪之间必然有很多恒久关联。

从我们之前所讲述的市场运行规律入手，这种关联就很容易被发现。而且从这种关联入手，指导实盘交易的方法也非常简单有效。它并不涉及股票的基本面分析，也无须研究国内外经济形势，更避开了一切复杂的数学模型，而需要的仅是一些最基本的技术分析常识而已。这种通俗易懂的、人人都能学会的股票交易方法就是本章需要详细讲述的股票情绪投机法。

一、情绪对交易的影响

为了能够得心应手地使用情绪投机法进行交易，我们必须先充分了解市场调动人们情绪的方法以及情绪在交易中给人们带来的影响。

股市调动人们情绪从吸引人们来申请股票账户开始。登录中国证券登记结算有限公司的官网，你很容易就能找到这样一个图表，如图 3-1 所示，它是 2000—2014 年间新开户数量统计数据图，而图 3-2 为 2000—2014 年的上证指数年 K 线图。从这两幅图中我们可以得到很多有趣的结论：

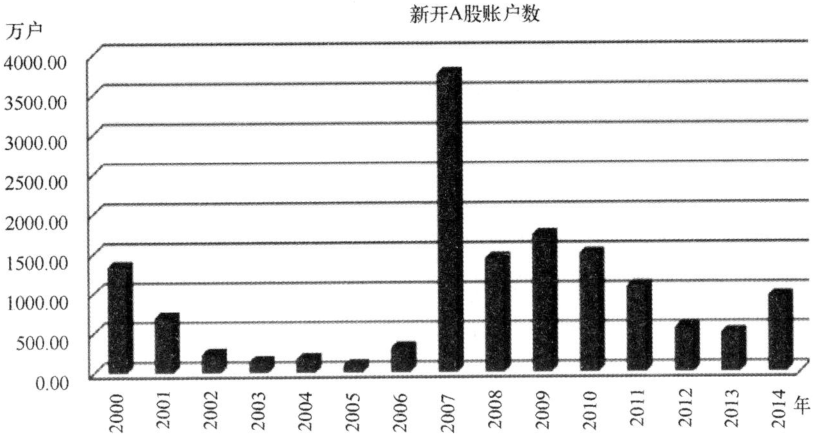

图 3-1

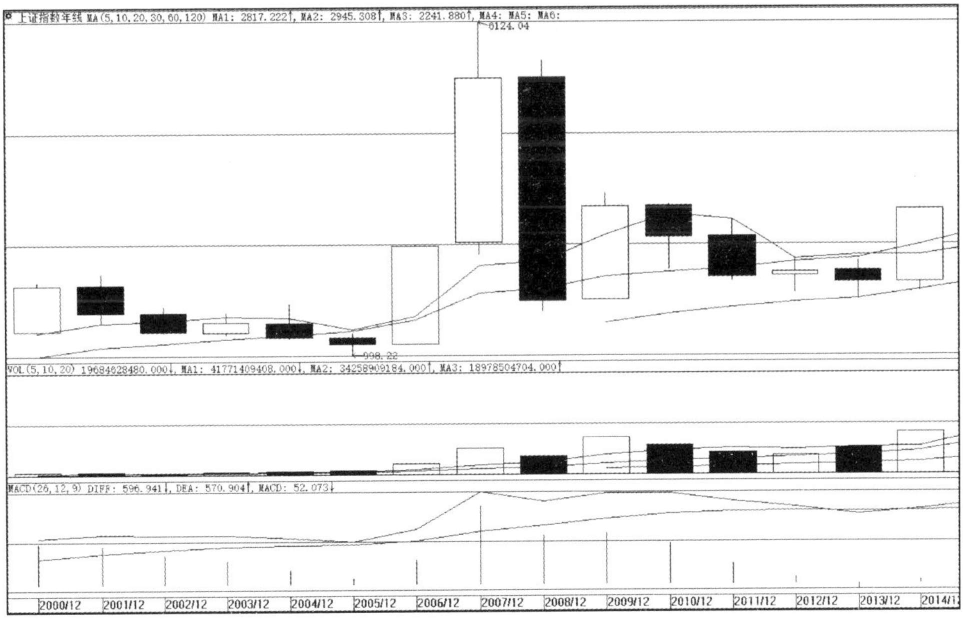

图 3-2

（1）2000 年新开户数量明显较之后的 6 年多出很多，因此 2000 年可以视为一个开户的高峰期。而 2000 年新开户的众多股民却在未来 5 年内没再遇到什么很好的赚钱机会，甚至损失惨重。从上证指数走势来看，直到第 6 年

（2006 年）市场大涨，2000 年开户并买入股票的股民才整体扭亏为盈。但是有多少人能在漫长的熊市中煎熬 5 年而不割肉离场呢？这说明 2000 年被市场诱惑去开户的股民被市场捉弄了。

（2）2005 年是未来一轮跨年度大牛市的起点，碰巧这一年的新开户数量低得无法再低。也就是说，只有极少数人真正把握住了行情的脉搏，开户买在了正确的位置。但是根据笔者在券商的多年工作经验来看，这些开户的股民中，有多少是因为预感到未来牛市而来开户的？而又有多少是因为受亲友之托，为了给在券商工作的亲朋好友完成开户任务而去开户的？由此可见，在 2005 年开户并买入股票赚钱的人实在少之又少。

（3）2006 年正是牛市欣欣向荣的一年，就算广大股民错过了 2005 年开户的最佳时期，若能在 2006 年积极开户的话，未尝不是明智之举。而从开户图上看，2006 年新开户数量虽较 2005 年有所增加，但是与之后的几年里，广大股民疯狂开户时期的数量相比，依然少得可怜。这又说明了什么？几乎所有人都知道应该顺势而为，但是能够真正做到的人却凤毛麟角。

（4）2007 年不仅是牛市最鼎盛的一年，同时也是开户数量爆表的一年。可悲的是如此多的人在 2007 年开户之后，欢乐的情绪维持了不到一年就“碰巧”发生了金融危机。这和 2000 年的开户潮有异曲同工之妙。

（5）在 2008 年的暴跌期间，新开账户数骤然萎缩至前一年（2007 年）的半数以下，然而在 2009 年又有所回升。这代表有更多人愿意相信经过了 2008 年的暴跌，市场将会逐步回暖，寒冬已经过去，春天已经来临。然而，幸运之神再次站在了投资者的对立面。等待 2009 年开户投资者的不是温暖的春天，而是连续 4 年的漫漫寒冬……

无论我们将开户数量图与沪深指数年线图同时向前或者向后延伸多长的时间，下面这则规律都无法被推翻：

市场走势牵动人们的情绪，当人们的情绪完全顺应当前市场趋势以后，市场开始反向运行。这就是牛熊轮回，一条“恒久关联”。

也就是说，当人们的情绪完全顺应市场的上涨趋势之后，市场开始下跌；当人们的情绪完全顺应市场的下跌趋势之后，市场开始上涨，如此周而复始。广大股民可以轻松赚钱的时期总是非常短暂，而亏损从长久的视角来看却是必然的。

股市调动人们情绪的第二步是在忽涨忽跌的走势中一点点激发人们对股

票研究的热情。在本书的第一章第一节中，我向大家介绍过市场的最终目的(同时也是市场的手段)。其中第三层中说市场下跌行情中会让最多的人亏损，同时亏损最大化。这是如何实现的呢？答案就是通过前面的上涨。上涨行情让越来越多的人发现自己的“投资天赋”，进而逐步扩大投资规模甚至使用杠杆，在上涨行情中为了实现利润最大化而逐渐丧失风险意识。只有这样，在后面的下跌行情中才会有最大化数量的散户用最大化的资金承担最大化的亏损。就像这两句老话所说：“历史会重演，但不会简单地重复。”“华尔街没有新鲜事，因为投机像群山一样古老，今天发生的一切以前都曾发生过，而且以后还会发生。”这就是市场周而复始地捉弄投资者最有力的证明。反过来说，也是通过研究人们的情绪从而间接研究市场的绝好切入点。

二、利用情绪进行交易

市场的每一步走势都是多空双方资金实力较量的结果，同时也是多空双方情绪的综合。唯有把握好大众的情绪，才可以把握住股市的脉搏。我们虽然无法随时掌握市场中每一位投资者的情绪，却可以时刻感觉到自己的情绪。我们虽然很难根据大量投资者的实时观点制定自己当下的交易策略，却可以把自己对当下行情的第一感觉近似地看成其他人的整体观点。

这里面有时会存在误差，有时也会出现失误。但从长远的时间跨度来看，通过监控自身情绪来间接指导操作的准确率必将完胜市场上流行的所有传统技术分析方法。因此，股票情绪投机法是一种可以让使用者摆脱最终亏损的命运，使用起来既不受市场条件的限制，又不受个股基本面影响，单纯从个股的技术面出发，却绝非传统技术分析方法的一种博弈性股票分析方法。

这种方法对其使用者只有两个要求：

第一，对盘面有一定的感觉。

投资者至少可以清楚地分辨哪些K线形态走得“好”，哪些走得“一般”，而哪些走得“不好”，进而可以推断出市场中大众投资者的资金流向(大家都会买入走得“好”的，而卖出走得“不好”的)。这一点对于一个刚刚入市的新手恐怕会有一定的难度，但对一个老手来说却是很容易做到的。

第二，有较强的情绪控制能力，至少在交易时间内是这样的。

投资者可以在交易时间内完全保持冷静，无论自己空仓还是满仓，都能保持一种超然的态度。就像你完全不必为账户中的资产负责一样，无论亏多少都和你没有丝毫关系，就算有再大的盈利你也不会获得金钱和荣誉。尽管你无须对资产负责，但仍要认真地对待，努力把握机会赚取那些“不会落入自己口袋”的利润。同时投资者也要警惕任何可能存在的风险，避免账户中“和自己无关”的资产受到不应该遭受的损失。

要在这种既超脱世外，又必须认真对待的心理状态之下进行股票分析和操作，着实有些困难，也可以说这不是每个人都能做到的。但这却是成为一个成功投机者的必要条件，也是目前市场中绝大多数人所欠缺的重要心理素质。

很多人都在不停地学习、寻找、研究一种可以让自己在股市中得以长期稳定盈利的交易方法，却不知要想成为一个真正成功的投资者或投机者，到底什么才是必要条件。所以才会有这样一种说法：交易的技术和知识，也许学一两年的时间就足够了。但是投机者要想拥有一种正确、稳定的心态，在修养和境界上达到高瞻远瞩、超凡脱俗的程度，即使花上十年的时间，也不为过。

如果你发现自己尚未满足上述第一个要求——对盘面有一定的感觉，代表你入市的时间尚短，或者你虽然开户已久，但很少认真地看盘和交易。现在你需要做的是恶补股票交易方面的基础知识，尽快弄清楚什么样的股票在大众眼中才是好股票，什么样的是不好的。

当一个投机者已经满足以上两个要求，或已经满足了第一个，正在努力满足第二个的时候，就可以开始学习并试着使用股票情绪投机法来指导实盘操作了。具体操作步骤如下。

第一步：股票情绪投机法中的观察

要想得到一个正确、有效的观察结果，投机者首先要把自己的思维切换到“上帝模式”，否则，从第一步开始你就是错的，以后你所想的和所做的自然也都是错的。

所谓“上帝模式”，就是前面所说过的那种超然而且认真的态度。先告诉自己并让自己相信“我不是来赚钱的，我是来认真地玩的。下一笔交易是否亏损对我来说并不重要，只要我不犯下太大的错误就好”。如此一来，你会进入一种超然的境界，不会因头寸的盈利而紧张或兴奋，也不会因为头寸的亏损而烦恼和担忧。没有了这些情绪上的负担，我们在看待问题和作出选择的时候才能更加理智，你才能像天上的上帝一样（假设上帝存在并在天上注视着凡间的我们）俯视股市中的芸芸众生。

由于此时你已经满足了上面所提到的第一个要求，可以很轻松地推己及人。按照你对大盘和个股此时的第一感觉，你可以很容易地发现什么时候一定会有大量投资者买入哪只股票，什么时候这些买入该股的投资者会纷纷卖出，甚至还可以感觉到他们当时的情绪，是满怀欣喜地继续持股待涨，还是饱受折磨在万般无奈之下忍痛割肉。

投机者一旦把自己的思维切换到“上帝模式”，他们看到的就不再是买点卖点之类的信息，而是市场中的大众投资者们在什么时候纷纷出现，又在哪些股票中聚集，在什么时候离场，他们的结果是赚还是亏。这些大众投资者目前所处的状态就是我们需要通过观察得到的全部内容。这些状态与真实状态的吻合程度，取决于你的思维模式和大众思维模式的相似度，并且直接决定了这笔交易是否能够成功。

第二步：股票情绪投机法中的分析

我们在进行分析的时候，切记要有理有据。分析所得出的结果与你在主观上是否认同是毫不相关的。哪怕通过分析得出的结论是你需要买入一只自己绝对不看好的股票，你也需要尊重分析的结果，切勿主观臆断。而市场中大部分投资者的一大共性错误是：认为主观意愿就是分析的最终结论。结果无论他们如何“分析”，买入的都是那些自己主观上看好的股票，而卖出的都是自己主观上不看好的。由此可见，技术分析在很多人眼里虽然必不可少，而事实上却是完全多余的东西。

前面说的有理有据，其中的“理”指的是我们第一章所讲述的市场波动规律；而“据”指的是我们通过第一步“观察”所得到的内容。

在“上帝模式”下，我们可以很轻易地根据自己的第一感觉推断出在当前市场环境下，在当前某个股的形态下，其他投资者的交易行为。而投资者在市场中的交易行为无外乎以下几种：

①空仓观望；

②建仓；

③加仓；

④持仓等待；

⑤减仓；

⑥清仓。

在这里笔者再次强调，虽然人与人性格迥异，但是在很多情况下，对于同一事物人们的反应都是非常相似的，只有极少数人的思考方式和行为会与大众截然相反。市场永远无法把所有投资者一网打尽，但是它总能成功地造成大部分投资者亏损。从这个角度来说，我的观点、你的观点、他的观点全都不重要，重要的是大多数人的观点。

假如根据你的推断，市场中的大众投资者在某个时间，对某只股票采取了“②建仓”的行动，那么说明此时大部分投资者真正采取的行动是“①~③”，也会有很少数的投资者在进行“④~⑤”，而不是所有人都不约而同地一起建仓。又或者，假如“上帝模式”告诉你当前某只特定的个股中，其他人都在进行“①空仓观望”，那说明现在的行情对于大众来说是很扑朔迷离的，很少有人会在此时孤注一掷。但这并不代表所有人全部集体空仓观望，而是买入卖出的人都很少而已。

在很多时候，行情走势并非明显偏向多方或者空方。此时行情处于胶着状态，即便是“上帝模式”也无法给你一个明确的答案。只要我们确定自己是处于“上帝模式”之下的，如果第一感觉没有很明确的结论，那就不要过于执着。因为有的时候没有答案也是一种答案。利弗莫尔曾经这样说过：“市场中有无数傻瓜，其中一种就是认为每天都应该带点利润回家。”之所以上帝模式没有给你答案，或许正是因为上帝觉得你和那些傻瓜有着本质不同吧。

在行情显示出方向的时候，随着投资者们行动的逐步开展，根据市场后续运行情况，市场中的投资者们的持仓状态也无外乎以下几种：

A. 空仓等待，没有盈亏；

B. 小幅盈利且继续持股；

C. 大幅盈利且继续持股；

D. 小赚卖出；

E. 大赚卖出；

F. 小幅被套且继续持股；

G. 大幅被套且继续持股；

H. 小幅亏损且止损；

I. 大幅亏损并割肉；

J. 基本持平且保本离场；

K. 基本持平且继续持股。

和股市中大众投资者的行为一样，他们的持仓状态在大部分时候不见得完全相同，却有着惊人的相似程度。在市场行情看似稳健上涨的时候，如果“上帝模式”告诉你：其他人目前都是“B. 小幅盈利且继续持股”的，那么说明很大一部分人的持股状态是处于 A～C 之间的。其实其他人的具体持股状态并不重要，只要我们能够成功地判断出当前哪一种持仓状态的人数和资金最多也就可以了。

无论在什么市场条件下，无论投资者们是什么持仓状态，他们都会拥有一种在当前市场环境和持股情况综合作用下的持仓心理。而持仓心理也无外乎以下几种：

（1）绝望透顶；

（2）悲观失落；

（3）非常失望且不愿放弃；

（4）迷茫；

（5）有点乐观但不敢肯定；

（6）非常乐观并无限憧憬；

（7）近乎疯狂且拒绝使用大脑进行理性思考。

交易行为→持仓状态→持仓心理→交易行为，这是一个有着严格逻辑关系的事件发展顺序。在某特定的市场环境（即大盘走势）之下，同时在某个股的具体形态之下，市场中的大众一定会产生相同或者相似的交易行为，而这样的交易行为必将导致相同或者相似的持仓状态，随着市场继续运行，这些相同或相似的持仓状态必将导致相同或相似的持仓心理，而这些持仓心理就必将导致他们下一步的交易行为。

“上帝模式”告诉你其他人的交易行为，在固定的交易行为发生之后，随着市场后续走势的进行（上涨、下跌或者继续横盘），你必将得到其他人固定的持仓状态（盈利、亏损或者持平）。在固定的市场环境和个股环境下，固定的持仓状态必将导致固定的持仓心理（乐观、悲观、焦躁或者麻木）。如此一来，虽然未来的买卖行为、涨跌形态还尚未发生，但你已经可以做到心中有数了——因为市场在大多数情况下必将朝向不利于大多数投资者的方向运行。

三、如果发生核战争，请忽略这一事件

想在市场中获得长期而稳定的盈利，对情绪的监控和把握是制胜秘诀，而与能否事先得到可靠消息并无必然联系，更无须关注国家大事和宏观经济问题。笔者深知这一点会产生诸多争议，但是巴菲特说过这样一句话："如果发生核战争，请忽略这一事件。"为什么这么说呢？因为在大多数人的眼中是事件引发了市场走势的变化。然而在少数人看来，事件仅仅是市场走势变化的借口和说辞。

下面笔者为大家举一个例子：

说起股指期货大家都会有这样的印象：

（1）双边交易，有杠杆，可以做空。

（2）大量做空股指期货会打压沪深 300 指数，从而间接影响整个市场。

（3）机构在购买股票的同时往往会做空股指期货进行对冲，因此机构是股指期货的天然空方。

（4）股指期货自上市以来已有几次导致大盘暴跌。

沪深 300 股指期货合约自 2010 年 4 月 16 日起正式上市交易。然而正是从这一天起，上证指数在未来的 51 个交易日内下跌了整整 25%！几乎没有人质疑，几乎没有人反对，可怜的股指期货就这样被大家公认成导致大盘下跌的罪魁祸首。

笔者在这里不想评论到底因为什么导致了那次下跌，如果一定要为下跌寻找一个原因的话，笔者也会说不见得是股指期货，而是前期买入的投资者实在是太多了！

图 3-3 为上证指数截至 2010 年 4 月 15 日的日 K 线走势。

任何试图用 K 线形态直接分析市场未来趋势的方法最终都会以失败而告终。因为市场波动的规律不在 K 线里，而在由 K 线所引发的情绪之中。相同的 K 线形态，在不同的环境下所起到的作用不尽相同。更何况，世界上没有完全相同的两片树叶，也没有完全相同的两个形态。

从图 3-3 中我们可以看到，这段时间里市场走势非常稳健，不仅将所有中短期均线全部踩在脚下，而且上涨放量下跌缩量，让人感觉非常安全。虽然 MACD 指标有趋于死叉的迹象，但是沉浸在希望和利润之中的投资者不会

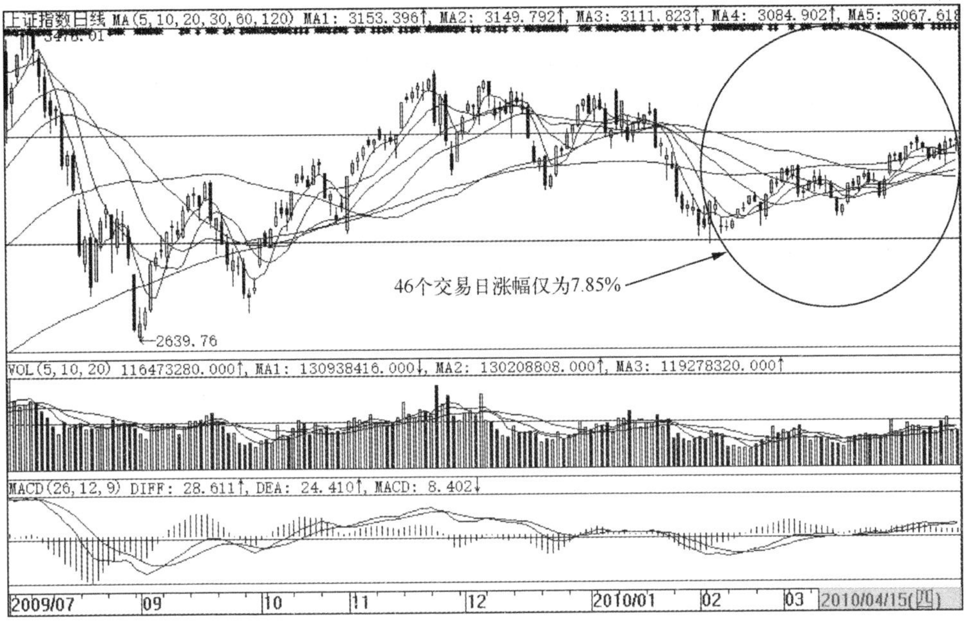

图 3-3

因为 MACD 这个单一的因素而选择离场观望。在下跌之前，市场用了 46 个交易日上涨了 7.85%，在这两个多月的时间里，投资者已经习惯了只要买入就能稳健获利的“临时规则”。尤其是在最近的 14 个交易日内，市场走势可谓欣欣向荣，虽然大多数投资者获利不是很多，但是无论买什么都能有所收益。以上这一切，完全满足了市场吸纳投资者资金的要求。与之巧合的是，在这短短的 14 个交易日中，市场中无数股票也都符合投资者们买入的标准。

因为投资者的资金正在源源不断地流入市场，却鲜有流出的迹象，如果市场带领这些资金持续上涨，那么就完全违背了市场波动的基本规律。在这样的市场环境之下，就算投资者不理会市场中的任何信息，也应该对未来有所警觉。如此看来，未来 25%的跌幅完全是由股指期货造成的说法就算听起来符合逻辑，实则也只不过是那些亏损者的抱怨而已。

如果没有股指期货，他们或许不会有这次惨败。但是在未来某个时间段，他们会用另外一种方式亏掉自己的资金，只不过那次亏损不是因为股指期货而已，因为他总会找到替罪羊。

股票情绪投机法不是让投资者对未来尚未发生的走势了如指掌的占卜之术，因为它永远无法告诉你明天大盘是涨是跌。但是在市场中隐藏的机会正在形成或者潜在的风险正在酝酿之时，它却可以向你发出警示。

上述案例为大家初步展示了股票情绪投机法在实际应用中的思路以及分析过程。通过观察和分析，我们会发现那些存在大众投资者集中卖出迹象的目标股票。在个股形态尚未完全走好，大众投资者尚未集中买入之时进行布局，待个股形态彻底明朗之后，大众投资者开始纷纷买入之际，我们便开始有计划地逐步离场。这就是股票情绪投机法的核心内容。

四、股票情绪投机法的使用

为了使读者们能够逐步深入地了解股票情绪投机法，笔者列举一些典型的、成功率较高的投机分析方法，它们可以被视为股票情绪投机法中的一些固定模式，但若想真正地用好情绪投机法，需要将本书所讲知识融会贯通、灵活运用，而不是生搬硬套。股票情绪投机法包括但不限于以下几种模式。

1. 上涨中的强势洗盘

在所有的买入机会中，本类机会能给投资者带来最高的成功率和较为可观的单笔交易收益率。但是股市中没有白白送给投资者的利润，所以大多数人即使看到了这样的机会，也不会主动地把握，多半只能目送股价节节高升。

“上涨中的强势洗盘”详细定义如下：

在个股交易中，在非常明显的上涨趋势下，如果发现散户们首先出现明显的建仓、加仓的交易行为，此后个股上涨，投资者们的交易结果处于小赚卖出或者大赚卖出的状态，可断定“强势洗盘”出现。“强势洗盘”的买入条件始于大众投资者的获利卖出，止于上涨趋势再度明朗，大众投资者再次买入。

简单来说，“上帝模式”告诉你：快看，别人都开始买入这只股票了。你说：再等等，看看他们的结果如何，我不会和他们一起买入的。经过一段时间（少则一个交易日，多则一周或者更久）的等待，该股明显上涨，前期买入的投资者明显获利，但是获利不等于卖出。所以场内投资者此时的持仓状态是小幅盈利且继续持股或者大幅盈利且继续持股。但是这样的日子绝对不会持久，很快便会出现一根或几根形态非常吓人的 K 线，彻底破坏前期乐观的上涨形态，让这些已经明显盈利的场内投资者为了保住好不容易赚到的利润不约而同地选择落袋为安。此时，“强势洗盘”机会出现。现在才是你买入的时候——此时个股的 K 线形态一定难看，如果不难看，场内散户不会选择离场，也就不是我们买入的良机。

投资者明显买入→投资者明显获利→投资者明显卖出→该你入场了→投资者再次明显买入→你离场的时候到了。

只要读者善于观察，你可以在近期或者历史的行情中发现无数个由“强势洗盘”带来的短线大幅获利的机会。以前是这样，以后也不会改变。我们不能生搬硬套，但要领悟其中的核心思想，随机应变。因为历史会重演，但不会简单地重复。接下来笔者为大家展示一个运用“强势洗盘”机会来把握未来上涨行情的实战案例，大家也可以在这个实战案例中进一步了解股票情绪投机法的具体操作步骤。

案例：南京港

图 3-4 为南京港 2015 年 2 月 16 日的 K 线图。当天该股成功地创出一个新的阶段性高点 13.33 元，当日涨幅 6.18%，MACD 形成金叉，成交量较前一段时间略微有所放大。从整体的感觉上来看，该股符合散户稳健、积极的选股标准。

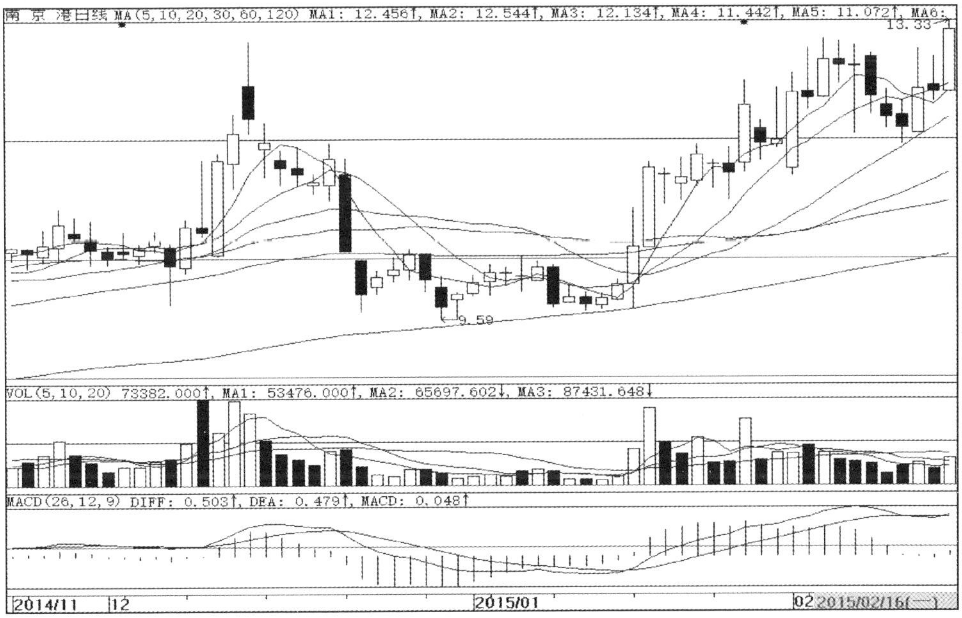

图 3-4

图 3-5 为该股同期（2015 年 2 月 16 日）的日 K 线图叠加上证指数 K 线图。我们可以看到当时上证指数已经呈现六连阳，虽然未创新高，但整体形态也不差，大有修复上涨趋势之意图。

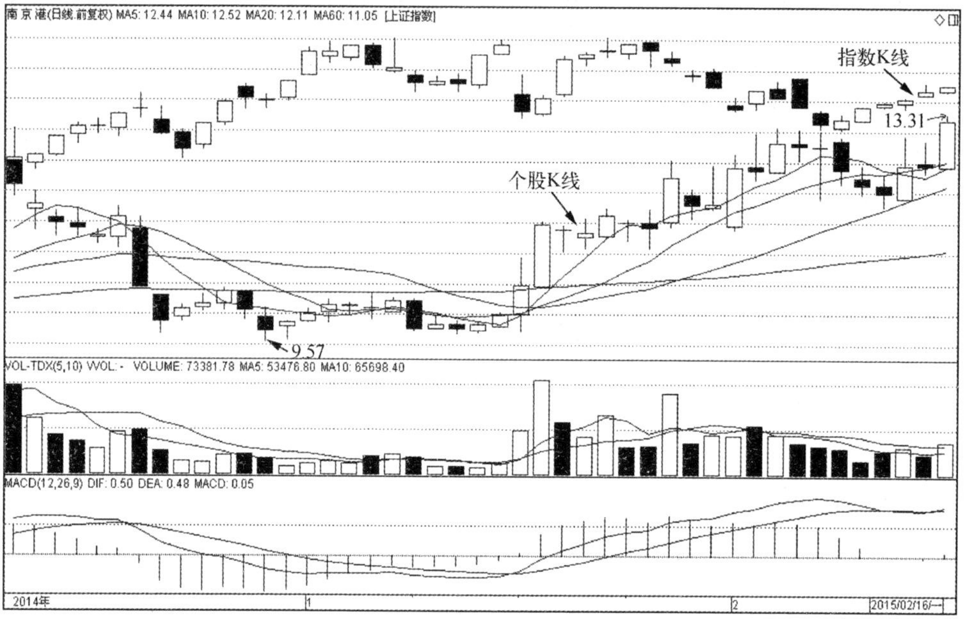

图 3-5

图 3-6 是在图 3-5 的基础上附加了当日个股的分时图。从分时形态上看，该股走势非常稳健，盘中没有剧烈的下跌，并且几乎在当日所有交易时间内，股价都在均价线之上。除非在下午 1:45 左右的日内最高点买入，否则在任何其他时间买入都会有所盈利。这样的分时走势是一种典型的诱惑投资者买入的走势。并非单是该股，我们可以随意查看任何个股的任何一个阶段性高位中的日内分时图，一定会发现类似于这个图形的走势频频出现。

至此，该股近期内的第一根重要 K 线介绍完毕。为什么 2 月 16 日的 K 线是重要 K 线？为什么不是它的前一根？为什么不是它的后一根？为什么不是任意的哪一根？如果你无法区分哪根日 K 线是重要 K 线，那就说明你还没有真正地进入“上帝模式”。因为所有 K 线在你眼中都占据同等或者近似的分量。即便有人发现这根 K 线走得“很好”“很重要”，经过一大堆“认真分析”，最后决定应该在这里买入的话，那也说明他没有进入“上帝模式”。“上

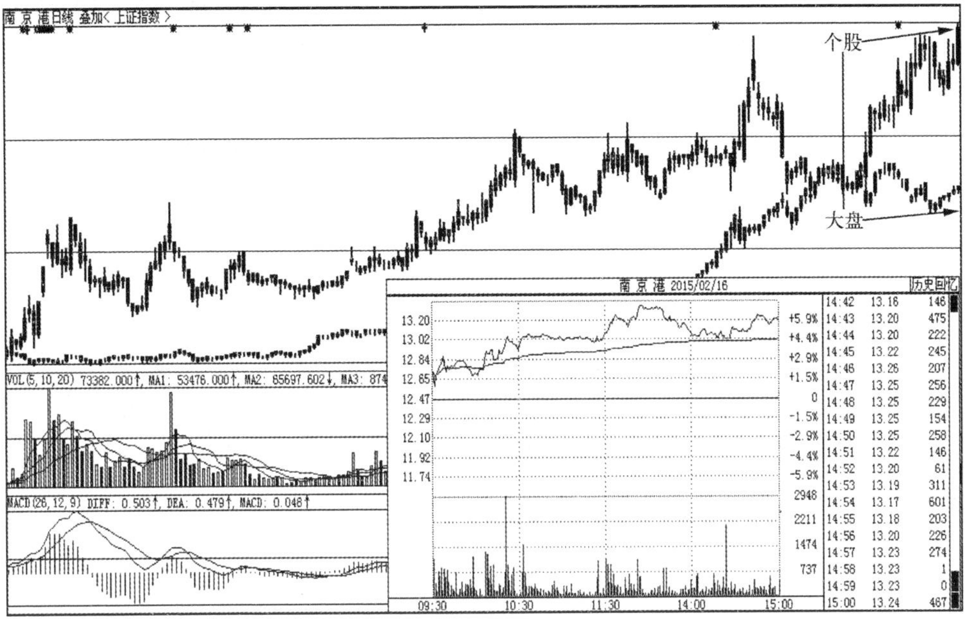

图 3-6

帝模式”是一种超脱而认真的心理状态。在这种状态下，K 线形态没有好与不好之分，只有诱导投资者买入和恐吓投资者卖出之别。所以，能够明显诱导投资者集中买入或者集中卖出的那一根或几根日 K 线，就是我们所说的“重要 K 线”。

一个普通的股票投资者在这一天看到这只股票之后，基本会这样想：

第一，这只股票走得不错，就是涨得高了点，不过横向对比一下，目前好像没有几只股票是不高的；

第二，看看基本面有没有什么问题吧；

第三，看看有没有什么重大消息；

第四，今天大盘走势也很好，很稳健；

第五，我估计大盘还能继续涨，而这只股票继续上涨的概率也会很大；

第六，我是现在就买呢，还是看看再说呢？

而开通了“上帝模式”的投机者，此时看到该股的走势，一定会这样想：“很好，投资者今天买入了，激进派的今天一定或多或少介入，而保守派的一定把它列为重点关注对象。所以对于这只股票我需要留意它的后续发展情况。如果明天开始下跌，今日入场的投资者被套，该股日后上涨的机会就不大了。如果明天继续上涨，让今天买入的投资者充分获利，那么以后还能有戏。”

2015 年 2 月 17 日，该股继续上涨，不仅再创新高，而且依然保持强势。当日涨幅 6.73%，如图 3-7 所示。而分时形态也与上一交易日如出一辙。

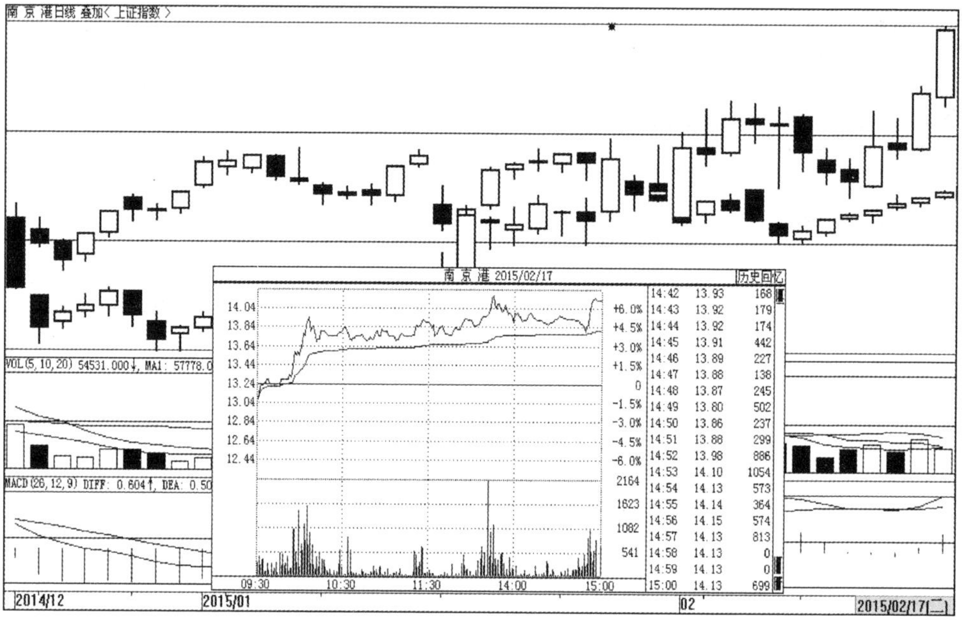

图 3-7

普通的股票投资者此时一定会有以下这几种想法：

第一，（昨天已经重仓，或者满仓买入的）太好了！太帅了！这么轻松就获利 6%，今天的走势依然保持强势，看来明天还能涨，我的股票操作水平还是可以的（小小地自我表扬一番）。

第二，（昨天看好该股，但选择继续观望的）太可惜了！真是太可惜了！早知道我昨天就满仓买入该多好，看来遇到真正的机会是绝对不能犹豫的。这个形态走得太好了，以后肯定还能继续上涨，我多少都应该买一些！（小小地自我检讨一番，然后在多买、少买之间纠结。）

（注：大众投资者不是每天收盘之前才会看一眼股票的，很大一部分投资者都会尽可能地从开盘到收盘始终守在电脑前，目不转睛地盯着股票的动向，

深度被套者除外。所以我们在看任何一幅分时图的时候，绝不可以只看大概，而是要假装你已经满仓或者仍然空仓的状态，带着这样的情绪从前到后地感受股价波动给你情绪带来的影响。这种影响最直观，也最贴近散户大众的想法。

就该股今日走势而言，假设你昨天看好但并没有买入，今天该股开盘之后经过 20 分钟的窄幅盘整，然后突然向上直线拉升。第一次拉升之后，股价当时的涨幅是 2.1%，第二次拉升之后，股价当时涨幅已达到 4%左右，第三次拉升之后，股价当时涨幅就升到了 5.4%。试问，在昨日已经非常看好该股的情况下，又有多少人能够经得起这种空仓看着股票上涨的诱惑和折磨？你能体会到，所以你自然知道，昨天空仓的，今天多半是会买入的。昨天买入的，今天一定乐坏了。）

第三，（昨天没注意到该股，今天盘中看到的）这只股票真不错，看样子或许能涨停。你看它的形态多么稳健，说不定未来会出什么利好。要不我试着买点？

第四，（昨天没注意到该股，今天收盘之后看到的）这只股票好是好，就是涨得太高了。连续两天涨幅超过 12%，我得好好关注，等它调下来的时候我就买。

开通“上帝模式”的投机者在今天会这样评价这只股票：

第一，昨天买入的人今天盈利 6%，但是他们很少有卖出的，因为今天分时形态非常平稳，没有剧烈的下跌，在这样平稳的分时走势和积极乐观的日 K 线配合下，不但昨天买入的今天很少卖出，而且今天还有一些新的投资者入场。

第二，两天入场这么多的投资者，再加上该股前期留存的投资者，这里面的人数已经非常惊人了。而且股价的大幅攀升，让里面的投资者几乎全部盈利。多则盈利超过 10%，少则盈利 4%~5%，就算是今天高点买入的，也几乎没有什么亏损。

第三，如果明天开始，该股呈现缓慢地、安全地、不恐慌地下跌，很有可能是温水煮青蛙，已经买入的投资者很少会卖，外面等待调整再来捡便宜的人就会开始陆续入场。如此一来该股继续上涨的可能性就微乎其微了，该股也就不具备继续关注的价值了。

第四，如果明天开始该股采取一些动作，把场内的投资者全都清理出去，同时不让场外的投资者看好该股而继续入场的话，那么我的机会来了。这就是上涨中的强势洗盘！

第五，无论该股涨跌，和我都没有任何关系，我无须强迫自己必须赚钱、必须在该股上盈利、必须把握上涨行情、坚决不能踏空。我没有任何思想上的负担，有机会就进场玩玩，没机会我就看着。踏空了又算什么呢？好吧，虽然已经踏空两根大阳线了，但我的情绪依然平稳，继续维持“上帝模式”。

如图 3-8 所示，2015 年 2 月 25 日，新年过后的第一个交易日。该股继续上涨，但是涨幅已大不如从前。从收盘日 K 线上看，还留有一根非常明显的上影线。这在很多人眼里代表上方存在压力，不是好现象。在任何一个交易日中，都同时存在买入和卖出两种散户投资者，问题不过是哪一种更多而已。单纯地从这幅图中我们就可以很轻松地得到结论，今天卖出的散户投资者肯定比买入的多。原因如下：

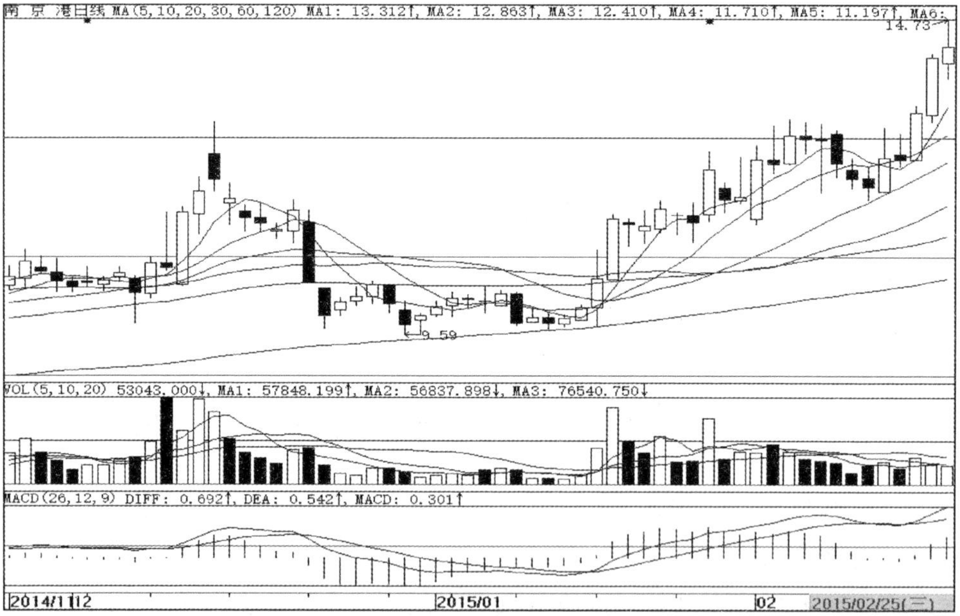

图 3-8

第一，经过年前连续两天的大幅上涨，目前该股形态已经处于较高的位置，单凭这一点就足以让很多投资者决定“调下来再买”。

第二，如果今天是长长的下影线，或许会打消一些人的顾虑，但是日线形态偏偏是上影线，这就让很多尚未入场仅处于观望阶段的投资者望而生畏。

第三，如果今天大盘涨势喜人，或许会让一些冲动的投资者忘记高度所产生的恐惧感，奋不顾身地杀入战场。可是……

图 3-9 为该股年后首日 K 线形态叠加同日上证指数走势图以及当日分时图。我们从中可以清楚地看到当日大盘走势不太乐观，呈现出标准的阴包阳形态。而这个阴包阳在很多人看来都预示着后市看跌。更何况前期大盘连续七连阳，已经逼近前期平台。此时刚好出现一根明显的阴线，不禁让人联想到前期平台给指数走势带来的压力，以及后面大盘将如何下跌的场景。笔者猜想这天收盘后，媒体上一定流传着某些利空消息，也可能在还没收盘的时候，很多投资者就已经看到了那些利空消息。

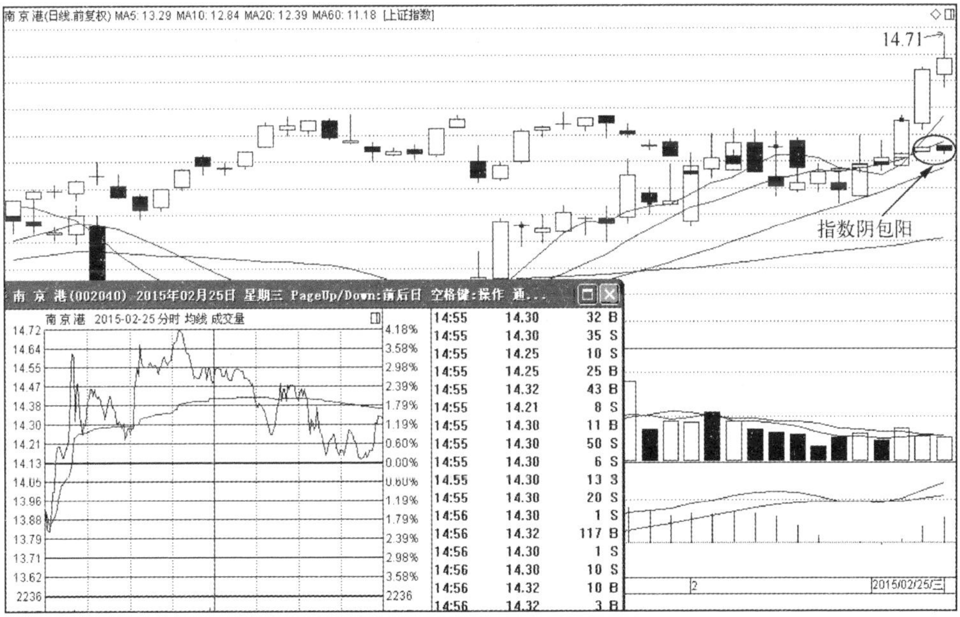

图 3-9

从分时形态上看，该股上午的走势还算稳健，下午就有点糟糕了。假如这幅分时图放在大盘艳阳高照的日子里，肯定会有很多投资者纷纷买入。但是同样这幅图，放在大盘走势是一个阴云密布、不知未来会怎样的日子里，就会让很多人心生猜疑。

当这种猜疑出现在当前这个情况之下，场内投资者会怎么想呢？行为金融学告诉我们：投资者在有所收益时是风险的厌恶者，他们会千方百计地规避风险保住利润，犹如惊弓之鸟一般；而当他们受到亏损时，却又变成了风险的喜好者，总是想宁可冒些风险也要挽回那些损失。

看看近期该股日线形态，你就会很轻松地得出结论。目前几乎所有场内投资者都是盈利的，只不过他们盈利的多少不同罢了。如此一来，这些已经明显盈利的投资者会怎么做呢？继续持股，加仓买进，还是立刻卖出保住利润？答案应该是最后一项。

普通股票投资者面对今天的走势一定会有以下想法：

第一，（假如他前期买入并有所收益）大盘恐怕要不行了，新年过后开门黑。这个股票也明显受到上方压力的制约。我现在已经赚了不少，对自己目前的收益非常满意，算了，卖掉吧。

第二，（假如他前期没有买入，一直观望或者刚刚看到该股）大盘恐怕要不行了，这个股票已经涨得太高。如果未来大盘下跌，这样的股票必定首当其冲，我可不做最后一个接盘的人。我决定继续观望！

第三，（假如他今天刚刚买入，并没有多大收益甚至略微亏损的话）完了完了，真倒霉。本以为该股今天能保持年前的强劲势头，谁知道被大盘拖累下来。看来这个股票我明天很难获利卖出了。这可怎么办？但愿明天能给我一个保本卖出的机会吧，就算让我少亏一点卖出也行。

处于“上帝模式”之下的投机者此时一定会有这样的想法：

第一，好！这就是机会！虽然不敢肯定会涨，但绝对值得尝试！前期投资者买入，后来投资者明显盈利，今天这就是洗盘。这样高高在上的形态一定很少有人买，更多的是前期获利之人的卖出。里面的人都出去，外面的人不要进来，这就是洗盘。

注：所谓洗盘并不是单纯下跌，一味下跌只能把投资者套死，让他们逢低补仓，越买越多。而先让他们盈利，然后再暗示他们股票要跌，这样的套路才是最高效的洗盘模式。

第二，大盘会不会真的下跌？我也不知道。但是大盘的涨跌并不重要，就算真的大幅下跌，也有上涨的时候，而真正强势的股票一定会趁大盘上涨之际疯狂地回补。所以我不害怕大盘带来的风险。反倒是这只股票，目前的状态是：里面的人都走了，外面的人不敢进来。这是好兆头。

第三，买？按理说现在可以买，也可以不买。买的理由是：现在这就是洗盘，我不知道会洗多久，反正洗完之后多半会涨。如果从明天开始进行新一轮的上涨，现在不买是不是太可惜了？［本书第二章第二节中向大家介绍了一种大致估算洗盘时间的方法——洗盘公式，此时不妨拿来使用一下。该股目前形态的洗盘效果＝当前恐惧（小）×散户焦虑（小）÷买入形态（小）。最终答案是有一点洗盘效果但不明显。］不买也是有一定原因的：看上去大盘似乎要跌，确实很吓人。如果我不买的话，明天大盘下跌，这只股票下跌的概率也不小，如果到时候再买的话，我就可以买到一个更好的价位了。

第四，现在已经到了关键时刻，今天的 K 线绝对是一根关键 K 线。我需要理智地按计划行事。今天收盘之前我先买一部分（买 1/3 仓位，还是买半仓，又或者买入大半仓，由“上帝”们自行定夺），如果明天继续今天的洗盘模式，我再买一部分，如果明天大幅下跌，我可能会止损离场，因为大幅下跌多半会让捡便宜的投资者纷纷入场，我们应该避免和大量散户持有相同的股票。如果明天大幅上涨的话，我就赚了！

图 3-10 为 2015 年 2 月 26 日南京港股票日 K 线图。该股今天维持洗盘形态。今天该股虽然略微上涨，但是未创新高，成交量也明显萎缩，如此形态根本算不上强势，大众投资者肯定不会喜欢，我们可以放心地继续持有了。

图 3-10

图 3-11 为南京港当日走势叠加同期上证指数日 K 线图叠加当日分时图，日期还是 2015 年 2 月 26 日。从中我们可以发现当日大盘走得非常耀眼。在如此振奋人心的日子里，该股的萎靡不振可真是大煞风景。假如该股今日的萎靡放在一个大盘暴跌的日子里，或许有很多人愿意因为它的抗跌而留住它，甚至买入它。很可惜，今天不是大盘暴跌的日子。

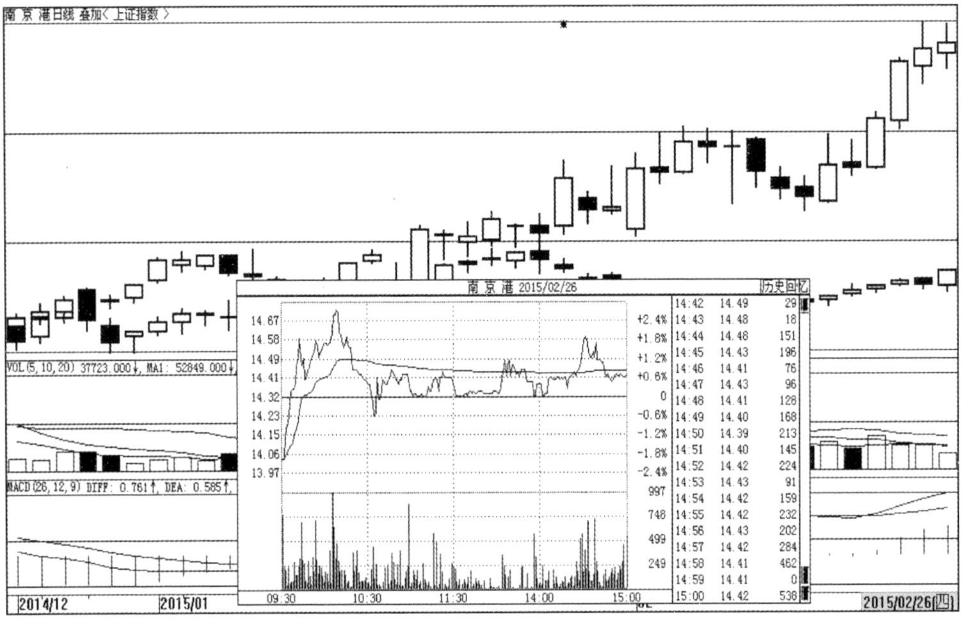

图 3-11

从当日分时图中我们可以得知：该股当日低开 2%之后，早盘虽一度强势，但也未创近期新高。强劲的势头也并没有跟随大盘持续下去。全天下跌的时间目测超过 3 个小时，也就是说只有不到一个小时的时间是保持在上涨状态之下的。

普通的投资者今天一定会这样看待该股的走势：没什么太大的意思。估计也就这样了。谁让它前期涨得太快了呢？

而处于“上帝模式”之下投机者今天会这样想：加仓，加仓，加仓。该股现在把场内所有投资者都赶了出去，之后莫非市场会以大跌来证明大众投资者的成功吗？先让人们进来，然后上涨，之后让他们盈利卖出，最后下跌。这绝对不是市场的风格，也完全不符合市场波动的客观规律。所以我应该加仓，现在不是胆小的时候。另外，洗盘公式也支持今天加仓的决定。洗盘效果=当前恐惧（比昨天大）×散户焦虑（比昨天大）÷买入形态（比昨天小），所以今天也是洗盘，洗盘效果比昨天好。从“上帝视角”来看，在该股上今日买入的散户比昨天更少了，而卖出的散户比昨天更多了。所以如果我们昨天没有建仓，今天需要建仓，如果昨天少量建仓，今天需要加仓。再次声明：洗盘公式是一种非常高效的局部分析方法。但在实盘操作中对个股的整体结构分析也非常重要。不能把单纯局部分析的结果视为对个股的最终分析结果。

在大盘持续上涨的日子里，该股在 2015 年 2 月 27 日的走势是这样的，收盘涨幅 1.87%，如图 3-12 所示。

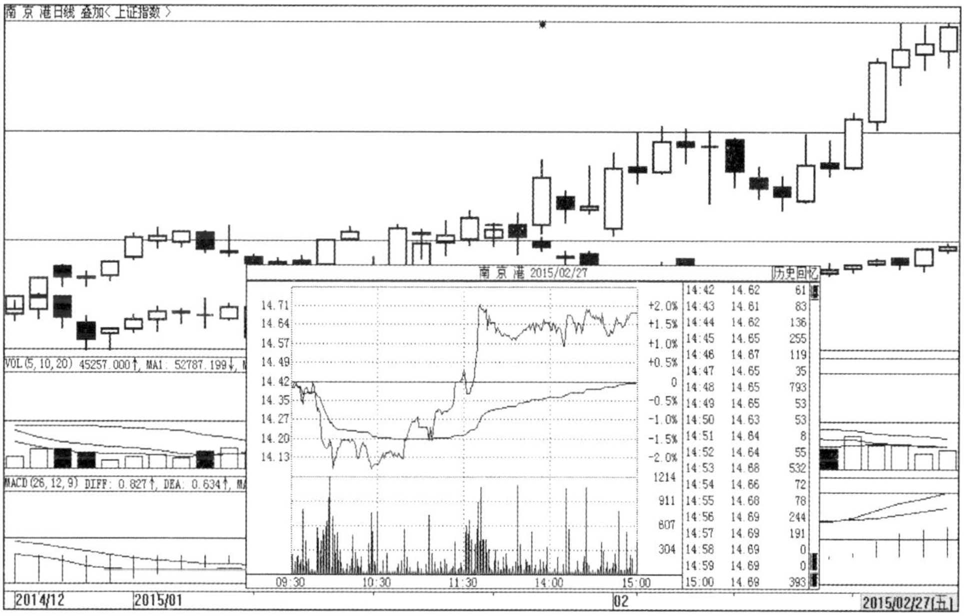

图 3-12

单纯从该股收盘之后的日 K 线来看，我觉得或许会吸引一部分投资者买入，虽然该股今日的成交量依然萎靡。而看看这一天的分时图，1.87%的涨幅也不是白给的。在昨天散户本来就不看好该股的前提下，该股今日开盘之后很快就进入了恐怖的下跌阶段。下跌时间持续了近一个小时，跌幅略超 2.2%，别看整体跌幅并不是很大，但是看下跌的角度，就足以让很多人承认“这不是一只好股票”了。

处于“上帝模式”之下的投机者们是不会被这样的洗盘所吓倒的。原因很简单：这样的形态给我看，同时也给所有人看，我看着觉得害怕，其他人更是这样。前期买入的他们，目前获利已经超过10%，如果不把他们清理干净，这么才能上涨呢？持有，持有，继续持有！

如图3-13所示，2015年3月2日，大盘略微上涨，个股再创新高，看上去很不错。如果此时个股的分时图再呈现出稳健、安全、积极的形态，那就是个危险信号了。

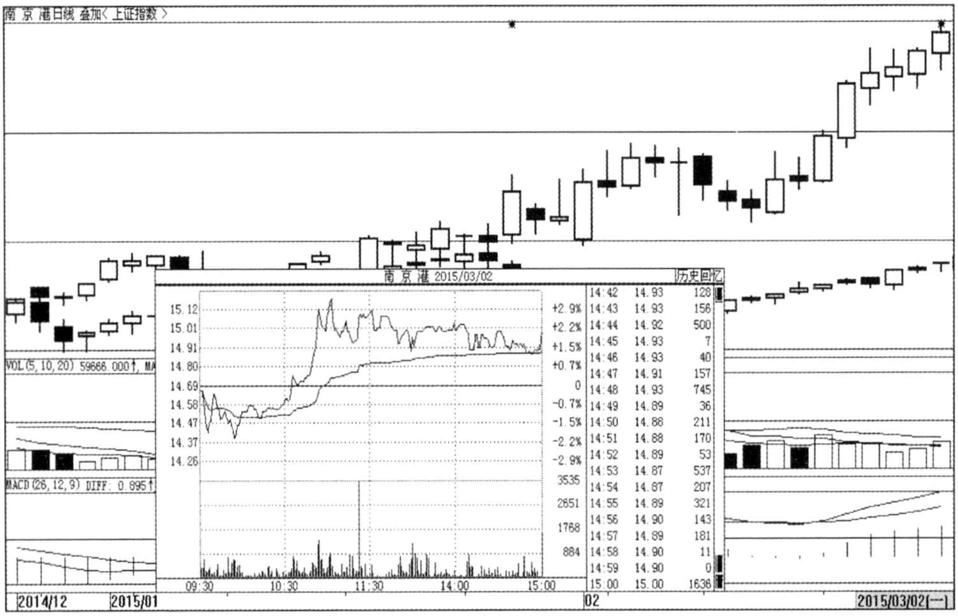

图3-13

从分时图中我们可以看出，该股在开盘之后先跌一个小时，随后快速拉升，最高涨幅达3%左右。但是短暂的上涨之后并不是平稳地维持上涨趋势，而是缓慢下跌，临收盘时才略微上涨一点，而且最后的上涨还是在收盘集合竞价时发生的。就算市场要诱惑投资者买入该股，那么也只有一个小时的时间，剩下的三个小时都是排斥投资者的状态。这就放心了。继续持有！

如图3-14所示，该股于2015年3月3日大幅上涨！涨幅超过6%，同时成交量也开始略微放大。如果今天是个大盘积极向上的日子，这一定是危险信号。因为假如大盘走得好，很多投资者都会认为未来会有行情，会选择同时积极向上的个股买入。而今日大盘大跌，破坏了之前维持的稳健上涨形态。这个时候大家卖股票还来不及，怎么可能有心思买入呢？更何况该股走势已经高高在上，并且成交量也没有相应放大。综合以上所有因素，断定投资者今日极少买入。

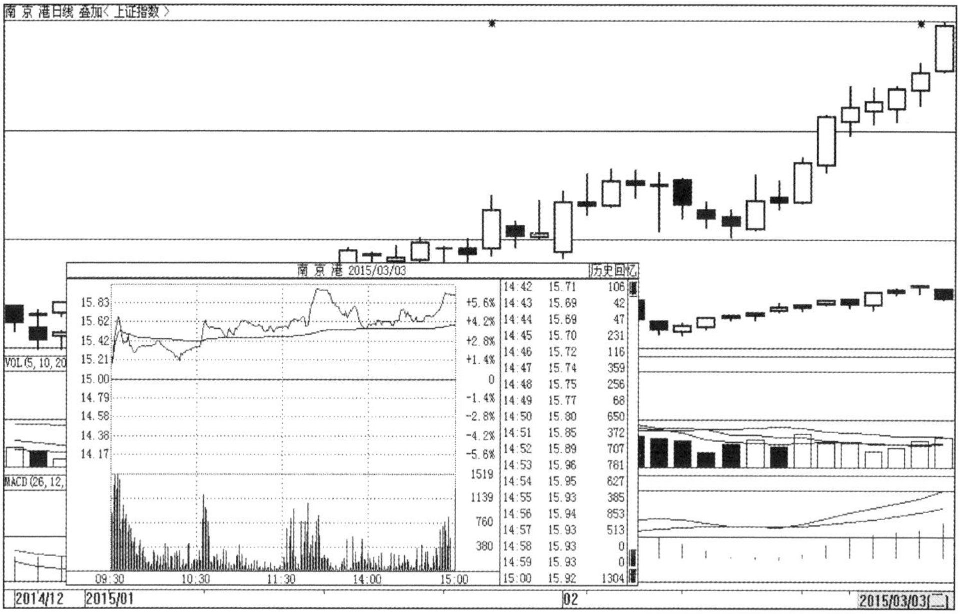

图 3-14

同时，该股当日的分时图也加强了笔者分析日 K 线图的观点。如果今天的上涨是安全的，是诱惑投资者买入的，那么今天的分时图中一定要有稳健的上涨。但从今天分时走势来看，开盘几分钟之内股价迅速攀升，幅度可达5%。大家还在犹豫该股今天到底能不能涨停，要不要贸然追进的时候，它就开始快速下跌，跌到 1%附近才真正地止跌企稳。如此一来还有谁会认为它能涨停？并且此时的 K 线图中留下了长长的上影线，更是投资者们卖出的信号！随后该股真的重拾升势，但每次上涨都非常突然，其间不乏猛烈下跌。冷眼看去，这似乎是一幅走势良好的分时图，但若从开盘之时起慢慢地细读，你就会愈发感觉到，投资者在里面并没有多少买入、追进之类的想法。与此同时，该股已经达到了一个让普通投资者退避三舍的高度。一般人此时已经不敢买了，很多人连继续观望都没有兴趣。我们是安全的，继续持股！

如图 3-15 所示，涨停！

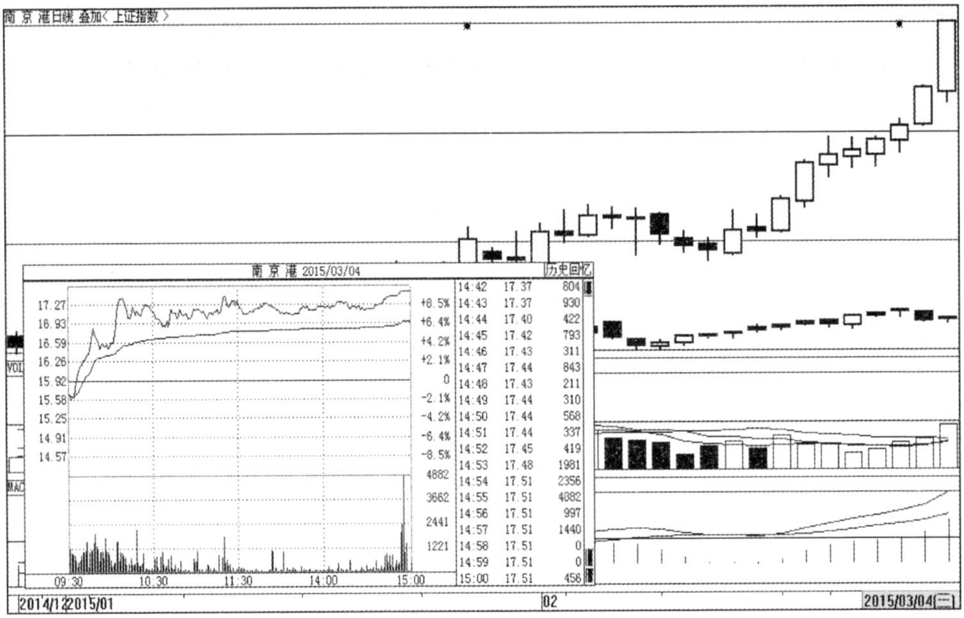

图 3-15

无数股民朋友问过笔者这样一个问题：请问老师，我该如何选出明天会上涨的股票？面对这样的问题，笔者非常无奈。但通常会这样回答：正确的思维方式，再加上一点点运气。

在当前股市交易制度下，涨停板无疑是让投资者获利最丰厚的单日走势。假如市场波动的规律是让投资者盈利最大化的话，那么涨停板一定会频繁出现在让大家敢于买入的形态之后。可惜事实并非如此，市场极少白白送给大家免费的午餐。由此可见，涨停板一定经常出现在让我们不敢或不愿随意买入的位置。

今天该股的涨停板再次证明了笔者当年的说法。没有人能预料它的出现，但它真的出现了。所有人都渴望得到它，但它多半只出现在一个让大多数人都不敢触碰的位置。

从分时图来看，这是表现力最弱的涨停板。传统技术分析认为，开盘就涨停的股票，上涨力度是最强的。随着涨停封板时间的向后推移，股票的强势也就逐渐减弱。其中尾盘封停的股票是涨势最弱的表现。但这种说法纯属无稽之谈！因为无论何时封停，只要你拿到收盘，同样有10%的利润到手。早盘封停，无外乎不给其他人买入的机会，但是没有买到的人次日开盘就会疯抢。所以这样股票次日多半会有很多投资者入场，如此一来，该股继续上涨的理论基础就烟消云散了。而例子中的南京港则不同，虽然在早盘经过两波上涨就达到了 9%的高度，离涨停板只有一步之遥，但偏偏不冲击涨停板价位。不继续向上冲击，场内的投资者就多了一份疑惑，场外的投资者更是不知道如何是好。表面上看给了别人随便买入的机会，但事实上如此之高的形态又有几个人敢买？前几天买入的少量投资者在获利如此明显之情况下又有几个人没有卖出走人的念头？这才是市场真正想要的。虽然今天涨停了，但很少有人能得到这个涨停板，更没有多少人继续看好该股。场内的投资者卖了，场外的依然不愿意买进，该股还在洗盘。

如图 3–16 所示，再涨！继昨日涨停之后，今天该股依然没有丝毫需要休整的架势，再度强势上涨，涨幅达 7. 15%。

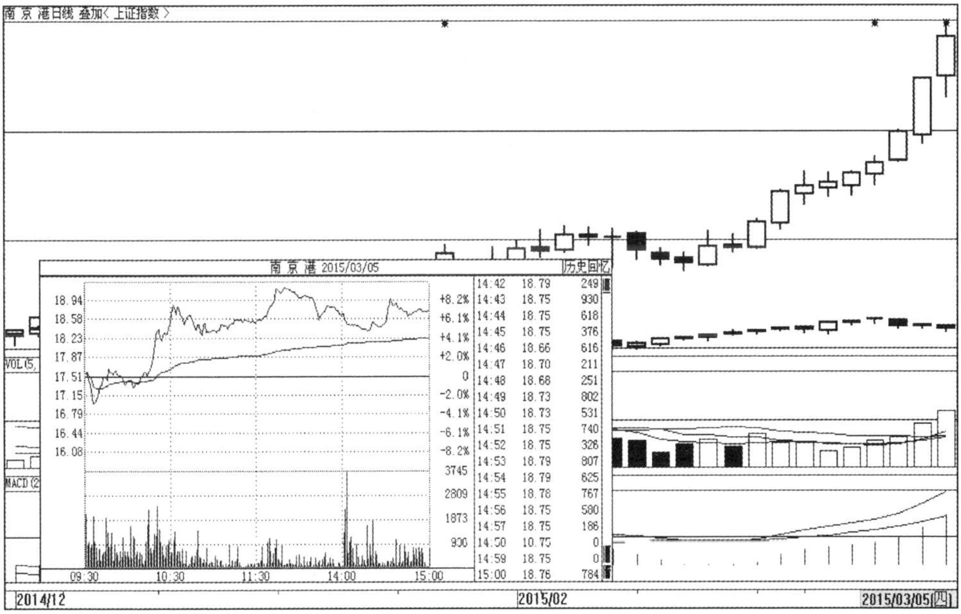

图 3–16

为什么有的大阳线后面就要“休整”几天，而有的大阳线之后还是大阳线？如果用传统的技术分析方法，恐怕很难得出一个所有股票通用的结论。但是如果使用情绪投机法，从投资者情绪入手，分析场内投资者数量，一切难题就迎刃而解了。

由于场内本来就没有多少投资者，如果此时下跌调整的话，岂不是让爱捡便宜的人有了买入的机会？股票也好，大盘也罢，真正的上涨过程中一定是在保证场内投资者数量最小化的前提下进行的，而一旦场内投资者数量开始增加，上涨势头也就告一段落了。

因为昨天尾盘封停而不看好该股的人今天一定会非常失望。不管别人今日是否买入，我们都要提高警惕甚至开始卖出了。原因如下：

第一，成交量已经呈现明显的放大状态。量价配合给了很多人奋不顾身追高买进的理由。

第二，个股每当处于有可能被投资者蜂拥抢购的关键时期，就需要大盘出现大跌来配合，只有当大盘大跌或者暴跌的时候，才会浇灭投资者买入股票的热情。很可惜，今天大盘只是小跌。

第三，个股日K线形态出现了一定的危险信号，我们需要从该股当日的分时图中进一步寻找投资者进出的蛛丝马迹。

而该股今日的分时图只能告诉我两个字：稳健！诱发投资者买入冲动。该股今日开盘经历了将近3%的下跌波动。但是立刻企稳。随后在10:00左右该股发动了第一波上涨攻势，涨幅直逼4%附近。从上涨的角度来看，这是非常诱人的。经历短暂调整，再度发动第二波上涨，涨幅超过7%。不由得让人联想昨日的尾盘涨停。下午第三波上涨，涨幅达到9%附近，距离再次涨停只有一步之遥。昨日尾盘涨停的走势不仅给当时场内的投资者巨大的心理鼓舞，支持他们继续持有，更给场外的投资者巨大无比的诱惑。表面上看，今天的走势就是一幅普普通通的上涨分时图，但是细读起来，居然如此耐人寻味，不是吗？

如图3-17所示，该股在接下来的这个交易日（2015年3月6日）大跌。今天的下跌不是不可预料的，也不是对于前期过度上涨的技术性调整。从某种角度来说，今天的下跌是一种必然。这种必然起源于投资者的介入，而投资者的介入源于强劲的走势和“再不买就来不及”的迫切心理。如果“昨天”已经卖出，那么最好。如果在昨天只卖掉一部分，那么“今天”最好再卖掉一部分。如果昨天没有卖，今天必须卖。

如图3-18所示，今天（2015年3月9日）是我们卖出该股的最后时机。从分时图上看，早盘的猛烈上攻没有“解放”前两天刚刚入场的筹码。一轮快速下探之后，股价还能稳健地收回失地。整整一下午都在跌，但是跌得并不可怕，没有跌破早盘制造的全天最低点。

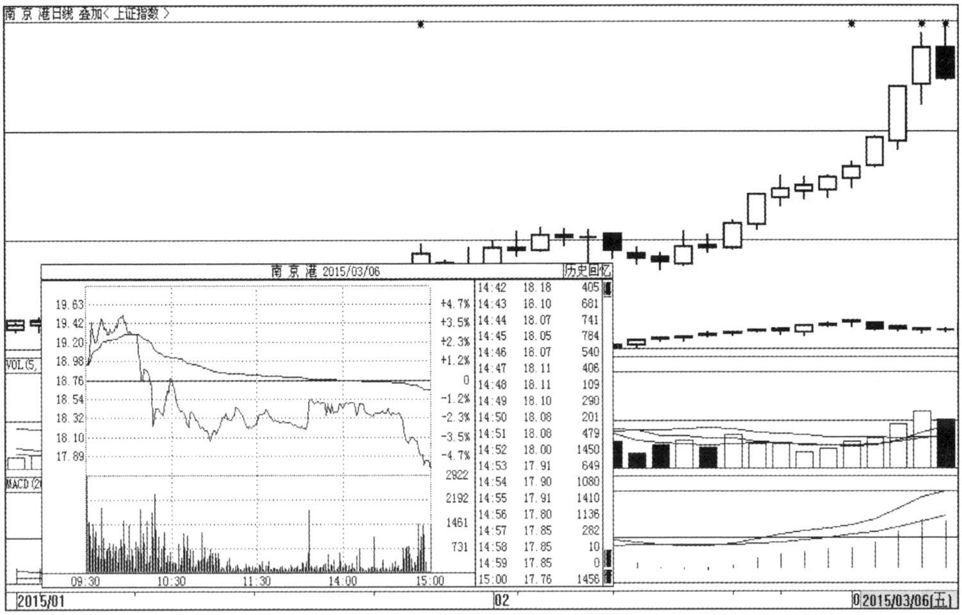
南 京 港日线 叠加< 上证指数 >
南 京 港 2015/03/06
历史回忆
19.63
19.42
19.20
18.98
18.76
18.54
18.32
18.10
17.89
+4.7%
+3.5%
+2.3%
+1.2%
0
-1.2%
-2.3%
-3.5%
-4.7%
2922
2192
1461
731
09:30
10:30
11:30
14:00
15:00
14:42 18.18 405
14:43 18.10 681
14:44 18.07 741
14:45 18.05 784
14:46 18.07 540
14:47 18.11 406
14:48 18.11 109
14:49 18.10 290
14:50 18.08 201
14:51 18.08 479
14:52 18.00 1450
14:53 17.91 649
14:54 17.90 1080
14:55 17.91 1410
14:56 17.80 1136
14:57 17.85 282
14:58 17.85 10
14:59 17.85 0
15:00 17.76 1456
2015/01
02
2015/03/06(五)

图 3-17

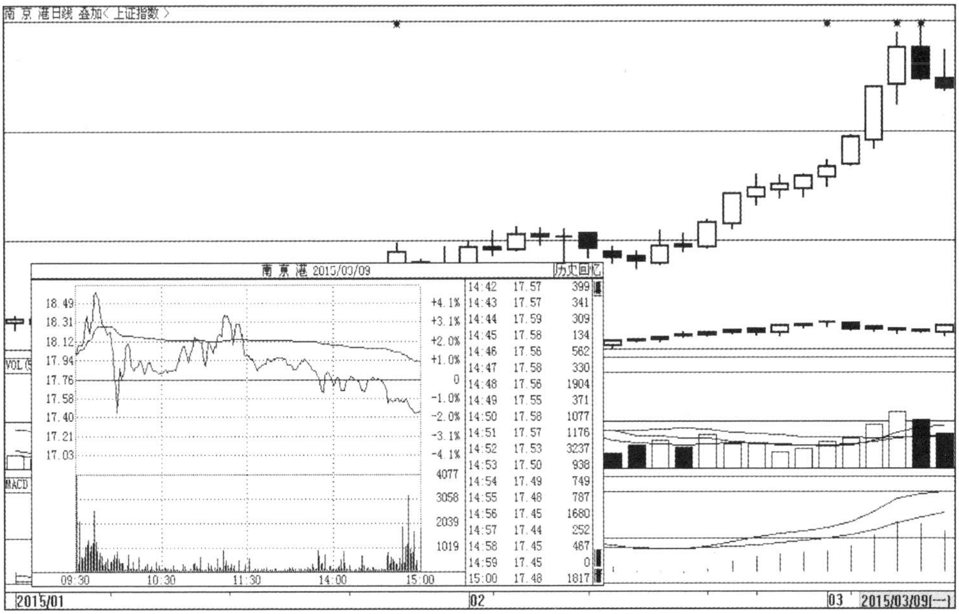
南 京 港日线 叠加< 上证指数 >
南 京 港 2015/03/09
历史回忆
18.49
18.31
18.12
17.94
17.76
17.58
17.40
17.21
17.03
+4.1%
+3.1%
+2.0%
+1.0%
0
-1.0%
-2.0%
-3.1%
-4.1%
4077
3058
2039
1019
09:30
10:30
11:30
14:00
15:00
14:42 17.57 399
14:43 17.57 341
14:44 17.59 309
14:45 17.58 134
14:46 17.56 562
14:47 17.58 330
14:48 17.56 1904
14:49 17.55 371
14:50 17.58 1077
14:51 17.57 1176
14:52 17.53 3237
14:53 17.50 938
14:54 17.49 749
14:55 17.48 787
14:56 17.45 1680
14:57 17.44 252
14:58 17.45 467
14:59 17.45 0
15:00 17.48 1817
2015/01
02
03
2015/03/09(一)

图 3-18

从日K线的角度来说，假如今天大盘大跌，个股的这种走势是情有可原的。但是今天大盘大涨，一个已经被散户开始陆续买入的股票，一旦放弃了大盘赋予它的上涨机会，便绝对不是什么好兆头。此时场内的散户会因为大盘的强势而对该股的未来抱有希望。换个角度说，即便我们此时是亏损的，也必须离场观望。

如图3-19所示，在接下来的22个交易日中，大盘始终上涨，而该股反倒下跌3%以上。试问，除了散户在前期集中买入，除了市场不想让散户赚钱，还有什么其他的解释呢？

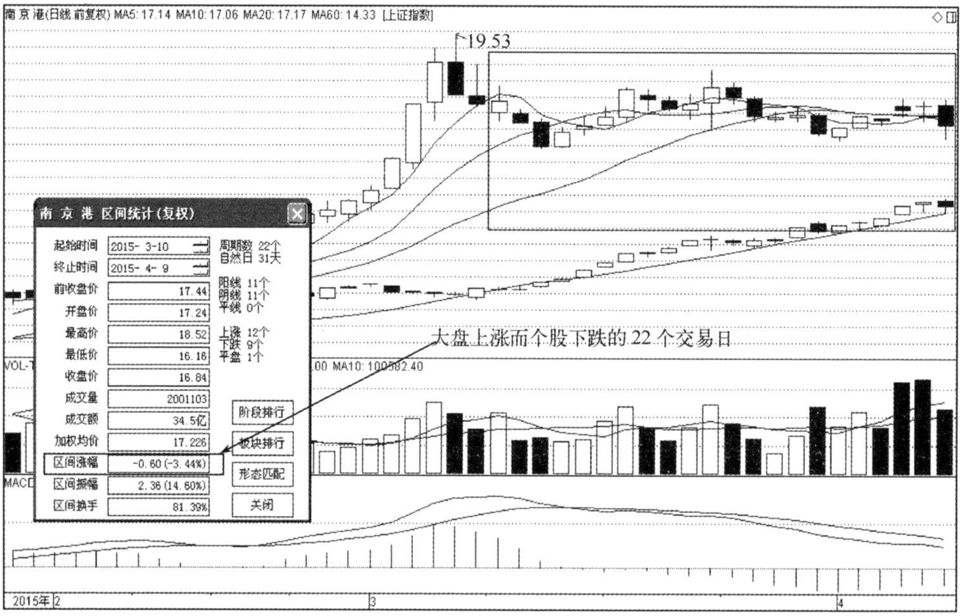

图3-19

根据各位“上帝”对股票走势以及投资者情绪拿捏的精准程度不同，笔者大致估算了一下，假如使用这种股票情绪投机法，在这次交易中可以获得利润的大致范围：

（1）心态不够稳健或者略微贪婪的“上帝”们，会在该买的时候买入，但未必在最应该卖出的时候卖出，因此他们会错过一些利润空间，在本次交易中，他们可以获得23%左右的利润。

（2）心态沉稳、不骄不躁、对情绪的变化拿捏精准的“上帝”们，不仅会在最该买入的位置买入，还会在最该卖出的位置卖出，由此一来，他们可以获得的利润为35%左右。

有些人不禁会问：假如我在2月16日，刚刚出现上涨苗头的时候买入，在上涨的最后一天卖出，是不是可以盈利更多呢？答案：肯定不是！因为2月16日的形态是市场为那些思维模式较为简单的投机者准备的。一般认为2月16日应该立刻买入的人，不会坚持到最后。因为2月25日、26日连续两天的洗盘就是特意为他们和前期留存投资者而精心准备的。只有在25日、26日两天洗盘期间里放心、大胆、重仓买入的人才是真正的成熟投机者。

另外，对于该股来说，2月16日出现稳健上涨的形态，后期真的涨了。至少给那些初期买入的投机者以获利走人的机会。我们可以随便查看任何股票。每当出现类似于该股2月16日走势的那种稳健地突破类形态之后，又有多少是能继续上涨的呢？别忘了市场的真实目的，它的存在是为了让我们盈利吗？所以，敢于在2月16日买入的人们，他们的操盘业绩恐怕也不会十分理想。

2. 下跌行情中的成功反弹

虽说在下跌行情或者在熊市中风险太大，不宜操作，但在里面还是可以找到很多赚小钱的机会。如果运气好的话，说不定在下跌行情中还可以碰到一两只爆发力很强的股票。即便交易者运气不佳，只要不犯原则性的错误，也能在遍地陷阱的行情中挖掘出一些微小的利润。

在笔者刚刚开始摸索这套方法的时候，就取得了令人满意的成绩。那是2013—2014年，市场整体处于熊市。笔者通过反复使用“下跌反弹”，在这段时间里获取了将近50%的整体收益。虽然每笔交易的盈利额度都不大，但是积少成多。像这样即便一年里大部分时间都是下跌的行情中，也能在年底计算盈亏的时候看到一份令自己非常满意的答卷。

现在笔者更加相信，任何具备前面所说的两个要求（推己及人、控制情绪）的投资者，只要能够严格按照本方法操作，即便在熊市中，也能取得不俗的战绩。

“下跌行情中的成功反弹”详细定义如下：

如果一轮下跌行情绝望到足以让前期买入之人止损离场的话，那么下跌之后的第一根看似软弱无力的小阳线，即可视为一段反弹行情的起始信号。

反弹行情始于各种让人不愿买入的形态，止于各种反弹行情确立，让人敢于纷纷入场抢反弹的形态。

如果深入剖析上述定义，我们可以总结出下跌行情中抢反弹的几大关键因素：

（1）这一轮下跌一定要足够恐怖，跌幅的大小不是决定可否买入的因素，能否把前期入场的投资者清除出去才是后面反弹能否成功的关键。如果一轮下跌无法清除场内投资者，即便在下跌之后迎来大盘上涨的机会，个股也很难有所表现。

（2）经过足够恐怖的下跌之后，一定要出现一根软弱无力的小阳线。这根小阳线的作用是告诉大众投资者“该股下跌趋势并没有结束，就连下跌期间的反抽都如此疲软，大家还是卖掉股票比较好，否则，明天继续下跌，你们的损失将更加惨重”！只有遇到这样的小阳线才是标准的入场信号，如果大幅下跌之后直接出现一根放量长阳，那无疑是市场在告诉投资者：“快来看啊，下跌趋势结束了，从今天开始正式反弹，想赚钱的人抓紧来买哦！”如此一来，后面的走势就不言而喻了。

（3）这个方法的关键点是对大众投资者心理的精细揣摩，然而大众投资者的交易心理绝非涨了就买、跌了就卖那么简单。因此投资者如果想用好这个方法，一定要仔细研究场内投资者的心理。只有对大众投资者的心理了如指掌，才能驾轻就熟地使用各种情绪投机法进行交易。之前讲过的“洗盘公式”就是对本方法的最佳辅助。

（4）虽然说市场在原则上总是让大众先买入而后下跌，让大众先卖出而后上涨。但也并非每次都是如此，即便投资者已经完全吃透情绪投机法，在实际操作中仍不可过于执拗。要怀着开放的心态去面对市场所作的一切决定。假如买入之后次日该股没有像大家预想的那样继续悄然上涨，我们一定要加倍小心，尽早止损不失为上策。

（5）任何一笔交易都有它的风险系数，估算交易的风险系数有很多种方法。某些专业人士会用一大堆数学公式来告诉你他们是如何估算风险系数的，而笔者则喜欢用一个更简单的方法：目测个股日 K 线形态。就是说任何一只股票，其当前技术形态走得越难看，买入该股的风险系数越小。但至于回报能有多大，那就是另外一回事了。

在正式介绍“成功反弹”案例之前，我们先看一个失败的反弹案例。在下面这个案例中，你可以体会下跌期间如果个股形态不够恐怖，那么日后的反弹会是什么样子，如果买入了一只形态不太难看的个股，那么在未来可能承担的风险有多大。

如图 3-20 所示，智慧能源在 2015 年 12 月 18 日至 28 日期间，共计 7 个交易日中累计跌幅超过 8%。表面上看该股跌了不少，但是这个跌幅配以这种 K 线走势，再结合当时的大盘状况，能否将盘中投资者洗清出去吗？让我们来细致地分析一下。

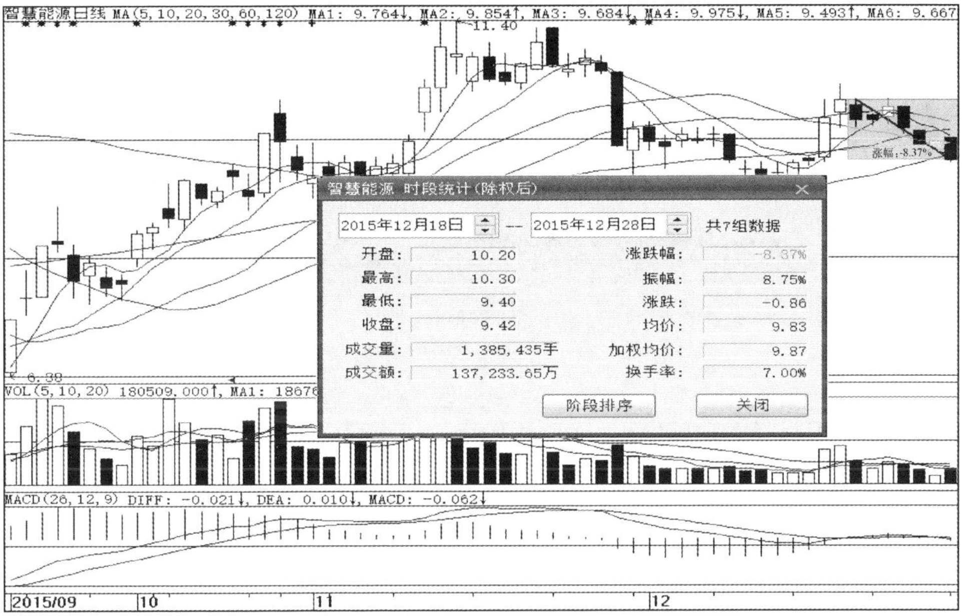

图 3-20

如图 3-21 所示，这是智慧能源在 2015 年 12 月 16 日的走势图和分时图。

当日大盘收出一根小小的十字星，并没有太大的波动，而该股当日涨幅达到 6.59%，明显强于大盘，再配合该股当日的成交量和同时突破多跟均线的形态，因此可以断定投资者会大量买入该股。单凭 K 线形态和稳健的分时图，再加上该股之前的走势，我们就可以初步得出判断：对于该股，大众投资者有入场迹象，此时我们不宜盲目买入。

如图 3-22 所示，这是该股于 2015 年 12 月 17 日的走势。当日大盘涨势喜人，从技术形态上来说，这是一个让人无忧无虑的日子。

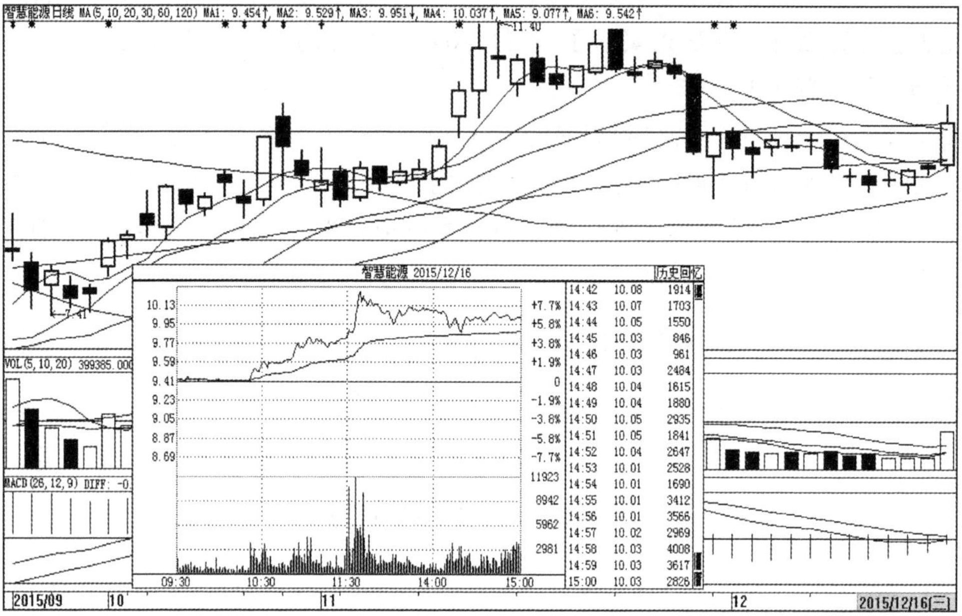
智慧能源日线 MA(5,10,20,30,60,120) MA1: 9.454↑, MA2: 9.529↑, MA3: 9.951↓, MA4: 10.037↑, MA5: 9.077↑, MA6: 9.542↑
智慧能源 2015/12/16
历史回忆
2015/09
10
11
12
2015/12/16(三)

图 3-21

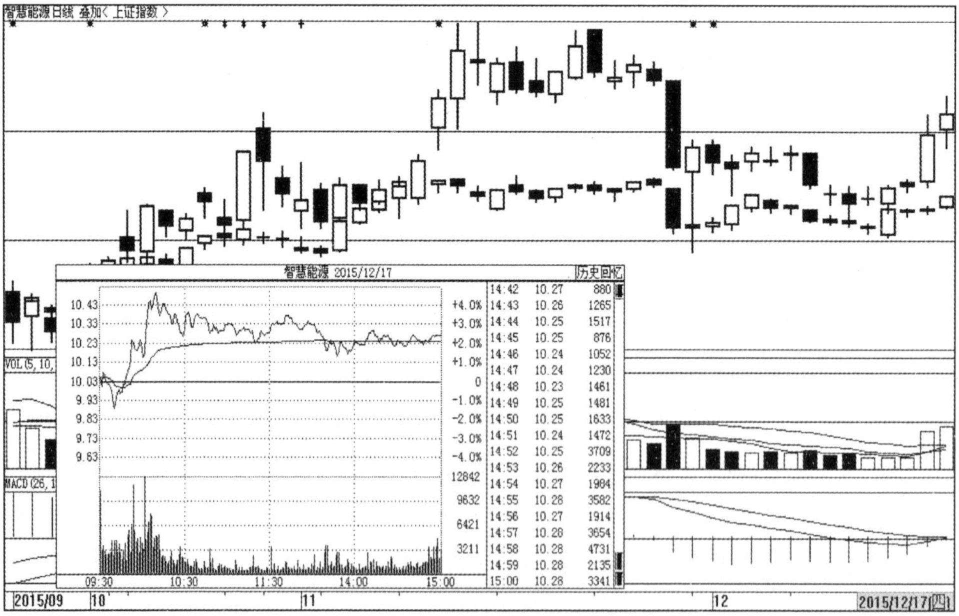
智慧能源日线 叠加<上证指数>
智慧能源 2015/12/17
历史回忆
2015/09
10
11
12
2015/12/17(四)

图 3-22

该股当日表现也相当不错，收盘上涨 2.49%，盘中涨幅一度超过 4%。而且分时走势整体稳健。如果大家都能找到看好该股的理由，那我们就该谨慎了。如果从下一交易日起，该股继续大幅上涨，让这两日买入的投资者明显获利，然后再把他们清洗出去，这就是“强势洗盘”的买入条件，如若不然该股本轮上涨趋势可能就此终结。

如图 3-23 所示，2015 年 12 月 18 日。当日大盘整体走平，略有上影线，给人的感觉不是非常好，但是也不坏。该股此时并没有延续前两个交易日的上涨，而是借大盘盘整走出了明显的上涨中继形态。虽然下跌幅度很小，但是足以将前一交易日中所有买入的投资者全部套住。因为个股此时的形态并不恐怖，甚至连担心都算不上，所以此时场内的投资者并不害怕，更别说纷纷卖出了。

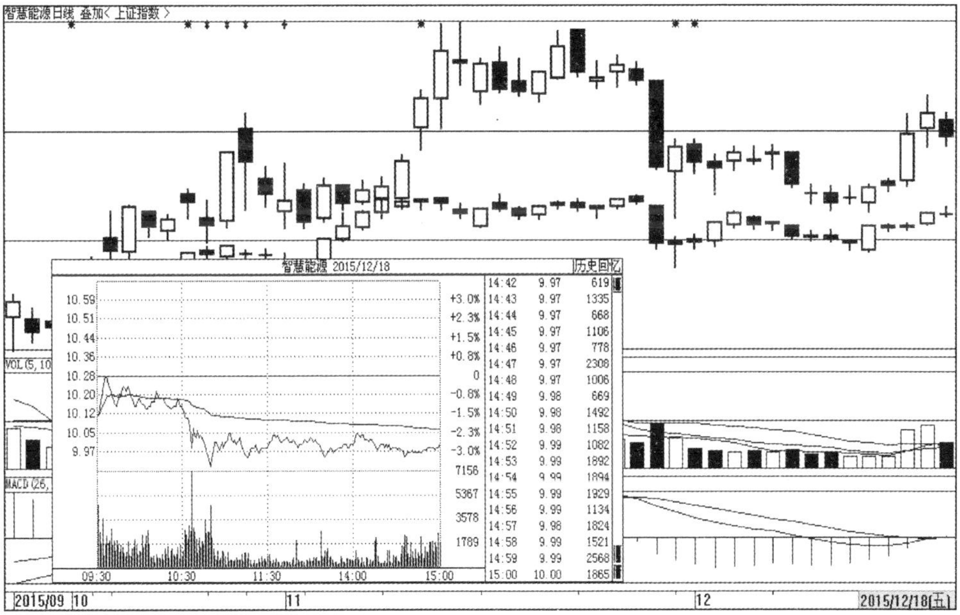

图 3-23

但是在我们看来该股出现“强势洗盘”而后大幅上涨的可能性已经很小了，上涨势头出现了停顿，给了很多前期没有来得及买入的投资者充分的思考时间，而喜欢捡便宜的人这个时候已经开始陆续入场了。如此一来，该股出现了连续三个交易日的散户资金净流入，后期走势多半不会乐观。

如图 3-24 所示，2015 年 12 月 21 日大盘大幅上涨，涨势喜人，市场中大部分股票的表现都非常让人满意。但是这只股票却没有跟随大盘的脚步，这里面一定有问题。所以，在这种时候，我们需要对这根个股日 K 线提出一个问题了：“你今天为什么不跟随大盘大幅上涨呢？”其实这个问题并不难，因为你很容易就能看出，如果跟随大盘上涨的话，势必创下近期新高。如此一来，场内的投资者就回本并盈利了。根据市场波动的规律，当真正上涨行情来临之际，市场会让投资者小赚离场；但若是下跌行情来了，市场会让投资者尽可能多地亏损。今天该股没有跟随大盘上涨，分明是不给前期买入之人小赚离场的机会。什么时候场内投资者可以盈利，我们才能看好该股；什么时候场内投资者止损出局，我们才能看好后市。

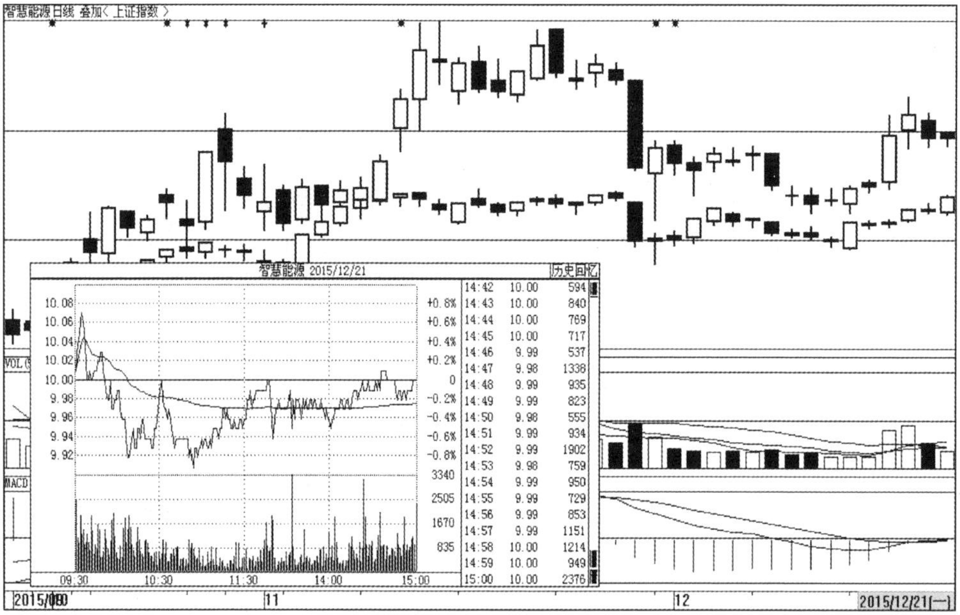

图 3-24

如图 3-25 所示，2015 年 12 月 22 日大盘微涨，个股小幅上涨。但是个股的涨幅非常考究！

如果是补涨的话，是不是要补齐前一日没有走出来的涨幅？是不是要再创新高？是不是要解放前期最高点买入的筹码？没有！今天的小阳线既维持了前期走出来的温暖上涨形态，又没有解放前期被套的人，同时稳健的分时

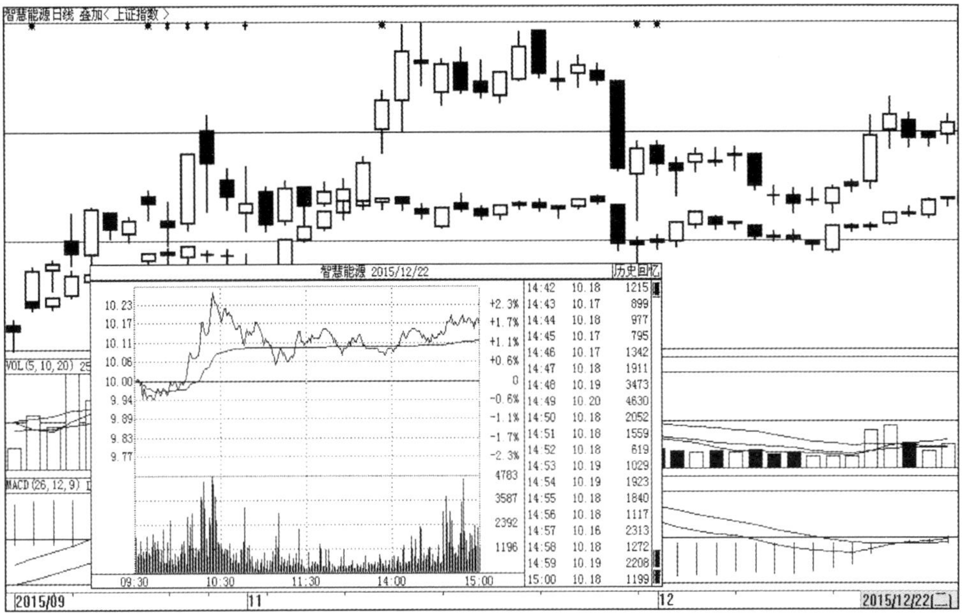

图 3-25

形态还可以吸引更多的场外散户买入。一举三得！

该股连续五个交易日投资者资金净流入。如果该股未来要涨，不可能带着如此之多的投资者一起发财。每天都在暗示人们可以买入并且继续持有的股票，其未来只有一种走势——下跌！

如图 3-26 所示，2015 年 12 月 23 日大盘确实跌了，但跌得不多，甚至没有破坏前期的上涨形态。而个股的跌幅虽略大于大盘，但又不至于让场内投资者恐慌离场。

如图 3-27 所示，2015 年 12 月 24 日大盘继续小幅下跌，但是大盘的上涨形态依然可以维持，这就是场内所有投资者持股的信心和希望了。而该股今日跟随大盘下跌，跌幅再次明显大于大盘。截至此时，场内所有投资者要么明显亏损，要么略微亏损，最好的也只是勉强保本。这确实让人悲观，但此时他们有卖出的意向吗？我敢说几乎没有！行为金融学告诉我们，投资者在亏损的时候会成为风险的偏好者，宁可承担一些风险，也要尽可能挽回损失。况且现在大盘走势还算说得过去，所以他们现在最怕的是卖出之后股价再涨回来。

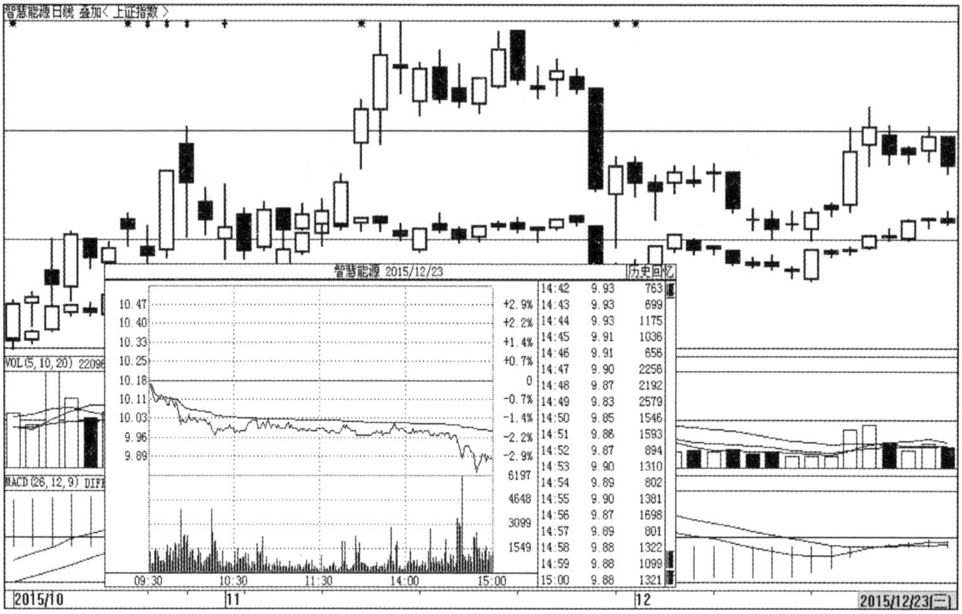

智慧能源日线 叠加< 上证指数 >
智慧能源 2015/12/23
历史回忆
10.47
10.40
10.33
10.25
10.18
10.11
10.03
9.96
9.89
+2.9%
+2.2%
+1.4%
+0.7%
0
-0.7%
-1.4%
-2.2%
-2.9%
6197
4648
3099
1549
09:30
10:30
11:30
14:00
15:00
14:42 9.93 763
14:43 9.93 699
14:44 9.93 1175
14:45 9.91 1036
14:46 9.91 656
14:47 9.90 2256
14:48 9.87 2192
14:49 9.83 2579
14:50 9.85 1546
14:51 9.88 1593
14:52 9.87 894
14:53 9.90 1310
14:54 9.89 802
14:55 9.90 1381
14:56 9.87 1698
14:57 9.89 801
14:58 9.88 1322
14:59 9.88 1099
15:00 9.88 1321
VOL(5,10,20)
MACD(26,12,9) DIFF
2015/10
11
12
2015/12/23(三)

图 3-26

智慧能源日线 叠加< 上证指数 >
智慧能源 2015/12/24
历史回忆
10.20
10.12
10.04
9.96
9.88
9.80
9.72
9.64
9.56
+3.2%
+2.4%
+1.6%
+0.8%
0
-0.8%
-1.6%
-2.4%
-3.2%
5063
3797
2532
1266
09:30
10:30
11:30
14:00
15:00
14:42 9.69 249
14:43 9.69 951
14:44 9.69 1752
14:45 9.68 417
14:46 9.67 496
14:47 9.69 295
14:48 9.67 858
14:49 9.67 571
14:50 9.66 888
14:51 9.67 385
14:52 9.65 1029
14:53 9.66 1012
14:54 9.62 993
14:55 9.62 782
14:56 9.64 777
14:57 9.63 543
14:58 9.65 1094
14:59 9.65 603
15:00 9.65 1114
VOL(5,10
MACD(26,
2015/08
10
11
12
2015/12/24(四)

图 3-27

如图 3-28 所示，2016 年 1 月 4 日，没有跌停的股票不多，可以说无论什么原因，该股今日的跌停都在情理之中。大盘不会每天都这样走，在未来大盘不再暴跌的日子里，个股的运行态势才是关键。基于前面的分析，该股之前的下跌并没有让场内散户止损离场，而今日的走势更不可能洗清场内散户。那么在后面大盘不再暴跌的日子里，该股会有什么作为呢？

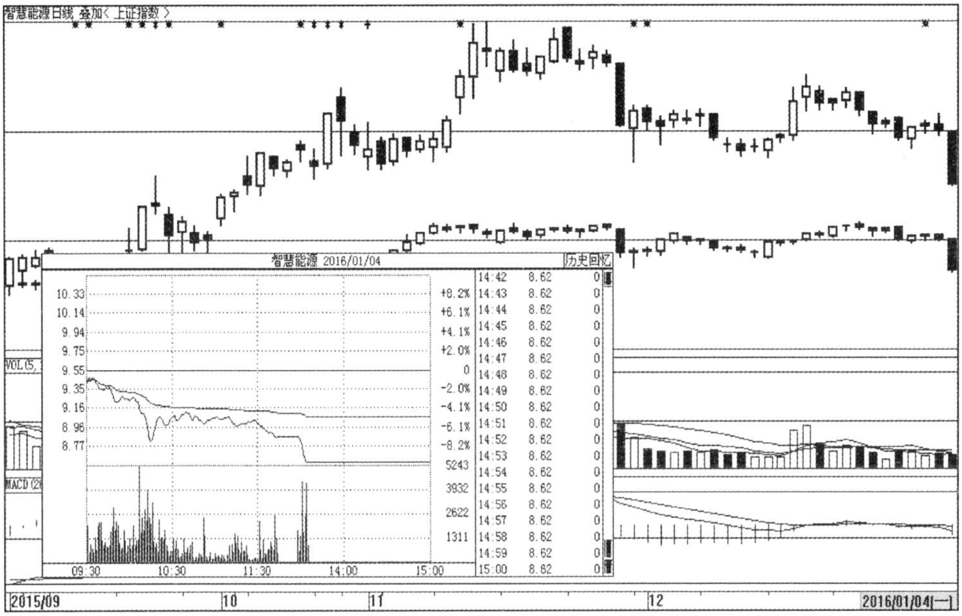

图 3-28

如图 3-29 所示，在接下来的两个交易日（1 月 5 日、1 月 6 日）中，大盘跌势明显放缓，借机疯狂反弹的个股不计其数。然而该股在这两个交易日中的整体涨幅为 0。

“存在的就是合理的。”这句话中蕴含着非常深刻的哲学思想。它的意思不是告诉我们因为它存在，所以它是合理的，因此它存在的原因无须被深究。恰恰相反，正因为任何存在都有其合理性，所以我们必须刨根问底，将它的合理性挖出来，然后我们才知道自己应该做什么，不应该做什么。不是吗？

在无数股票疯狂反弹的两个交易日中，该股的涨幅正好是 0！它的合理性在哪呢？在于前期的场内散户没有走光，在于下跌的过程中补仓的散户比割肉卖出的多，在于市场不愿意让他们回本。仅此而已！

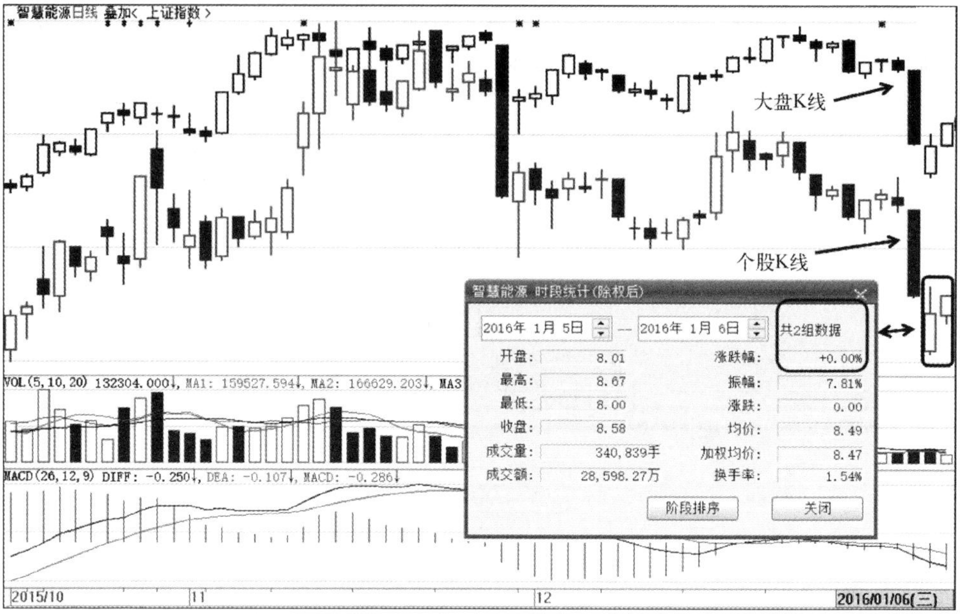

图 3-29

如图 3-30 所示，随后大盘继续下跌，而该股也只能乖乖地顺应市场的趋势。笔者要通过这个案例告诉大家：如果下跌时没有良好的洗盘效果，日后上涨时就很难出现反弹。如果我们买入这样的股票，别说盈利了，就连保证本金安全都会是个问题。

同样是 2016 年的 1 月 5 日、6 日，虽然智慧能源没有出众的表现，但是大家可以查看一些在这两天之内连续涨停的股票，只要坚持从情绪的角度出发，研究场内持股者当时的心理状态，相信大家能够发现很多有趣的事情。

接下来笔者为大家展示另外两个生动的实战案例：一个是下跌反弹成功的；一个是下跌反弹失败的，希望大家能够通过这两个案例领悟到如何正确地操作反弹行情：

案例一：反弹成功

图 3-31 为特力 A 2008 年 4 月 1 日走势叠加同时期深证成指走势图。该股从上一轮牛市最高点至今累计跌幅超过了 60%。从前期构筑平台失败至今，只经历了短短 17 个交易日，跌幅也已经超过 40%。该股当日该股跌幅为 9.62%，创下 7.77 元的阶段新低。而当日大盘下跌 6.33%，即将击穿前期低点，当时市场中弥漫的恐怖气息可见一斑。

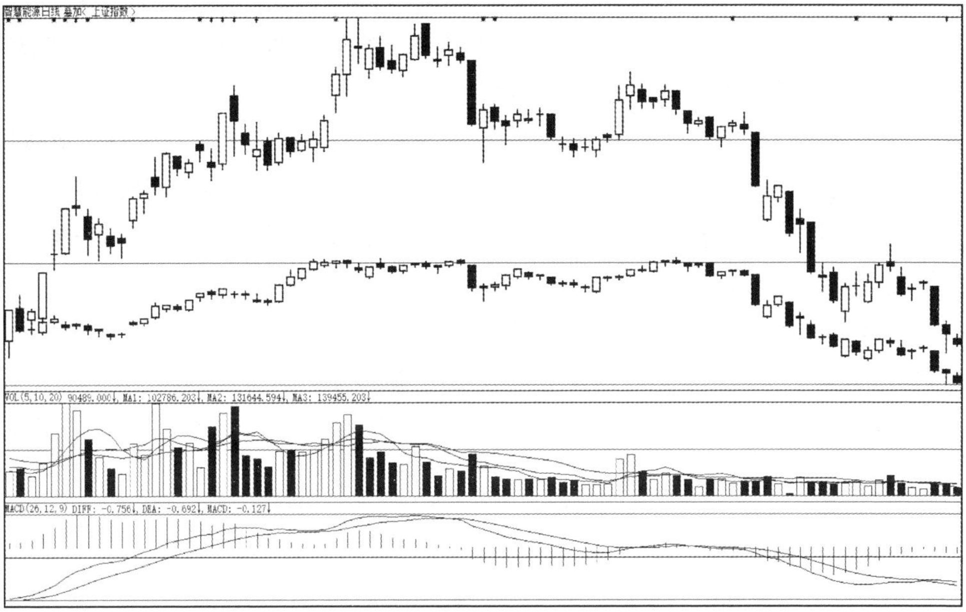
VOL(5,10,20) 90489.000↓, MA1: 102786.203↓, MA2: 131644.594↓, MA3: 139455.203↓
MACD(26,12,9) DIFF: -0.756↓, DEA: -0.692↓, MACD: -0.127↓

图 3-30

特 力A日线 叠加< 深证成指 >
VOL(5,10,20) 8816.000↑, MA1: 8256.600↑, MA2: 9397.200↑, MA3: 11362.350↓
MACD(26,12,9) DIFF: -1.132↓, DEA: -0.875↓, MACD: -0.514↓
2007/12
2008/02
03
2008/04/01(二)

图 3-31

在这种环境之下，个股的破位走势可谓让投资者绝望至极。所以说，个股的这一根 K 线是关键 K 线，它预示着投资者绝望情绪的形成，恐慌性抛盘随处可见，一轮反弹行情的真正底部此时“已经开始形成”。

请大家务必牢记，真正的底部都是在绝望中形成的。但是“已经开始形成”不代表“已经形成”。也就是说，从此刻起，任何一个微不足道的契机都可以催生一轮反弹行情，但也有可能继续这样恐慌地跌下去，没有人知道会跌到哪里。所以此时我们应该做的仍然是观望，等待市场出现一个较为安全的买入信号。

图 3-32 为特力 A 在 2008 年 4 月 2 日的走势。这一天大盘跌幅明显收窄，而该股仍然在继续恐慌地下跌。虽然我们知道这样的跌势不可能持久，但无法预测这样的恐慌将持续到什么时候，更没办法知道真正的底部价格到底在哪里，现在能做的依然是等待。

图 3-32

如果说到这里你仍不知道为什么这样恐慌的行情无法持久，那么笔者先简单地带领大家“复习”一下。19 世纪末 20 世纪初，美国乃至全世界最伟大的投机家杰西·利弗莫尔曾说过这样一段话：“……所谓‘万变不离其宗’，不管是在投机生意，还是在证券和商品市场的投资中，永远都不会出现超出规律之外的全新的东西……”而笔者的观点，也是本书中反复强调的观点就是：市场波动的最终规律就是为了造成投资者亏损的最大化。任何一轮上涨、任何一段下跌，乃至任何一根K线都是为了达到这个目的而产生的。由此可见，如果市场未来是持续下跌的，那么市场现在要做的就是尽可能地吸引投资者前来买入。所以市场应该做的要么是表现出顽强不屈的K线形态，要么是让人产生“我不想卖，我想逢低补仓”的想法。反过来说，如果未来市场是要上涨的，那么当下它要做的就是想尽一切办法把场内投资者驱赶出去。要么是用扑朔迷离的走势让投资者知难而退，要么就是用恐慌的下跌逼迫投资者割肉离场。假设有这么一轮下跌，下跌的初期和中期形态极其恐怖，让场内投资者纷纷恐慌抛售，然后市场继续大幅下跌，一路深跌，跌到比投资者卖出的价位还要低很多的位置才开始止跌企稳。这无疑是让投资者高位卖出而后低位买入。因此，市场的这种做法是明显违背其运行规律的。这样的情况很少会出现，或者说几乎不可能出现。

图3-33为该股2008年4月3日的走势，我们可以看出当日大盘暂停了跌势，似乎在昨天的最低点附近得到了支撑，但是大盘能否继续下跌还不好说。个股在此日也将下跌告一段落，收出一根软弱无力的小阳线。此时此刻，假如笔者说，这里就是标准的买入信号，然后再用技术分析手段寻找一大堆理由来支持自己的观点，那么，这个买入信号的准确程度一定不高。我们要时刻牢记，没有一种固定的操作模式能够永远让你获利。我们唯一能做的就是在应该尝试的时候，收起恐惧，勇敢地尝试；在不应该尝试的时候，按捺住贪婪，静静地等待。

比如现在，没有什么能比大胆地尝试一次更值得去做的事情了。但请记住，这仅仅是尝试，在建仓的同时，做好明天止损卖出的准备。

如图3-34所示，该股在你勇敢尝试的下一个交易日里，借助大盘的涨势迅速收回了7%的下跌空间。恭喜你，已经有7%的利润暂时存放在你的账户中了。笔者不是说按照本书的方法抢反弹，每笔都能盈利7%，更不是说按照这样看似“刀口舔血”的方法操作每笔都能盈利。该尝试的就要去尝试，至于能否成功，尝试之后才知道。假如今天下跌，卖掉便是，如果上涨就继续持有，这才是一个怀着开放心态的投机者应有的风格。如果用传统的技术分析方法来分析这只股票，你能找到很多支持继续持有的理由，同时也能找到卖出了结的理由。但是理由不重要，重要的是：在已经明显获利的情况下，与其选择落袋为安，不如等等看，让市场告诉你方向，看后面是否还有惊喜。

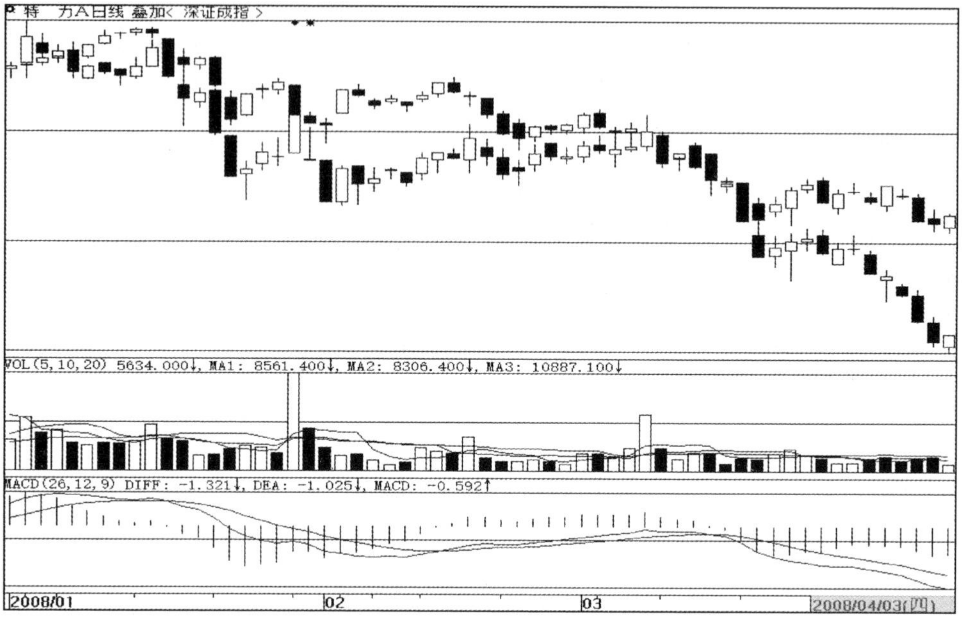
特 力A日线 叠加< 深证成指 >
VOL(5,10,20) 5634.000↓, MA1: 8561.400↓, MA2: 8306.400↓, MA3: 10887.100↓
MACD(26,12,9) DIFF: -1.321↓, DEA: -1.025↓, MACD: -0.592↑
2008/01
02
03
2008/04/03(四)

图 3-33

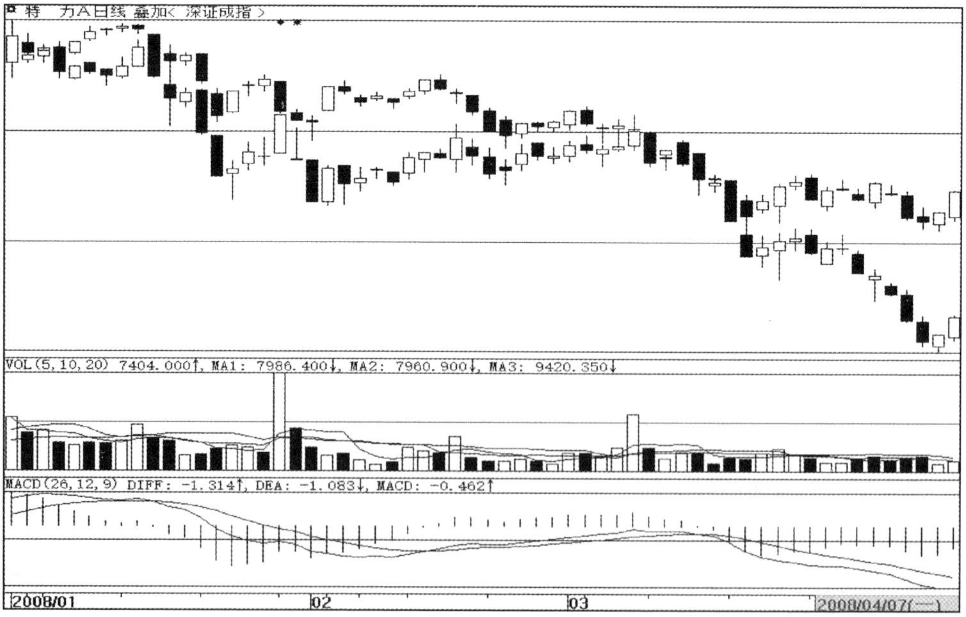
特 力A日线 叠加< 深证成指 >
VOL(5,10,20) 7404.000↑, MA1: 7986.400↓, MA2: 7960.900↓, MA3: 9420.350↓
MACD(26,12,9) DIFF: -1.314↑, DEA: -1.083↓, MACD: -0.462↑
2008/01
02
03
2008/04/07(一)

图 3-34

图 3-35 为特力 A 在 2008 年 4 月 8 日的走势图。当日涨停。笔者无意向大家证明只要等待一定有惊喜，但是如果前一日你选择卖出了结的话，今天是肯定不会有惊喜了。如果我们每次都在大幅盈利之后再多等一天的话，大部分情况下等来的恐怕都是下跌，因此上涨趋势出现停顿，最后卖出了结。只有很少的时候能够等来惊喜，但笔者的经验和无数事实证明，永远怀着开放心态，等待让市场告诉你是否应该卖出，虽然盈利幅度经常会因此而缩小，但是只要你遇到一只有利于你的股票，你所得到的将比以前失去的要多很多。

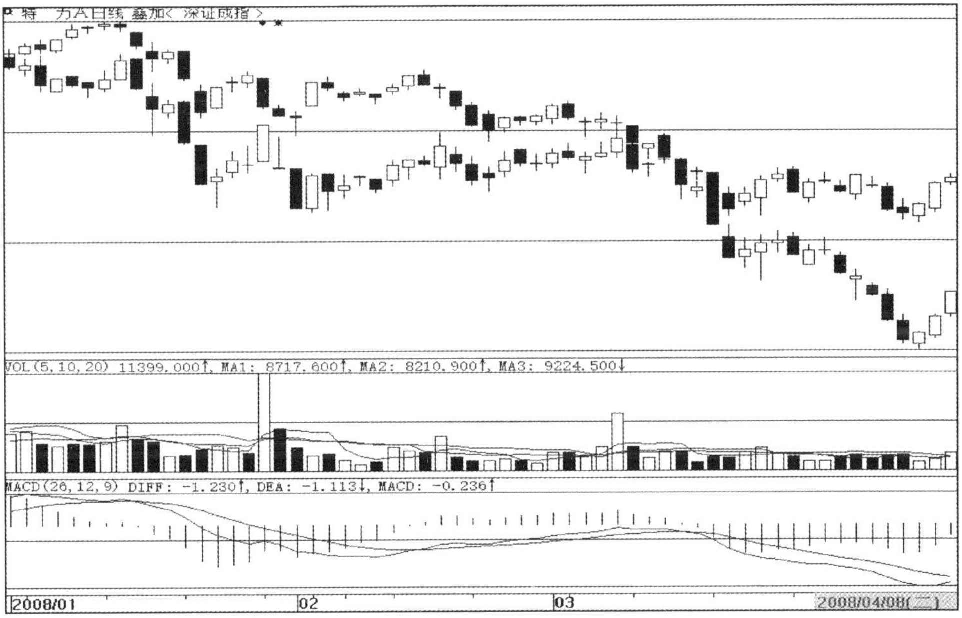

图 3-35

当然，我们也不能被涨停冲昏头脑。今天的涨停你看见了，所有人也都看得见。这样的形态无疑给了场外投资者巨大的信心和希望。在前文中笔者曾提到过，反弹行情始于各种让人不愿买入的形态，止于各种反弹行情确立，让人敢于纷纷入场抢反弹的形态。如果说，4 月 3 日买入该股是因为发现了一根让人不愿买入的小阳线而勇敢地尝试的话，那么今日该股的涨停也是一种反弹行情确立，让人敢于纷纷入场的标志。尽管如此，笔者依然不建议在今日卖出，因为我们现在已经获利可观，为什么不再等一等呢？让明天的市场来告诉我们应该怎么做吧。

图 3-36 为特力 A 在 2008 年 4 月 9 日的走势图。从该股当日 K 线中可以看出，该股盘中一度大幅冲高，而后回落。截至收盘，该股下跌约 3%。果断卖出！

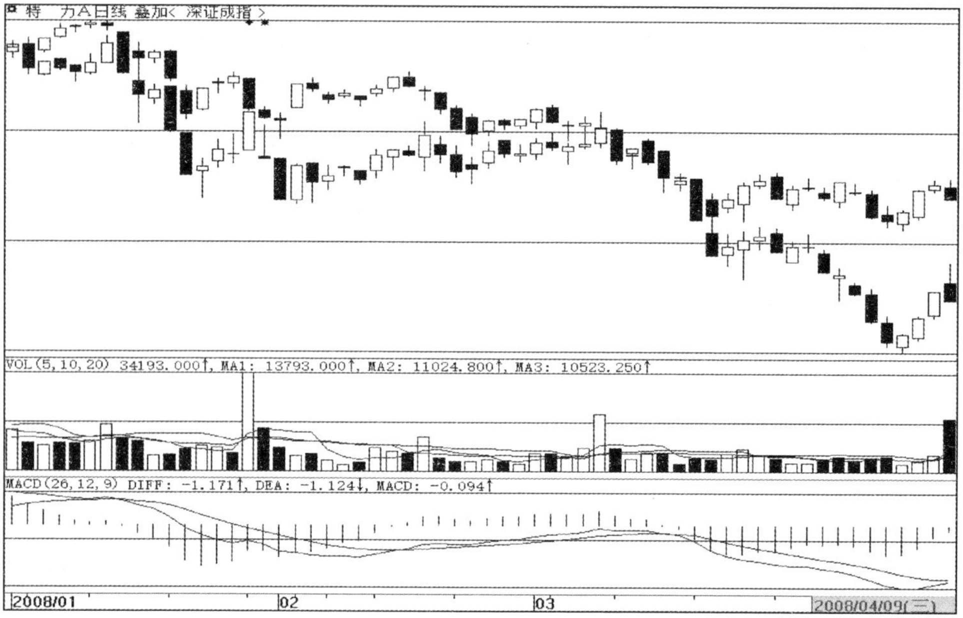

图 3-36

现在卖出比前一交易日少获利 3%，虽然不太划算，但在笔者看来这是值得的。因为该日盘中冲高的时候我们有机会卖到更好的价格（昨天的涨停吸引所有投资者的眼球，今日冲高的时候正是他们争相入场之时）；而且假如今天继续上涨，我们又会得到一个惊喜。

为什么一定要在涨势出现停顿之时卖出股票呢？很多读者一定会有这样的疑问。根据市场波动的规律可以得出这样的结论：市场是不想让投资者赚到钱的。但总不能永远下跌吧？该涨的时候还是要涨的。既要涨，又不能让投资者获利，表面上看这十分矛盾，但是市场有它独到的手段——上涨之前让人不确定要涨，所以很少有人会买，上涨之时快速拉升，让人来不及买，等到来得及买入的时候，它已经涨到了让人望而生畏的高度，这样人们又不想买了，然后就只能眼巴巴地看着股票继续上涨……

大多数能够持续大幅上涨的过程，一般都会同时满足两个条件：第一，始终维持场内投资者数量的最小化；第二，上涨之时不仅毫无征兆而且迅雷不及掩耳！反过来说，假如某轮上涨趋势中，刚刚出现一根指明了上涨趋势的大阳线，紧接着便开始向下小幅调整。这不仅很难起到洗盘的作用，而且还给了场外投资者充分的思考时间。而且，股价下探的过程还是场外投资者低价买入的良机。因此，这样的上涨趋势注定难以持久。如果你做过足够数量的案例调查，那么你一定会得出这个结果：毫无间歇的上涨更容易持续。一旦涨势停顿，再想重新拾起原来的势头就没那么容易了。

使用上述方法在大盘下跌周期中进行反弹操作，虽然总体来说胜算较大，但不可能万无一失。笔者也曾和很多这样的投资者交流过，他们经过很长时间的辛苦积累，好不容易积攒下数量可观的利润，却只因为一次失败的交易，就把所有利润还给了市场，令人无限惋惜。虽然他们成功的交易各有千秋，但是他们的失败交易中暴露出的共性问题却惊人地一致：都是坚定地持有早已明显亏损的股票，怎么也舍不得放手。而当笔者询问他们持股不动的原因之时，他们的回答竟然出奇地一致："亏这么多，怎么卖啊？"亏损10%的时候，他们不舍得放手。亏损20%的时候，更不舍得放手。当亏损30%的时候，他们突然摇身一变，成了研究股票内在价值和宏观经济形势的长线投资者。等到了亏损超过50%的时候，他们再也经不起下跌的折磨，心力交瘁，怀着沉痛的心情卖掉了全部股票，最终承认了这笔交易的失败。所以，我们在实盘操作的过程中，切不可因为某次反弹没有赚到理想的利润率就一厢情愿地认为涨势能够持续；也不能因为买入之后略有亏损就盲目盼望市场会给你回本的机会；更不能因为连续失败几次，就下定决心这次一定要成功。

在下跌行情或者熊市中，成功的反弹几乎都是一样的，而不成功的反弹则各有各的不同。其中最最典型的失败反弹就是下面大家将要见到的这个类型。

案例二：反弹失败

图3-37为士兰微在2015年6月30日的走势图。经过一轮惨烈的下跌，该股在半年线处重新获得支撑，并且收出了自下跌以来最大的一根阳线，与此同时该股的成交量也有所放大。种种迹象表明，该股已经到达了一个阶段性底部，在这里逐步放大的成交量似乎在告诉散户："这里有支撑！"

图3-38为该股同日大盘走势叠加图。这一天并非只有这只股票表现得活跃，似乎整个市场都被注入了重新启动的力量。看来继续反弹才是大势所趋。这样的形态无疑会引来无数股民积极买入，并满怀希望地等待未来的上涨。

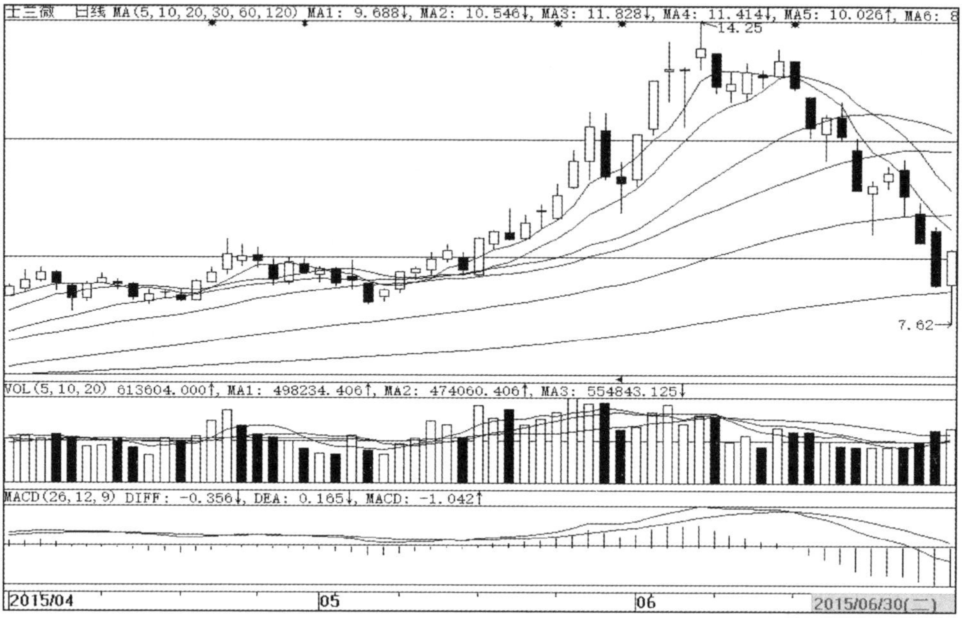
士兰微 日线 MA(5,10,20,30,60,120) MA1: 9.688↓, MA2: 10.546↓, MA3: 11.828↓, MA4: 11.414↓, MA5: 10.026↑, MA6: 8
14.25
7.62
VOL(5,10,20) 613604.000↑, MA1: 498234.406↑, MA2: 474060.406↑, MA3: 554843.125↓
MACD(26,12,9) DIFF: -0.356↓, DEA: 0.165↓, MACD: -1.042↑
2015/04
05
06
2015/06/30(二)

图 3-37

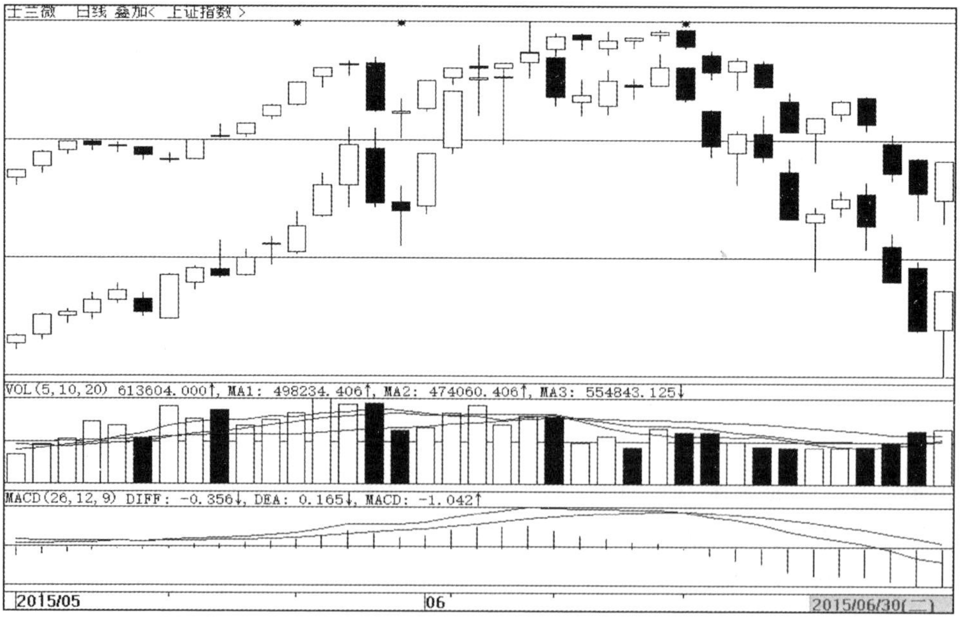
士兰微 日线 叠加< 上证指数 >
VOL(5,10,20) 613604.000↑, MA1: 498234.406↑, MA2: 474060.406↑, MA3: 554843.125↓
MACD(26,12,9) DIFF: -0.356↓, DEA: 0.165↓, MACD: -1.042↑
2015/05
06
2015/06/30(二)

图 3-38

如图3-39所示，2015年7月1日该股没能延续昨日强劲的势头，有所回落。好在半年线的支撑犹在，虽然昨天入场的投资者有所亏损，但是大局似乎还稳得住。从当日的成交量来看，依然温和的放量似乎说明还有新的资金陆续入场。(因为支撑还在，希望还在，亏损幅度也不算大，所以这不是前期入场投资者止损离场的成交量。既然不是投资者卖出的成交量，那么就只有投资者买入了。投资者为什么在这种形态之下买入呢？原因很简单：明显亏损+还有希望=玩命补仓。)

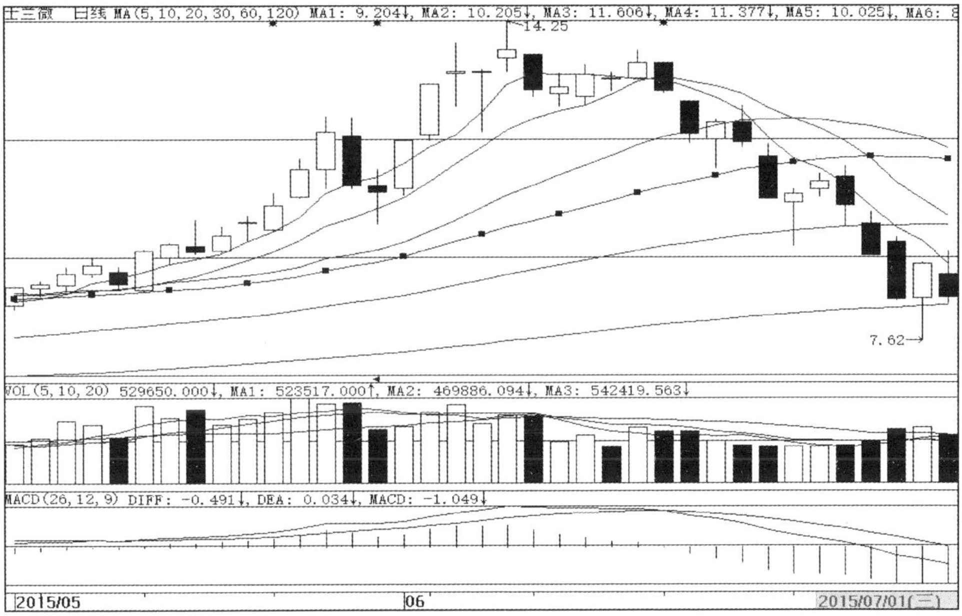

图3-39

如图3-40所示，在接下来的一个交易日中，股价继续下跌，投资者亏损进一步加大。不过该股当日的下跌幅度却值得深思。如果是小幅下跌的话，不足以造成投资者巨大的损失；若是大跌的话，又怕投资者惊恐之下割肉离场。所以该股当日不偏不倚，刚好跌到前期下影线的最低点7.62元的上方。让人感觉在最后一个位置获得了支撑，明日有可能企稳。成交量方面依然是温和的。投资者明明已经大幅亏损了，为什么不果断止损呢？其实此时止损的投资者也是有的，只不过数量稀少而已。此时大部分投资者遵循的是下一个公式：大幅亏损+还有希望+价格更低了=疯狂玩命补仓。

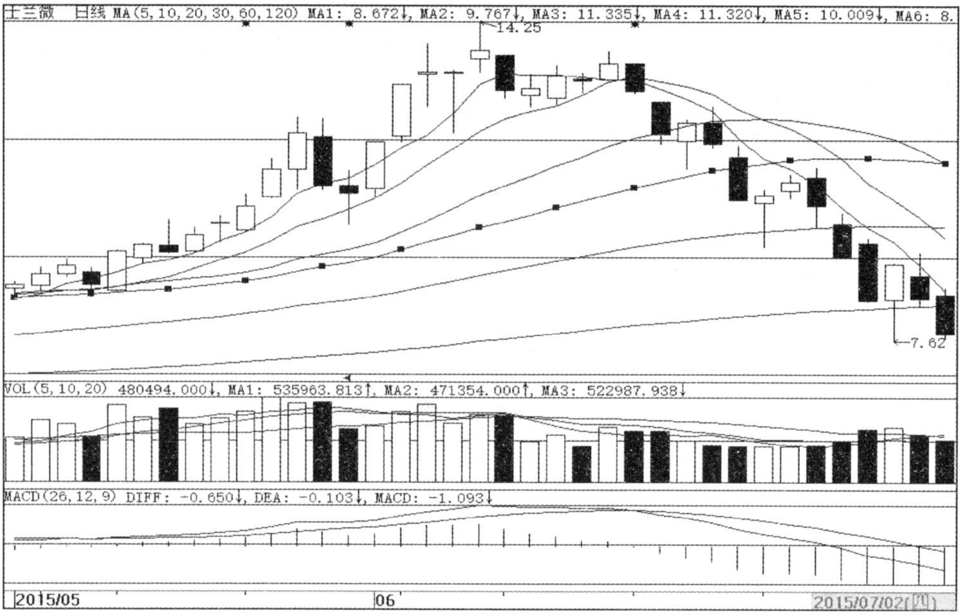

图 3-40

如图 3-41 所示，从投资者们认为反弹是大势所趋，并且开始买入的时候开始算起，一周（5 个交易日）之后，他们亏损了 28%左右，如果他们在下跌的过程中进行补仓，那么亏损的比例虽不足 28%，但是亏损的资金数量却更多了。

我想这是再完美不过的案例。本案例将市场真正的意图淋漓尽致地展现了出来。如果市场波动的目的是帮助投资者投资获利的话，那么在大家蜂拥买入之后应该上涨才对，没承想结果却是这般惨痛。当然该股后期有所回升，但是很长时间之内都没有涨到 6 月 30 日投资者集中买入的价位。就算 6 月 30 日买入的投资者想要趁许久以后反弹行情小亏离场，那也得先熬过账面浮亏超过 30%的那天再说。

市场如此邪恶，投资者却如此单纯。只要你身处市场之中，只要你的情绪被市场牵动，无论你学到什么样的方法，亏损恐怕都是最后唯一的结局。之所以很多人没有看透这一点，是因为不识庐山真面目，只缘身在此山中。

以往投资者们忽视情绪的作用，市场便会利用情绪最终打败投资者。如果我们重视并开始钻研情绪的价值，便有希望扭转从前的败局。但这是一个

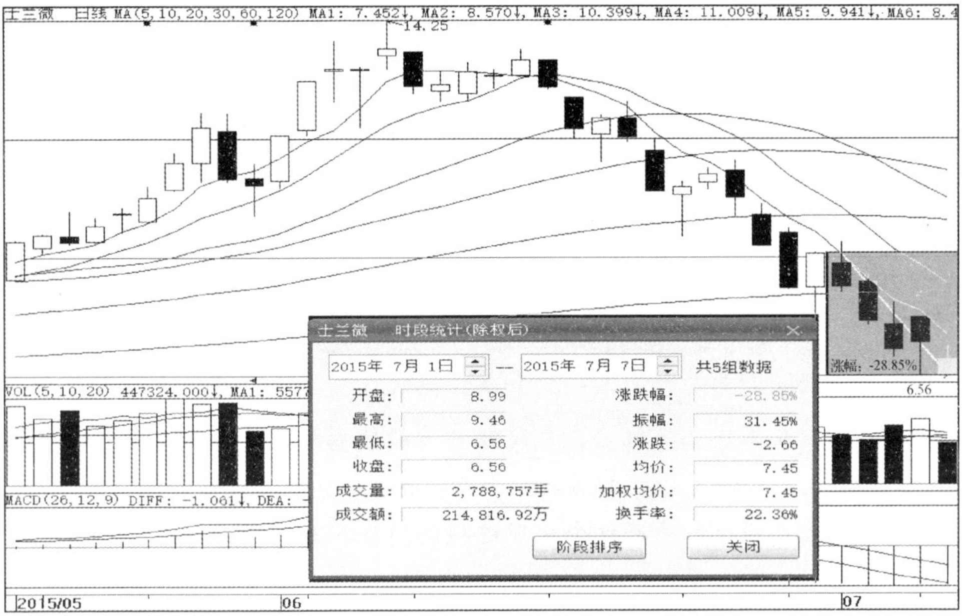

图 3-41

非常艰苦而又漫长的过程，需要我们批判自己曾经奉为真理的一切观点，需要我们舍弃曾经认为正确的一切理论。在一片黑暗而又荒芜的废墟上，一砖一瓦地重建起一座全新的光明殿堂。这不仅是一次艰难的学习过程，更是一条痛苦的修行之路。有很多人已经做到了，你也一定可以。

当你对大众投资者的情绪了如指掌，当你对任何一幅 K 线图中所暗含的资金流向都能清晰说明的时候，是不是意味着你已经完全把握住了股市的脉搏，可以在市场中所向披靡了呢？未必见得。笔者只能说在充分了解情绪对交易的影响之后，你的成功率会比以前有较为明显的提升，你的交易业绩也会比以前有显著的提高。但是这些都属于投机交易中的“小聪明”，像杰西·利弗莫尔、巴菲特、索罗斯这样的交易大师们，不可能仅仅凭借这点小聪明就能取得令全世界瞩目的成就。因为在他们的交易哲学中，包含着更大的智慧——聆听市场自己的声音，也可以叫作让市场亲口来告诉你它下一步的方向。

第四章　让市场告诉你方向

导读

了解杰西·利弗莫尔的人一定知道，他曾在投机上取得过令人瞩目的成就。也在投机生涯中几度沉沦，却总能奇迹般地崛起。这一切全都归功于两点：第一，对行情有着敏锐的嗅觉。第二，能够充分利用行情带来的机会。

在我们自己身上，是否也会出现这样的情况：我们所选择的股票在未来一段时间内确实涨幅非凡，我们也确实从中获得了一定的利润。但是我们所获得的，却远远不及行情所提供的。

每当这样的情形发生之时，你是否会想“假如利弗莫尔在做这段行情，他能从中赚多少呢?”你是否会思考“利弗莫尔会在我所卖出的位置卖出吗?”

市场仿佛在求他卖出，而他卖出之后事实证明他确实是对的。这样的情况在国内A股市场是否也会出现呢？在本章中，笔者将为大家解答这个问题。

笔者曾经是一个必然论者，深信上帝不会掷骰子，所以市场中所发生的一切都会有它的必然性。只要能够找到这些必然性的蛛丝马迹，就一定能经常准确地预测出市场未来的方向。若是发现自己预测错了，那么一定是哪里出现了问题，只需改正便是。然而经过多年的实践之后，笔者发现单纯凭借对大众情绪的推测，在市场中取得的成功非常有限。因为那只不过是一个入门级别的小聪明罢了，在很多情绪投机法无法解释的事实背后，还隐藏着更大的智慧。

本章内容可以视为对上一章的补充，也可视为在更高一个层次的延伸。虽然笔者在当初发现情绪分析可以用于市场趋势分析的时候，曾一度认为这已经是一套完美无缺的股票分析方法，但是必然论的观点终将在时间的长河中见到自己渺小而无知的真实面目。

一、开放心态铸就成功

如果你仔细研究过笔者在上一章所讲述的内容就不难发现，情绪投机法可以顺理成章地解释很多较为典型的K线形态，帮助你在交投活跃的时段中获得很大的收益，这是事实。但在更多平常的K线形态中，大众投资者们并没有明显的集中买卖迹象。而且更让笔者头疼的是，任何股票，在大多数时段里，都是交易清淡的，股票情绪投机法在这些情况中很容易处于失灵或半失灵的状态。笔者也曾为了让情绪投机法能够适用于更多交投清淡的市场情况下而付出很多心血，无奈最后都以失败告终。

最后笔者不得不承认，我们不可能未卜先知，更不可能在市场中找到常胜不败的法门。纵使你的方法再完美无瑕，也无法躲过所有下跌，同时把握你所期望的所有上涨。无论你如何费尽心机地去分析和预测，未来将要发生的一切也都不会完全在你的掌控之中，甚至不在你的预料之内。

在发现自己的努力大都徒劳无益之后，笔者终于明白了一个道理：只需要做你该做的事情，至于结果如何就让时间来慢慢告诉你。从不奢望完美的结局，从不畏惧尚未发生的危险，以开放的胸怀接受一切预料之外的结果，最后你才会发现市场并不会亏待你。

笔者曾在前面的内容中不止一次提到“做该做的事情”，至于什么是“该做的事情”呢？这里着重说明一下。我们在市场中能做的事情无非三种：买入、卖出、等待。依据我们在前面章节讲述的，市场会在技术面上以制造散户的最终亏损为原则去运行和发展，并永无休止地产生下一根K线。由此可知，如果当前形态让散户感到犹疑，那么未来上涨的可能性偏大；如果当前形态让散户感到心存希望，那么未来下跌的可能性偏大。所以，我们只需在心存犹疑，不敢轻易入场的时候勇敢地试探；在市场明确地告诉你它已经不想再涨，或者个股明显放弃上涨契机的时候卖出；在你非常想卖掉头寸落袋为安之时继续持股；在你按捺不住空仓的寂寞，忍不住要入场交易之时继续观望。这些便是全部“该做的事情”。而当你做好了这些事情之后，市场自然会把你应得的利润送到你的手中。

无数事实证明，让你可以获得暴利的买入机会一般都是那种看上去让人不敢随便买入的形态。同样有无数事实证明，那些让散户最终亏损的陷阱一开始看上去都是那么的稳妥、让人感到安心。在散户纷纷买入之后，股价会开始缓慢下跌，此时散户并没有考虑为什么股价会放弃本该上涨的机会而没有上涨，现在要不要止损？反而考虑还有什么理由可以继续持有下去。就这样股价不断地放弃上涨机会，一步一步地继续下跌，一直跌到散户已经完全找不到任何继续持有下去的理由的时候，想要离场却得付出惨痛的代价……

当你真正看清了这些问题之后，你的思考方式也会发生变化。你不会再对建仓的时机吹毛求疵，你会根据个股整体结构、前期出货大致数量，以及出货之后的洗盘效果综合判断个股目前是否符合建仓条件。如果符合便制定交易计划并开始逐步建仓。

至于“万一亏损了怎么办”，这是一个无须研究的问题！因为任何交易者都无法避免亏损，只要发现所持股票有散户介入迹象，同时开始放弃本该上涨的机会，卖出便是。有很多人因为害怕亏损反而错过了真正的机会，因为不愿承认亏损，所以遭受了更大的损失。

亏损这个无法逃避的问题，除了正确地面对它，还有什么更好的方法呢？就像死亡一样，所有人都有面对它的那一天。该怎么办？是选择求仙问道，试图获得长生不老之法，还是选择快乐地享受生命里的每一天，这难道不和面对亏损是同一个道理吗？

不对尚未发生的坏事感到焦虑，你将获得宁静；不对无法逃避的危险感到恐惧，你将变得勇敢。宁静而不迟钝，勇敢却不鲁莽，敢于接受一切未知的结果，这才是真正的开放心态。也只有这样的内心状态，才会帮助你在每一个当下作出最正确的决定，并走向最终的成功。

当你对这些问题有了清晰的认识之后，你的行为方式也会有所变化。面对一幅 K 线图，你会从滔滔不绝变得沉默寡言，不是你的分析水平退步了，而是你知道未来无论涨跌都自有它的道理。能否精准地预测未来并不重要，重要的是告诉自己在当下这个时候，你应该做什么。

行为方式的转变自然会导致交易风格的变化。由于你勇于尝试买入很多看似疑惑的 K 线形态，所以在你的交易记录中，小亏止损的频率较以前会有所增加，但可观的利润会经常出乎预料地出现在你的账户之中。单笔交易的亏损基本能够保持在 10%之内，而且再也不会出现深度被套的情况。单笔盈利超过 20%的交易时常可以见到。超过 30%、50%甚至更多的单笔盈利也会相继出现在交易记录中。

然而更为巧合的是，你所有亏损的交易，持仓周期都相对很短，而让你大幅获利的交易，都是长时间持有的。你虽然没有刻意地寻找趋势，却在不经意间踏准了趋势的节奏。你或许不知道什么叫顺势而为，但你已经这样做了。

二、只有在开放心态之下，才能听见市场的声音

为了让大家更好地理解如何让市场自己来告诉你后市的方向，笔者列举几个实战案例，并把自己的思维方式以及当时的想法告诉大家，希望大家能够有所收获。

案例一：梦洁股份

如图 4-1 所示，梦洁股份在 2015 年 4 月 22 日走出如下形态。很多投资者看到这样的股票一定会选择直接略过，原因仅仅是“太高了”。但是看起来高，不代表一定会跌。大多数人略过这种股票的真正原因是他们内心的恐惧。充满恐惧心理的交易者不会公开承认自己的胆小与懦弱，相反会找各种借口

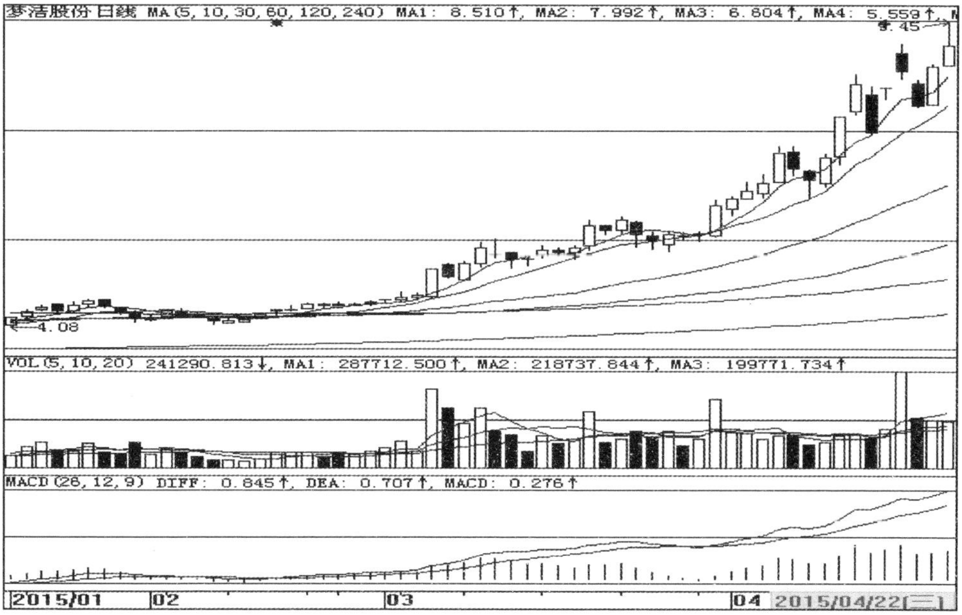

图 4-1

来掩饰自己。如果一个投资者无法战胜或者根本没有意识到自己内心的恐惧，是无法在交易中长期稳定盈利的。

当笔者无意间发现这只股票的时候，它已经涨成这个样子了。而此时我们应该做的不是去分析前面的 K 线，看看曾经出现过多么完美的买入信号，设想假如你当时买入的话，现在会盈利多少。我们应该从今天开始，向后看，看看该股现在还有没有值得尝试买入的价值。

图 4-2 为梦洁股份叠加同期大盘走势图和当日的分时图，时间依然是 2015 年 4 月 22 日。

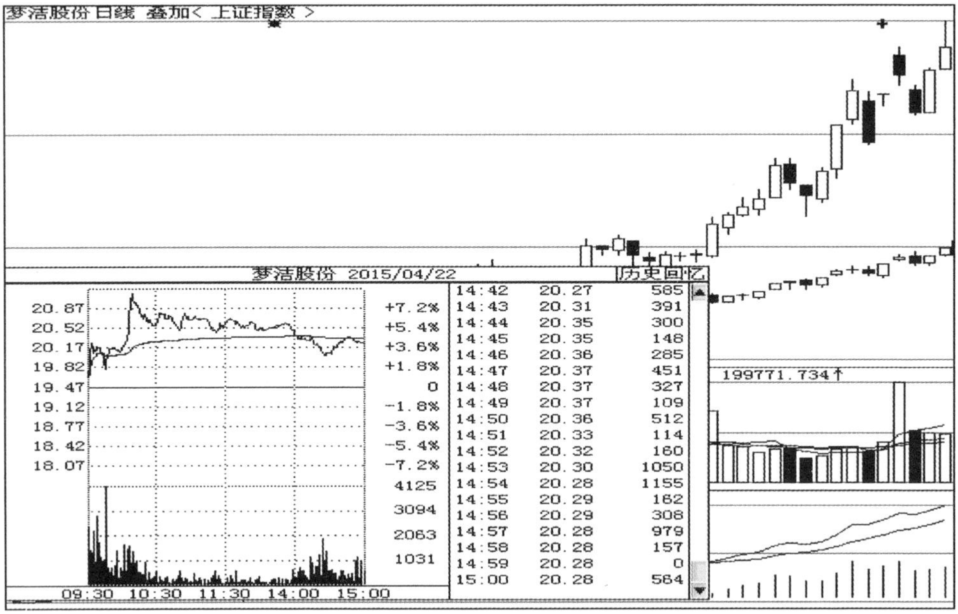

图 4-2

如果单纯从目前形态来看，它确实已经涨得很高了。但是不要忘了，它能否继续上涨，只有它自己说了算，我们任何人的主观判断在被证实之前都是一文不值的。

该股从最近的一轮调整结束之后，昨天、今天连续两个交易日跟随大盘大幅上涨，收复失地，这就是该股意图继续上涨的表现。我们可以这样想，如果该股不想再涨了，而想从此以后开始下跌的话，那么即便大盘上涨，给个股们继续上攻创造条件，该股走势是不会如此强劲的。

这不是一个固定的买入信号，不能确保该股明日一定上涨，却是个股有意踏着大盘的节奏延续上涨趋势的证明。如果明天大盘上涨，该股有可能继续大幅上涨，如果未来大盘下跌，该股持续已久的上涨趋势也未必会在一天之内终结。因此，在这种情况之下，笔者认为该股具备试探性买入的价值。由于此时空闲资金不是很多，所以在收盘前，笔者卖出了少部分其他股票，在该股上建立了10%左右的头寸。这就算是试探性买入了吧！

下一交易日，2015 年 4 月 23 日，该股走势如图 4-3 所示。

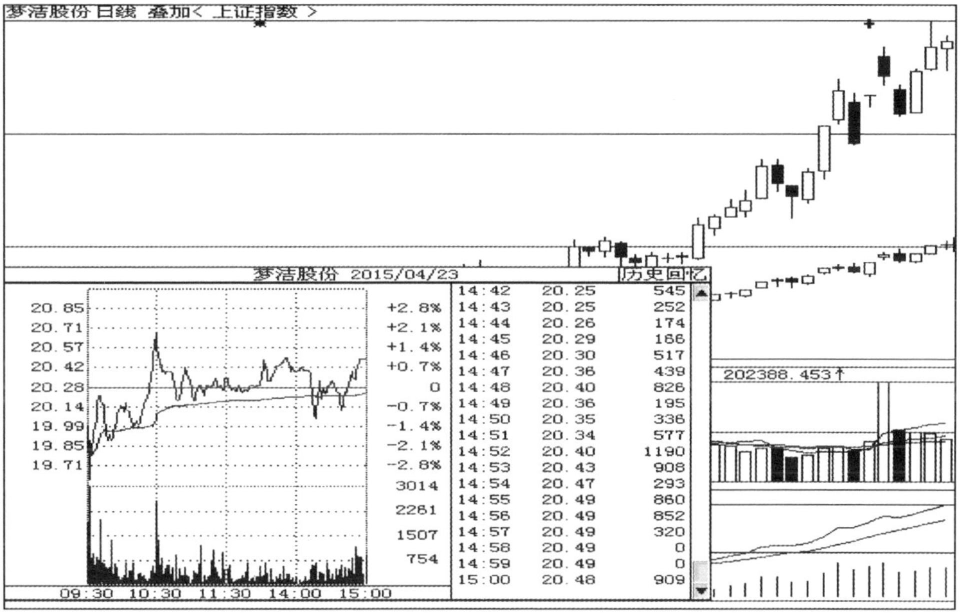

图 4-3

大盘略微上涨，单纯地从大盘角度来看，微涨微跌的走势并没有给个股继续上涨或向下调整提供便利。因此，即便该股今日略微下跌也不能说明它违背了上涨的趋势，更何况该股今日并没有跌，可以继续持有。

又过了一天，2015 年 4 月 24 日该股走势如图 4-4 所示。今日大盘走势和前一交易日差不多，都是基本走平，由于没有得到大盘的帮助，该股并没有较大涨幅，这也在情理之中。虽不能证明该股会继续上涨，但至少证明了该股目前没有结束上涨趋势的迹象。此时任何能够得出该股很难继续上涨的分析都属于投资者的主观看法，不能作为操作依据，继续持有！

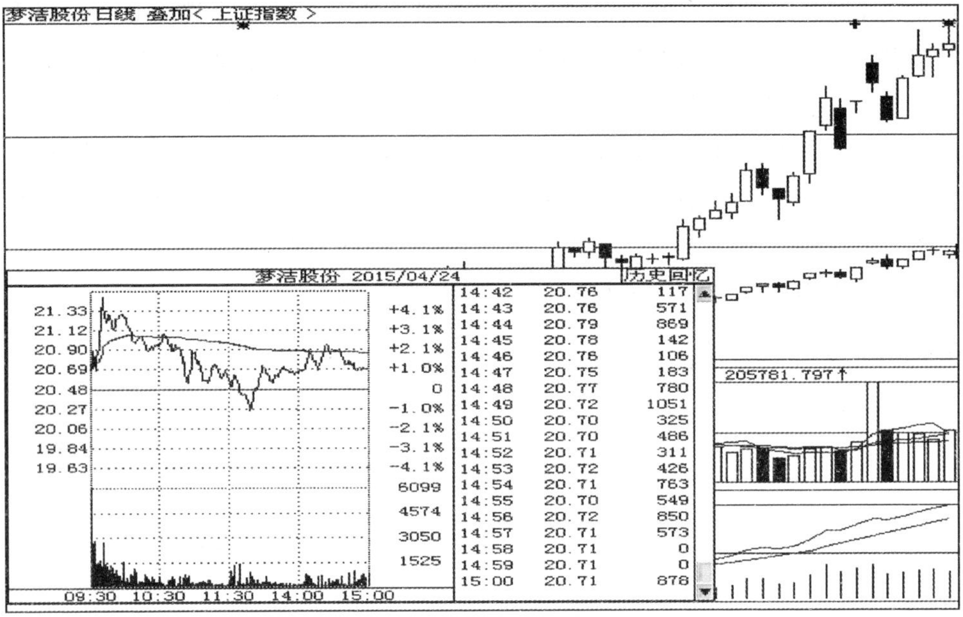

图 4-4

又过了一个交易日，时间到了 2015 年 4 月 27 日，走势如图 4-5 所示。

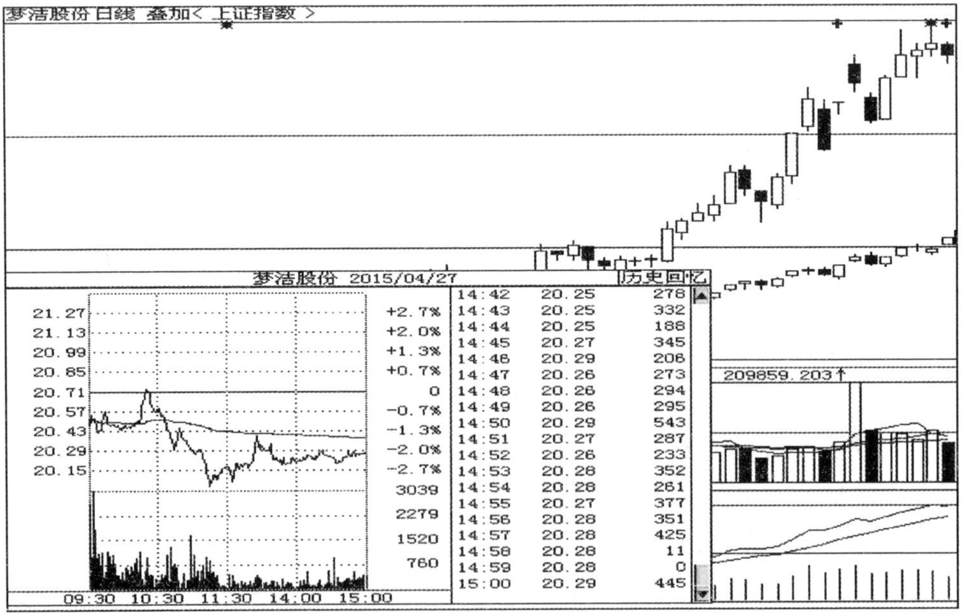

图 4-5

今天的走势是个危险信号！今日大盘大幅上涨，如果说该股顺应大盘走势，那么理应继续上攻，再创新高。虽说下跌 2%不算什么，但是在一个有充分条件大幅上涨的日子里，这就不是好兆头了。当然，个股无论涨跌都有它自己的道理，我们不必因为一天的形态就断定该股已经涨到尽头，如果明天能大幅上涨，匹配大盘的进度，这也是允许的。但若该股明天的走势再次弱于大盘，就要考虑卖出了。

该股 2015 年 4 月 28 日的走势如图 4-6 所示。今天是一个倒霉的日子，止损确实不如止盈开心，但不得不这样做。很多投资者这个时候喜欢研究个股还有没有继续上涨的可能，个股下方有没有支撑。而笔者则考虑大盘今日小跌，个股大跌，如果明日大盘大跌的话，个股将是一个什么结局？就像利弗莫尔所说：当我看见一个危险信号的时候，我不跟它争执，我躲开！几天以后，如果一切看起来还不错，我就再回来。这样，我会省去很多麻烦，也会省很多钱。

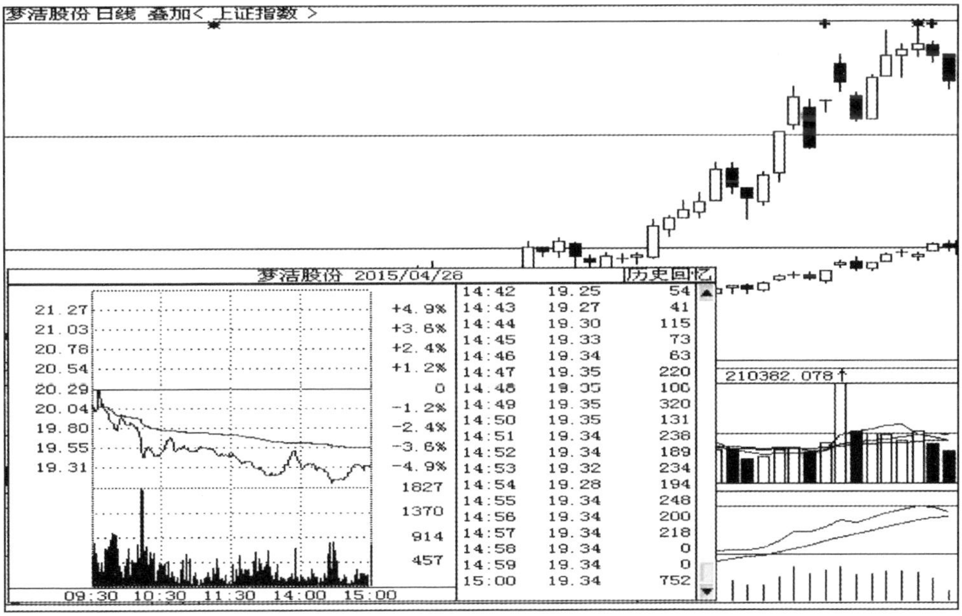

图 4-6

这次止损笔者损失达到 5%，如果不止损，倘若股价继续下跌，我的损失有可能达到 15%。然而股价未来的涨跌没有人能够预测，我们只需把应该做的事情做好，时间自会把你想要的结果带到你的面前。

盼啊，盼啊，就是不跌。过了 4 个交易日，时间到了 2015 年 5 月 5 日，该股走势如图 4-7 所示。

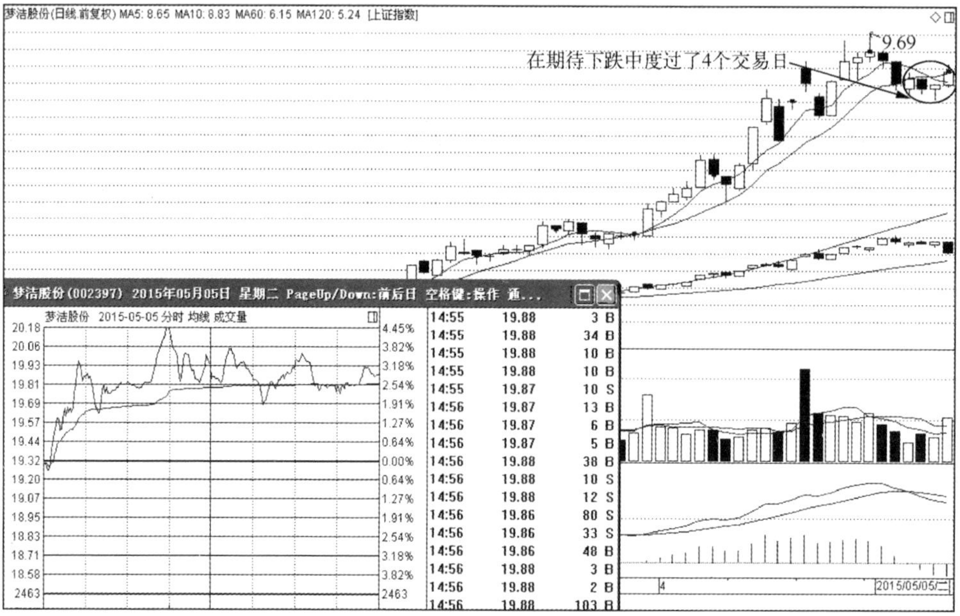

图 4-7

大家都看到了，这是一次糟糕的止损，但是为了长久生存，这是必要的。笔者并不会因为把股票卖掉了就不再关注它，在确定它已经开始走下降通道之前，它会一直留在我的自选股里面。今天大盘大幅下跌，破坏了前期维持的小平台，很多人认为大盘完蛋了，个股也不会好到哪里去，但是笔者却不这样想。如果个股已经开始走下降通道，它必然利用一切可以利用的机会快速下跌，套住上方站岗的散户。为什么今天不跌反涨呢？再关注一天，如果明天补跌，代表它没戏了，如果明天继续强于大盘，可以再次考虑买入。

2015 年 5 月 6 日，该股走势如图 4-8 所示。建仓，大胆地再次建仓。因为个股已经用它的实际行动告诉你，它想涨，很想涨。

等等，如果今天买入之后，明天该股继续下跌怎么办？那就看情况决定要不要再次止损。

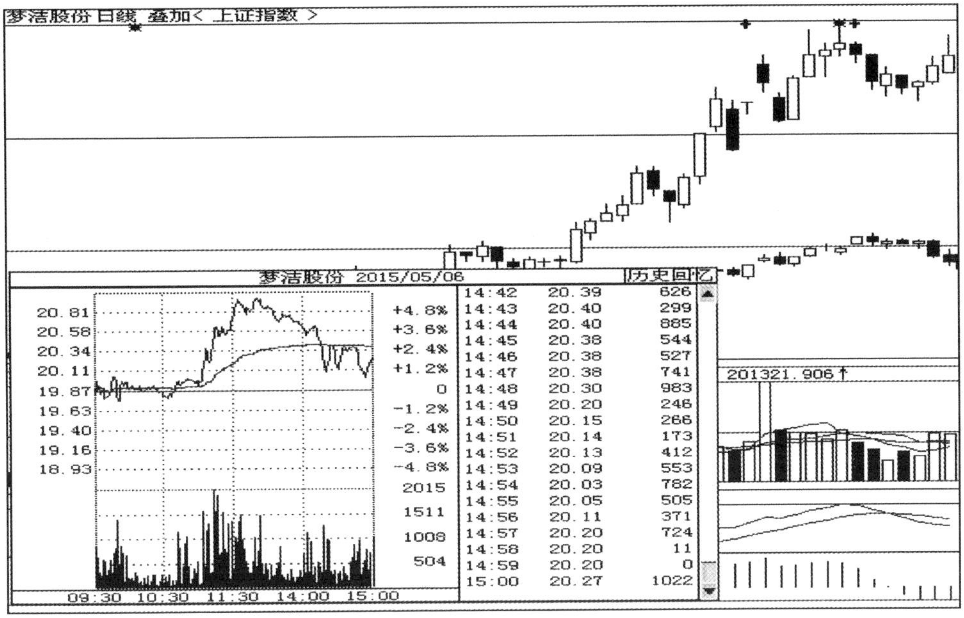

图 4-8

炒股就是一个不断尝试的过程。好文章都是改出来的，好股票都是试出来的。等你发现自己的利润绝大多数都来自“勇敢地尝试”的时候，你就会同意笔者的观点了。只要我们的交易行为符合原则，那就不会犯下致命的错误。如此一来，还怕什么呢？大胆买入便是。

下一交易日，2015 年 5 月 7 日，走势如图 4-9 所示。这天，笔者的第一感觉不是很好。尤其是到了下午，个股似乎再也支撑不住，开始跟随大盘下跌。这又让我想到了那个沉痛的话题——止损。如果在明日收盘前，个股不能重拾强劲的势头，笔者只能再次止损了。对于一个拥有开放心态的交易者来说，只要我做了自己应该做的事情，这就足够了，剩下的就是等待市场给我答案，而我也会坦然面对一切结果。

看着我所建立的为数不多的头寸，想想就算亏损的话，损失也不会太大，我的内心渐渐地安静下来了……

2015 年 5 月 8 日，该股走势如图 4-10 所示。

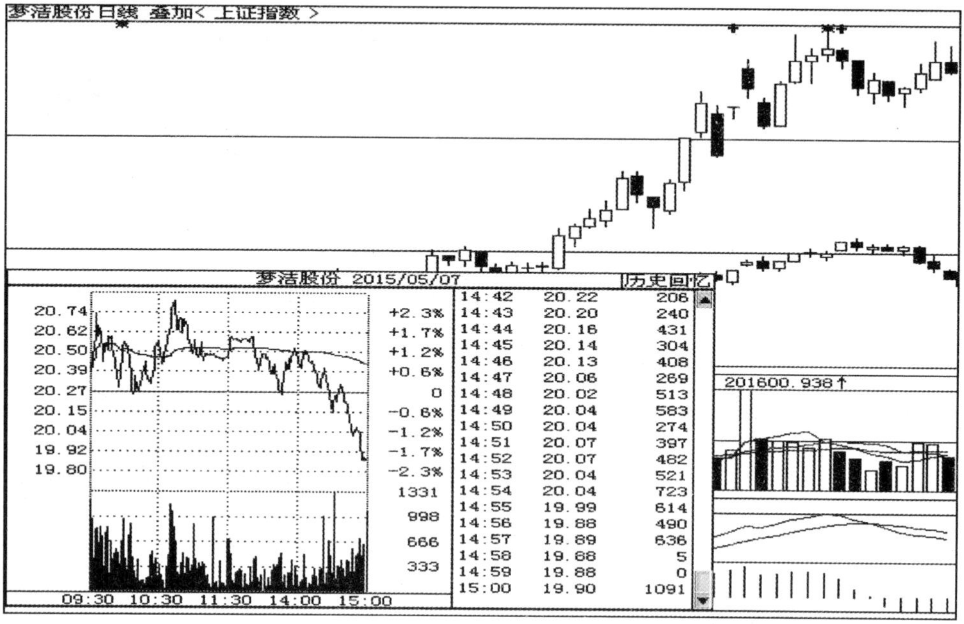
梦洁股份 日线 叠加< 上证指数 >
梦洁股份 2015/05/07
历史回忆
201600.938↑
09:30 10:30 11:30 14:00 15:00

图 4-9

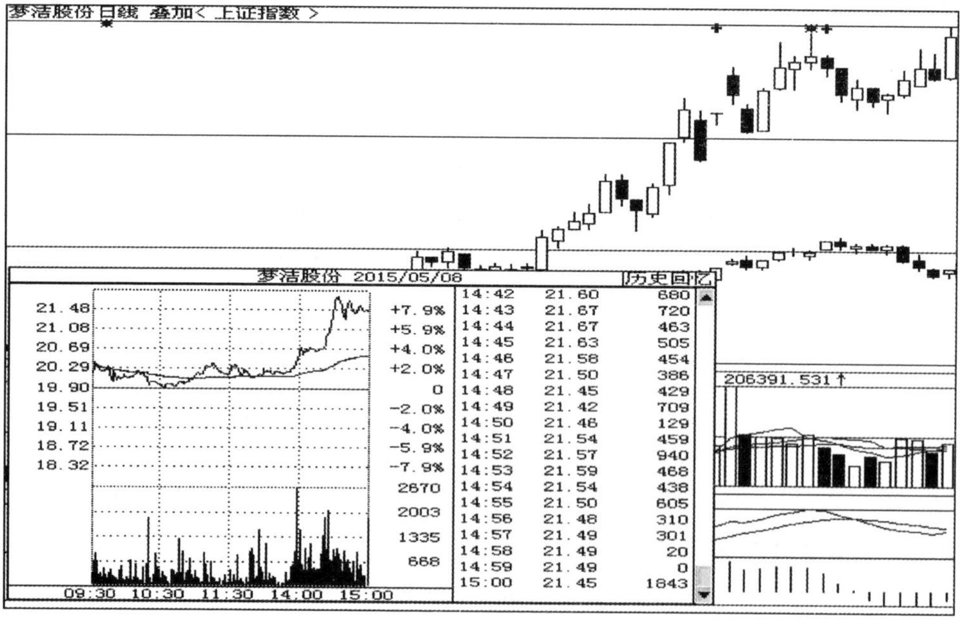
梦洁股份 日线 叠加< 上证指数 >
梦洁股份 2015/05/08
历史回忆
206391.531↑
09:30 10:30 11:30 14:00 15:00

图 4-10

还好，昨天只是虚惊一场。不过今天的上涨一定会让很多人考虑如下问题：

（1）我上次亏了5%，现在赚了将近7%，如果我现在卖出的话……

（2）我现在是获利的，已经赚了很多，而且貌似上方有压力，个股也不是非常强势……

（3）大盘估计是不行了，要不先卖掉一部分？

但是此时真正应该考虑的问题不是该股日后的走向，而是目前你应该做些什么，因为无论你今天如何分析，也不会改变个股明天的运行方向。所以我们此时最好不要分析，让市场自己来揭晓答案。

就这样，在忐忑不安中，笔者度过了一个平静的周末……

这种说法表面上十分矛盾，但也非常容易理解。一笔能让你持续赚钱的交易，在你持仓的时候，永远是忐忑不安的；一笔能让你亏损的交易，在你持仓的时候，永远是心怀希望的。如果不信的话，请看看笔者刚刚止损的那笔交易，持股的那几天里哪有现在这般不安？只要没有“金盆洗手”，就要接受这种“折磨”，这是好事。

2015年5月11日，星期一，该股走势如图4-11所示。

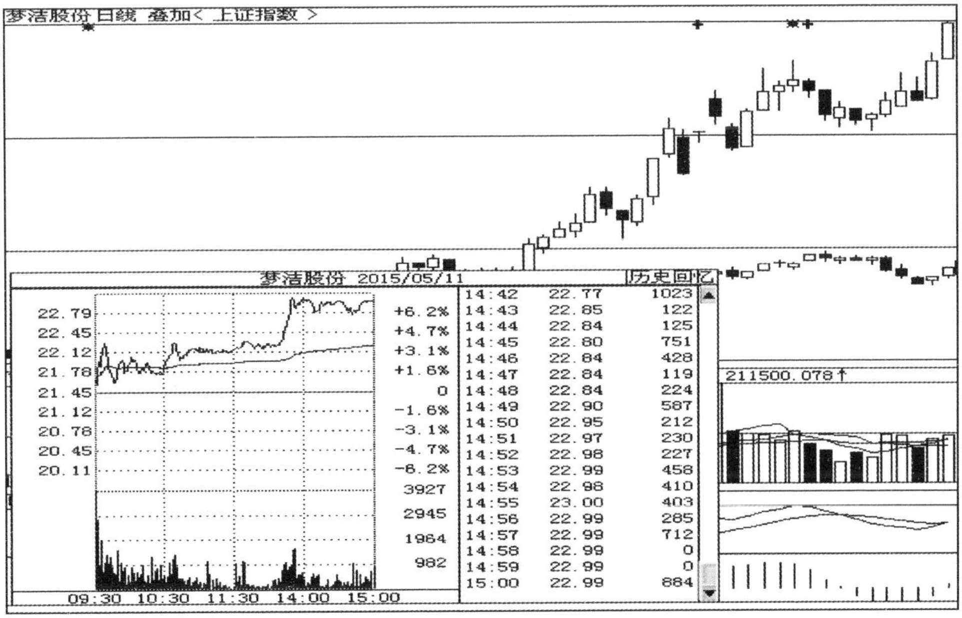

图4-11

此时赚了多少并不重要，重要的是看明天能否延续强劲的势头。依然不分析，明天再说。

2015 年 5 月 12 日的走势请看图 4-12。

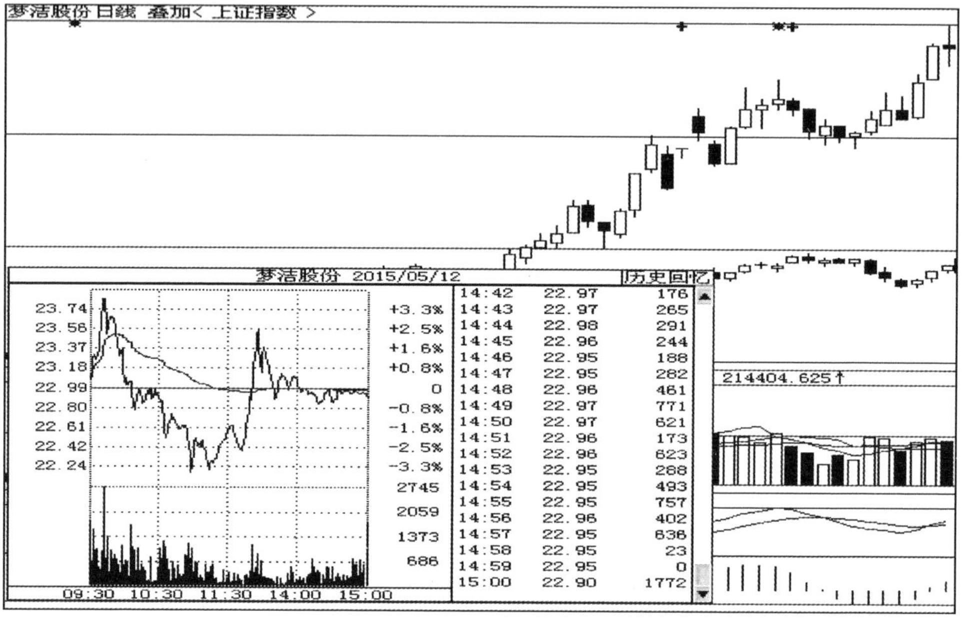

图 4-12

上涨的势头有所中断，如果明日该股依旧明显弱于大盘，就需要卖掉了。有人会问，今天该股走势弱于大盘，为什么不今天就卖掉？如果明天下跌再卖，岂不是又损失了很多利润吗？有这样的担心是正常的，但是我们不能害怕尚未发生的危险。市场不会让散户轻易地获得利润，该股连涨两天，而且这两天大盘形态都不错，因此可以认为有一些散户已经介入其中。为了不让太多散户太容易地赚到钱，市场当然会用它自己的手段来清洗场内散户。

如果有人想问笔者此时此刻的想法，我会说，我真的很想立刻卖出！很想立刻把账户中虚拟的数字变成现金装进钱包里。但这也正是我要再等一天的原因。

2015 年 5 月 13 日，该股走势如图 4-13 所示。如果今日大盘明显上涨，而个股表现如此的话，我们一定要果断离场了。但是今日大盘调整，此时个股只要没有太大的跌幅都是允许的。因为它并没有明确地告诉你“我要开始跌了”，所以不必着急卖出。

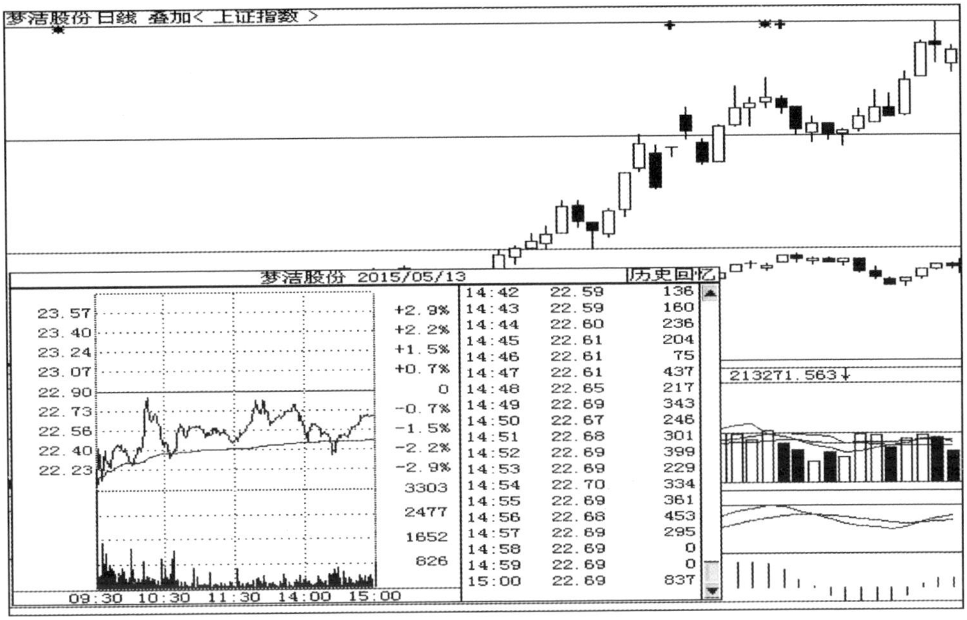

图 4-13

潜意识不停地催促着笔者——尽快卖出了结！

当你持有着一只已经明显盈利的股票，市场此时又为了不让更多散户捡到便宜，而不可能深跌洗盘，请站在市场的角度考虑一下，它除了让你心烦意乱，恨不得立刻卖出之外，还能做什么呢？

那就慢慢地享受这种心烦意乱吧……

如图 4-14 所示，个股用它的实际行动告诉你：“我还能继续涨”。不用分析它能涨到哪里，不用担心它明天能否下跌。它自己明天会告诉你的。

此时心烦意乱的感觉消失了，取而代之的是对利润更加强烈的保护欲望。凡是能够熬过心烦意乱这一阶段的投资者，此时多少能够产生一些共鸣吧！

涨停！如图 4-15 所示。

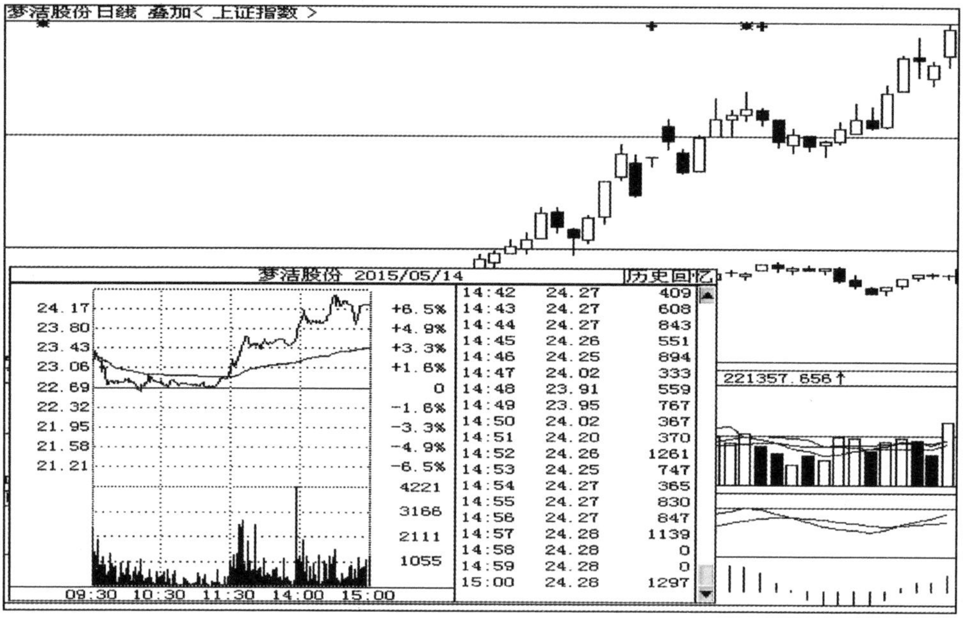
梦洁股份 日线 叠加< 上证指数 >
梦洁股份 2015/05/14
历史回忆
221357.656↑

图 4-14

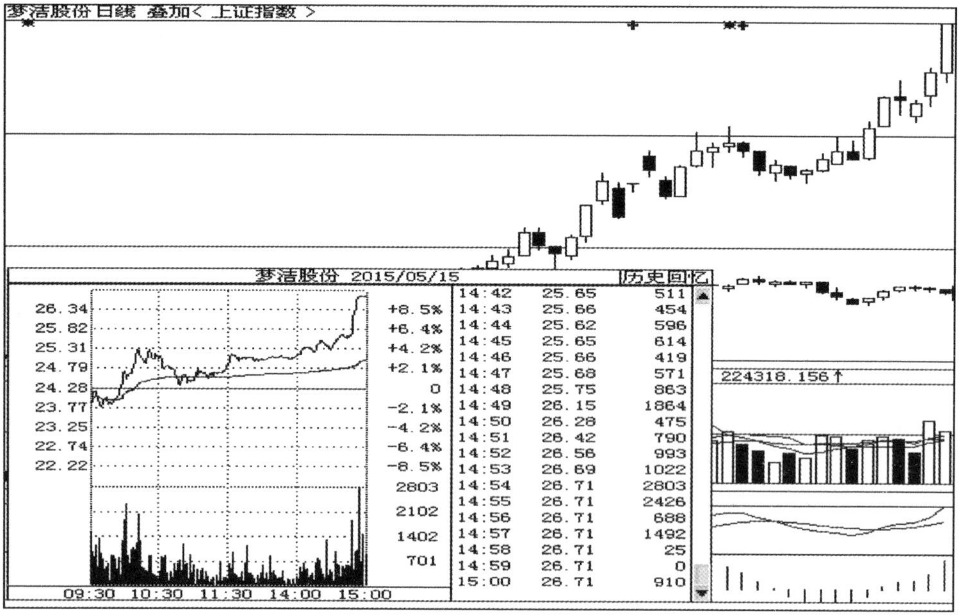
梦洁股份 日线 叠加< 上证指数 >
梦洁股份 2015/05/15
历史回忆
224318.156↑

图 4-15

虽然是尾盘拉升，但今天大盘竟然是下跌的。看着账户中刚好超过 30%的净利润，笔者后悔，为什么只用不到 10%的仓位建仓？有心栽花花不开，无心插柳柳成荫，这就是交易啊！

总好过亏损 30%吧？这样想想，内心就平静多了。是啊，我们是拥有开放心态的交易者，可以轻易接受任何意想不到的结果，不是吗？

无须分析，静静地等待市场告诉我下一步的方向，无论涨跌，我都能从容面对。

这个周末更加平静。

2015 年 5 月 18 日，走势如图 4-16 所示。

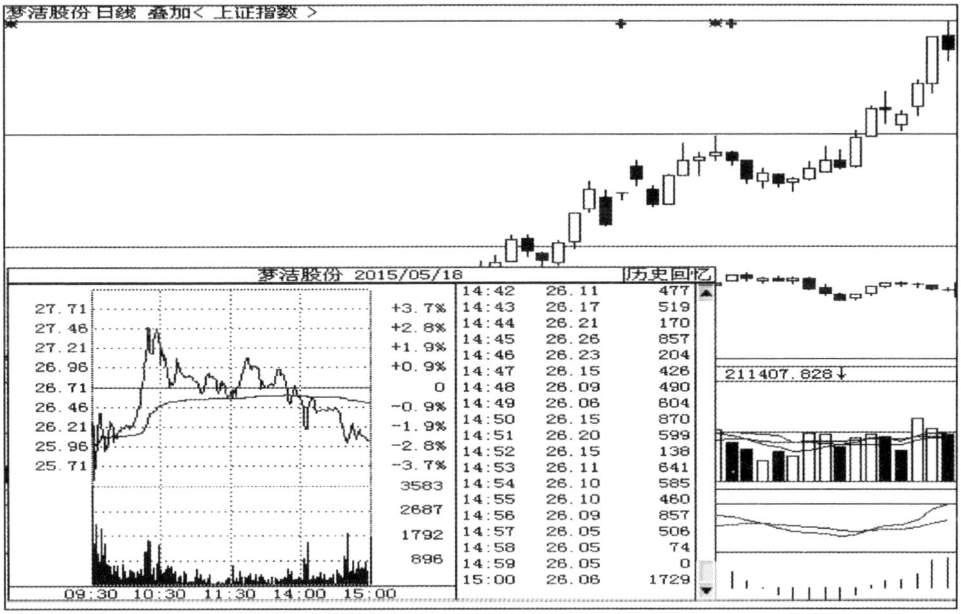

图 4-16

应该警惕的时候到了，但是不必着急卖出。如果明日个股依旧弱势，再卖不迟。

2015 年 5 月 19 日，该股走势如图 4-17 所示。

今日大盘大幅上涨，而个股虽然没有什么强势的表现，但是总的来说还可以。涨幅 2.89%，量能明显萎缩，在上升通道中，K 线形态高高在上，难道不正是我们继续持有的理由吗？该股早盘剧烈地宽幅波动，这难道是在安抚场内投资者不要离场吗？

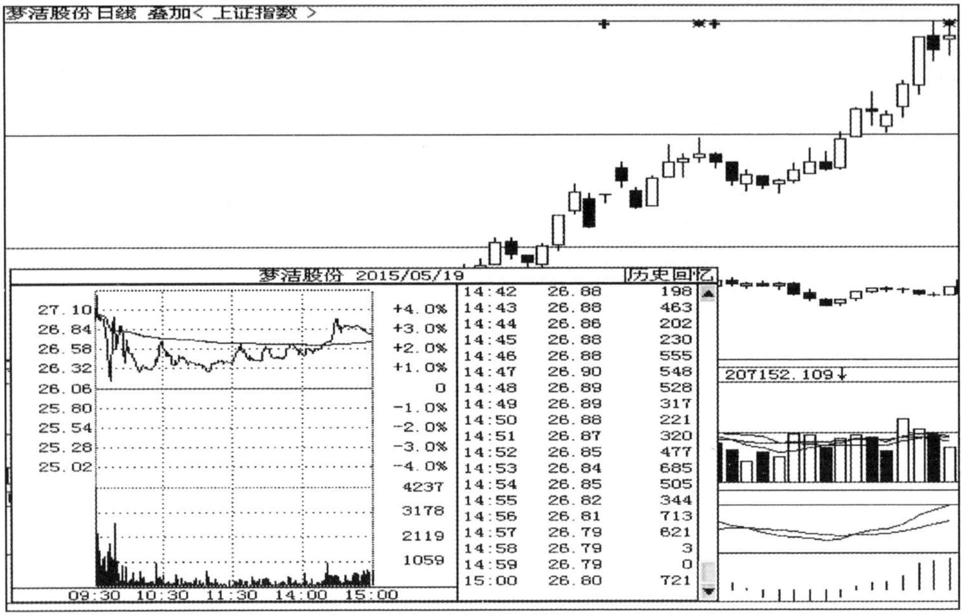

图 4-17

虽然笔者不敢保证明日会怎样，但至少以上几点原因给了笔者再持股一天的理由，此时应该做的事情依然是继续等待。

2015 年 5 月 20 日，该股走势如图 4-18 所示。

涨幅 9.14%，这是个股对自己趋势最好的诠释。该股盘中一度触及涨停，但最终没有封住。如此高的位置，如此不安的走势，就算是今天第一次看到，也是可以试探性买入一些的。

前期建仓的头寸此时已经盈利约 45%，如此之大的单笔盈利并不多见。这个时候笔者想到了一个问题：假如我在 5 月 6 日第二次建仓的时候，重仓持有该股的话，我能拿到现在吗？

这是一个永远都无法回答的问题，因为那时我并没有那样做，现在又如何回答这个“假如”呢？

那么现在我要不要在该股上加仓？

我承认，如果是杰西 · 利弗莫尔，他一定会这样做的。我还得承认，我不敢，因为此时个股走势高得连笔者自己都觉得害怕了……

2015 年 5 月 21 日该股再次涨停，走势如图 4-19 所示。

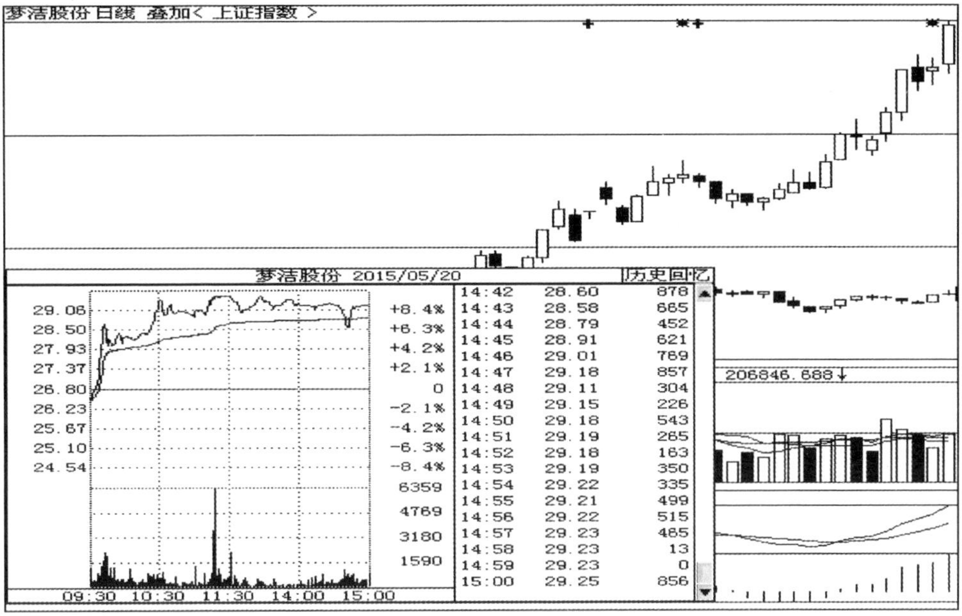
梦洁股份 日线 叠加< 上证指数 >
梦洁股份 2015/05/20
历史回忆
29.06
28.50
27.93
27.37
26.80
26.23
25.67
25.10
24.54
+8.4%
+6.3%
+4.2%
+2.1%
0
-2.1%
-4.2%
-6.3%
-8.4%
6359
4769
3180
1590
09:30 10:30 11:30 14:00 15:00
14:42 28.60 878
14:43 28.58 665
14:44 28.79 452
14:45 28.91 621
14:46 29.01 769
14:47 29.18 857
14:48 29.11 304
14:49 29.15 226
14:50 29.18 543
14:51 29.19 265
14:52 29.18 163
14:53 29.19 350
14:54 29.22 335
14:55 29.21 499
14:56 29.22 515
14:57 29.23 465
14:58 29.23 13
14:59 29.23 0
15:00 29.25 856
206846.688↓

图 4-18

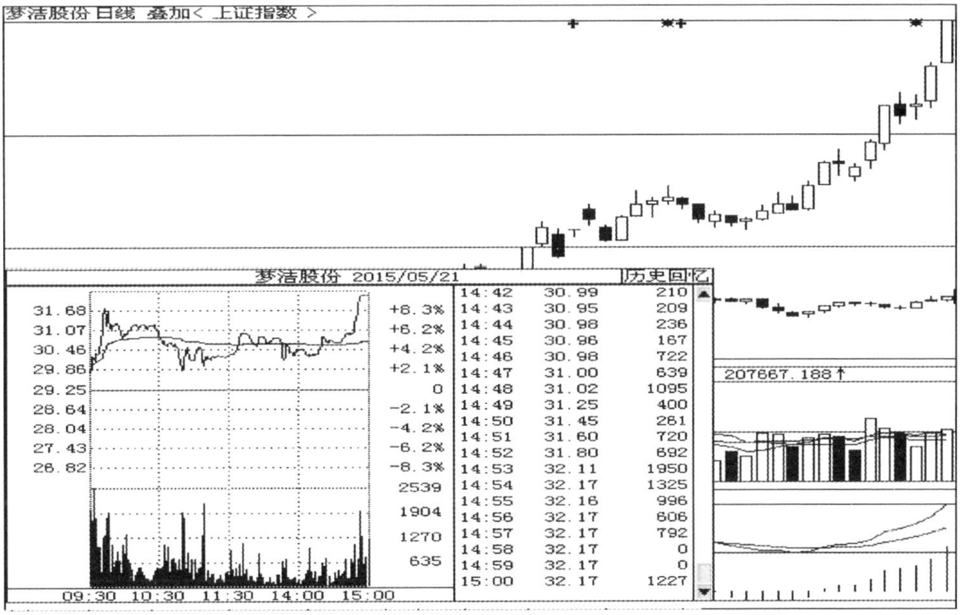
梦洁股份 日线 叠加< 上证指数 >
梦洁股份 2015/05/21
历史回忆
31.68
31.07
30.46
29.86
29.25
28.64
28.04
27.43
26.82
+8.3%
+6.2%
+4.2%
+2.1%
0
-2.1%
-4.2%
-6.2%
-8.3%
2539
1904
1270
635
09:30 10:30 11:30 14:00 15:00
14:42 30.99 210
14:43 30.95 209
14:44 30.98 236
14:45 30.96 167
14:46 30.98 722
14:47 31.00 639
14:48 31.02 1095
14:49 31.25 400
14:50 31.45 261
14:51 31.60 720
14:52 31.80 692
14:53 32.11 1950
14:54 32.17 1325
14:55 32.16 996
14:56 32.17 606
14:57 32.17 792
14:58 32.17 0
14:59 32.17 0
15:00 32.17 1227
207667.188↑

图 4-19

杰西·利弗莫尔是对的，我和他之间差了一点勇气。

小小的头寸，将近60%的利润……

我在深思，但不知道在思考什么……

2015年5月22日，梦洁股份走势如图4-20所示。

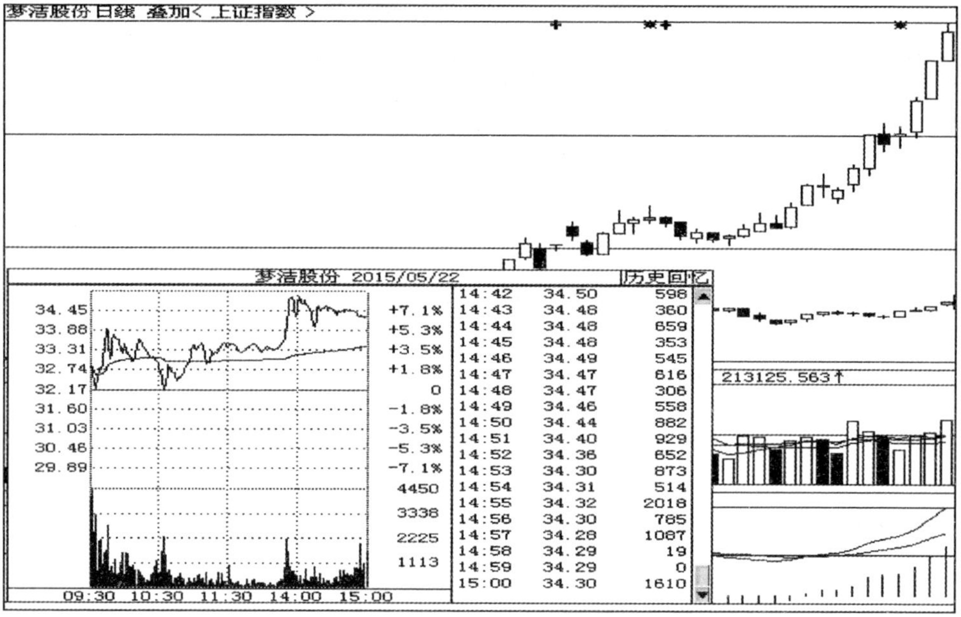

图4-20

有人喜欢从K线的变化中寻找出一些蛛丝马迹。但是上涨依然在延续，没什么好分析的，此时什么都不用做，除了等待。

时间怎么这么快？这已经是笔者持有该股的第三个周末了。突然间，笔者意识到，自己控制的账户中，持股数量越来越少。老的股票被卖掉了，新的股票一直没有选出来（可以说没有心情选），想在该股上加仓，一直都不敢。三周之前笔者几乎是满仓的，现在快成空仓了……

又是一个星期一。2015年5月25日，该股走势如图4-21所示。

刚开盘差点跌停，确实吓了笔者一大跳。之所以没有立刻卖出，是因为笔者不信该股能在散户不敢买入的位置突然之间连续跌停。

今日大盘继续上涨，而个股明显违背了原有的趋势。放量下跌可以作为

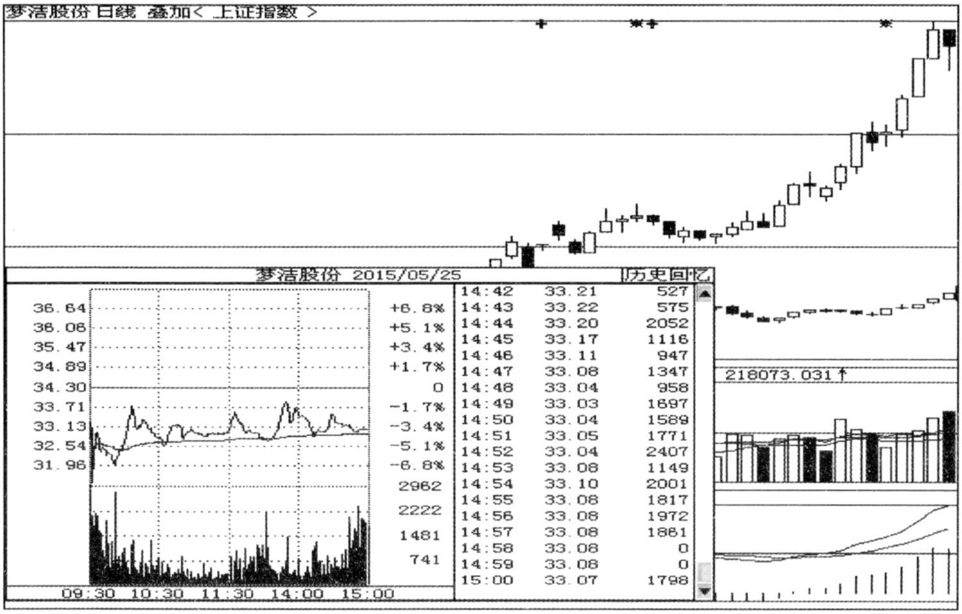

图 4-21

卖出的理由，但是我们不知道趋势是否已经改变，因此最稳妥的做法是再等一天。如果明日依旧下跌，坚决卖出了结。

如果明日继续下跌的话，利润不就会遭到损失吗？利润缩水是必然的，但如果不见明日下跌的话，我们又凭什么说上涨的势头中断了呢？请记住，现在的股价太“高”了，任何“理智”的散户投资者都不会轻易买入的。在你对后市的判断得到市场的证实之前，不妨把话语权还给市场，让它自己来告诉你方向。想象一下，假如是利弗莫尔，他今天会卖吗？我想他不会，所以我也不卖！

2015 年 5 月 26 日，该股走势如图 4-22 所示。

再度涨停。

这是多么美妙的一天啊。但是你不觉得自己已经开始习惯上涨了吗？看着账户中与日俱增的盈利额，感觉这是常态了。

风险已经悄然来临！

逐步放大的成交量，连续上涨的大盘，这些都在弱化投资者的风险识

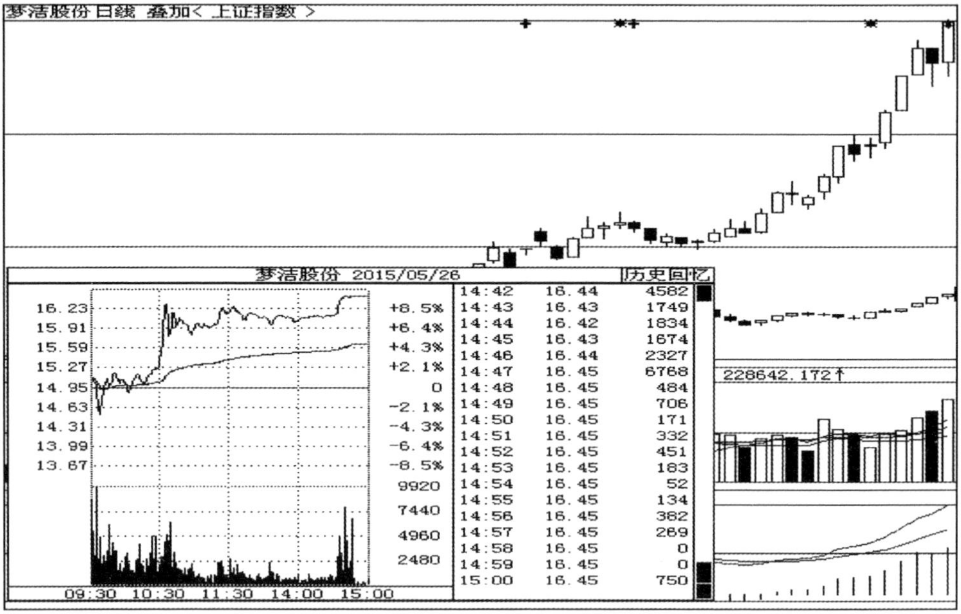

图 4-22

别能力。等到绝大多数投资者都在等待下一波行情时，真正的顶部也就到了。

继续等待，等待个股亲口告诉我——我想下跌！

不过，为保险起见，笔者今天盘中将该股为数不多的头寸卖掉了一半！

所以，后悔就别提了。

利弗莫尔昨天肯定是不会卖的！

不过，小心驶得万年船。割舍，是长久生存的必然代价。（除了如此安慰自己，还能怎么做呢？）

笔者不知道后面还会有多少个涨停，这也不是我所关心的，因为个股能涨到哪里和我的个人意愿毫无关系。我只需要等待。2015 年 5 月 27 日的股票走势如图 4-23 所示。

2015 年 5 月 28 日，走势如图 4-24 所示。

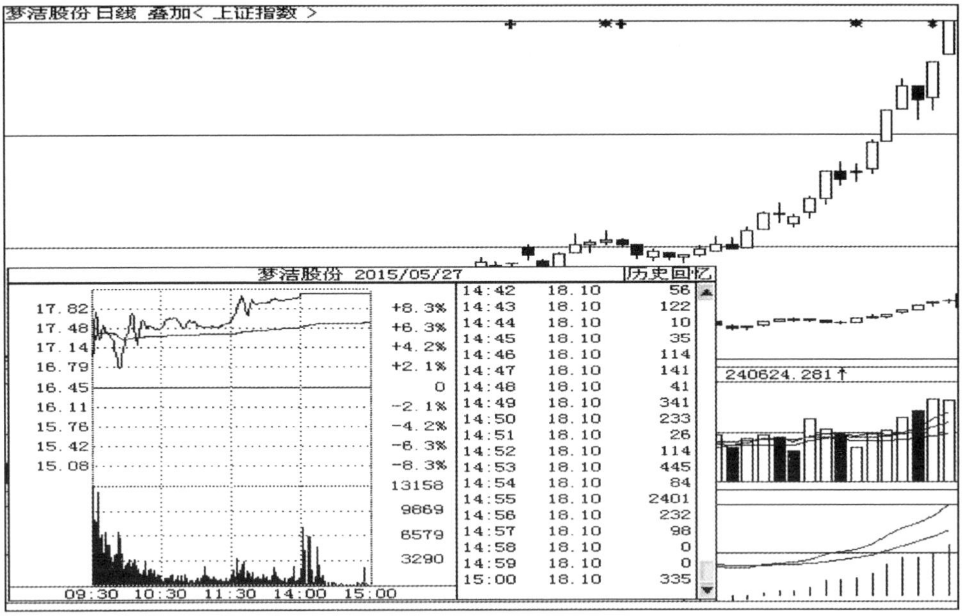
梦洁股份 日线 叠加< 上证指数 >
梦洁股份 2015/05/27
历史回忆
240624.281↑

图 4-23

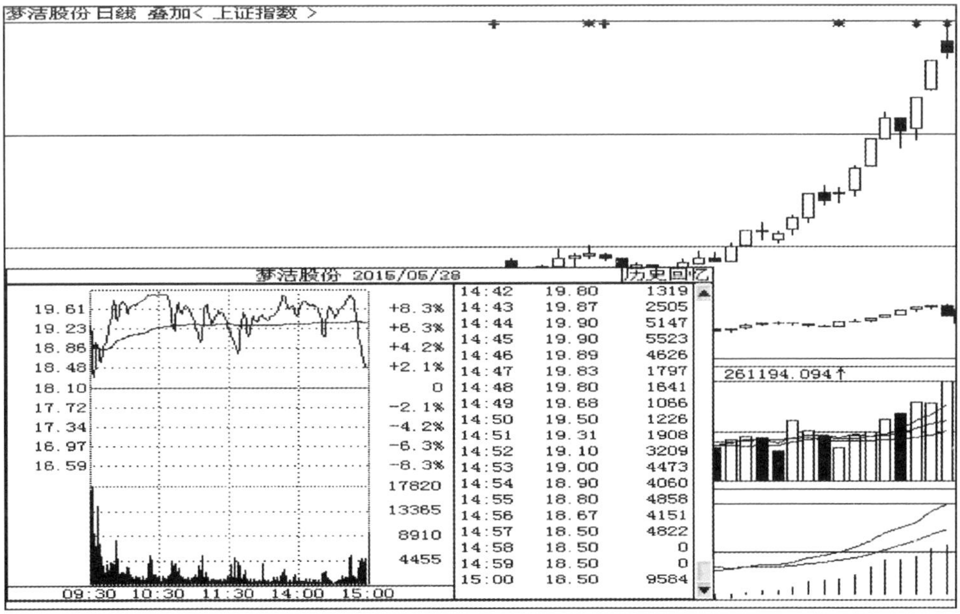
梦洁股份 日线 叠加< 上证指数 >
梦洁股份 2015/05/28
历史回忆
261194.094↑

图 4-24

今天下跌的股票太多了，如果该股今日下跌也是理所当然，但它没有，截至收盘，依然有2%的涨幅。这并不是涨势结束的迹象，继续持有。反正持仓已经很少了，明天跌停也不害怕。

2015年5月29日，该股走势如图4-25所示。

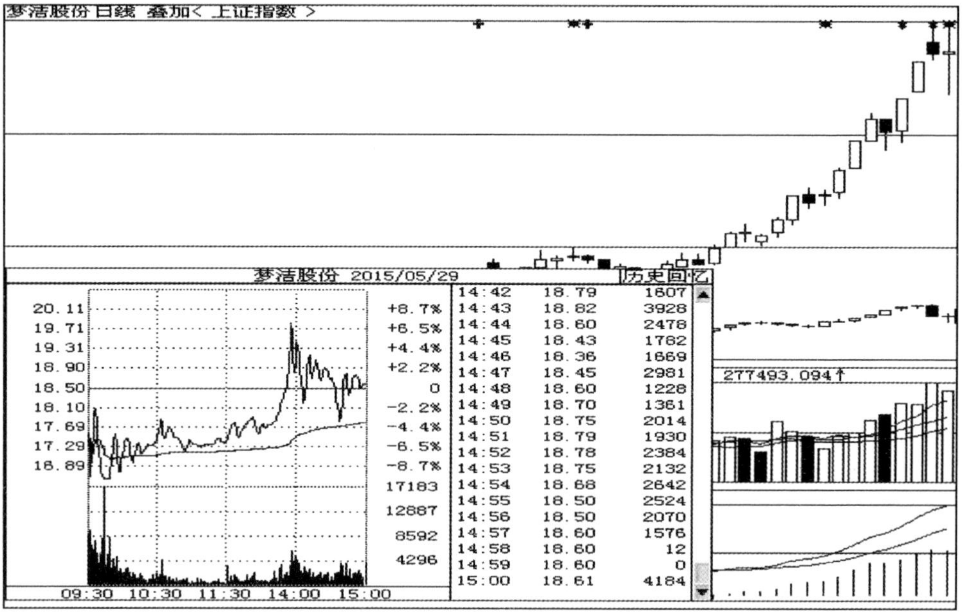

图4-25

由于长时间一直紧密跟踪该股的节奏，笔者已经非常明显地预感到风险即将来临。所有账户早已设置好，只需按几下鼠标，就可以卖掉。

就这样等了一天，上午以为该股会跌停，那就明日开盘卖出。下午发现又要涨停，那也明天卖出。尾盘发现该股今天只是瞎折腾。它到底想干吗呢？

不管怎样，假如该股依旧强势的话，今天大盘没有暴跌，它应该大涨才对。因为当个股处于极强势的形态当中时，大盘不跌，就是给个股暴涨的机会。或许明天会涨起来，或许明天会跌停，我将等待市场亲口告诉我答案。

2015年6月1日，该股走势如图4-26所示。答案终于揭晓了！

大盘今日走势不错，但个股却没有上涨。这就是个股上涨趋势终结的标志。如果这种情况出现在大涨之前的位置，或许不算什么，我可以再等一天看看。但是在经过前期的连续暴涨之后，股性已由原来的较强势变成了连续

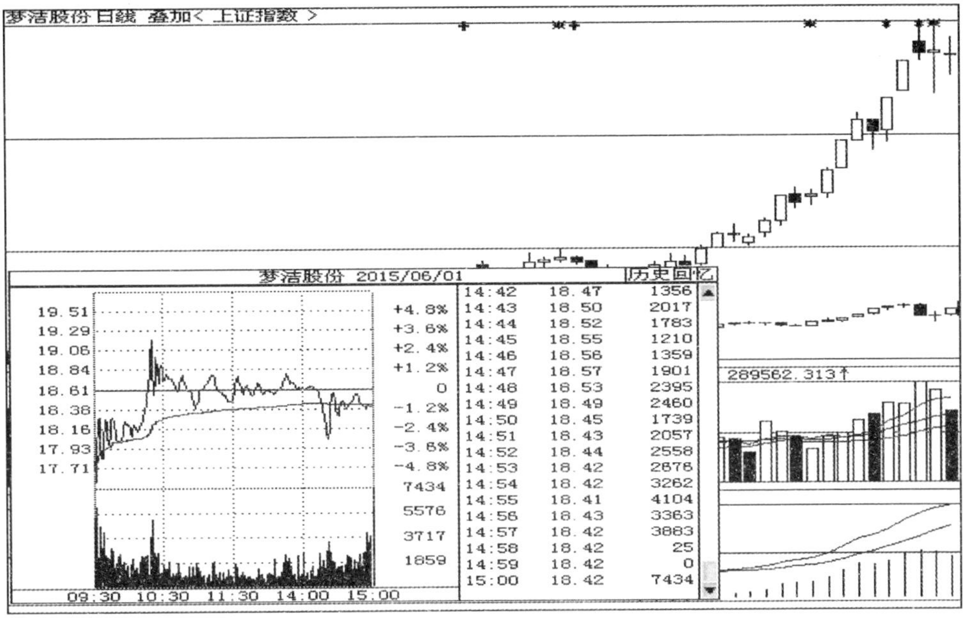

图 4-26

大幅上涨的极强势。在这种情况下出现弱势征兆可不是好兆头。所以坚决卖出了结！

这一刻，如释重负，无比轻松……

就算明天该股再涨一个板，和我都没有任何关系了。在紧盯个股的这段日子里，我也在细细地品味着大盘。如此火热的行情，后面恐怕是要来一轮中级别的调整了。（因为小级别调整是不可能的，太大级别的下跌又不敢想象，所以当时以为会有中级调整。可是，兵者，诡道也……攻其不备，出其不意。市场下一步运行的方向和方式一定都是你想象不到或者不敢想象的！）

2015 年 6 月 2 日，个股走势如图 4-27 所示。

和前期的大幅上涨相比，今天小跌 3%实在算不上恐慌。但是今天大盘依旧上涨，市场给了个股非常充分的上涨机会，但它放弃上涨，选择下跌。昨天没有卖错，依旧空仓观望！

2015 年 6 月 8 日，梦洁股份走势如图 4-28 所示。

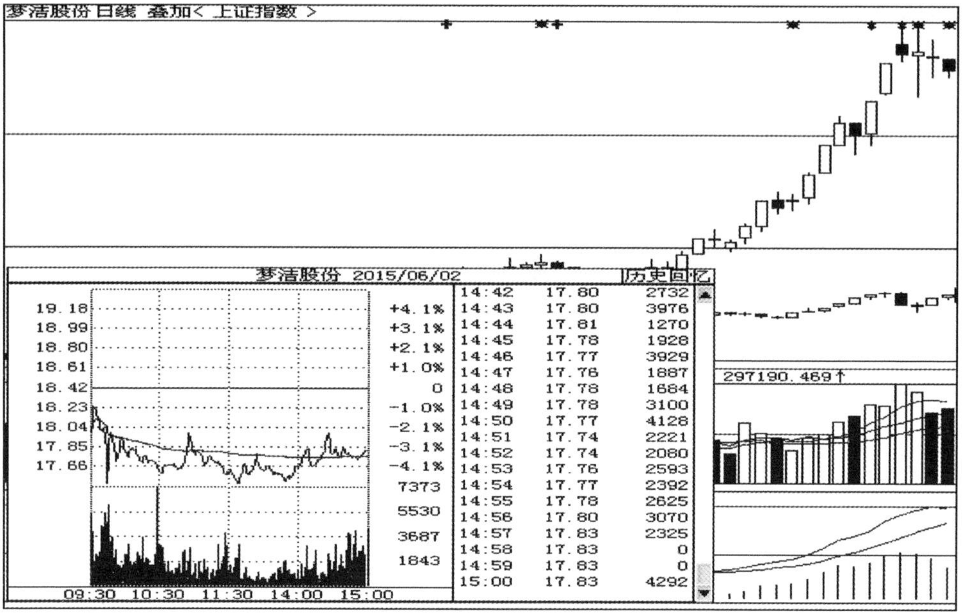
梦洁股份日线 叠加< 上证指数 >
梦洁股份 2015/06/02
历史回忆
19.18
18.99
18.80
18.61
18.42
18.23
18.04
17.85
17.66
+4.1%
+3.1%
+2.1%
+1.0%
0
-1.0%
-2.1%
-3.1%
-4.1%
7373
5530
3687
1843
09:30 10:30 11:30 14:00 15:00
14:42 17.80 2732
14:43 17.80 3976
14:44 17.81 1270
14:45 17.78 1928
14:46 17.77 3929
14:47 17.76 1887
14:48 17.78 1684
14:49 17.78 3100
14:50 17.77 4128
14:51 17.74 2221
14:52 17.74 2080
14:53 17.76 2593
14:54 17.77 2392
14:55 17.78 2625
14:56 17.80 3070
14:57 17.83 2325
14:58 17.83 0
14:59 17.83 0
15:00 17.83 4292
297190.469↑

图 4-27

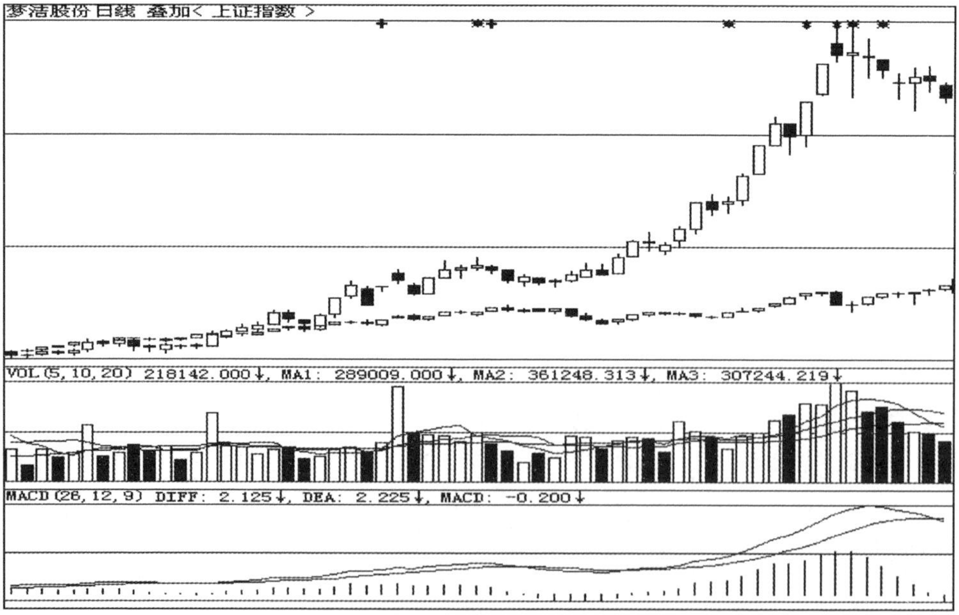
梦洁股份日线 叠加< 上证指数 >
VOL(5,10,20) 218142.000↓, MA1: 289009.000↓, MA2: 361248.313↓, MA3: 307244.219↓
MACD(26,12,9) DIFF: 2.125↓, DEA: 2.225↓, MACD: -0.200↓

图 4-28

又过了四个交易日，大盘仍然维持强势状态，而个股依旧弱势。前期放量上涨代表有大量散户入场，而现在该股连续放弃本该上涨的机会，看来该股的行情已经结束了。

2015 年 6 月 11 日，该股再次向上爆发，走势如图 4-29 所示，似乎要掀起第二轮行情。该股当日明显强于大盘。但是我们不着急买入，如果该股确定是要再次走强的话，明天应该是依旧强于大盘的。不要着急下结论，让它自己来告诉我们。

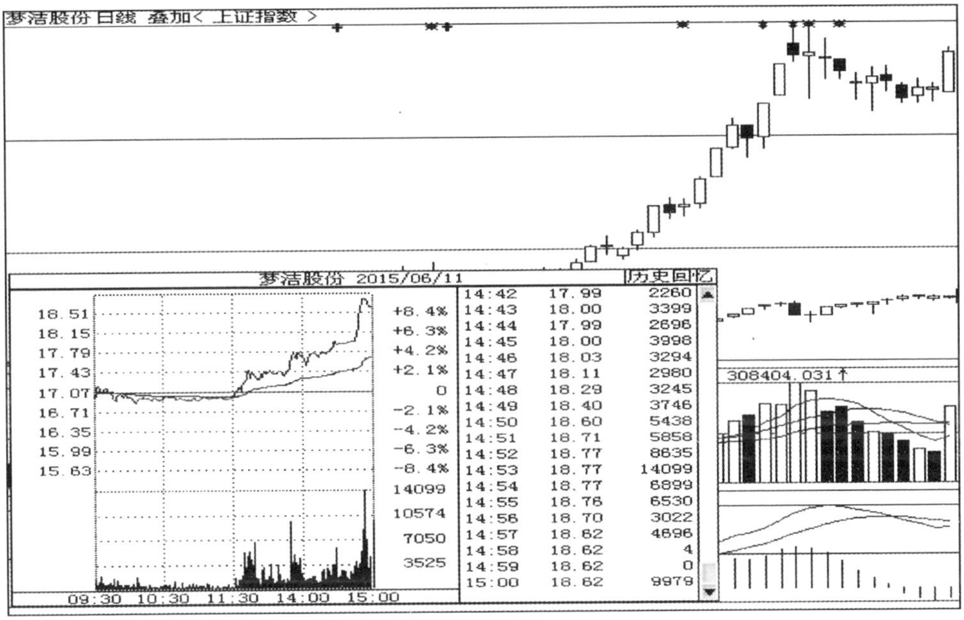

图 4-29

或许有人会问“股票都涨这么高了，还能买入吗？”

请记住：高与低，仅仅是我们的感觉而已。市场本身不会区分高与低，只会根据场内散户的数量，决定应该上涨还是应该下跌。

又过了两个交易日，个股不但没有维持强势，反而显得比大盘还要疲软，如图 4-30 所示。由此可见，该股后市再度发力的希望已经非常渺茫，对于该股的操作也就随之结束了。

在对梦洁股份的操作上，笔者先亏损 5%止损离场，而后持股 18 个交易日获得了高达 100%的收益。在这 18 个交易日中，笔者曾有无数次想把这部分头寸处理掉，换个心安。但是每当想到该股的走势并没有违背上涨的趋势，

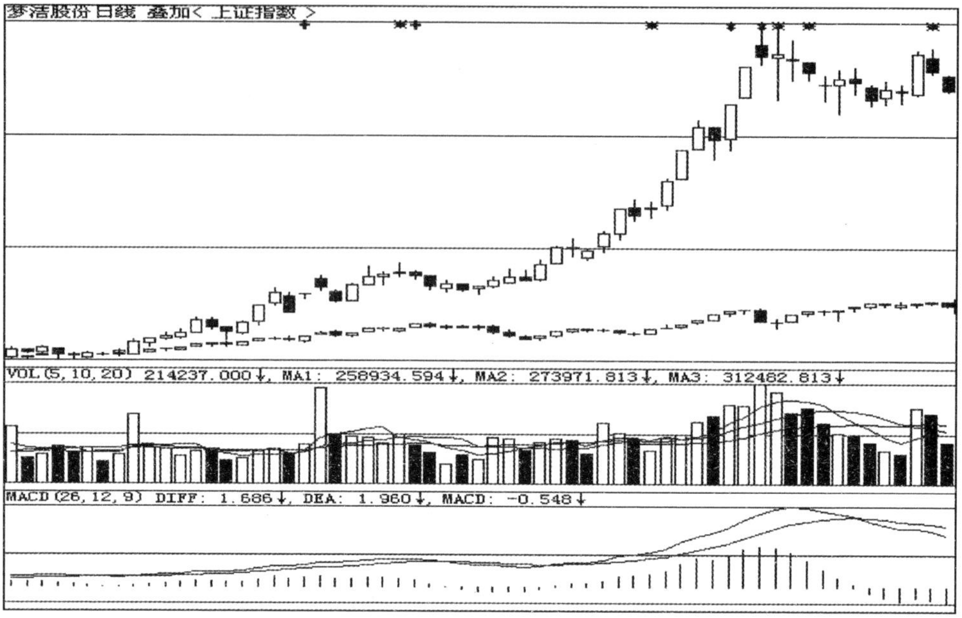

图 4-30

此时卖出无疑是错误的，便开始做点别的事情，分散自己的注意力。再后来索性关掉电脑，出去散步。细心的读者应该能够体会到，在我持股到后期遇到最后两个涨停的时候，已经几乎没有什么耐心继续持有该股了。那个时候的心态已经变成了想寻找一个合适的理由，把它卖掉，免受心理上的折磨。正因为笔者在该股上的头寸较轻，心理压力不算太大，再加上对于操盘原则的坚持，所以才有了最后的胜利。

有些人喜欢用这样的方式向别人请教："请问你是用什么样的方法选出这只股票的？"你看，他们的注意力集中在"方法"之上，他们以为掌握了方法就能选出牛股，却忘记了自己也曾经选出过很多大幅上涨的股票，只不过没有坚持到最后而已。

笔者在这里郑重提醒大家：好股票是试出来的，而不是选出来的。任何一只好股票在开始暴涨之前，形态都是让人不看好的，然而让人不看好的股票不可能个个暴涨。有没有什么方法能经常把即将暴涨的股票从众多备选股中精确地挑选出来呢？这样的方法不但没有，而且不可能有。市场上不乏处心积虑寻找类似方法之人，他们的成功全都是暂时的。所以你只需要坚持做你应该做的事情，市场最终一定把应该属于你的利润双手奉上。

三、因为你是一流的输家，所以你才是一流的赢家

上一个案例向大家展示了如果你坚持做自己该做的事情，在运气好的时候会有什么样的收获。当然，我们不可能一直都有好运气。在运气一般的时候，小赚离场甚至亏损离场都是经常发生的。在面对亏损的时候，请大家一定要记住这样一句话：因为你是一流的输家，所以你才是一流的赢家。下面请看第二个实战案例。

案例二：中粮生化

中粮生化 2015 年 8 月 14 日的走势如图 4-31 所示。这段时间笔者看好这只股票。该股给人一种稳步上涨的感觉。没有人知道它能涨到哪里，但是笔者知道它正在踏着大盘的节奏一步一步向上推进。我不想做过多的分析，此时应该做的仅仅是大胆地尝试。

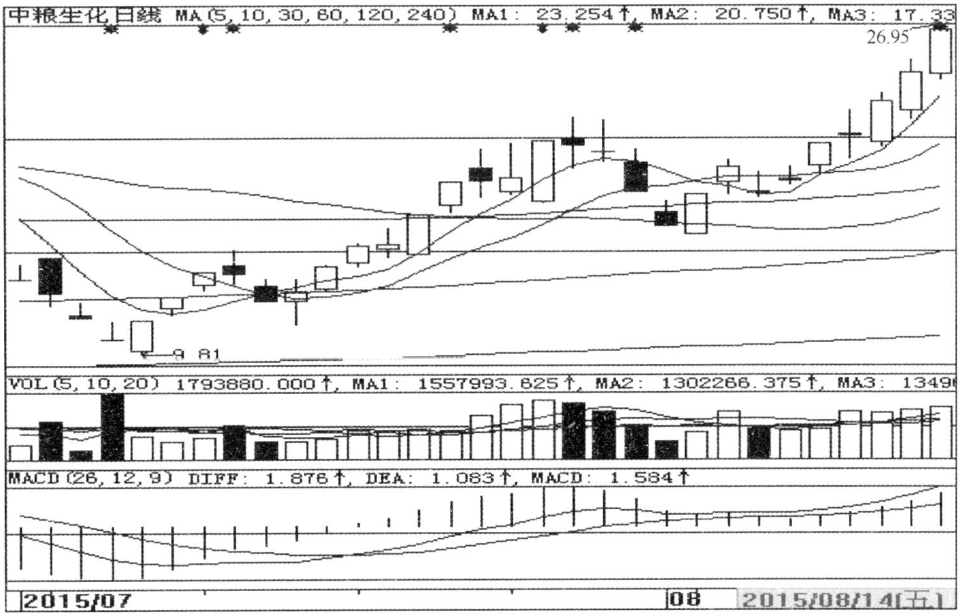

图 4-31

图 4-32 所示为中粮生化日线图的压缩版，该股属于第一批股灾后快速崛起的股票。就在其他个股还在底部盘膝打坐的时候，它已经快速收复失地，

并且再创新高。对于如此强劲的股票，笔者从来不会畏惧它的高度，今日用一部分仓位在接近收盘价的位置试探性买入。

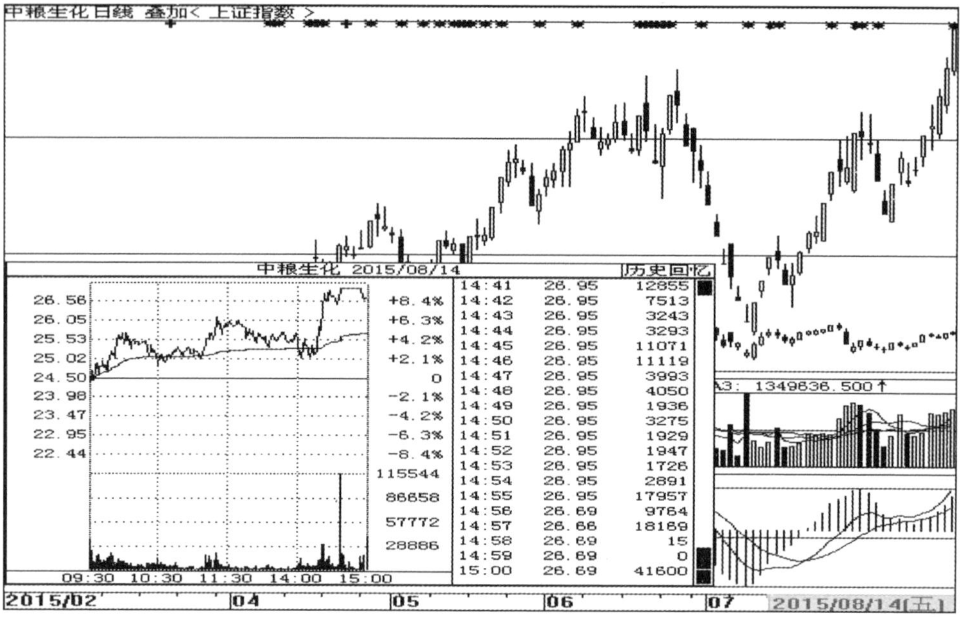

图 4-32

买入后的第二个交易日，2015 年 8 月 17 日，走势如图 4-33 所示。该股上涨 4.91%，盘中最高涨幅一度超过 8%，再创新高。对于这样的形态，笔者非常放心，也非常满意，就这样怀着轻松而愉悦的心态度过了一个晚上。希望明日能够继续上涨，这种感觉真是太美妙了。

美妙的感觉才刚刚开始就消散了。大盘第二天急转直下，狂跌 6.15%，跌停个股不计其数，似乎又一轮股灾将要来临。刚开盘时个股急转直下，账户中的利润在几分钟之内被归零，笔者顿时有一种不祥的预感。当时没有及时离场有两个原因：第一，笔者向来习惯在尾盘操作，这样做的好处是可以尽可能多地搜集盘中信息，以便综合考虑；第二，由于跌得太快，笔者此时只是盼望该股能尽快结束跌势，重回上涨的轨道。就这样等啊等啊，跌停了！笔者愤恨不已。恨自己在急跌之时大脑短路，没有及时离场，这下不但没有盈利，买入的第二个交易日就亏损 5%左右，如图 4-34 所示。唯一值得庆幸的就是在该股上建仓的头寸较少，不过这也是笔者的一贯作风——大胆尝试，轻仓尝试。

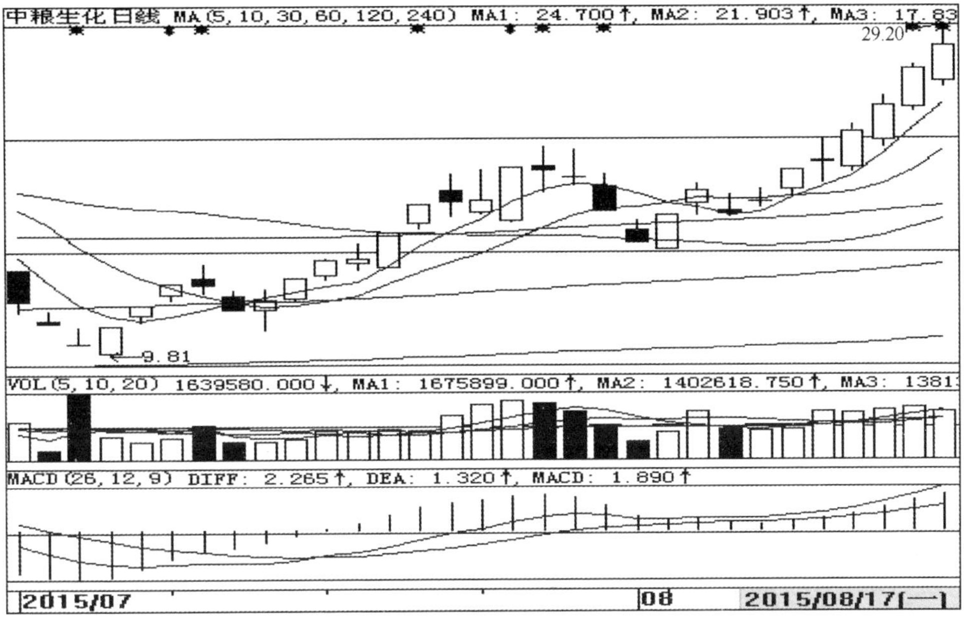
中粮生化日线 MA(5, 10, 30, 60, 120, 240) MA1: 24.700↑, MA2: 21.903↑, MA3: 17.83
29.20
9.81
VOL(5, 10, 20) 1639580.000↓, MA1: 1675899.000↑, MA2: 1402618.750↑, MA3: 1381
MACD(26, 12, 9) DIFF: 2.265↑, DEA: 1.320↑, MACD: 1.890↑
2015/07
08
2015/08/17(一)

图 4-33

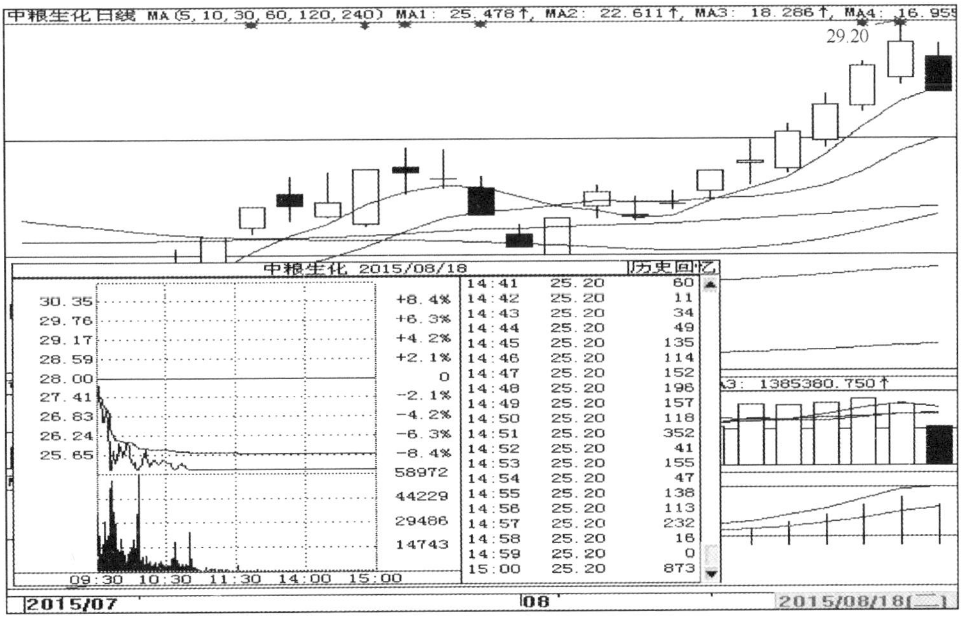
中粮生化日线 MA(5, 10, 30, 60, 120, 240) MA1: 25.478↑, MA2: 22.611↑, MA3: 18.286↑, MA4: 16.95
29.20
中粮生化 2015/08/18
历史回忆
30.35 +8.4%
29.76 +6.3%
29.17 +4.2%
28.59 +2.1%
28.00 0
27.41 -2.1%
26.83 -4.2%
26.24 -6.3%
25.65 -8.4%
58972
44229
29486
14743
09:30 10:30 11:30 14:00 15:00
14:41 25.20 60
14:42 25.20 11
14:43 25.20 34
14:44 25.20 49
14:45 25.20 135
14:46 25.20 114
14:47 25.20 152
14:48 25.20 196
14:49 25.20 157
14:50 25.20 118
14:51 25.20 352
14:52 25.20 41
14:53 25.20 155
14:54 25.20 47
14:55 25.20 138
14:56 25.20 113
14:57 25.20 232
14:58 25.20 16
14:59 25.20 0
15:00 25.20 873
A3: 1385380.750↑
2015/07
08
2015/08/18(二)

图 4-34

此时笔者开始回忆该股在买入之前的思考和决策过程，才发现自己犯了一个多么愚蠢的错误。起步之时我没看到该股，没有买。上涨过程中该股始终保持着疑惑形态，我看到了，可惜没有重视，又没有买。涨势快结束了，个股呈现稳步上涨的态势，就是为了最大化地吸纳散户资金入场，偏偏在这个时候我去做接盘侠。不过再怎么自责都为时已晚，希望明天不要跌停开盘就好了。

乌鸦嘴啊，乌鸦嘴！怕什么来什么。跌停开盘。

中粮生化 2015 年 8 月 19 日的走势如图 4-35 所示。

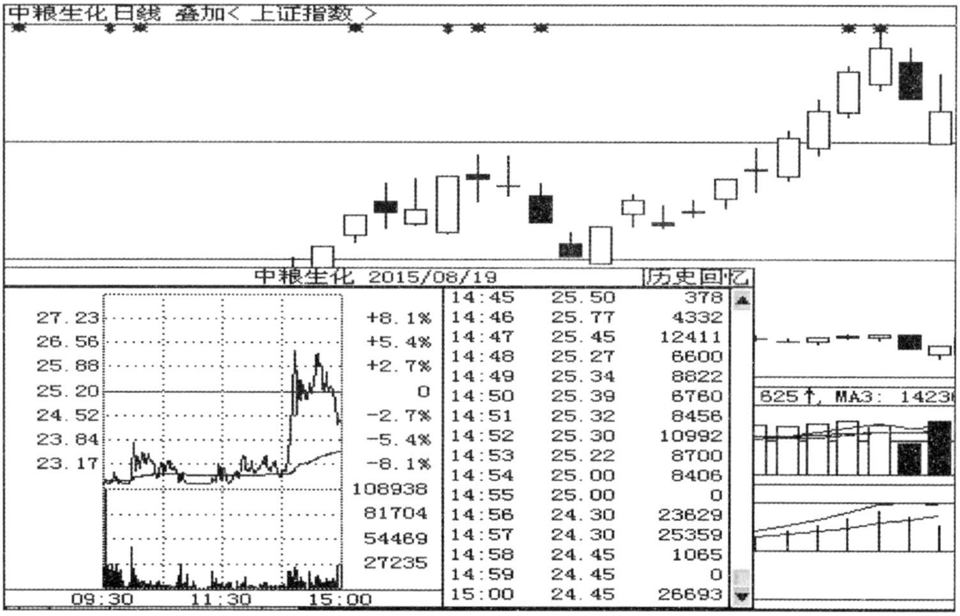

图 4-35

开盘之前我有两个选择：第一，把全部股票挂在跌停板上，能卖就卖，不能卖明天再说。第二，一股也不卖，什么时候涨上去了，什么时候再卖。笔者经过再三思虑，觉得不能太激进，也不能太保守。跌停板上挂一半仓位卖出，留一半等待机会。如果明天再下跌，明天再全部卖出。刚刚开盘，我所挂的一半仓位就被市场吸收了，我更加确定以后会有机会能以更高的价格卖掉剩下的一半股票。下午冲高，在前日收盘价之上，笔者将所有股票全部出手。综合算来，笔者在该股的操作上持股 3 个交易日，亏损约 10%。

其实今天大盘整体形态还算说得过去，明天说不定还能继续上涨，但笔者为何急于离场呢？我们要从以下几个方面进行分析：

第一，昨天笔者就已经反思过了，买入该股本来就是一个错误之举，因此不该有盼望回本再卖出的想法。无论亏多少卖出，我都必须接受。

第二，该股昨天的跌停，就已经预示着前面上涨周期的结束。昨天不是所有股票都跌停，为什么该股却在跌停行列之中？是为了清洗场内浮动筹码，还是仅仅为了套住已经入场的散户资金？我坚信是后者。该股前期走势如此强劲，入场散户不在少数，昨日跌停如此迅速，让笔者都能在跌停之前大脑短路，可见市场并没有让散户充分思考，然后及时离场的意图。如此来说，市场想安排散户高位站岗的可能性就非常大了。

第三，该股今日为什么跌停开盘？大盘今日大幅度低开是事实，但是只有少数股票跌停开盘。这充分证明了该股强势已尽，如果它还保留着日后继续上涨欲望的话，恐怕不会在跌停板附近逗留大半日，而是应该早早上攻，收回昨日的失地。

第四，今日下午的迅速上涨，给人一种走势强劲的错觉，让人忍不住要加仓。这符合一只股票在高点吸纳散户资金的特征，先套住散户一部分资金，然后让他们在被套时看到希望，以疯狂补仓，试图摊低成本，却不知道越是补仓，将来亏得越多。

综上所述，笔者认输、认错、止损离场。无论明天如何上涨，都将和我没有任何关系。笔者对于该股的操作，已经完全结束了。

2015 年 8 月 20 日的走势如图 4-36 所示。该股再度跌停。因为笔者及时认输，所以少亏了 10%。

下一交易日，该股再次下跌，跌幅只有 2.77%，盘中一度冲高，大有涨停之意。其目的除了诱惑散户入场抢反弹还能是什么呢？看来以后继续下跌的可能性偏大，如图 4-37 所示。

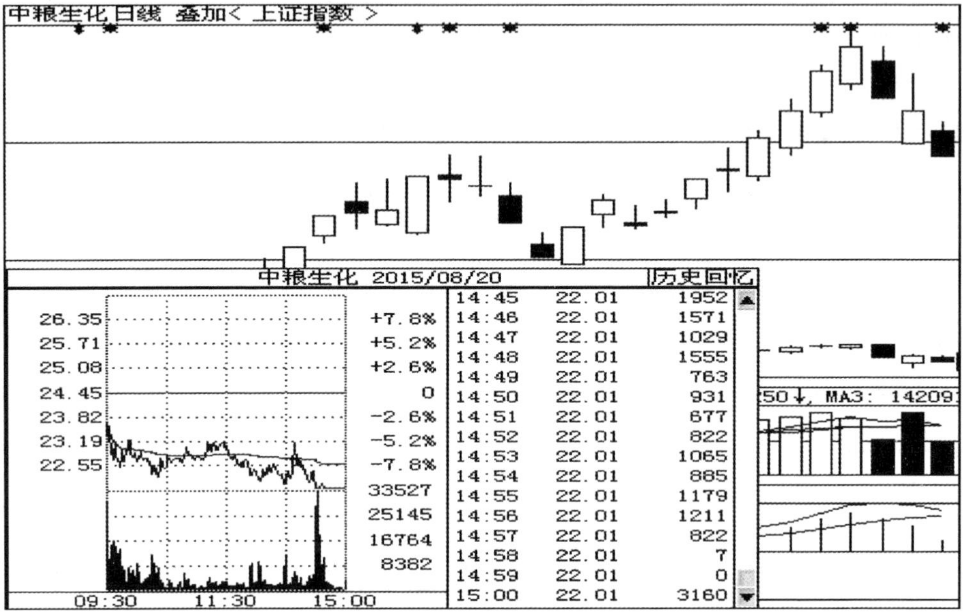
中粮生化日线 叠加< 上证指数 >
中粮生化 2015/08/20
历史回忆
26.35
25.71
25.08
24.45
23.82
23.19
22.55
+7.8%
+5.2%
+2.6%
0
-2.6%
-5.2%
-7.8%
33527
25145
16764
8382
09:30
11:30
15:00
14:45 22.01 1952
14:46 22.01 1571
14:47 22.01 1029
14:48 22.01 1555
14:49 22.01 763
14:50 22.01 931
14:51 22.01 677
14:52 22.01 822
14:53 22.01 1065
14:54 22.01 885
14:55 22.01 1179
14:56 22.01 1211
14:57 22.01 822
14:58 22.01 7
14:59 22.01 0
15:00 22.01 3160

图 4-36

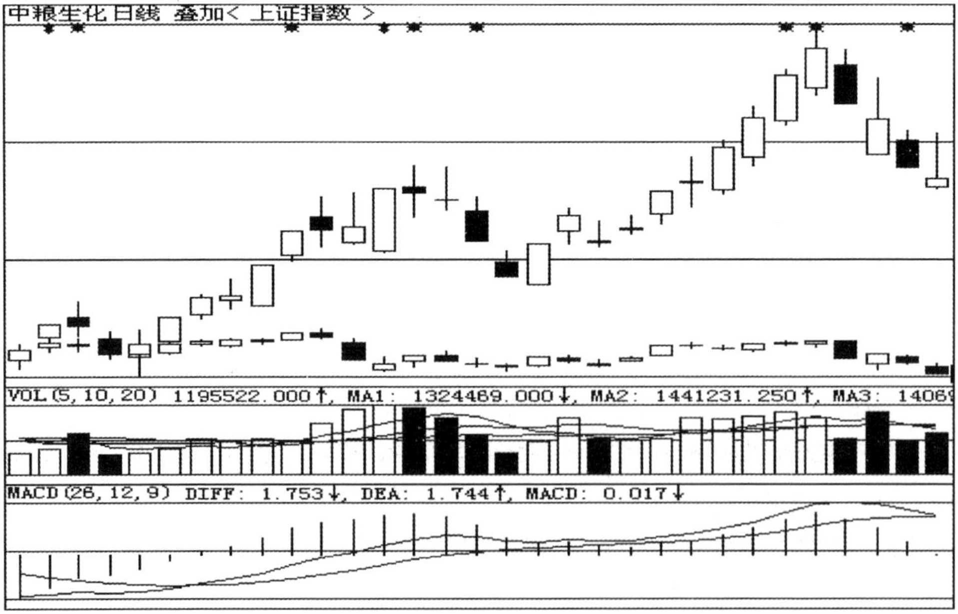
中粮生化日线 叠加< 上证指数 >
VOL(5, 10, 20) 1195522.000↑, MA1: 1324469.000↓, MA2: 1441231.250↑, MA3:
MACD(26, 12, 9) DIFF: 1.753↓, DEA: 1.744↑, MACD: 0.017↓

图 4-37

又过了一个交易日，再次跌停，如图 4-38 所示。

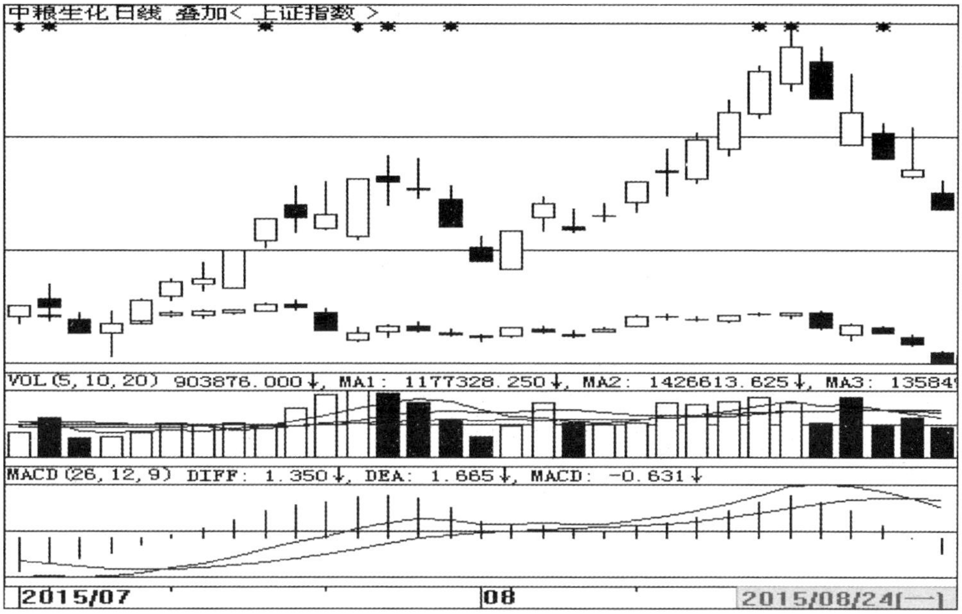

图 4-38

散户就是这样，为了回本可以不惜一切代价地补仓。市场就是这样，为了制造散户最终的亏损，可以不惜一切代价地制造骗局。今天的跌停不仅宣告了昨日补仓的散户全军覆没，更告诉了我们越早认输损失越少的道理。

2015 年 8 月 25 日，市场再用一个跌停板来强调这个道理，如图 4-39 所示。此时，我止损的懊恼已经烟消云散，我庆幸自己没有把股票拿到今天，也庆幸当初没有满仓买入。笔者产生了一种错觉，我似乎不但没有亏损，反而赚了。这真的是一件值得庆祝的事情吗？

四、再论开放心态

各位读者想必也能对上个案例有所感悟吧？我们当初为什么买入不是最重要的，因为无论你如何小心谨慎，总会有失误犯错的时候。当你犯错之后，懊恼悔恨全都于事无补，盲目地盼望只能雪上加霜，因为亏得太多便疯狂补仓，定会让你全军覆没，唯一的正途就是早日离场。

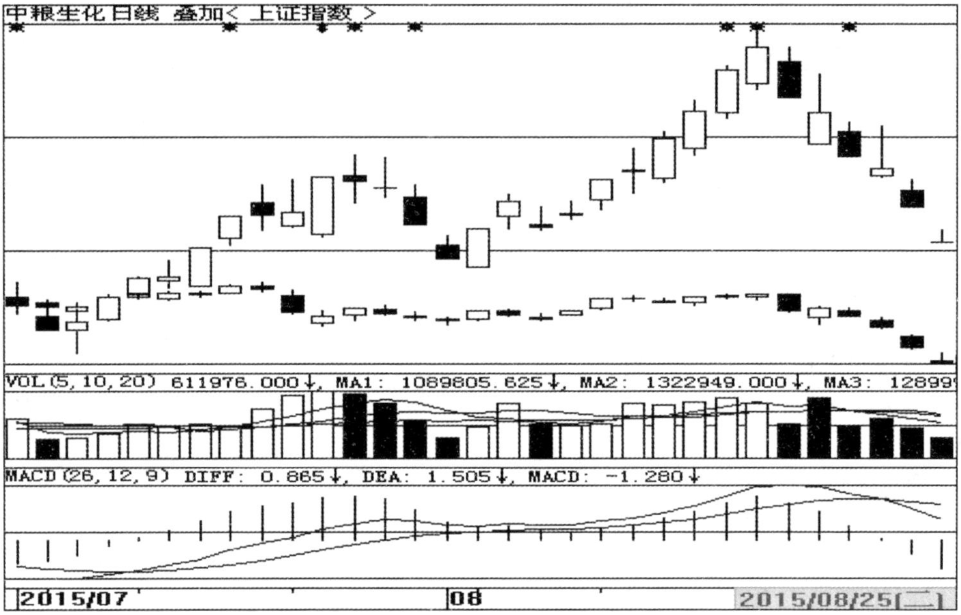

图 4-39

说到这，想必大家对交易这一行应该有了更加深入的理解。成功的交易者之所以能够成功，并不是因为他们获得了某些不为人知的神秘方法，而是因为他们拥有那种简单、正确、大多数人都难以接受的思维模式。

这种思维模式中融合了以下几种要素：

（1）可以接受一切结果的开放思想；

（2）敢于试探不确定形态的勇气；

（3）在盈利之时不轻易卖出的坚韧；

（4）判断市场拐点的理性；

（5）发现错误及时认输的果断，以及轻视自己主观的判断并尊重市场的谦卑。

正是因为他们的思想中包含了这些必要因素，才使得他们在关键时刻经常能作出正确的决定。每一个明天对于他们来说都是一样的未知，只不过他们能在更多的时候作出比其他人更为正确的决定，所以在时间的积累下，他们才有了现在的成功。看看现在市场中的那些投资者，他们所追求的恰恰是一些无关紧要的东西，例如指标的用法、公式的编写、K 线形态的含义、解读消息的方式，等等。他们用错误的思维模式进行思考，用错误的标准衡量是非，在没有得到满意的结果之后，却把失败的原因归结到其他外界因素之上。

假如，你会根据自己的判断就一厢情愿地认为某只股票一定会涨到某个价位；你会因为自己没赚够就觉得股票的强势还能持续；你会因为在某只股票上亏了太多就感觉它明天一定能上涨；你会看到某只股票已经跌了很多，就断定该股已经无法再跌；你会认为市场走势是可以分析的，而你已经掌握了那种预测未来的方法……

这说明你在交易的过程中过多地使用自己的主观看法，几乎没有把市场放在眼里。这是一种典型的封闭心态。笔者前面讲述过，市场运行的确有它自己的规律，但如果你以为单纯地掌握这个规律就能笑傲股市的话，那就同样犯了过于主观的错误。你越重视市场自己的选择，就越能从中获取意想不到的益处。你越重视自己的观点，就越容易被市场打败。

如果无法在变幻莫测的市场中保持长期盈利，就说明你还没有掌握正确的思维方式。那么你现在最需要的是一种幡然醒悟的感觉。完全没有醒悟的投资者其实为数不多，他们不会发现自己的操作模式有什么不妥之处，认为亏损都是外部原因造成的，自己仅仅是一个倒霉的受害者。正在醒悟的投资者占据大多数，他们发现自己的操作模式存在一定缺陷，却不断地用另一个错误模式去替换。而这种用错误替换错误的方法会让正在醒悟的投资者像一只蚂蚁，在一个大盆子里不停地绕圈，明明是在不停地前进，却永远找不到出口。

如果你赞同笔者的观点，相信成功的重要因素是思维模式而非外界因素的话，那么你就有了一个很好的开始。炒股是一个修行的过程，修行的结果不是背熟了一大堆公式，更不是学会了某些技术面和基本面的分析方法，而是懂得如何正确地思考问题。

宁静而不迟钝，勇敢但不鲁莽。不在事情没有发生之前设想其美好的结果，不在事情没有结束之前妄下断言。如此一来，你便获得了开放的心态。

任何一个事件在进行的过程中，你都可以采取无数种行为方式去参与。而每一种行为方式都会影响整个事件的进程，从而得到特定的结果。在时间的作用下，你永远只能看到其中的一种结果。而那些“假如我当时如何如何”之类的假想结果你将永远无法看到。只要你时刻保持开放的心态，你的任何一个行为都将是最佳的，你所得到的任何一个结果，也都将是最好的。无论你面对的是 K 线，还是生活……

第五章　股指期货的解读方法

导读

有人担心注册制实施以后，对A股市场的格局会造成一些影响；有人不知道等T+0放开之后，炒股赚钱会更容易还是会更难。在中国股市只有24岁的现在，我们虽然处在一个相对动荡的时期，但是只要人心不变，资金逐利的本性就不会变，只要资金的本性不变，市场运行的规律就不会变。

无论股票还是期货，无论单边还是双边，也无论T+1还是T+0，任何一个交易品种都在遵循着本书所讲的规律，都在遵循着散户十条。

本章绝不是股指期货的专题讲座。笔者在讲述散户十条在期指中应用的同时，也向广大股票投资者展示了分析大盘走势的另一种方法。

在广义的资本市场中，任何一个投资品种其实都是一个汇集资金的场所。无数资金在市场中通过不断而且有规律的买卖交易，最终从多数人的手中逐步汇集到少数人的口袋里面。而无论是哪一个投资品种，其中交易的规律都有散户十条的影子。如果认为散户十条是从股票运行规律中得来的，所以只能用于分析股票的话，那就未免小瞧它了。因为它的根源并不是股票K线排列组合的规律，而是来自人类内心深处的浮躁、贪婪和希望。

本章将为大家展示股指期货市场是如何运用双边T+0制度制造散户亏损的。希望能在给期货投资者带来帮助的同时，让大家对市场的阴险与邪恶有更进一步的理解。

一、T+1特征与T+0特征

因为交易制度的不同，所以市场捉弄散户的手法也大不一样。在正式介绍期指市场运行规律之前，大家应该先弄清楚以下两个概念。

1. T+1 特征

顾名思义，这是一种在 T+1 交易制度之下投资品种的走势特征，并且是针对日内走势而言的。因为投资者在 T 日建仓的筹码无法在当日平掉，所以市场在运行之时无须顾忌当日入场的筹码是否会盈利并离场，只需考虑场内留存筹码的数量以及场外资金意向即可。

图 5-1 为伟明环保在 2016 年 8 月 30 日的分时图。类似于这样的走势大家在股票中一定会经常见到，而在双边 T+0 交易的投资品种中一定很难见到！

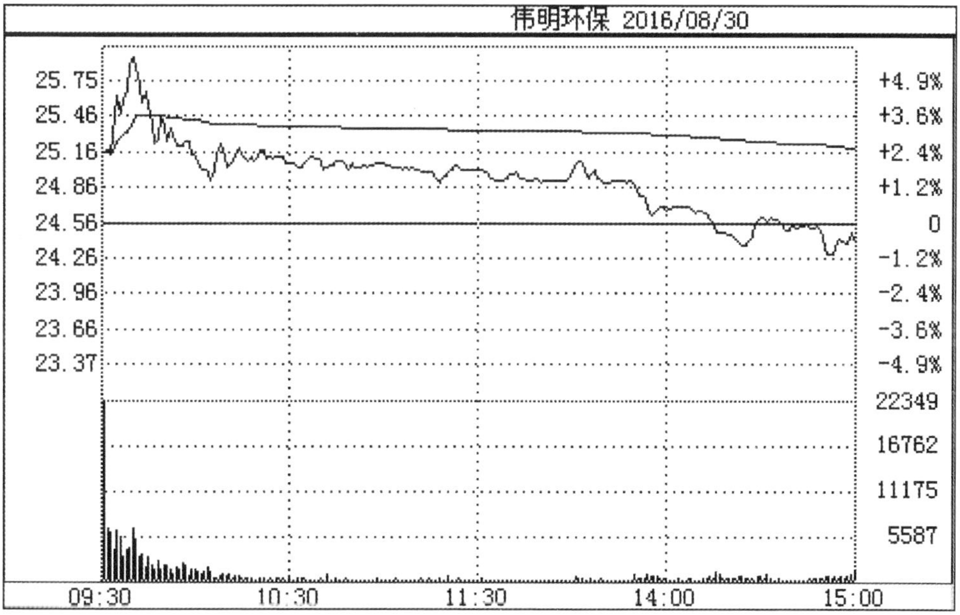

图 5-1

图 5-1 显示，在开盘之后的短时间内，股价迅速冲高，大有直奔涨停之意。与此同时，成交量一直处于放大的状态。这表明一定有“冲动派”散户追高入场。如果前期没有合理的铺垫，即便再冲动的散户也不会轻易行动。而当大家回顾该股当时的具体情况之时便会发现，前一交易日（8 月 29 日），该股涨停，而且是上午封盘，形态较为坚决。难怪今日会用开盘冲高来诱惑散户买入。

然后问题来了。为什么说这样的走势在期货等投资品种中很难见到呢？

下面笔者用反证法来说明这个问题。

在股票中，交易的双方无非买入和卖出。市场无须考虑已经逃离变现的筹码，只需要把买入的筹码留在场内，并使其最终亏损即可。但是期货的双边交易制度告诉我们，它在运行之时交易的双方关系较为复杂（多开、空开、多平、空平）。也就是说，期货市场需要“思考”的问题会更繁杂一些，它既要考虑如何对付多开的筹码，同时又要顾及空开入场的资金。而市场的运行无非涨跌二字，无论怎么运行，总有一方获利，同时另一方亏损。这样一来，让期货市场如何是好呢？

答案并不难，在同一个形态上，多开和空开代表对后市完全不同的两种看法，市场自然知道大多数散户会选择哪种看法，而且在当前情况之下，让哪一方认输离场更容易一些。即，当前形态下，大多数散户怎么想？大多数散户怎么做？不管他们怎么做，市场都反向运行。然而不管期货市场如何运行，都会同时满足两个条件：第一，在各个价位的场内留存合约中，入场方向正确的一方不会因为获得大幅利润而离场。第二，在各个价位的场内留存合约中，入场方向错误的一方会最终因大幅亏损而离场。这一点笔者会在后文中着重说明。

回到图 5-1 中来，假如这是一幅期货分时图的话，在该品种开盘一路冲高之时，既有多开入场的筹码，又有空开入场的筹码。多开的筹码在短时间内就会获得暴利，然后考虑平仓离场。（市场何时会如此好心，让散户赚钱如此轻松？再加上昨日涨停，今天看涨的散户更是踊跃。如果这真的是一幅期货走势图的话，笔者再也不想炒股票了！）

而在顶部和接下来下跌途中空开的筹码呢？他们赚钱更是轻松自在。当日收盘之前，他们可以任意选择时点平仓卖出，而且想亏都难！（几分钟之内大幅冲高，短期内回调的可能性很大。这是交易的常识，更是散户的基本思想。如果用常识就能如此轻松地获得暴利的话，笔者连书都不想写了！）

由此可知，假如这是一幅可以 T+0 双边交易的品种，散户从中盈利是多么简单。这就是 T+1 特征：今天买的，当日卖不掉，无论涨多少，只能看着，无论跌多少，只能忍着。所以市场能够相对轻松而顺畅地运行，单边走势的时长和幅度都相对较大。

很多股民转战期货市场之后，继续亏钱。炒股时梦想的双边 T+0，不但没有给他们带来盈利，反倒带来了更多的亏损。他们已经适应了交易品种的

T+1 特征，认为市场会用 T+0 的制度去运行 T+1 的走势，如此美好的梦想，恐怕是永远不会实现的！

还有一点，现在有一种说法，股票 T+0 交易制度恐怕会在未来某一年被完全恢复。届时个股的日内走势会变成什么样子呢？大家看看现在股指期货的分时图就知道了。

2. T+0 特征

在知道什么是 T+1 特征之后，对 T+0 特征的概念就很容易理解了。今天买入的，当日便可卖出。想怎么开仓便怎么开仓，若情况不妙，立刻平仓离场。无奈在 T+0 制度下的交易品种中，情况“妙”的时候很少出现。（这里需要强调一点，今天卖出的股票，不可能是今天买入的，所以股票的运行无须考虑 T+0 因素。但期货不同，今天平仓的期货合约未必只是今天刚刚开仓的，所以期货市场的运行必须同时兼顾 T+0 和 T+1 两种特征！）请看图 5-2。

图 5-2 为沪深 300 股指期货在 2016 年 8 月 12 日的日 K 线图。从图中可以看出，今天以前市场走势基本平稳，而今天又收了一根非常明显的阳线，面临突破。如此说来，下周一应该倾向于多方思维，在上涨并突破之时把握机会，或许可以赚到较为可观的利润。表面上看这似乎没有什么不对的地方，但实际上我们错在不应该用 T+1 特征下的思维去分析 T+0 特征下的走势。因为 T+0 制度下，散户每天都有无数个卖出离场的机会，表面上看这对散户是非常有利的，然而对市场是更加有利的。

因为在散户判对行情并正确开仓以后，市场有无数个机会让他离开，又有无数个机会让他后悔离开，还有无数个机会让他重新进来，更有无数个机会让他后悔不该重新进来……

图 5-3 为沪深 300 股指期货在 2016 年 8 月 15 日的分时图。表面上看，今天的操作似乎非常容易，在昨天阳线的基础上，今天开盘之后，只要发现确实有突破的迹象，随时可以入场做多。然后一直持仓到收盘前的任何一刻，平仓了解，盈利告终！但是，在实际操作的时候，恐怕很难生出这样的想法。

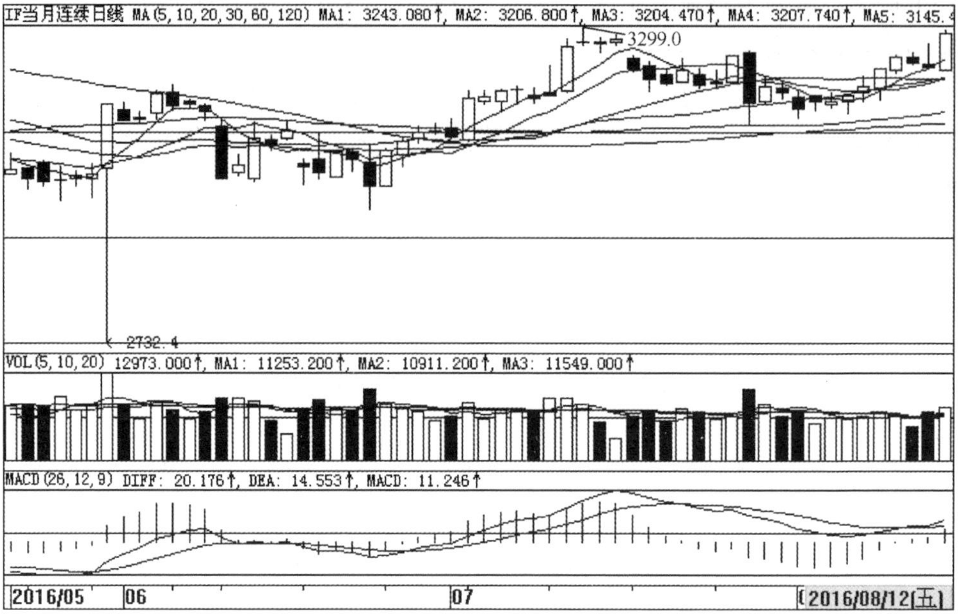
IF当月连续日线 MA(5,10,20,30,60,120) MA1: 3243.080↑, MA2: 3206.800↑, MA3: 3204.470↑, MA4: 3207.740↑, MA5: 3145.4
3299.0
2732.4
VOL(5,10,20) 12973.000↑, MA1: 11253.200↑, MA2: 10911.200↑, MA3: 11549.000↑
MACD(26,12,9) DIFF: 20.176↑, DEA: 14.553↑, MACD: 11.246↑
2016/05
06
07
2016/08/12[五]

图 5-2

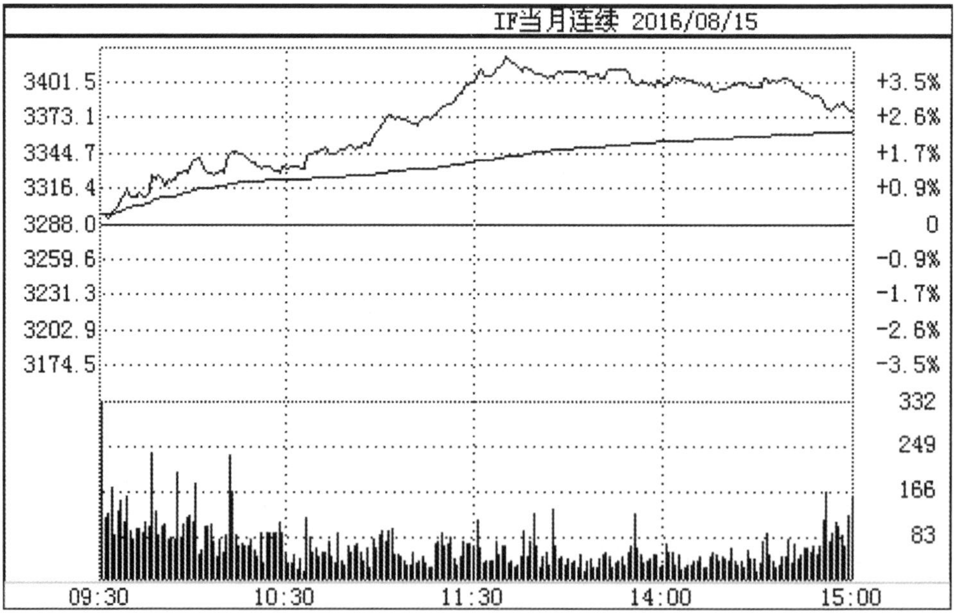
IF当月连续 2016/08/15
3401.5
3373.1
3344.7
3316.4
3288.0
3259.6
3231.3
3202.9
3174.5
+3.5%
+2.6%
+1.7%
+0.9%
0
-0.9%
-1.7%
-2.6%
-3.5%
332
249
166
83
09:30
10:30
11:30
14:00
15:00

图 5-3

二、双边 T+0 交易的陷阱

“分析”和“操作”是有很大区别的。分析就是面对着一幅已经形成的历史 K 线图，总结出获取盈利、避免亏损的方法。但是当我们在实际操作中手持资金账户，面对着永远不知道下一根是什么颜色的 K 线图时，以前所总结的那些方法真的都能用上吗？

下面笔者用一位普通期货投资者的思维来操作一下 2016 年 8 月 15 日的走势，请看图 5-4。

图 5-4 为沪深 300 股指期货前一个交易日（8 月 12 日，星期五）的 1 分钟 K 线图。

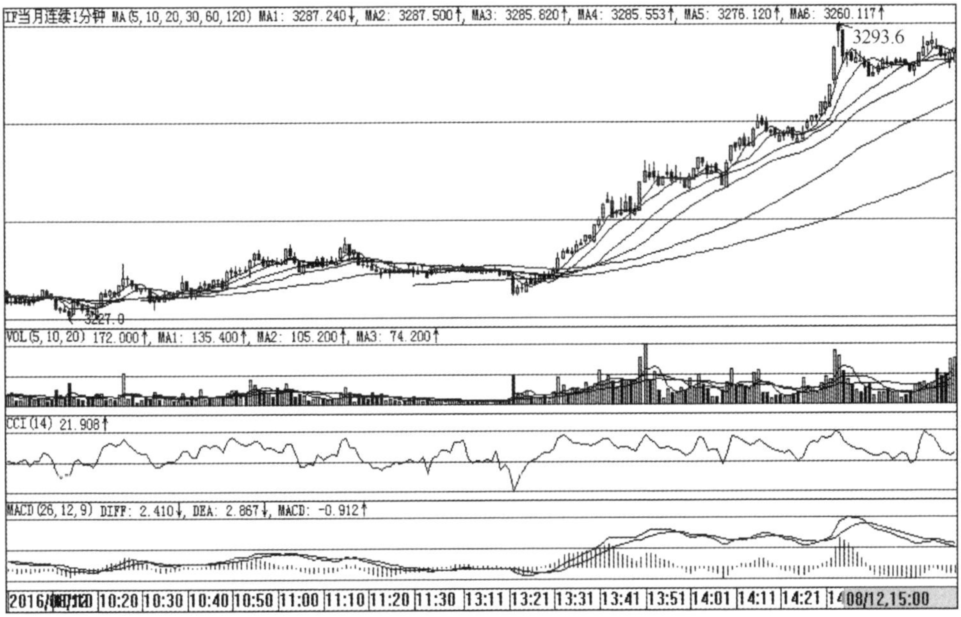

图 5-4

投资者会这样想：看来上周五是大幅上涨的，而且涨势较为强劲，但是在下午 2 点半以后，市场的走势由上涨变为横盘。这可以视为对前期上涨的修正，以备今日继续上行，又或者是上涨走势告一段落的标志。一切等今天开盘之后再说，我尽量顺应趋势，稳稳当当地赚取利润。

图5-5为图5-4的放大版。我们可以更清楚地看到，前一天（8月12日）市场走势受30分钟均线的依托，貌似在今日（8月15日）能进一步上行。再加上我们前面已经看到的日线图，多方趋势较为明显，所以今天我打算以做多为主，重点把握突破前期高点时机，我有信心在今天取得盈利。

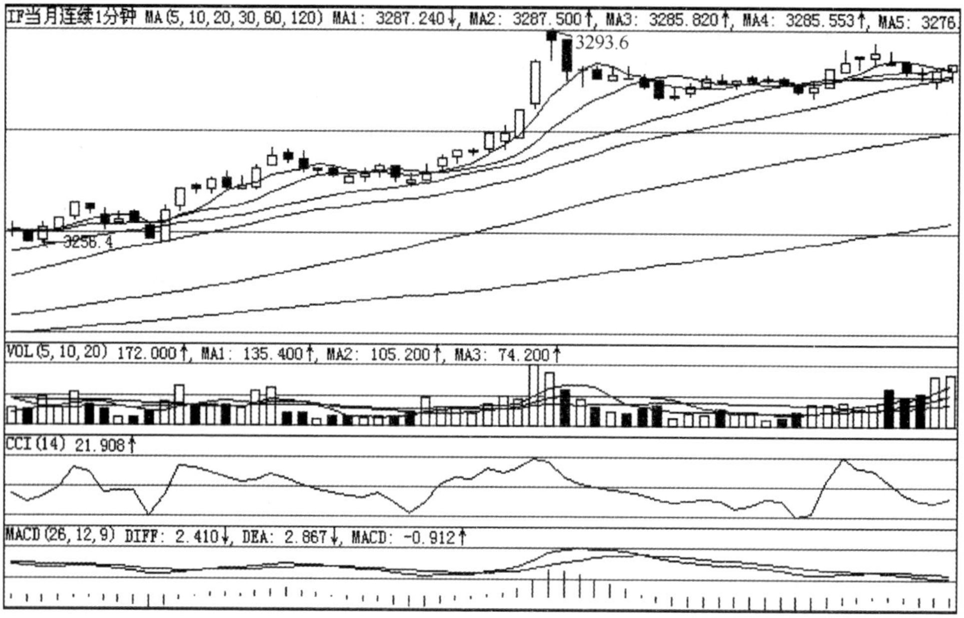

图5-5

图5-6中最右侧的这一根K线是沪深300股指期货2016年8月15日开盘的第一根K线，时间9:31。

已经突破了上周五的高点。按理说此时我可以做多，但由于K线形态不甚明朗，再观察几分钟吧。

如图5-7所示，两分钟过后，时间9:33。

投资者想：小心驶得万年船，看起来不太像突破，我再关注一下。

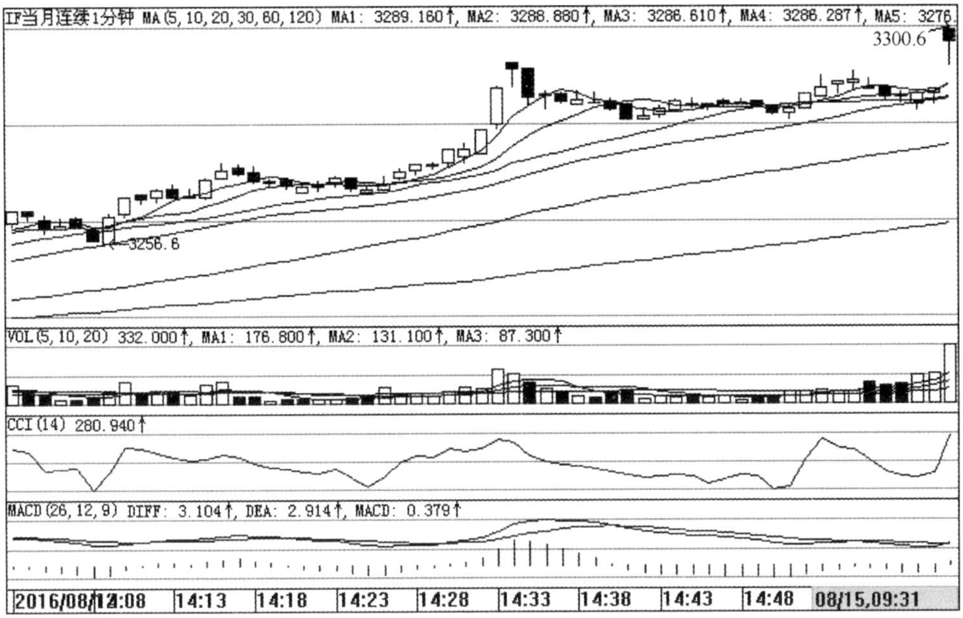
IF当月连续1分钟 MA(5,10,20,30,60,120) MA1: 3289.160↑, MA2: 3288.880↑, MA3: 3286.610↑, MA4: 3286.287↑, MA5: 3276
3300.6
3256.6
VOL(5,10,20) 332.000↑, MA1: 176.800↑, MA2: 131.100↑, MA3: 87.300↑
CCI(14) 280.940↑
MACD(26,12,9) DIFF: 3.104↑, DEA: 2.914↑, MACD: 0.379↑
2016/08/12 14:08
14:13
14:18
14:23
14:28
14:33
14:38
14:43
14:48
08/15,09:31

图 5-6

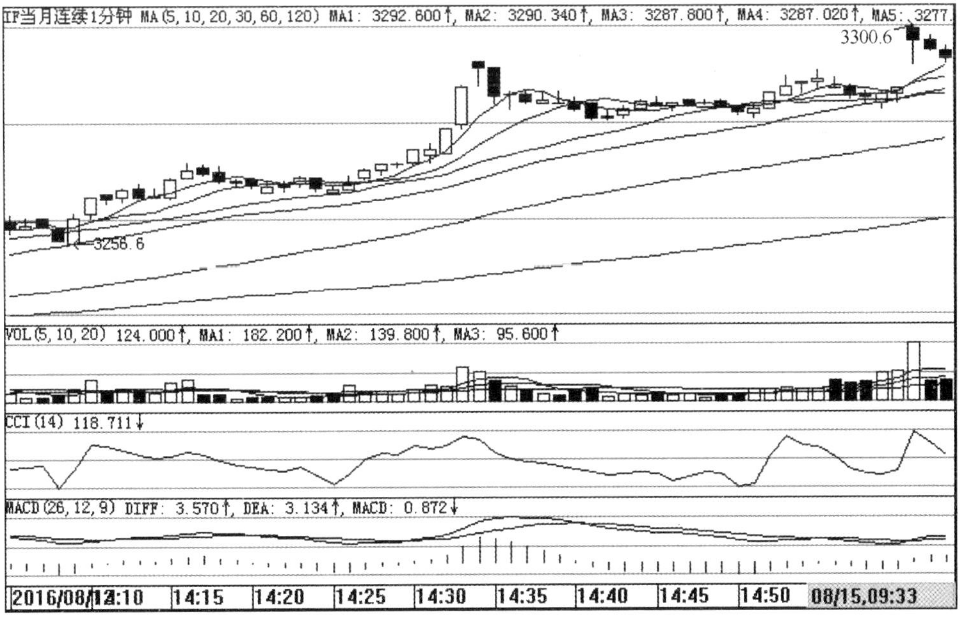
IF当月连续1分钟 MA(5,10,20,30,60,120) MA1: 3292.600↑, MA2: 3290.340↑, MA3: 3287.800↑, MA4: 3287.020↑, MA5: 3277
3300.6
3256.6
VOL(5,10,20) 124.000↑, MA1: 182.200↑, MA2: 139.800↑, MA3: 95.600↑
CCI(14) 118.711↓
MACD(26,12,9) DIFF: 3.570↑, DEA: 3.134↑, MACD: 0.872↓
2016/08/12 14:10
14:15
14:20
14:25
14:30
14:35
14:40
14:45
14:50
08/15,09:33

图 5-7

如图 5-8 所示，时间 9:36。

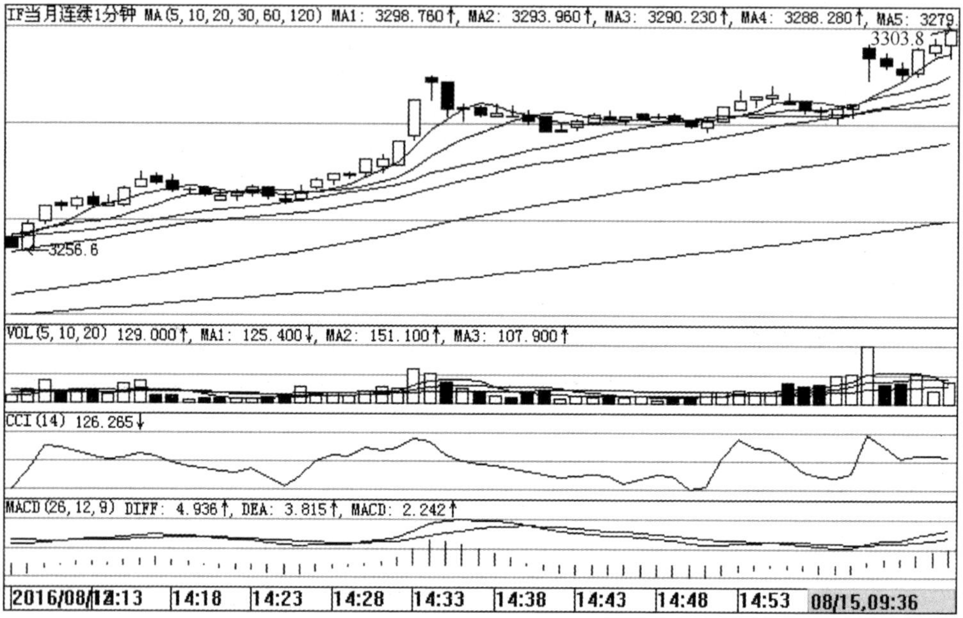

图 5-8

看来市场还是要突破的，上周五的走势已经预示了今天的上涨。假如今天开盘下跌，我理应观望。可是开盘才 6 分钟，就已经成功地突破了前期高点。我再等下去就错过机会了，入场做多！

如图 5-9 所示，时间 9:39。

持仓 3 分钟，盈利将近 12 个点。做 1 手，赚 3600 元。做 2 手，赚 7200 元。做 3 手……

平仓！

爽！

要不，现在下班啊？反正今天的工资已经拿到了。

……不能那么小家子气，这才刚刚开始呢。今天多方趋势刚刚确立，我再等等，看后面还有没有可以赚钱的机会，今天赚钱太容易了……

如图 5-10 所示，时间 9:40。

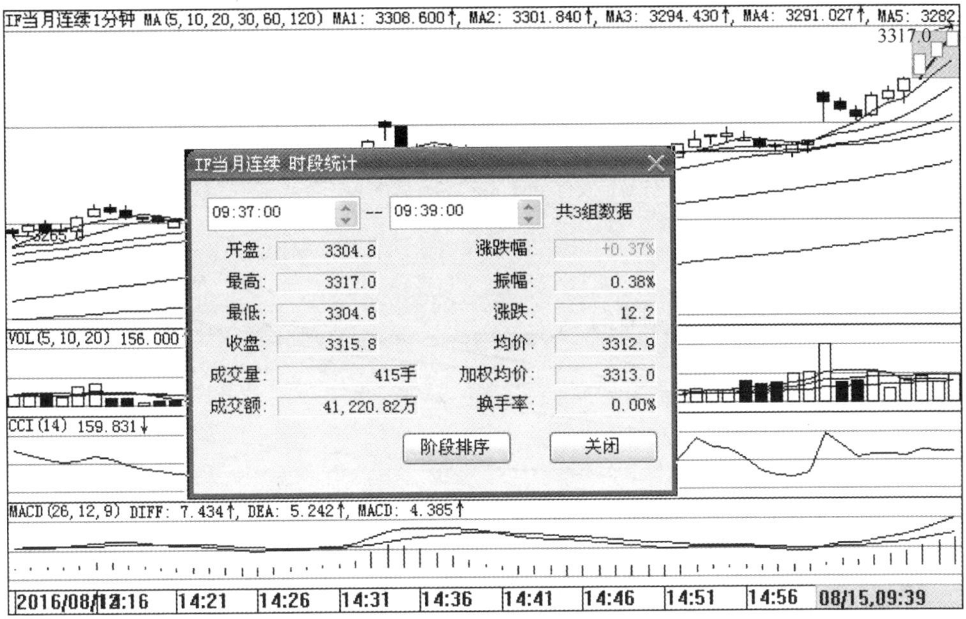
IF当月连续1分钟 MA(5,10,20,30,60,120) MA1: 3308.600↑, MA2: 3301.840↑, MA3: 3294.430↑, MA4: 3291.027↑, MA5: 3282
3317.0
IF当月连续 时段统计
09:37:00 -- 09:39:00 共3组数据
开盘: 3304.8
最高: 3317.0
最低: 3304.6
收盘: 3315.8
成交量: 415手
成交额: 41,220.82万
涨跌幅: +0.37%
振幅: 0.38%
涨跌: 12.2
均价: 3312.9
加权均价: 3313.0
换手率: 0.00%
阶段排序
关闭
VOL(5,10,20) 156.000
CCI(14) 159.831↓
MACD(26,12,9) DIFF: 7.434↑, DEA: 5.242↑, MACD: 4.385↑
14:21
14:26
14:31
14:36
14:41
14:46
14:51
14:56
08/15,09:39

图 5-9

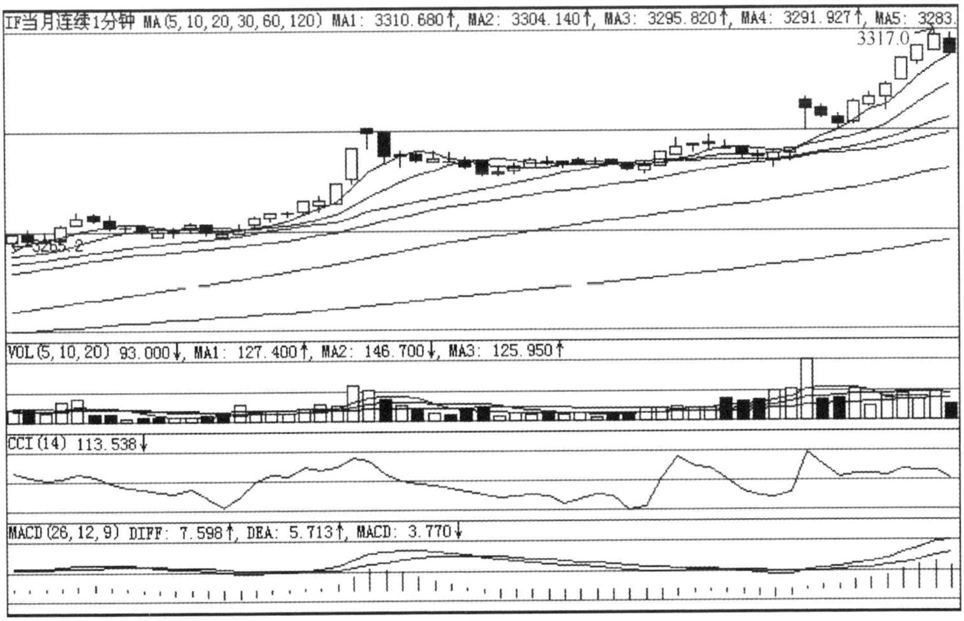
IF当月连续1分钟 MA(5,10,20,30,60,120) MA1: 3310.680↑, MA2: 3304.140↑, MA3: 3295.820↑, MA4: 3291.927↑, MA5: 3283.
3317.0
VOL(5,10,20) 93.000↓, MA1: 127.400↑, MA2: 146.700↓, MA3: 125.950↑
CCI(14) 113.538↓
MACD(26,12,9) DIFF: 7.598↑, DEA: 5.713↑, MACD: 3.770↓

图 5-10

做期货，就是贪不得。倘若刚才犹豫一下，利润的 1/3 就没了。庆幸，庆幸！

如图 5-11 所示，时间 9:42。

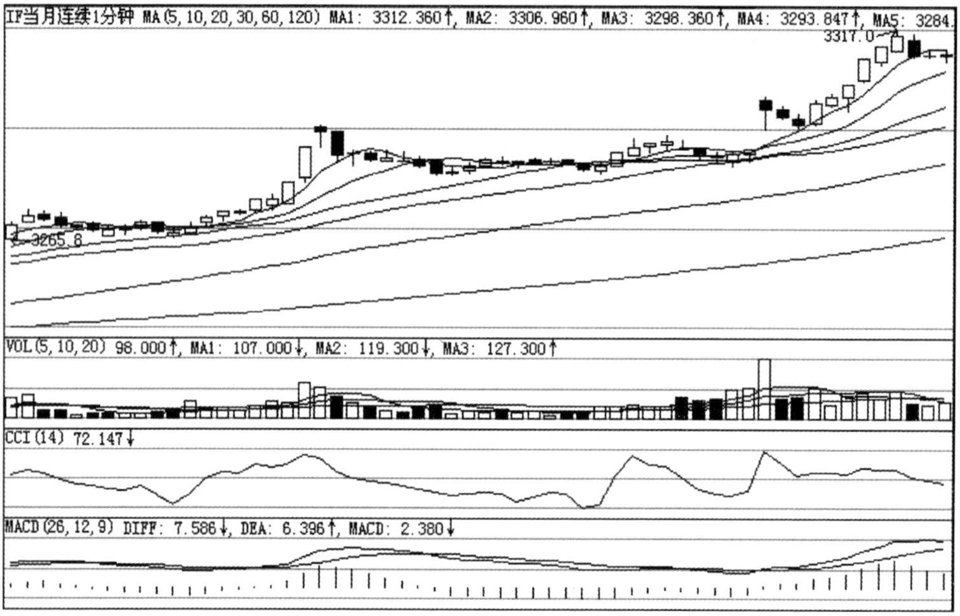

图 5-11

看来一时半会是涨不上去了，要不我做空？

不行，频繁交易是导致亏损的罪魁祸首。我今天已经盈利了，不必太着急。

如图 5-12 所示，时间 9:45。

看来真的涨不上去了，做笔小空单吧。少赚一点就行。

如图 5-13 所示，时间 9:46。

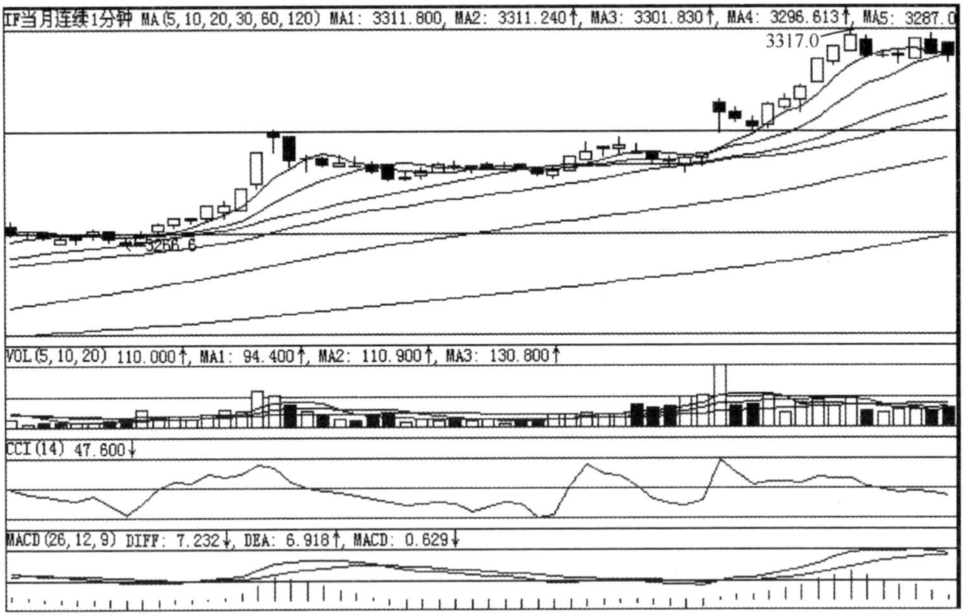
IF当月连续1分钟 MA(5,10,20,30,60,120) MA1: 3311.800, MA2: 3311.240↑, MA3: 3301.830↑, MA4: 3296.613↑, MA5: 3287.0
3317.0
3266.6
VOL(5,10,20) 110.000↑, MA1: 94.400↑, MA2: 110.900↑, MA3: 130.800↑
CCI(14) 47.600↓
MACD(26,12,9) DIFF: 7.232↓, DEA: 6.918↑, MACD: 0.629↓

图 5-12

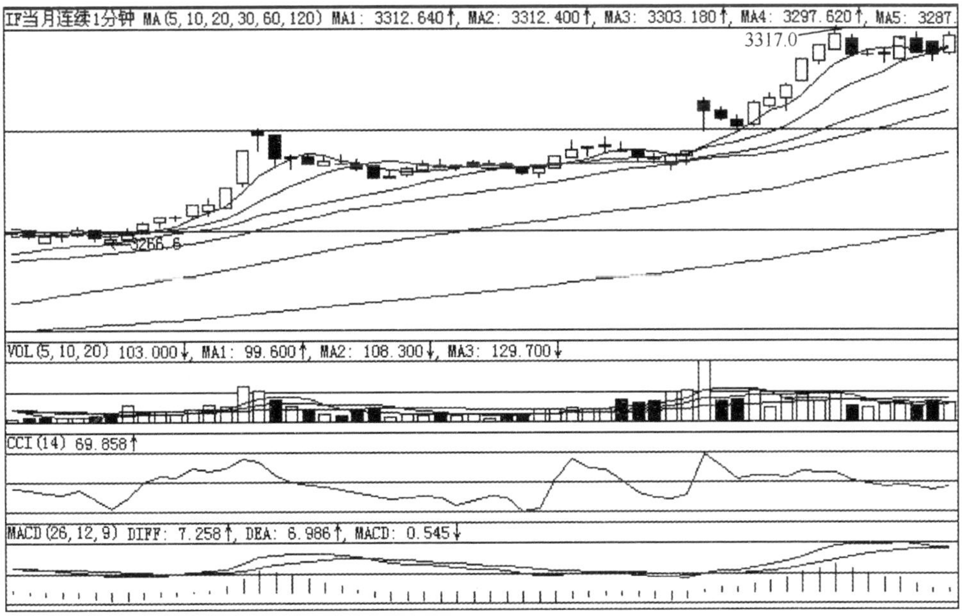
IF当月连续1分钟 MA(5,10,20,30,60,120) MA1: 3312.640↑, MA2: 3312.400↑, MA3: 3303.180↑, MA4: 3297.620↑, MA5: 3287.
3317.0
3266.6
VOL(5,10,20) 103.000↓, MA1: 99.600↑, MA2: 108.300↓, MA3: 129.700↓
CCI(14) 69.858↑
MACD(26,12,9) DIFF: 7.258↑, DEA: 6.986↑, MACD: 0.545↓

图 5-13

下完空单的1分钟之后：刚做空就涨？哪怕它先跌一分钟也行啊。能让我赚点就好，我不嫌少的。现在怎么办呢？好在没有突破，指标依然偏空，我还有足够多的利润垫底，不怕，再关注一会儿，不行再止损。

如图5-14所示，时间9:47。

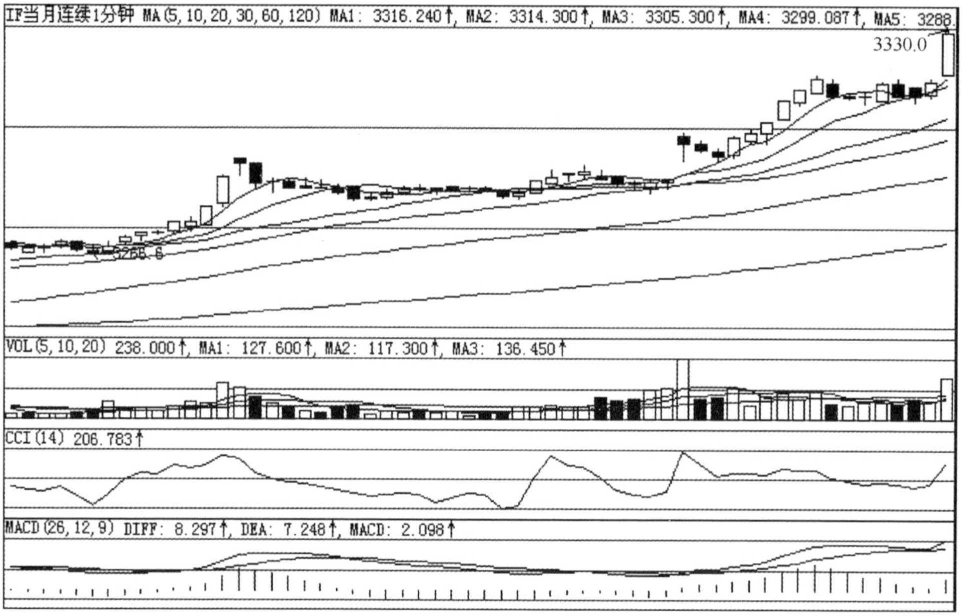

图5-14

……

赶紧撤吧。利润快赔光了。

刚才看着马上要跌的样子，转眼就涨起来了。看来今天真的是强势啊，要不我做多？

不好吧。刚平仓就开仓，操作太频繁了。我再冷静一会儿，观望一下。

如图5-15所示，时间9:51。

幸亏刚才理智，否则又亏一笔。这4分钟跌了不少呢，而且还说明一个问题，看来这真的是要做顶了。假如我刚才不着急平仓的话，再等两分钟没准反败为胜了呢。

现在怎么办呢？

让我做多是不可能的，做空呢？心里不太有底。再等等吧，耐心一点，机会肯定会来的。今天必须赚钱！

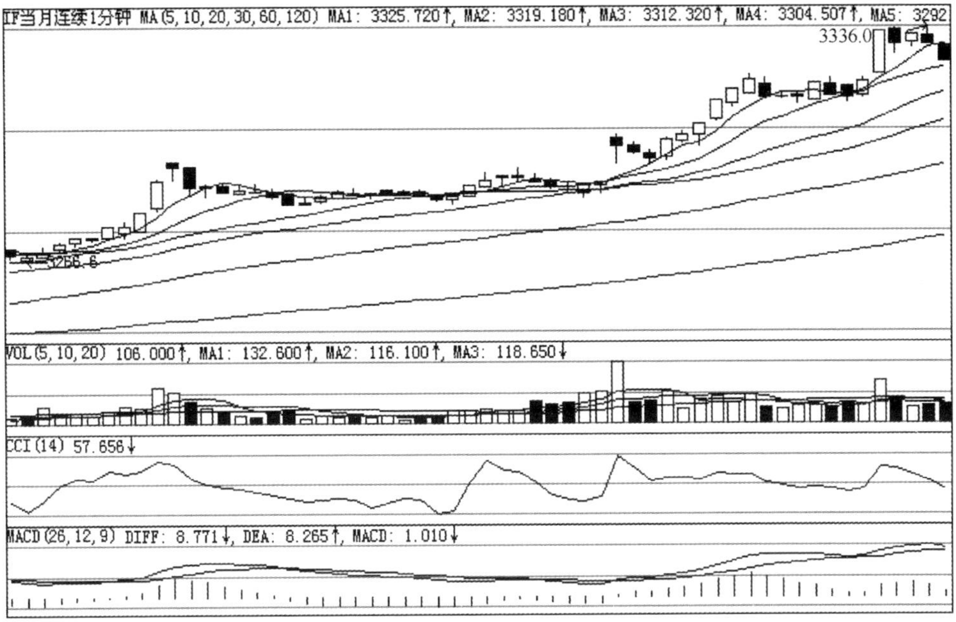

图 5-15

如图 5-16 所示，又过了 13 分钟，时间 10:04。

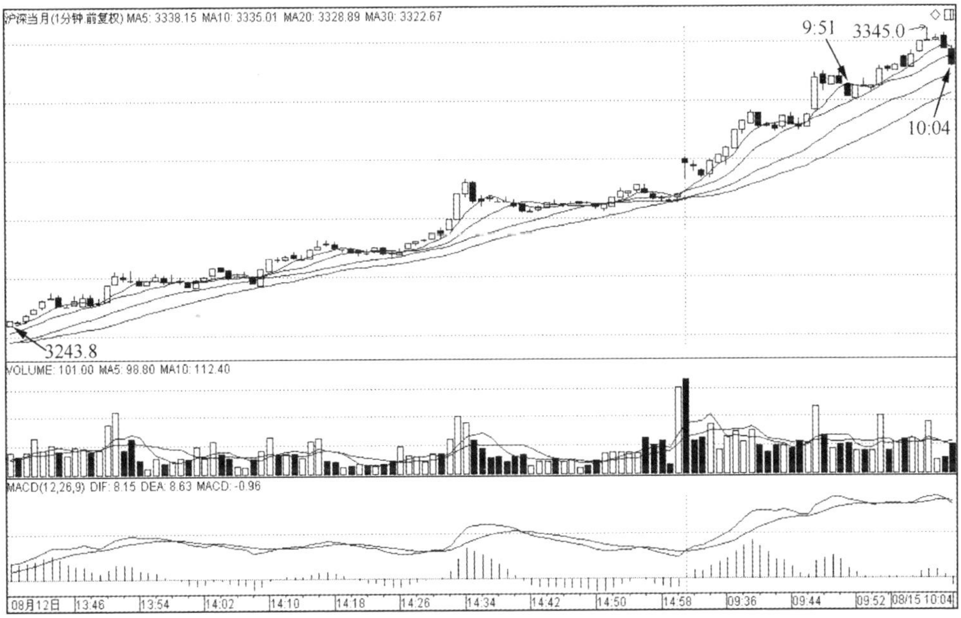

图 5-16

刚才做空的话，就亏惨了！

再一再二，不再三再四。一次又一次地出现做顶迹象，而且昨天就已经涨那么高了，今天调整一下也不是没有可能。再说无论形态还是指标，都偏向空方。

现在的形态正好入场做空！来吧，做一笔空单，把刚才的损失捞回来。再额外多赚一点，今天就可以收工了。

如图 5-17 所示，时间 10:10。

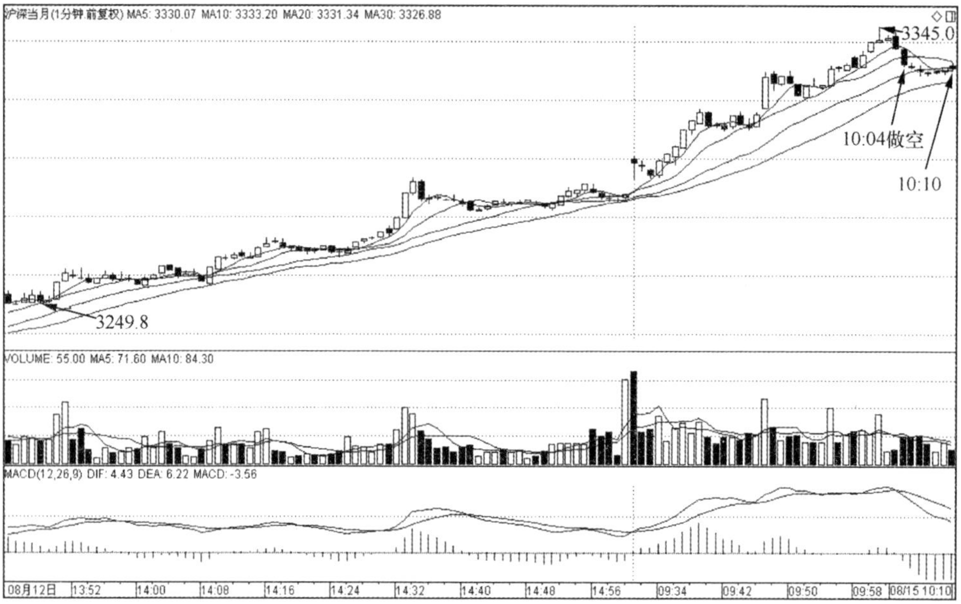

图 5-17

拿着空单等 6 分钟了，怎么还不跌呢？

不会是跌不下去了吧？

看起来也没有什么要涨的迹象，而且上方还有两根均线压制着。万一我现在保本平仓了，等会大跌，我不是白白错过机会了吗？

不行，不能平仓，继续持空单观望！

如图 5-18 所示，时间 10:11。

不好！又亏了 8 个点，势头不对！

平仓？不行，现在亏了，如果现在平的话，不仅利润全无，而且略微亏损。现在还没有突破的迹象，看起来也不是特别强劲，没准等会就下来了呢，再等等。

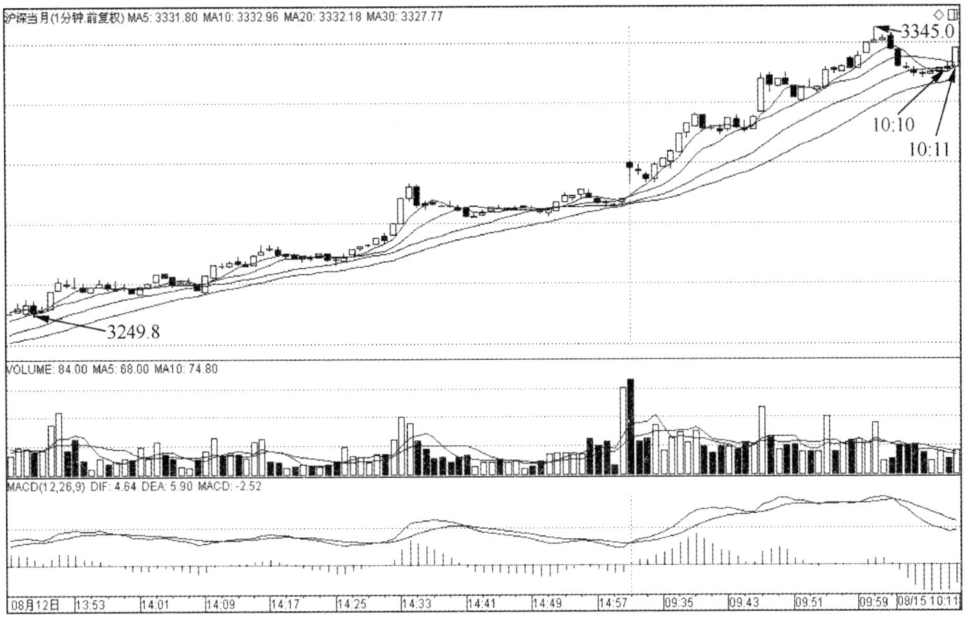

图 5-18

如图 5-19 所示，时间 10:12。

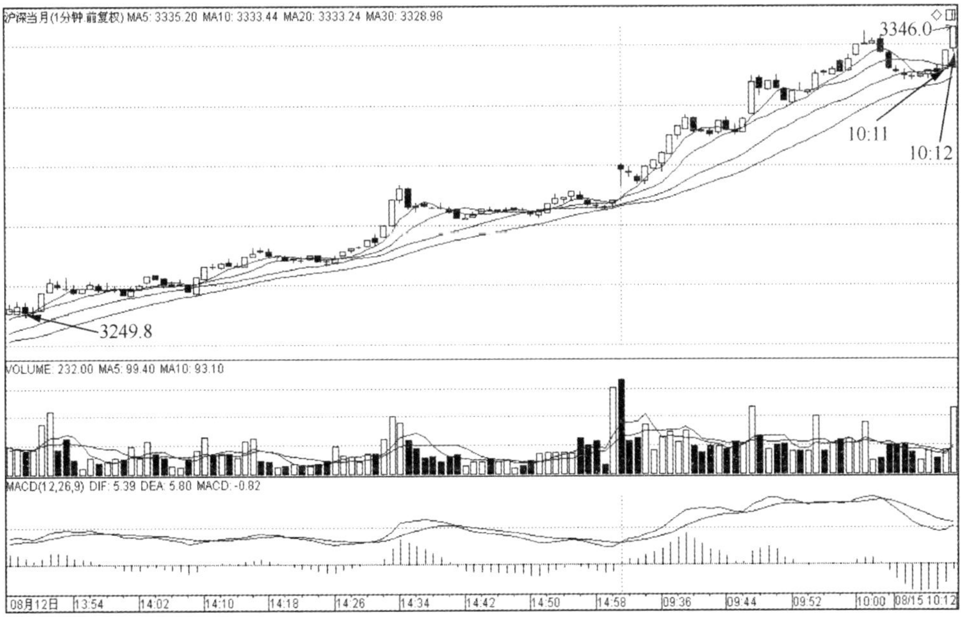

图 5-19

已经亏损 15 个点了，气死我了，我快疯了！行情怎么专门和我作对啊！

止损平仓！

算一算，今天亏多少了……

哎！早知道做完第一笔就下班，该多好啊！

要不现在走吧，今天运气不好。

不行！我不服！我要赚回来！我必须赚回来……

如图 5-20 所示，时间 10:22。

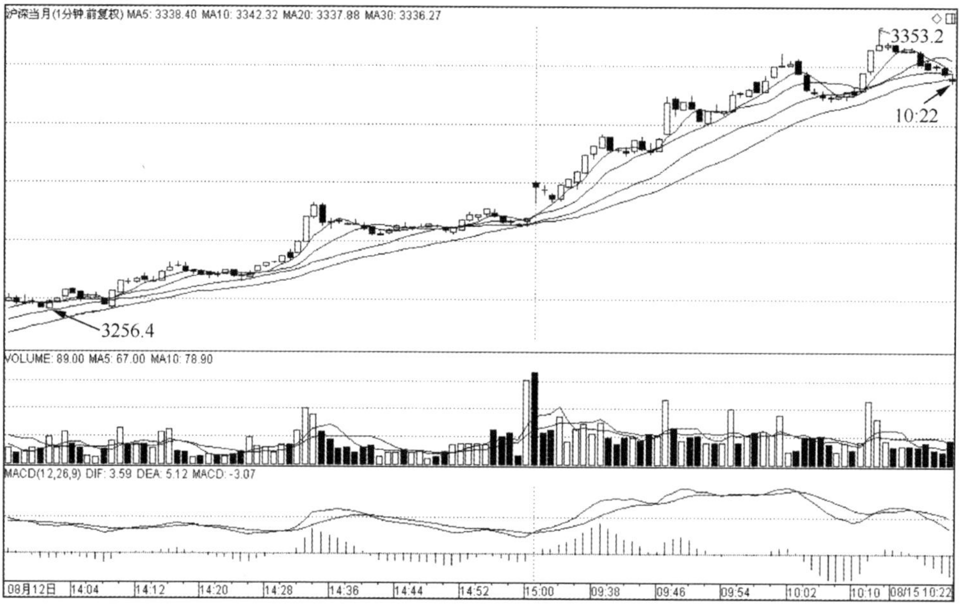

图 5-20

又跌了！我就知道会跌的！刚才平到高点上了。假如我再多拿一会儿，现在没准都赚了。哎！一念之差啊……

冷静，冷静。心不能乱。

深呼吸……（点根烟……）

深呼吸……（喝口茶……）

对了，看看整体走势如何再说吧。

如图 5-21 所示，时间依然是 10:22。

我的天哪！做顶的迹象多明显啊！

现在不做空我等什么呢？

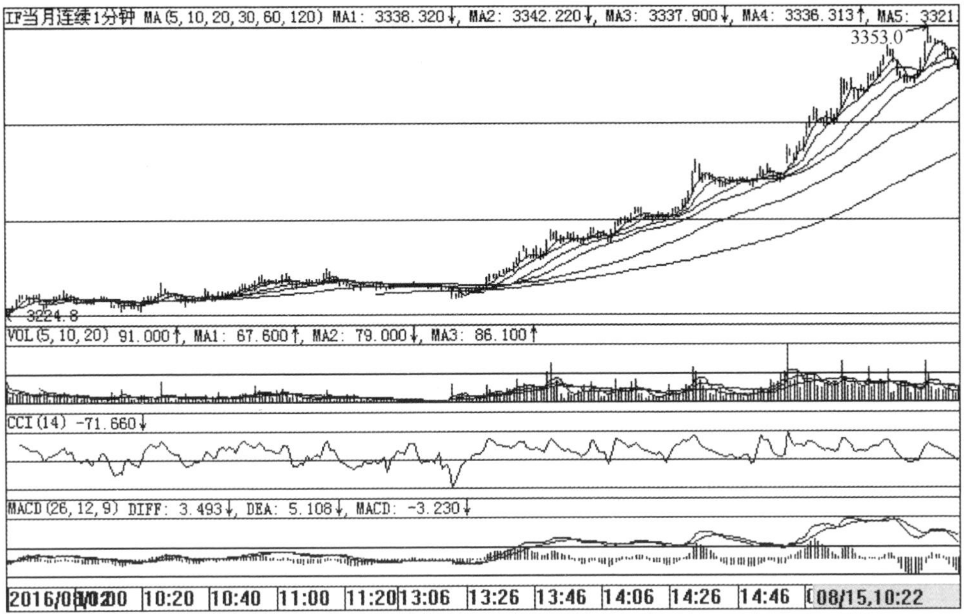

图 5-21

做空！现在就做！

如图 5-22 所示，时间 10:26。

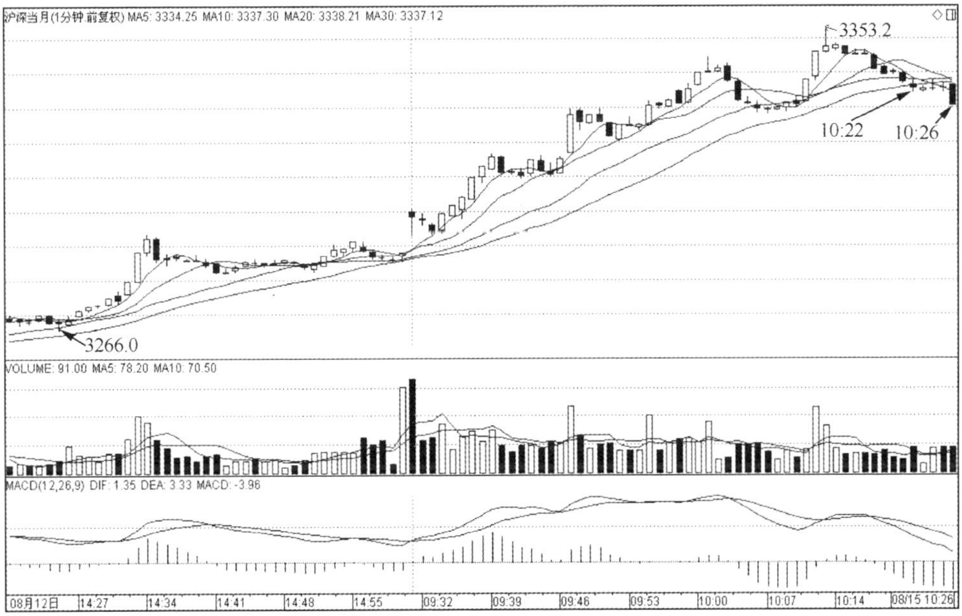

图 5-22

终于赚回来一点，不过赚得也太少了吧？

平仓？那是不可能的！我刚才赔得太多了，赚这么点怎么够啊？再说现在做顶迹象依然明显，还没开始正式下跌呢，我不加空就不错了！

如图 5-23 所示，时间 10:28。

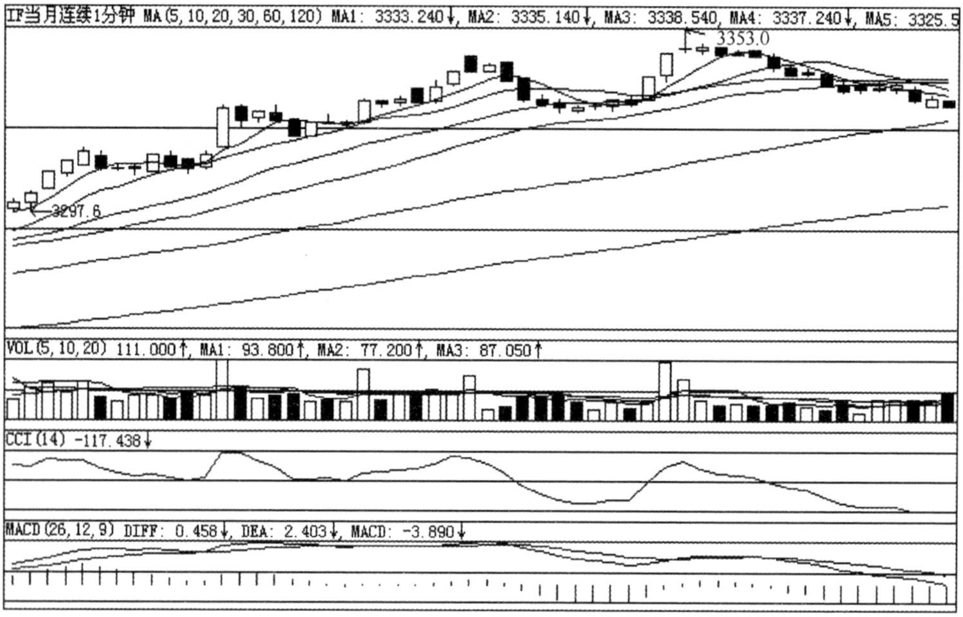

图 5-23

优哉游哉，等待下跌。我来算一算，等会跌到哪我能回本呢……

如图 5-24 所示，时间 10:29。

不用算了！现在就回本了！

不是今天整体回本，是我当下这笔交易回本了。

上面有均线压制，它想上涨可没那么容易。我就不信它能涨上去，它要真能涨，我把姓倒过来写！

如图 5-25 所示，时间 10:35。

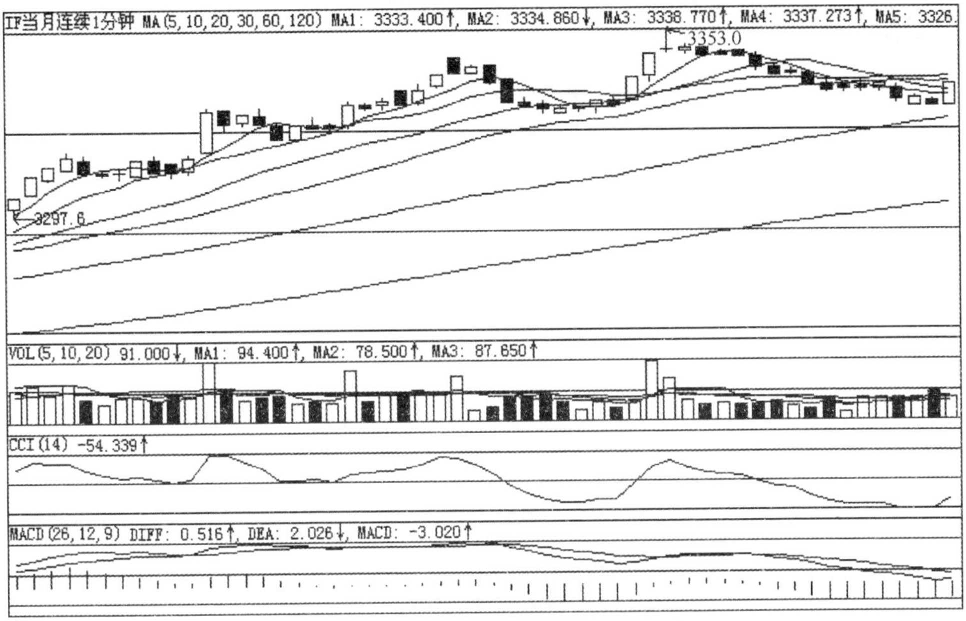
IF当月连续1分钟 MA(5,10,20,30,60,120) MA1: 3333.400↑, MA2: 3334.860↓, MA3: 3338.770↑, MA4: 3337.273↑, MA5: 3326.
3353.0
3297.6
VOL(5,10,20) 91.000↓, MA1: 94.400↑, MA2: 78.500↑, MA3: 87.650↑
CCI(14) -54.339↑
MACD(26,12,9) DIFF: 0.516↑, DEA: 2.026↓, MACD: -3.020↑

图 5-24

沪深当月(1分钟 前复权) MA5: 3335.25 MA10: 3333.90 MA20: 3336.36 MA30: 3336.74
3353.2
10:29
10:35
3272.0
VOLUME: 41.00 MA5: 35.60 MA10: 61.50
MACD(12,26,9) DIF: 0.23 DEA: 0.75 MACD: -1.03
08月12日
14:36
14:43
14:50
14:57
09:34
09:41
09:48
09:55
10:02
10:09
10:16
10:23
08/15 10:35

图 5-25

虚惊一场，刚才真的吓我一跳呢。如此明显的做顶迹象，哪能说涨就涨上去啊？

不过似乎也不太妙，下面遇到了60分钟线的支撑。要不要平仓呢？现在还是赚的。

上有压力，下有支撑。搏一把好了，我未必输。如果这把赢了，今天反败为胜！

如图5-26所示，时间10:37。

图5-26

可惜输了……

损失进一步扩大了！

今天运气真是差啊！

平仓算了，不玩了！

这就是双边T+0，尽管大家梦寐以求的"高位做空"和"想卖就卖"都变成了现实，但是想从中获得长期稳定的盈利，仍不是一般人可以做到的。由此可见，期指市场的阴险、邪恶与股票市场相比，有过之而无不及。

三、市场的思维模式

在这里，笔者将股票市场与期货市场涨跌的原理进行比较。

1. 相同点

股市与期市都是以造成投资亏损最大化为原则来推动涨跌的。

2. 不同点

（1）股市通过形态的变化，一步步诱惑投资者买入，然后下跌造成投资者亏损。

（2）期市的下跌未必会造成投资者亏损，它只能通过形态的变化，诱使投资者在某个点位附近集中对开（其作用等同于股市中的散户集中入场），然后朝散户数量偏少的方向运行。在运行的过程中，同时兼顾做对的少赚离场，和做错的多亏离场两个方面。

为了向大家说明期货市场如何同时实现这看似矛盾的两个方面，笔者将上面的案例重新讲述一遍。只不过这次我不用普通期民的思维模式了，而用期指市场自身的思维方式来叙述。

大家好，我叫股指期货，是你们新的投资伙伴。我的英文名叫 IF，在英文中是"如果"的意思。如果你们不相信我能让你们赔钱，那就来试试吧。

好了，闲话不多说。现在是 2016 年 8 月 15 日，9:31，如图 5-27 所示。因为某些更久远的历史原因，我上周五必须上涨。而因为我的上涨，尤其是在下午 2:30 涨得最漂亮的时候，有很多散户到我这里来开仓（有人认为能继续涨，于是来做多，有人觉得涨不了了，于是来做空。无论你来做什么，我都欢迎!）。而上周五下午 2:35 之后，一直到收盘的这段时间里，我始终没有让他们亏损离场，这是我的失职，我决定今天努力工作!

现在刚刚开盘，我要运动起来了。你们猜，我先涨还是先跌呢？答案必须是先上涨。我来说一下为什么：我在上个交易日的上涨中，使得那些在上涨之前就做空的人损失惨重，但当时就止损离场的合约并不是很多。我今天

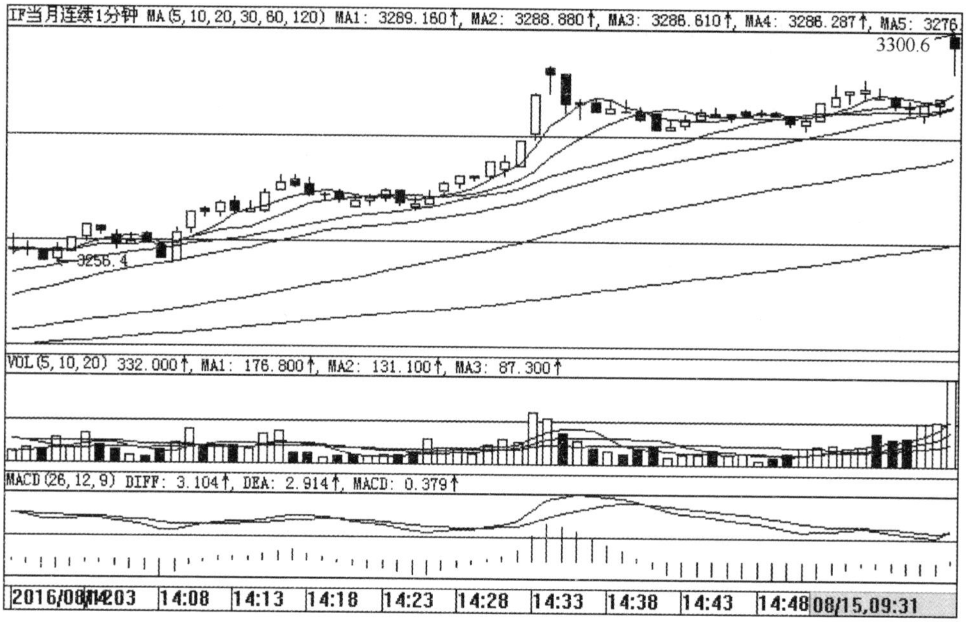

图 5-27

再涨一点，他们肯定承受不了的，所以我得让他们先大亏出局。而那些在我上涨之前与空单对开的多单，我在昨天上涨之后就已经清洗出去一大部分，所以我今天上涨不会让他们大赚离开。那就说定了，开盘就涨！

这一涨不要紧，成交量真的好大，昨天的空方肯定止损走了，但持仓量也有所增加，这就代表有更多的合约在这里对开，所以我需要兼顾刚才入场的多空双方合约，以及上个交易日入场且尚未平仓的多方合约了（与之对开的空方合约刚才被我干掉了）。我的每一次涨跌，看似简单，其实都是牵一发而动全身啊。

如图 5-28 所示，时间 9:33。

小跌两分钟，看看刚才入场的多方合约有没有走的？与之对开的空方合约现在肯定不会走，他们乐着呢，不过不要紧，赚这点他们肯定不会走，等会我就让他们哭。

如图 5-29 所示，时间 9:39。

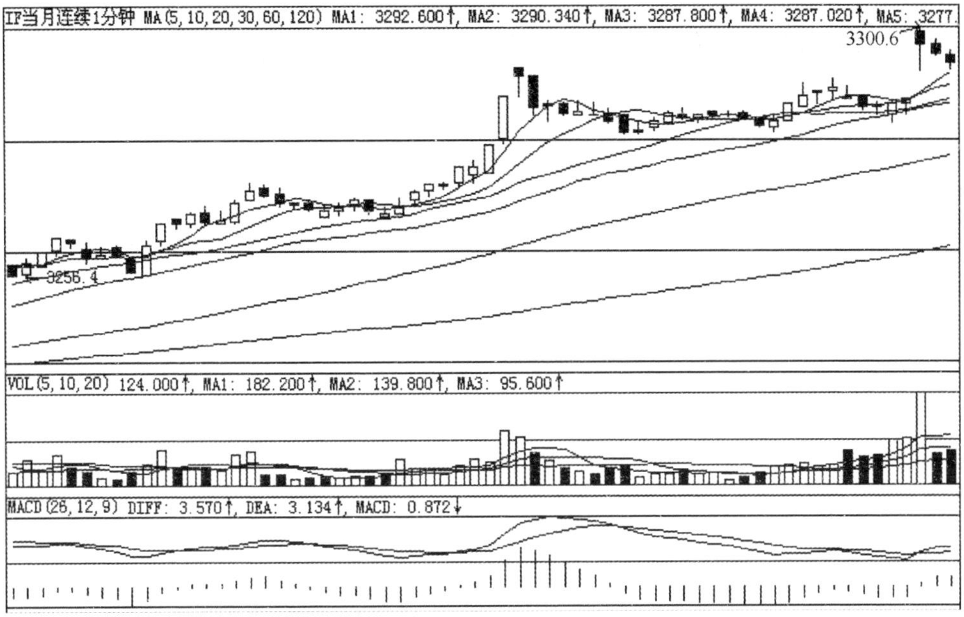
IF当月连续1分钟 MA(5,10,20,30,60,120) MA1: 3292.600↑, MA2: 3290.340↑, MA3: 3287.800↑, MA4: 3287.020↑, MA5: 3277.
3300.6
3256.4
VOL(5,10,20) 124.000↑, MA1: 182.200↑, MA2: 139.800↑, MA3: 95.600↑
MACD(26,12,9) DIFF: 3.570↑, DEA: 3.134↑, MACD: 0.872↓

图 5-28

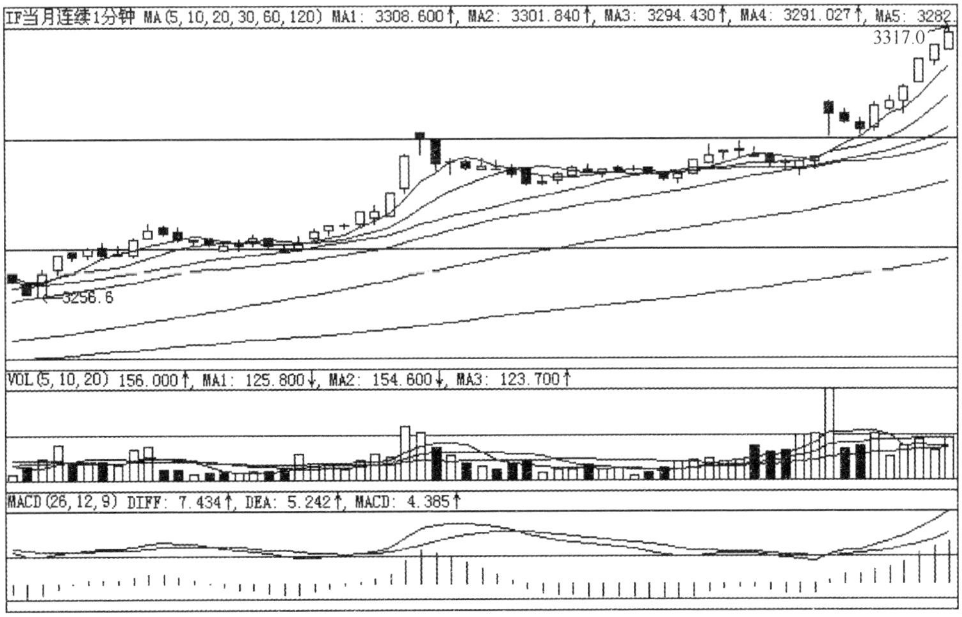
IF当月连续1分钟 MA(5,10,20,30,60,120) MA1: 3308.600↑, MA2: 3301.840↑, MA3: 3294.430↑, MA4: 3291.027↑, MA5: 3282.
3317.0
3256.6
VOL(5,10,20) 156.000↑, MA1: 125.800↓, MA2: 154.600↓, MA3: 123.700↑
MACD(26,12,9) DIFF: 7.434↑, DEA: 5.242↑, MACD: 4.385↑

图 5-29

刚才入场空方的哭声我好像已经听见了，但是你看，我的成交量没有放大，代表他们似乎没有集体平仓离场，这我就安心了。至于刚才做多，现在还乐着的多方，无论是赚够了走了的，还是没赚够没走的，等会我都一块收拾。且看我的本事吧！

如图 5-30 所示，时间 9:45。

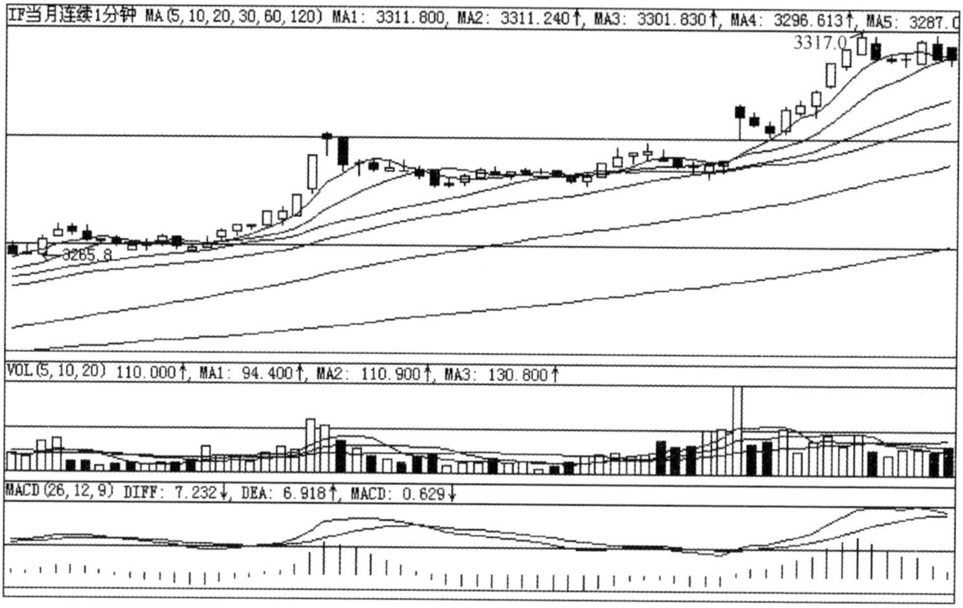

图 5-30

不能再涨了，那些多方赚得已经够多了，再涨下去我就亏了！来个做顶的形态吧。这样做有三个好处：

①没有走的空方，现在快撑不住了吧？给他们点希望，让他们多拿一会儿，甚至加点空单。大亏离场的时候还没到的，现在才亏这么点，我怎么能满意呢？

②赚得差不多的多方，该让他们离开了，我不能再白给他们钱了。

③看看有没有“聪明”的多方。在这里反手做空。这样我一会儿上涨既省下了给他们的利润，又赚了他们的钱。

一举三得！我聪明吧？

如图 5-31 所示，时间 9:47。

成交量来了！持仓量进一步上升！你们知道这是为什么吗？第一，那些空方实在受不住了，哭着走了。第二，有些场外的资金一看我的形态明朗了，

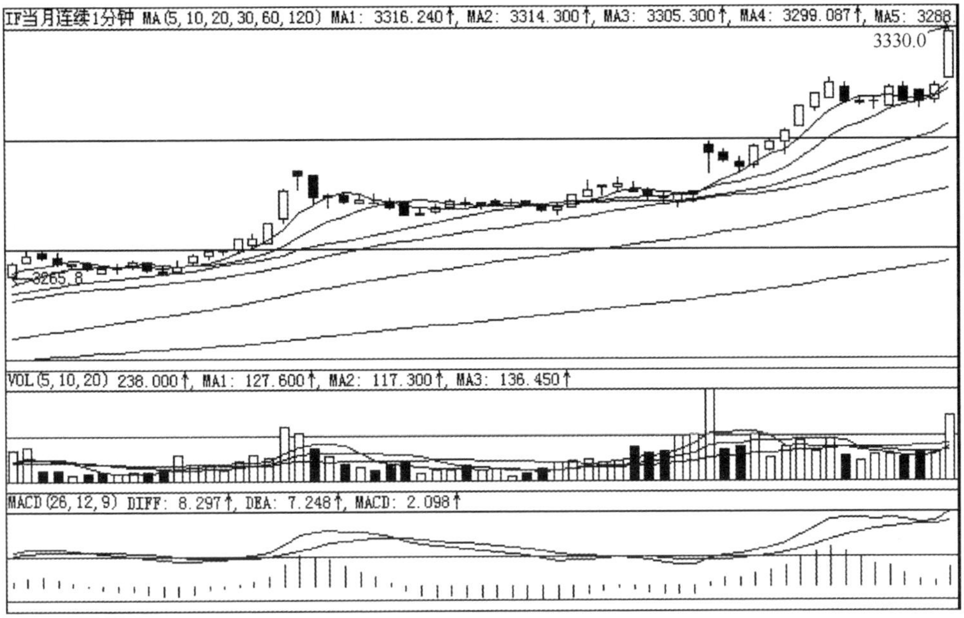

图 5-31

争着过来做多。第三，有些场外资金一看我涨得太高了，就来做空。第四，有点麻烦了，刚才入场做多的人，还没有走光。现在赚了不少，等会再涨的话，他们赚得就太多了，我得赶紧想个办法才行！怎么办好呢？

立刻下跌，做一个更加恐怖、更加明显的顶部形态。我必须不惜一切代价，把刚才入场的多方合约吓走。

如图 5-32 所示，时间 9:54。

跌是跌了，可是成交量不见放大啊！如果我继续跌下去的话，那些多方可能会走，但那绝对不行，因为好不容易吸引进来的空方，再跌下去我怕他们赚钱走人啊！

空方我得留着，多方还得赶走，怎么办呢？这道题有点难……

对了，终于有办法了。行为金融学中这么说过，散户在盈利的时候都是惊弓之鸟，在亏损的时候却胆大包天。如果我接下来一边上涨，一边洗盘会怎么样？答案已经出来了：

之前做多的散户，因为盈利所以容易被清洗出来。那些与之对开的空方散户，因为亏损，因为总能看到即将下跌的希望，所以能继续持有下去。对，就这么办！

如图 5-33 所示，时间 10:01。

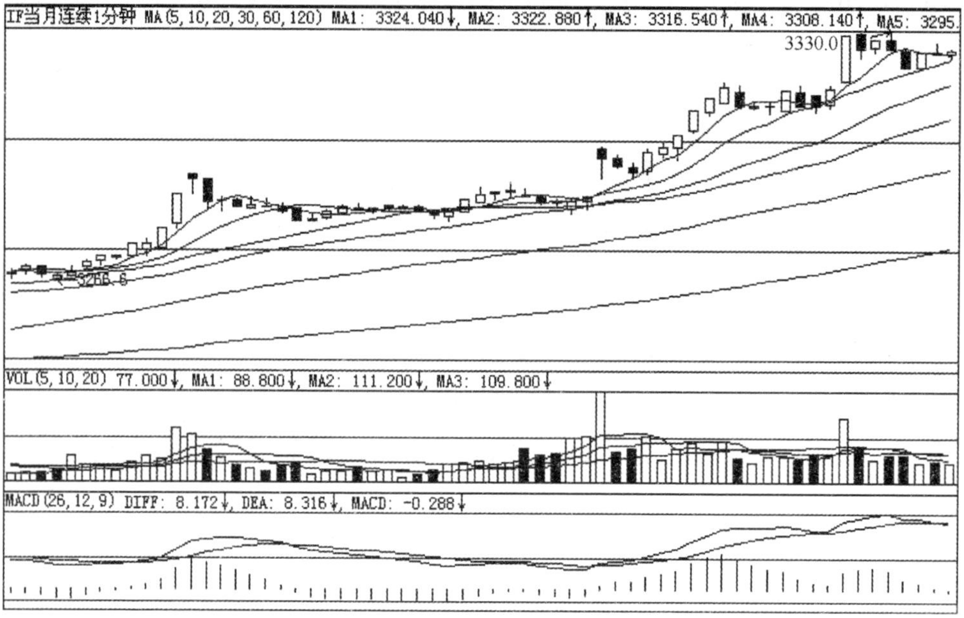
IF当月连续1分钟 MA(5,10,20,30,60,120) MA1: 3324.040↓, MA2: 3322.880↑, MA3: 3316.540↑, MA4: 3308.140↑, MA5: 3295.
3330.0
VOL(5,10,20) 77.000↓, MA1: 88.800↓, MA2: 111.200↓, MA3: 109.800↓
MACD(26,12,9) DIFF: 8.172↓, DEA: 8.316↓, MACD: -0.288↓

图 5-32

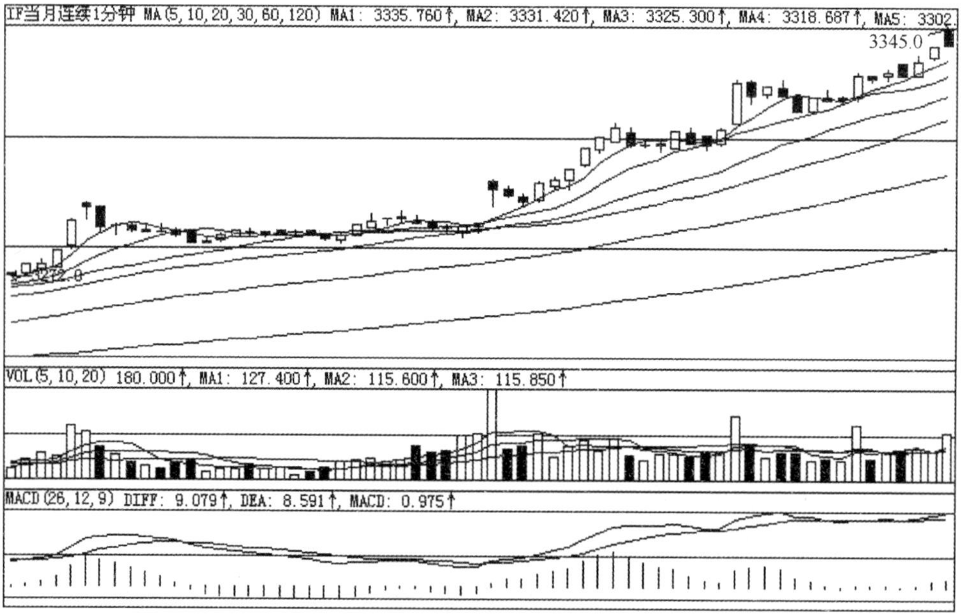
IF当月连续1分钟 MA(5,10,20,30,60,120) MA1: 3335.760↑, MA2: 3331.420↑, MA3: 3325.300↑, MA4: 3318.687↑, MA5: 3302.
3345.0
VOL(5,10,20) 180.000↑, MA1: 127.400↑, MA2: 115.600↑, MA3: 115.850↑
MACD(26,12,9) DIFF: 9.079↑, DEA: 8.591↑, MACD: 0.975↑

图 5-33

看我这一路上涨，一路洗盘。成交量虽然出来了，但是太少了点。而当前的这个形态，更有利于让新的空方散户入场，后面我要小心点了。但我已经不能再涨了，多方平仓数量现在来看还远远不够，再向上涨他们赚得太多了。而空方现在已经麻木了，我暂时不用管，所以我转头下跌好了，剥夺前面多方的利润，这下他们肯定受不了。同时再给空方一点甜头，争取在不让空方获利过多的前提之下，把多方赶走。

如图 5-34 所示，时间 10:06。

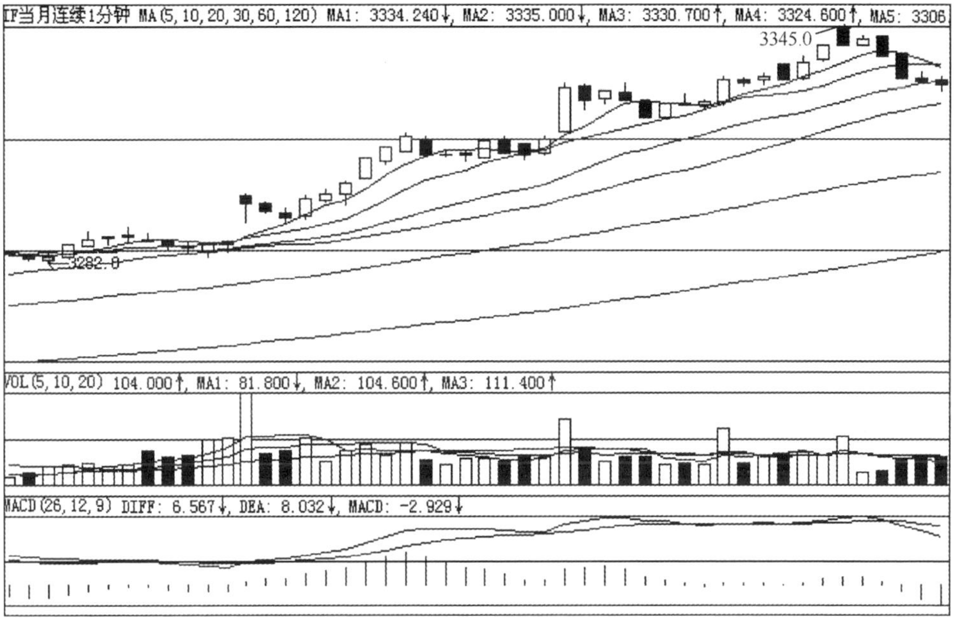

图 5-34

麻烦了，麻烦了！下跌之时不见放量，代表这个下跌形态并没有赶走原来的多方散户，可我又不能继续下跌了。刚才新进的空方散户就等着盈利走人呢，我要是再跌的话，万一多方赶不走，空方赚够跑了，我岂不是赔了夫人又折兵吗？

今天的多方，真是让我头疼啊！开盘到现在，赔钱的尽是空方，我感觉有一些多单，我始终没有甩掉。忍忍吧，这笔账先记下来，有机会我好好惩治一下他们这些多方。

如图 5-35 所示，时间 10:12。

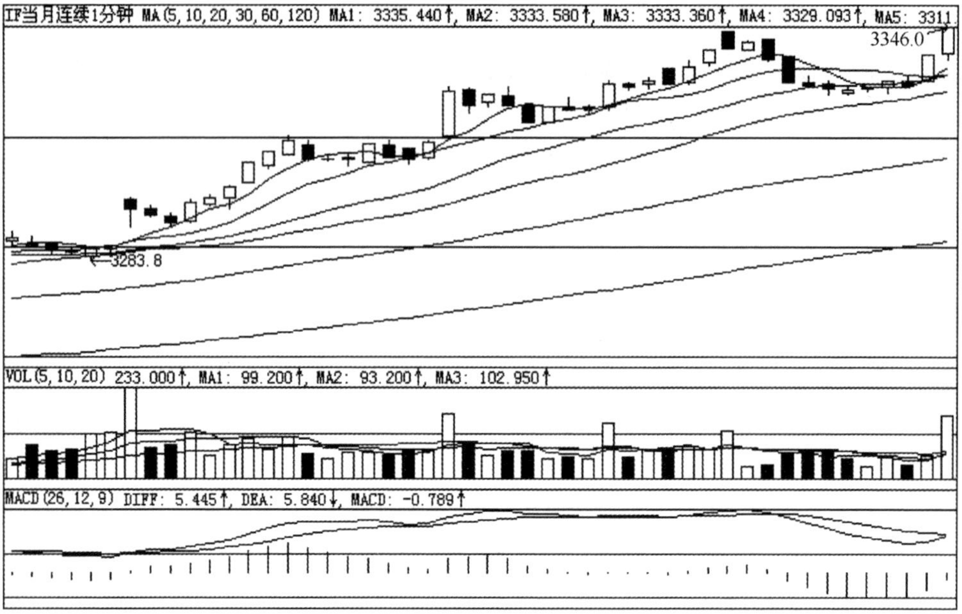

图 5-35

既然不能继续下跌，那么我只能上涨了。我在没有明显提高点位的前提下，彻底地赶走了空方，让他们在我这里又赔了一大笔钱，舒服啊！由于没有明显地提高点位，所以多方在我这里的盈利数量并没有明显地增加，而当前的形态有利于新的多方散户入场，这么多的多方入场，咱们新账旧账一块算算吧！

如图 5-36 所示，时间 10:28。

由于刚才上涨的形态太过完美，导致来做多的资金数量迅速增加；同时又由于我目前看起来太高，导致有很多人想来做空。做多的意愿和做空的想法一旦同时出现，我必然放量！我只能先安抚住 A 方，让他们赚钱别走，同时收拾 B 方。等把 B 方干掉之后，回头再来整治 A 方。在整治 A 方的过程中，难免再进来新的 A、B 方，我一样要先安抚住，然后慢慢地寻找机会让他们亏损。

你们看，其实我也挺累的。你们累了可以休息一会儿，喘口气，而我呢，只要是在交易时间，必须一刻不闲地运行。在这十几分钟里，我缓慢下跌是有原因的。

第一，我必须下跌，因为我这里已经聚集了太多的多单。

第二，我不能快跌，因为刚才集中放量之时，有不少空单出现。跌速太快定会吸引新的多单入场。

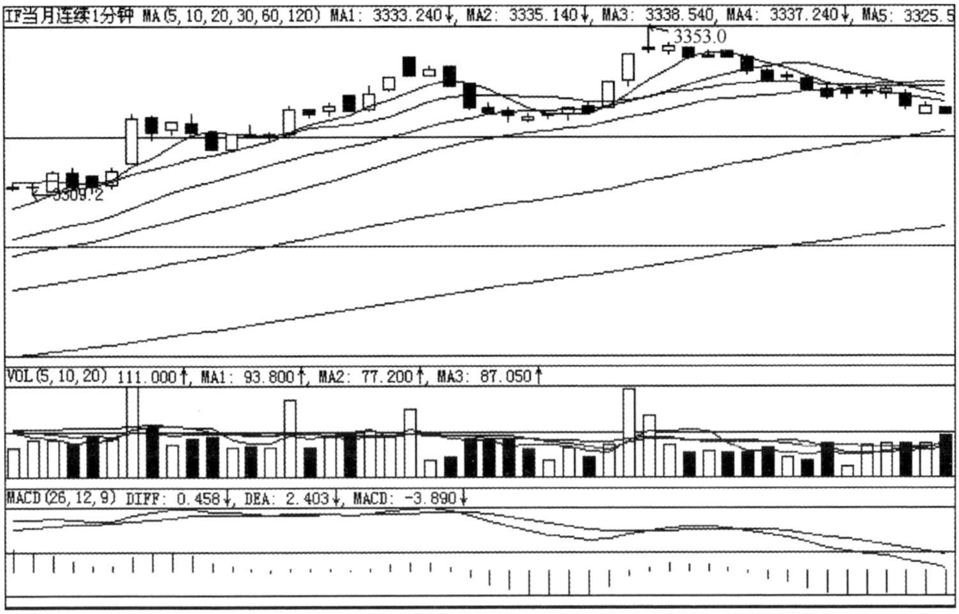

图 5-36

第三，因为不能快跌，所以不能少跌。本来就跌得慢，再跌得少，怎么可能赶走多方呢？

为了赶走场内留存多方，为了少吸引场外多方，为了安抚住场内留存的空方，为了多吸引场外空方，我只能这么走。

如图 5-37 所示，时间 10:36。

刚说完放量是怎么回事，紧接着我们就来说说缩量。缩量的意思是无论多方、空方，也无论场内、场外，对我目前的形态均表示迷茫。一根 K 线缩量不能代表什么问题，但在连续几分钟的时间里始终缩量就能说明问题了——该走的已经走了，该进的也已经进了，再横下去已经没有意义，可以进行下一步动作了。

就目前情况来说，我现在横盘的意义是什么？我下一步的动作是什么？你们能看出来吗？

没错，空方现在是赚钱的，形态没有好转的迹象，所以空方赚钱了不走。多方现在是亏损的，形态一直没有好转，所以多方该走的走光了，继续坚定持仓的，我就是再横下去，他们也不会走。那么下一步我当然是要上涨了。我要在安抚多方的同时，开始清理空方了。

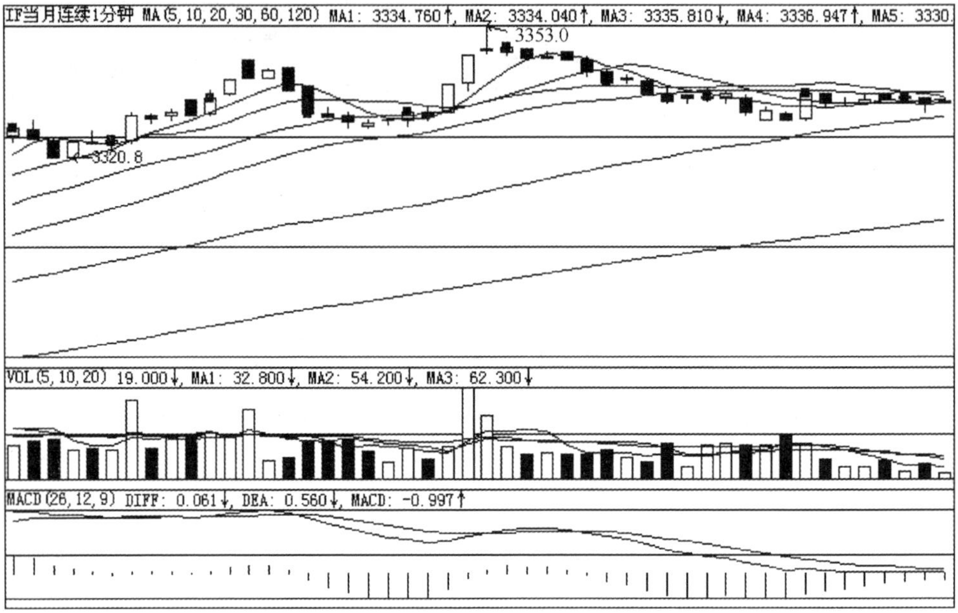

图 5-37

如图 5-38 所示，时间 10:57。

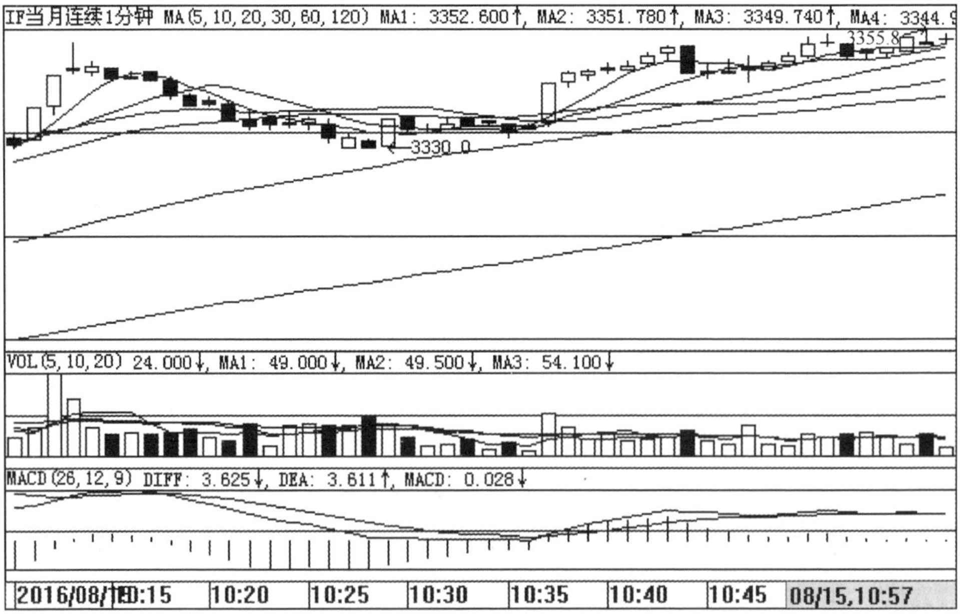

图 5-38

我又一次在没有让多方扩大盈利的同时，给空方造成亏损。有人开始埋怨我可着空方薅羊毛。我也是没有办法的啊！谁让他们的钱好赚呢？

你看看，又缩量了。这代表什么呢？如果你看不出来的话，就看看宏观形态吧。

如图 5-39 所示，时间依然是 10:57。

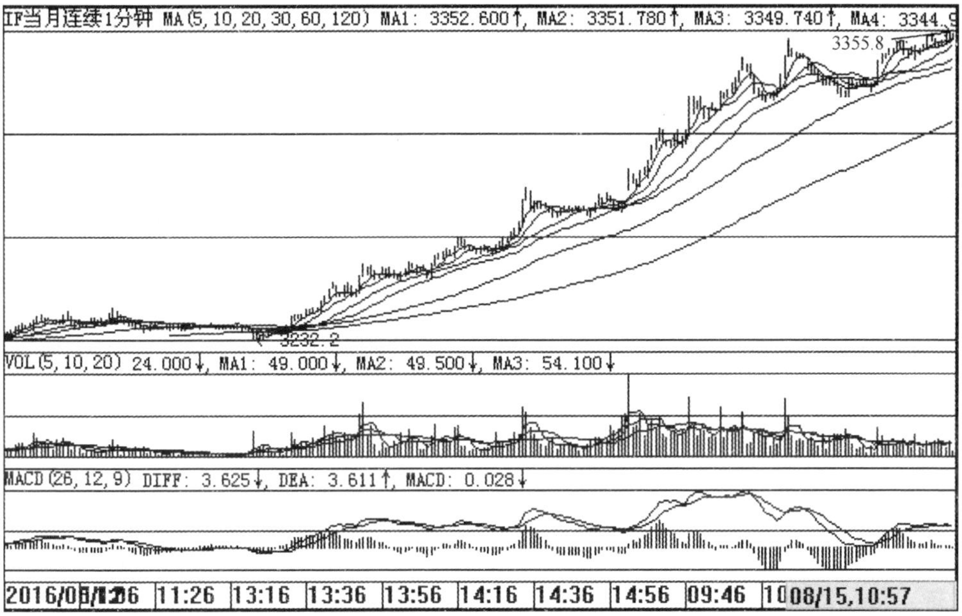

图 5-39

在这个散户眼里的标准高位，K 线形态、成交量、指标等因素，看似都不支持上涨。此时散户会怎么做？当然是做空！现在为什么缩量？因为该进来的空单都已经进来了，不会再有新的空单入场，而多单呢？该跑的也跑光了。此时我的持仓量有所下降。如此一来我还能下跌吗？当然不会了，空方的羊毛还得继续薅！

如图 5-40 所示，时间 11:02。

由于场内的多头走得足够干净，所以这次可以尽可能多涨一点，涨得越多，空方赔得越多。但我又不能一味涨个不停，你没看见我上涨的时候成交量一直放大吗？可恶的多方又进来了。

如图 5-41 所示，时间 11:17。

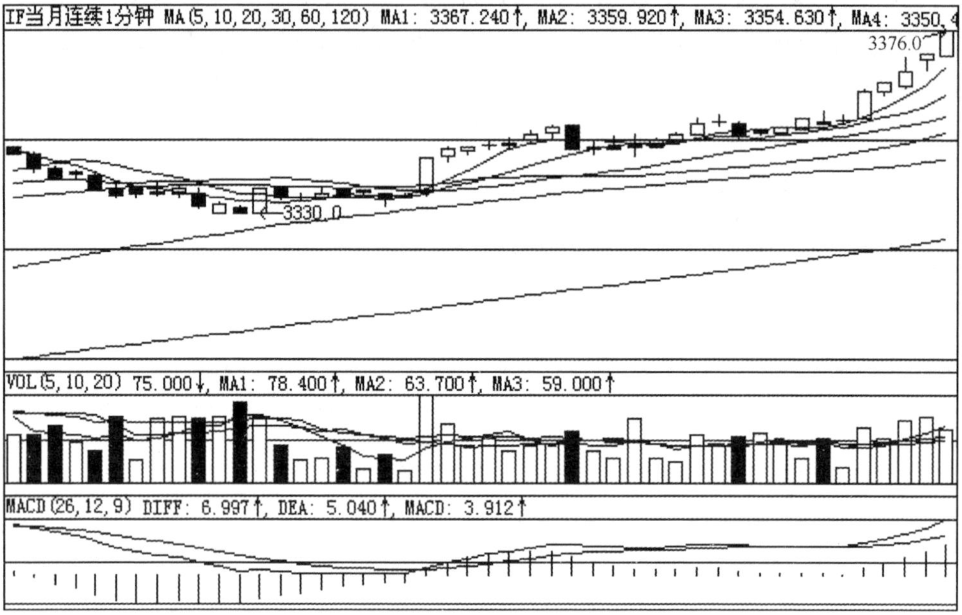
IF当月连续1分钟 MA(5, 10, 20, 30, 60, 120) MA1: 3367.240↑, MA2: 3359.920↑, MA3: 3354.630↑, MA4: 3350.4
3376.0
3330.0
VOL(5, 10, 20) 75.000↓, MA1: 78.400↑, MA2: 63.700↑, MA3: 59.000↑
MACD(26, 12, 9) DIFF: 6.997↑, DEA: 5.040↑, MACD: 3.912↑

图 5-40

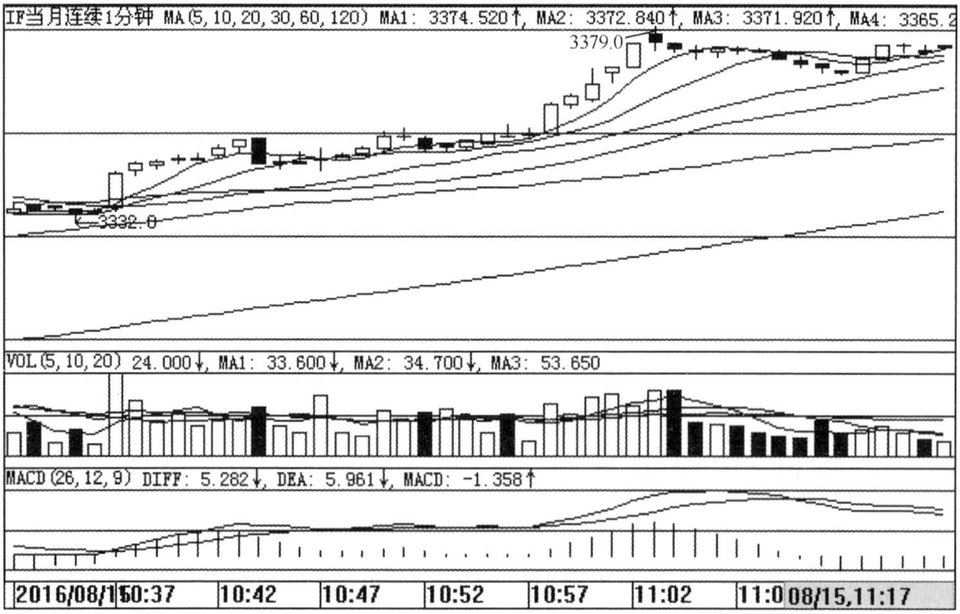
IF当月连续1分钟 MA(5, 10, 20, 30, 60, 120) MA1: 3374.520↑, MA2: 3372.840↑, MA3: 3371.920↑, MA4: 3365.2
3379.0
3332.0
VOL(5, 10, 20) 24.000↓, MA1: 33.600↓, MA2: 34.700↓, MA3: 53.650
MACD(26, 12, 9) DIFF: 5.282↓, DEA: 5.961↓, MACD: -1.358↑
2016/08/1510:37
10:42
10:47
10:52
10:57
11:02
11:0
08/15,11:17

图 5-41

安抚住空方，开始收拾多方。成交量又缩下来了，多方走净。这就是为什么我总薅空方的羊毛。我现在的价格太高了，连我自己都觉得有点过分。如此高的价格，多方很容易被清洗，他们赚一点就跑了。而空方呢？他们特别容易怀揣着最后一丝希望，盼望着下一根K线就是今天的最高点。在这样的情况之下，我想让散户亏钱，你说我该去薅哪一方的羊毛呢？

如图5-42所示，下午开盘第一分钟，13:01。

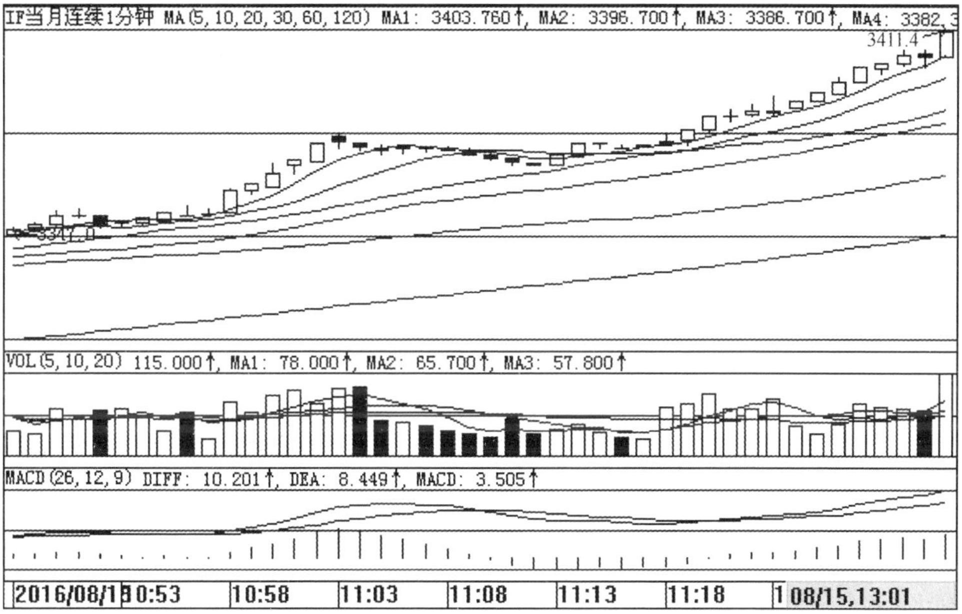

图5-42

涨得太过瘾了！太过瘾了！空方损兵折将，而多方也没几个人能赚到大钱。（虽然我不知道这样损人不利己的行为对我到底有什么好处，但是我就想这么干！）看我这一路上涨时有缩有放的成交量，这就是多方在不停地换手，而空方也饱受折磨。直到最后一根K线，成交量突放，情况有所转变。

如图5-43所示，时间依然是13:01，把画面压缩，看看整体走势。

被我折磨了整整一上午的空方，此时终于崩溃了，面对如此强劲的上涨，量能的爆发预示他们集体平仓。而此时，多方再也压抑不住内心的贪婪，不再甘心每次只赚一点小钱。

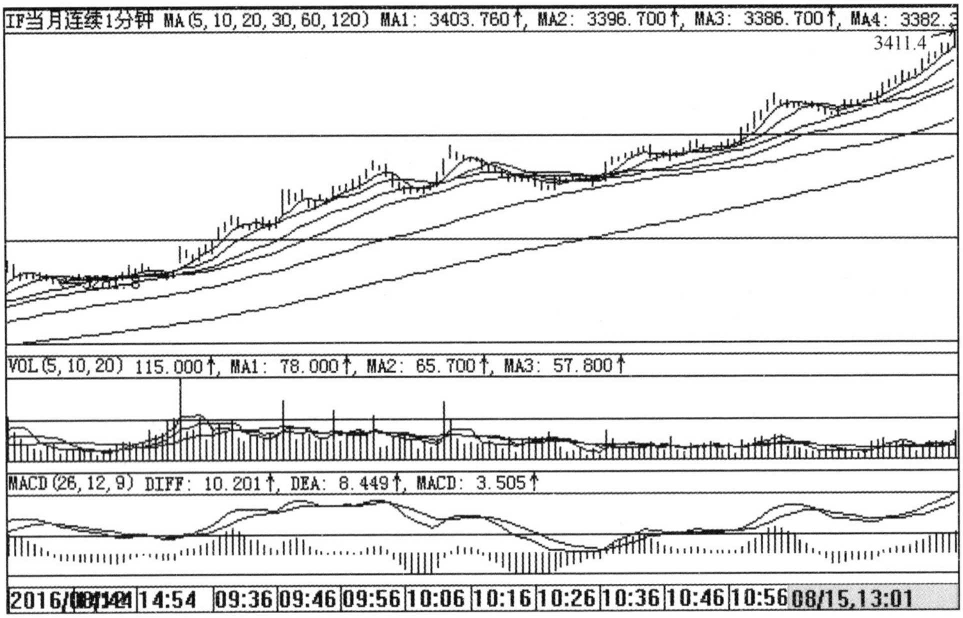

图 5-43

形态明朗了，多方的意志坚定了，空方的信念瓦解了。你说我下一步会怎么做？

下跌吗？别着急，我还需要更多的多单，越多越好。是时候惩治一下多方了，他们赚了一上午的钱，我早就忍不下去了。我要给多方致命的打击。

所以说，接下来，我无须安抚空方，因为他们已经崩溃了，我只需要贪婪地吸收多方筹码即可，等我吸收了足够多的多单，且看我如何下跌！

如图 5-44 所示，时间 13:10。

我用了 9 分钟的时间，只涨了 12 个点，却吸纳了很多的多单。你看成交量，已经无法进一步放大了。这就代表已经无法再吸引更多的多单入场。多方都坐稳了吗？我要开始下跌了！

如图 5-45 所示，时间 13:25。

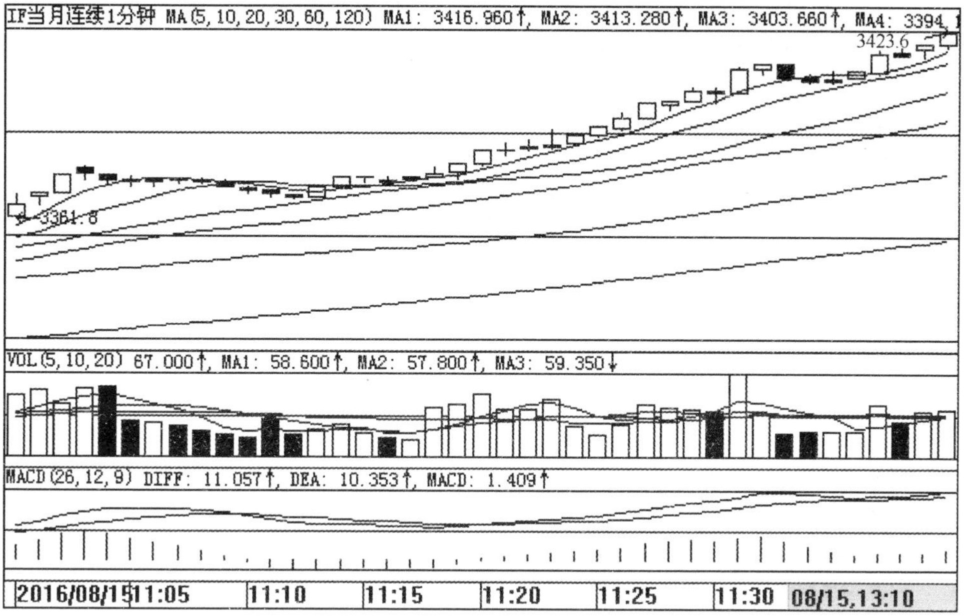
IF当月连续1分钟 MA(5,10,20,30,60,120) MA1: 3416.960↑, MA2: 3413.280↑, MA3: 3403.660↑, MA4: 3394.
3423.6
3361.8
VOL(5,10,20) 67.000↑, MA1: 58.600↑, MA2: 57.800↑, MA3: 59.350↓
MACD(26,12,9) DIFF: 11.057↑, DEA: 10.353↑, MACD: 1.409↑
2016/08/15 11:05
11:10
11:15
11:20
11:25
11:30
08/15,13:10

图 5-44

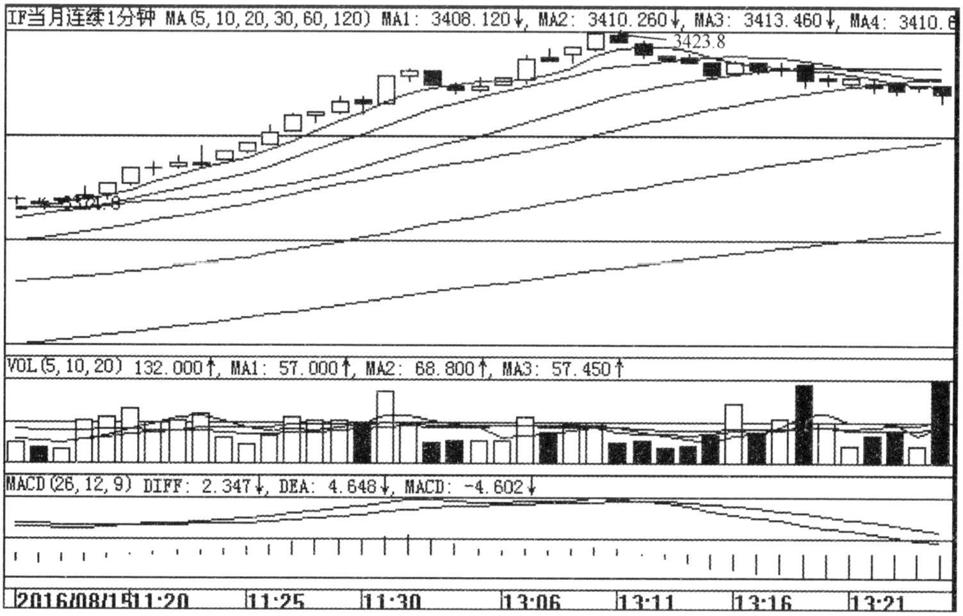
IF当月连续1分钟 MA(5,10,20,30,60,120) MA1: 3408.120↓, MA2: 3410.260↓, MA3: 3413.460↓, MA4: 3410.6
3423.8
VOL(5,10,20) 132.000↑, MA1: 57.000↑, MA2: 68.800↑, MA3: 57.450↑
MACD(26,12,9) DIFF: 2.347↓, DEA: 4.648↓, MACD: -4.602↓
2016/08/15 11:20
11:25
11:30
13:06
13:11
13:16
13:21

图 5-45

第一波下跌来袭！欢迎多方来抄底！

如图 5-46 所示，时间 13:48。

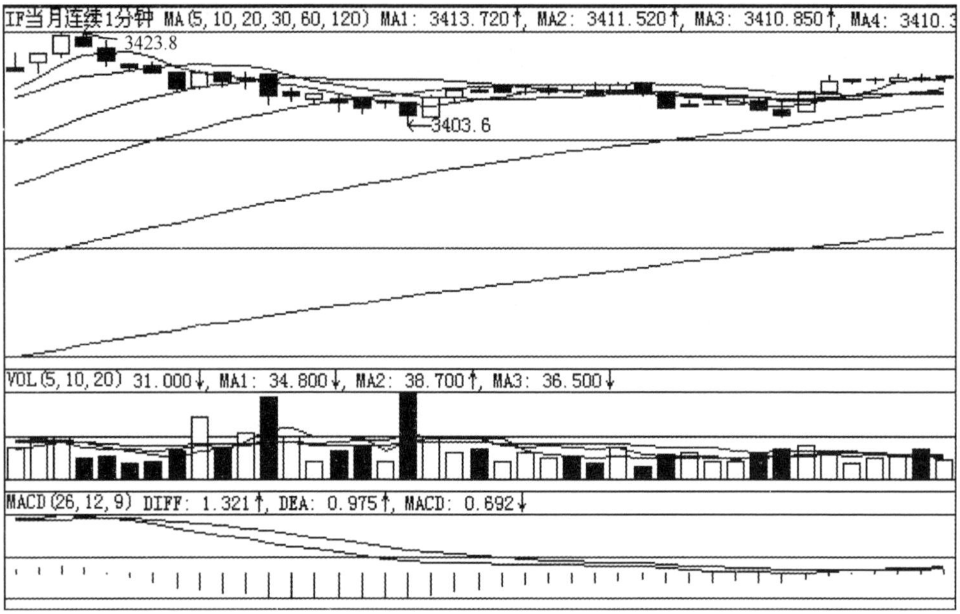

图 5-46

抄底的筹码都进来了吗？好吧，第二波下跌开始！

如图 5-47 所示，时间 13:51。

刚才混进来这么多的空单，我怎么没察觉呢？得赶紧让他们少赚点钱走人！

看着空方赚了点，乐呵呵地走了，我就可以继续放心地下跌了。不过下跌之前还有点事情需要处理一下。突放巨量不仅意味着场内的空方抽身离去，还意味着有新的多空方在此处对开。我需要花点时间整理一下他们的思维，在不继续下跌的前提下赶走场内空方，诱惑场外多方。

如图 5-48 所示，时间 14:40。

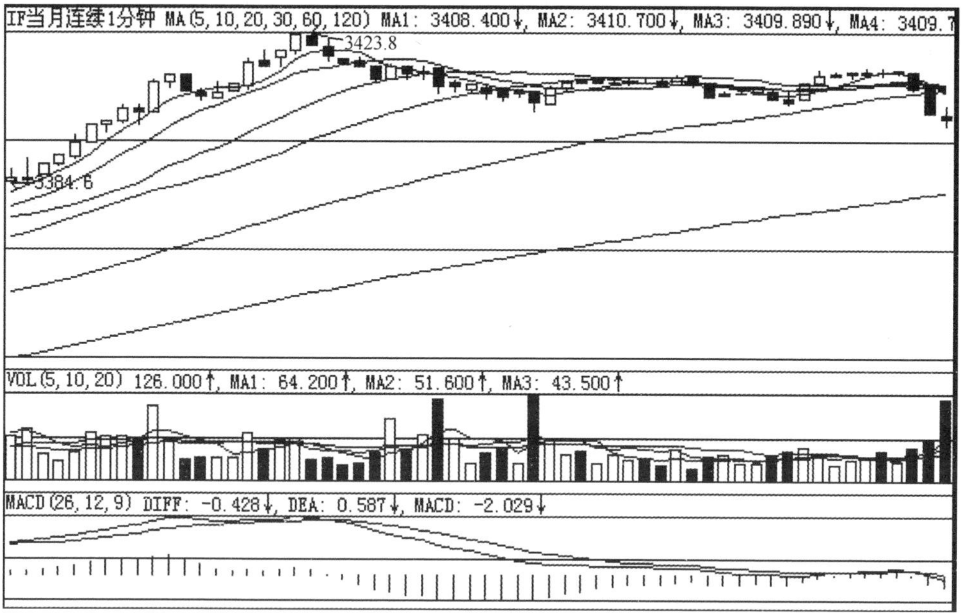
IF当月连续1分钟 MA(5,10,20,30,60,120) MA1: 3408.400↓, MA2: 3410.700↓, MA3: 3409.890↓, MA4: 3409.7
3423.8
3384.6
VOL(5,10,20) 126.000↑, MA1: 64.200↑, MA2: 51.600↑, MA3: 43.500↑
MACD(26,12,9) DIFF: -0.428↓, DEA: 0.587↓, MACD: -2.029↓

图 5-47

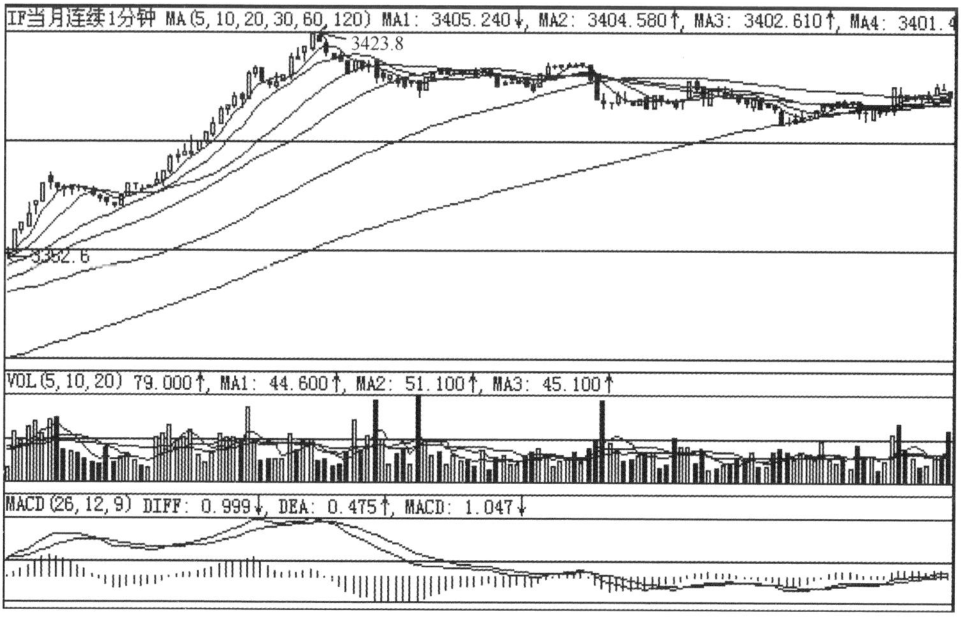
IF当月连续1分钟 MA(5,10,20,30,60,120) MA1: 3405.240↓, MA2: 3404.580↑, MA3: 3402.610↑, MA4: 3401.4
3423.8
3352.6
VOL(5,10,20) 79.000↑, MA1: 44.600↑, MA2: 51.100↑, MA3: 45.100↑
MACD(26,12,9) DIFF: 0.999↓, DEA: 0.475↑, MACD: 1.047↓

图 5-48

K线不把所有均线都踩在脚下，他们是不会相信的。为了黏合均线，我不得不花去将近一个小时的时间。好在这么长的时间里，我没有把点位抬上去，此时场内多方获利甚微，不肯离场，但很多空方都有点不放心了，纷纷离去。那么就请多方系好安全带吧。距离收盘没有多少时间了，我得抓点紧。

如图 5-49 所示，时间 14:52。

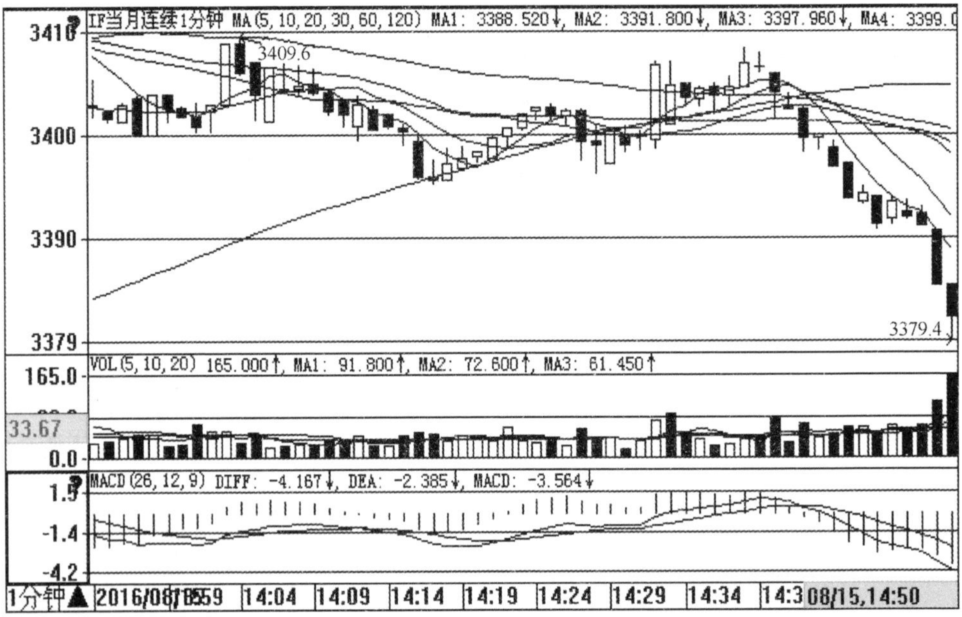

图 5-49

多方现在才醒悟过来，纷纷割肉离场，是不是晚了点呢？如此明显的下跌形态，让多方出去了，空方进来了。快收盘了，怎么办呢？不管怎么办，继续下跌肯定是不行的。那就上涨好了，再薅点空方羊毛。

如图 5-50 所示，时间 14:58。

再涨上去无非是送给多方免费午餐。涨到这个份上足以吓走空方了。如今量能萎缩，代表能走的空方都已经走了，再涨上去高兴的可是多方。

如图 5-51 所示，时间 15:00。

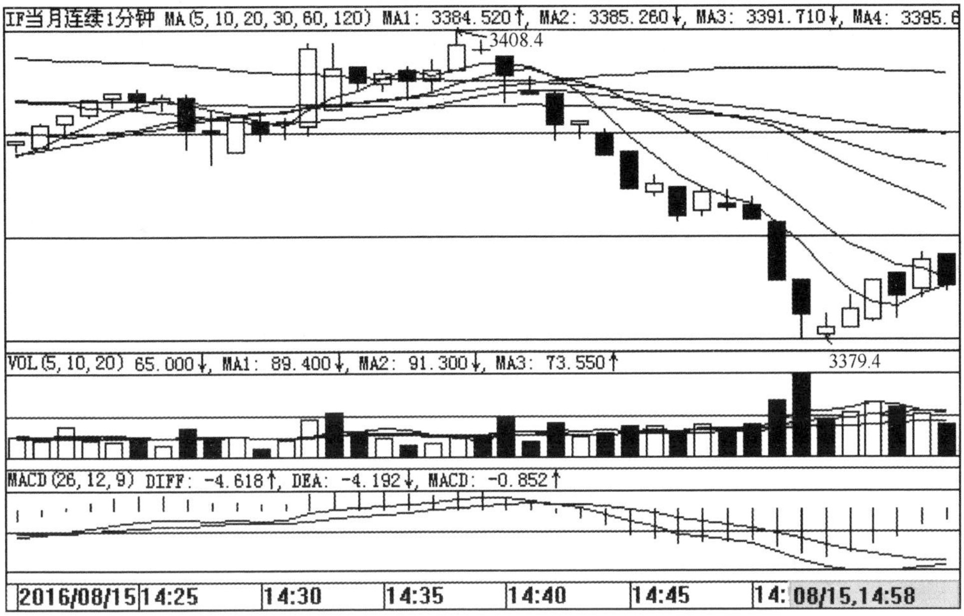
IF当月连续1分钟 MA(5,10,20,30,60,120) MA1: 3384.520↑, MA2: 3385.260↓, MA3: 3391.710↓, MA4: 3395.6
3408.4
3379.4
VOL(5,10,20) 65.000↓, MA1: 89.400↓, MA2: 91.300↓, MA3: 73.550↑
MACD(26,12,9) DIFF: -4.618↑, DEA: -4.192↓, MACD: -0.852↑
2016/08/15 14:25 14:30 14:35 14:40 14:45 14: 08/15,14:58

图 5-50

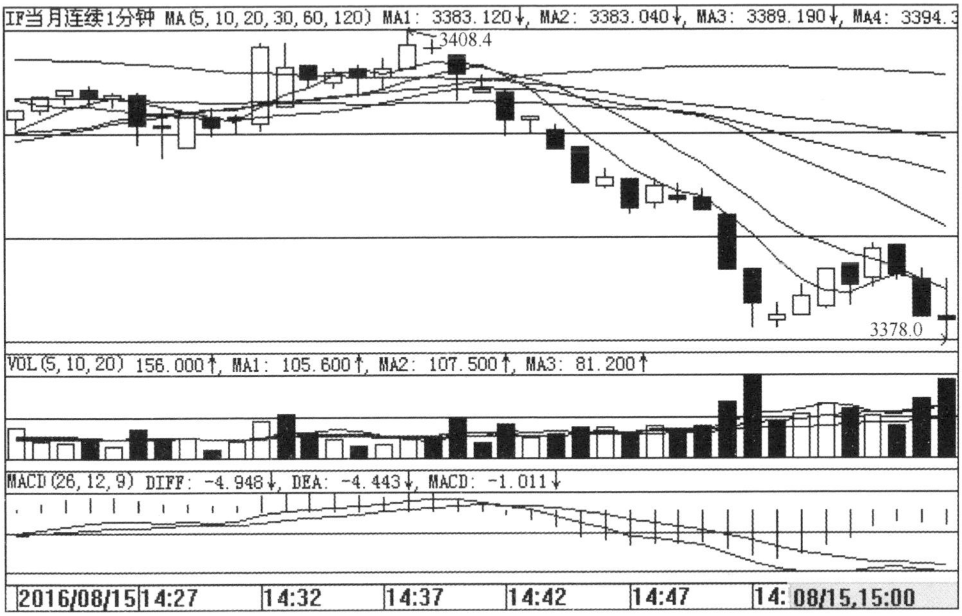
IF当月连续1分钟 MA(5,10,20,30,60,120) MA1: 3383.120↓, MA2: 3383.040↓, MA3: 3389.190↓, MA4: 3394.3
3408.4
3378.0
VOL(5,10,20) 156.000↑, MA1: 105.600↑, MA2: 107.500↑, MA3: 81.200↑
MACD(26,12,9) DIFF: -4.948↓, DEA: -4.443↓, MACD: -1.011↓
2016/08/15 14:27 14:32 14:37 14:42 14:47 14: 08/15,15:00

图 5-51

如此明显的下跌形态，如此明显放量迹象。虽说持仓量急剧下降，平多和开空的散户一定以为自己做对了。明日直接高开高走，吃定他们！

如图 5-52 所示，时间 2016 年 8 月 16 日 9:32。

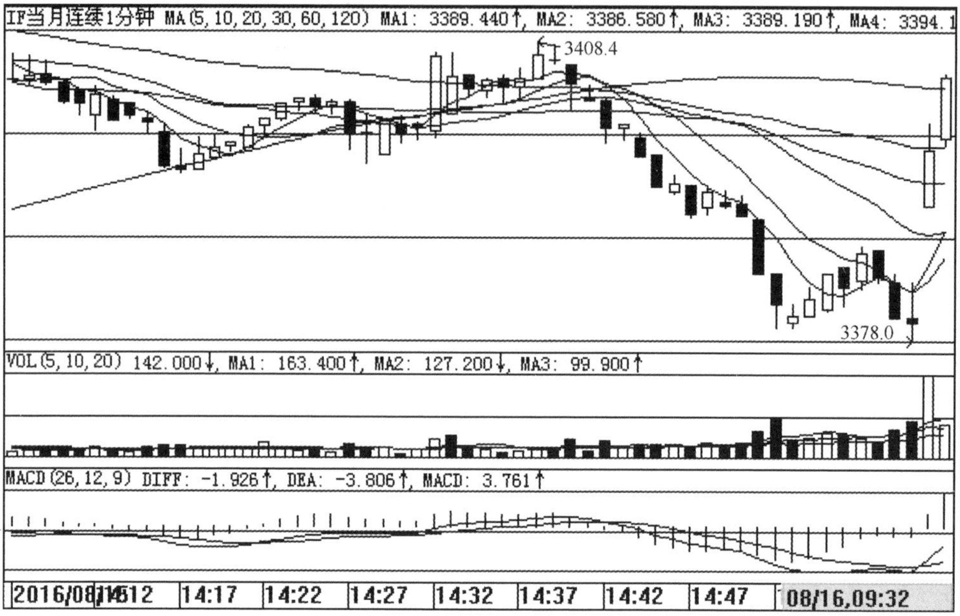

图 5-52

昨天尾盘入场的空方，今天一开盘就被干掉了。而与之对开的多方，市场不得不让他们盈利。但是市场正在一面安抚这些得利的多方不要过早离场，一面又在盘算如何在接下来的行情中一步一步地将他们消灭……

如果这是一个故事的话，它永远也讲不完。只要市场还在，只要 K 线还在产生，这个故事就没有尽头。虽然这个故事总也讲不完，但是它的情节却经常重复。每一段行情的结果，都是下一段行情的原因。市场在每一段行情中，都是在一举两得地做着两件事情：安抚一方，同时消灭另一方。然后，市场会紧接着在下一段行情中去消灭现在正在被安抚的这一方。但巧合的是，市场每一段行情所消灭的那一方几乎都是上一段行情中貌似会持续的那个方向。而貌似行情会往哪个方向发展，就往哪个方向下单，这正是散户的特长。

四、市场中的生存之道

若想在市场（股票市场、期货市场都是如此）中长久生存，并最后获得最大的成功，我们就必须学会看出市场目前的形态是在安抚谁，同时又是在消灭谁。然后，我们就可以在市场的安抚行为即将结束的时候，朝着刚才被安抚的反方向下单，也可以在市场的消灭行动轰轰烈烈地进行完之后，朝着刚才被消灭的那个方向下单。最后，发现自己正在被市场安抚之时果断平仓。但巧合的是，可以盈利的持仓方向，无论在什么样的行情里，都是你的潜意识非常抵触甚至害怕的方向。而那个能给你带来亏损的方向，无论在什么样的形态下，都是你主观认为继续持有也无妨的方向。

对于股票投资者来说，本章内容也同样具有较大的实战意义。因为你可以在市场正在上涨的时候，把自己想象成前期做空的空方，假如现在的上涨形态无法让你觉得恐惧，无法让你平掉空单止损离场，那么多半说明上涨行情还会继续。一直继续到你所扮演的空方角色再也经不住煎熬，再也承担不了更多的亏损，愤然离场之时，真正的空方行情就快到了！

在期指的操作中，如果把做多、平空的字样换成“买入”，把做空、平多的字样换成“卖出”，我们会发现，股票和期货其实有无数相同相通之处。它们二者都是通过 K 线的运行来调动投资者情绪，利用投资者的情绪，使他们作出错误的选择。

下面，笔者根据散户十条中所讲述的内容，根据行为金融学中对人类有限理性的讲述，向期指市场中的投资者奉上以下几点操作建议。

第一，再有信心，轻仓试探

所谓试探，就是当我们看好一个机会的时候，不要过分相信自己。即便是杰西·利弗莫尔，他的第一手交易也永远不是重仓入场的。轻仓入场是对市场的敬畏和尊重，也是减轻心理负担的手段，更是不确定性袭来之时保护自己的有效措施。因为你轻仓，所以你淡然；因为你淡然，所以你理智；因为你理智，所以你能接受失败；因为你是一流的输家，所以你才是一流的赢家。

第二，机会出现，敢于加仓

当你在某个点位轻仓入场之后，随着指数朝你开仓的方向运行，你的利润便会逐步增加。这不代表赚到钱了就应该立刻离开，而是你已经看对了方向，在市场开始安抚你之前，可以考虑进一步扩大战果。那么在什么时候加仓比较好呢？就在下一次出现假如刚才你没有开仓，现在正是同向入场良机之时。

第三，是非之地，不可久留

即便你严格按照科学的操作方法进行操作，也难免会有失败的时候。投机的魅力正在于此。巴菲特曾经说过这样一句话：假如市场中没有意外出现，我将是站在大街上的一名流浪汉。

无论你经过多么科学的分析，最终都要朝着某个方向下单。下单之后，经过你认为足够长的时间（从几分钟到几天甚至几周不等，全看你是哪个时间跨度下的投机者），市场不但没有让你顺利获利，反而是在你的反方向上移动。这时，请立刻离开！

第四，若想成功，尽量宏观

杰西·利弗莫尔是笔者非常崇敬的投机大师，他的投机思想早已潜移默化地渗入本书中了。如果你读过他的书，就会发现，他从来不做日内短线，只要出手，一定是大手笔的趋势交易（美国的股市如同我国的期货市场，除了没有涨跌停的限制，杠杆、双边、T+0 都有，尽管如此，利弗莫尔从来不在场内剥头皮）。

为蝇头小利而斤斤计较的人永远无法成为真正的高手，再科学的分析方法也必须在宏观的方向上去使用。而且你的格局越大，视野越宏观，成功率就会越大，同时单笔交易的收益率也会越大。古今中外的投资大师都是站在宏观的层面，把握住几次市场的大趋势，才奠定了雄厚的资本基础。

无论股票还是期货，交易者若没有格局，一切都是空谈。只有在一定的格局框架之下，各种各样的上乘投机方法才能够显现出它们无与伦比的优势和效果。但格局不是靠看书能学来的，而是需要靠磨炼和沉淀。在格局较小的阶段，投资者更需要时刻克制自己内心深处的短视想法，与急功近利的

“本我”激烈斗争，强迫自己去做那些相对大一点格局的事情。尝到了大格局的甜头之后，在适应新格局的基础上再向更高一个层次迈进。

这不是一种学习，而是一场修行。若能成功地完成这场修行，你所得到的虽不是曾经寻找、追求的秘籍，却是通透、恒久的觉醒。

在你完成这场修行不久之后的一个偶然间，你会发现有些事物正在相继改变，不只是你所持有股票的走势，还有你眼中的整个世界。

第六章　在股市中觉醒

导读

觉醒是灵修领域的一个名词，它代表灵修者已经从睡梦中清醒过来。那么灵修者每天早上都“觉醒”一次吗？不是的，在他真正的觉醒以前，一直都“睡”着。

当一个人真正地觉醒之后，他便会有一种感觉，其他人明明是清醒的，却貌似在“沉睡”。他们回答说知道，但真的不知道自己想要什么。他们回答说明白，但真的不明白自己正在做什么。他们虽然在生理上是清醒的，但其一言一行、一颦一笑，都在受其沉眠的潜意识所支配，故而如在梦中。

本书最初取名为“在股市中觉醒”，就是为了唤醒“睡梦”中的投资者。而本章的内容，也为其在觉醒之路上指明了方向。

一、觉醒之路

看到这里，想必广大读者已经对炒股有了更深一层的认识。以前我们所热衷的分析方式，例如：分析K线形态、寻找支撑与压力、辨别量价关系、等待指标金叉、研究基本面数据、解读宏观经济政策……这些其实都不是炒股的正确方法。换句话说，用这类方法炒股很难在市场中取得真正的成功。因为这类方法只能在交易的金字塔中处在相对较低层面，如图6-1所示。

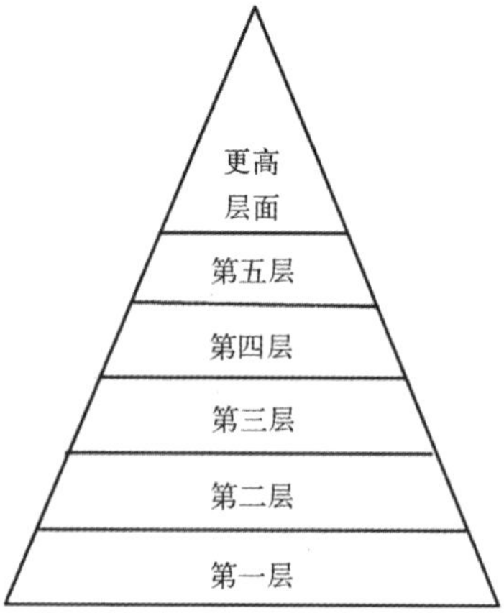

图6-1

由于内容较多，笔者无法只在一幅图中表

示出所有层面投资者各自的状态，所以笔者只能把更详细的内容放到下面的表格中详细说明（见表 6–1），请大家自下而上阅读。

表 6–1

<table>
<tr><th colspan="6">不同层次投资者的不同状态</th></tr>
<tr><th>层面</th><th>自我评价</th><th>思想状态</th><th>盈利能力</th><th>研究对象</th><th>备注</th></tr>
<tr><td>更高层面</td><td colspan="5">人上有人，天外有天</td></tr>
<tr><td>第五层（光明顶）</td><td>炒股其实是一项自己与自己玩的游戏，是通过战胜自身恐惧、急躁、贪婪而获利的游戏。他们已经可以克服自身情绪对交易带来的一切影响，实现真正的内心平和</td><td>他们在这个层面上“解锁”了一项新技能——大局观，变得热衷于成功率近乎 100% 的中长线交易，而不再屑于短线战场上的拼杀技能。在他们看来一年只做一到两笔成功的中线交易就足够了</td><td>互有胜负的短线交易几乎在交易记录中绝迹，每年只做寥寥几笔交易，但是每笔交易的持股时长和盈利幅度都显著提升，单笔交易重仓盈利 50% 以上已是常态</td><td>自己</td><td>他们懂得要耐心等待时机、耐心持股，一只股票能够在盈利状态下继续持有数个月，并且在大赚之后成功离场。至此他们终于不再迷茫，实现了入市以来真正的质变</td></tr>
<tr><td>第四层（高寒区）</td><td>到底什么是“会炒股”？我算是会炒股的人吗？我还有太多的问题需要思考</td><td>虽然相信散户情绪的研究之路是正确的，但又无法解决自己所面对的新的困境</td><td rowspan="2">交易成功率明显提高，一般情况下都能有所盈利。但很难获得巨额利润，在市场下跌过程中利润有所回吐</td><td>市场</td><td>他们很失落，在遭受迎头痛击之后，虽然元气可以慢慢恢复，但是依然看不到胜利的曙光。好在这个阶段的人已经获得了“开放思想”</td></tr>
<tr><td>第三层（无人区）</td><td>我非常会炒股，感觉一般人都比不上我</td><td>发现研究散户心理赚钱更容易，感觉自己已经获得了交易的无上至宝</td><td>散户</td><td rowspan="2">他们很浮躁，“成功是失败之母”，由于获得了几次较大的成功而自信爆棚，惨痛的失败离他们已经不远了</td></tr>
<tr><td>第二层（滞留区）</td><td>我会炒股，但还有一些东西需要继续学习</td><td>认为可以通过研究主力意图达到最终盈利的目的</td><td rowspan="2">交易的整体成功率较低，只有在大盘连续上涨之时才能轻松获利</td><td rowspan="2">主力机构</td></tr>
<tr><td>第一层（新手区）</td><td>我不会炒股，要学的东西太多了，请大家多多指教</td><td>希望通过学习在股市中轻松赚钱</td><td>他们很谦虚，但是理想虽然美好，现实却很残酷</td></tr>
</table>

第一层，新手区。

这是投资者在修行之路上的第一站，这里怪傻钱多升级快。少则个把月，多则一年左右，便可以顺利地进阶到第二层了。处在第一层的投资者们，他们的进阶道路之所以平坦，是因为投资交易中的那些基础的概念和传统的股票分析方法都很容易掌握。在掌握了那些知识之后，自然会对市场后市产生自己的看法。而一旦敢在交易中提出自己的看法，并付诸实践，无论结果如何，他们就已经身处交易的第二个层面了。由于他们深知自己要学的东西还有很多，所以总是谦虚地向别人请教，他们人缘很好，进步很快。

第二层，滞留区。

说这里是投资者修行之路上的“滞留区”，是因为无数投资者已经在此阶段滞留多年，而丝毫没有更上一层楼的迹象。不是他们不愿意进步，而是因为他们的所见所闻都在向他们暗示“这里便是修行之路的终点”。大家在这个层面交换心得，相互学习，可是学来学去都是类似于如何研究主力之类的东西。他们通过观察 K 线走势，运用学到的方法，对未来的行情进行预测，慢慢地就发现了“大家其实都差不多”，于是就愈发有共同语言了。虽然分析的花样总是不断翻新，但他们的交易水平却多年来原地踏步。

这一层面中的绝大多数成员都有共同的缺点——虚荣、好面子。他们更愿意把自己赚钱的交易拿出来与大家分享，获得赞美和掌声，却不肯偷偷地打开自己的股票账户，把赔钱的交易列出来仔细研究。研究自己的失败经历会感到痛苦，若别人直言他们的失败更会使他们愤怒。我想这才是阻碍他们成功进阶的最大原因吧。获得成功时有人赞扬，遭受失败时又有无数难友，这里实在是安逸，难怪这里成为股票投资之路上的滞留区。

第三层，无人区。

因为大多数投资者都被滞留在第二层，所以第三层的“人口密度”急剧下降。一位普通的散户投资者（自入市以来便接受传统投资教育的投资者），若没有高人的指点、没有敏捷的思维、没有面对伤疤的勇气，想要到达这一层面几乎是不可能的。而一旦他真的做到了，必然会因为思想境界的升华而有一种醍醐灌顶般的感觉。在这个层面上，他似乎可以真正看透自己曾经任何一次惨痛失败的真正原因，也能看穿市场下一步将要给散户布下什么样的陷阱。他操盘的成功率会有显著提升，所获得的利润在短时间内也会有质的飞越。

在这里，有两点是美中不足的。第一点：孤单。由于他放弃了大家都在使用的分析方法，所以脱离了原来的阵营。他的观点变得“隔路”。曾经志同道合的股友，现在已渐行渐远。成功了，没有人赞同；失败了，却可能招来嘲讽。他突然变成了一只丑小鸭，一只根本不知道自己能否变成天鹅的丑小鸭。第二点：交易成绩不稳定，能够赚钱，也更容易赔钱。由于他的交易水平确实得到了本质性的提高，因此漂亮的交易时有出现，这使得他自信爆棚，踌躇满志，比他们身处第二层的时候更加自我。所以对风险必然有所忽略，这是他未来遭受重创的原因之一。原因之二，对散户的理解并不是交易的全部真谛。他们还没来得及认识随机的力量，还没了解到自身思维的缺陷。此时的他们，如同一名手握半截长矛，又没有盾牌的士兵，打败了一群残兵败将之后，发现自己已经英勇无敌，最后只身冲向敌军的精锐部队。后果可想而知，有的人能够伤痕累累地活着回来，有的却一去不复返。

这就是第三层是无人区的原因。本来能够来到这里的人就很少，这些人中，有的人回到第二层“养伤”，有的人从此“消失不见”，留在此处能够站起来继续前行的人又有多少呢？

第四层，高寒区。

高寒区，海拔3000米以上，常年低温，冰雪不化，空气稀薄，一般动植物难以生存。用这个名字来命名投资者修行之路上的第四站，大家更能体会那些成功地突破第三道壁垒，来到第四层之人的感受了。

从表6-1中我们可以直观地看到身处第三、第四两层投资者的相同点和不同点。

相同点：①对于散户心理及情绪的研究是他们成功进阶的有效手段。②过分执念于通过分析散户心理而得出的结论，使他们屡屡遭受市场的重创。在某些时候，这种失败所带来的损失不亚于第一、第二两层投资者所遭受的亏损。因此，交易业绩尚不稳定。③明明跳出三界外，为何还在五行中？明明已经清晰地看透第一、第二两层投资者为什么失败，怎么还不能获取最后的成功呢？他们已经深刻地感受到，投资修行之路越走越艰难。如此艰难的修行，何时是个尽头呢？迷茫和无助将紧紧地缠绕着他们。

不同点：①研究对象的不同。不知大家是否察觉，第三层的投资者之所以能够突破第二道壁垒，完全是因为研究对象的转换，所以改变了他们的思维方式，才使得他们最终成功进阶。第三、第四两层的投资者其本质区别也是研究对象的不同。这次他们把研究对象从散户又换成了市场。这代表他们开始放弃了以自我为中心的“主观预测式”分析方法，开始学会尊重市场，在遵守市场运行规律的前提之下，尽量避免让自己的发言淹没市场的声音。这是一个从自我到无我的阶段，也是一个从主动到被动的转变。而这个转变，绝非一日之功。②盈利能力的不同。处于第三层的投资者，虽然拥有了更为先进的思维模式，但由于经常和市场作对，所以与第一、第二层的投资者一样，容易伤痕累累，有时候甚至比他们伤得更重。随着研究对象的转变，随着他们心中自我意识的逐渐减弱，他们与市场的和谐程度将逐步提高，盈利能力自然开始提升。虽然表 6-1 中，把第三、第四层的投资者归于同一盈利能力范畴，但第四层是投资者盈利能力的起飞点。请大家注意：初出茅庐之时许下的伟大志愿，到了这个时候才刚刚看到实现的希望！

高寒区不同于无人区，身处第四层的投资者数量反倒比第三层还要略微多一些。因为只要坚守散户情绪分析的正确道路，就能至少留在第三层。只要没有过早地被市场打倒，投资者们都能慢慢地意识到散户情绪分析的缺陷，从而将对市场未来走势的发言权逐步地从自己让渡给市场本身。这也就顺理成章地进阶到第四层。正是因为第四层的“死亡率”远低于第三层，所以反倒拥有比第三层更多的“人口数量”。

有些投资者可能会发现自己同时拥有第三、第四两层的特征，非常想弄清楚自己当下到底处于哪个层面。其实完全没有必要！因为无论你身在何处，你的目标都是更上一层楼。你只需要对照表 6-1，发现自身尚不具备的特质，并努力地完善自我，这就足够了。因为朝着正确的方向不断前进，这本身就是一种成功。

第五层，光明顶。

笔者借用这个地名作为第五层的名称，不过是告诉大家这里是一个可以看到光明的山顶。切记这里是光明顶，不是珠穆朗玛峰。人上肯定有人，天外必然有天！等你到了这个地方自然明白，这里是修行的一个落脚点，也是对你未来几十年投资生涯整体考验的起点。

身处第五层的感受，需要从突破第四层屏障开始说起。当一个投资者学会了顺应市场（看见涨了就立刻买入，看见跌了立刻卖出，这种“顺应”是第一、第二层投资者所为，和我们这里说的顺应完全不是一回事），知道了存在即合理的真正含义，懂得了如何去看待市场当下最完美的一面之后。他一定会在某个偶然间突然发现，原来炒股如此简单。从宏观趋势的角度观察个股的整体结构，从微观的角度分析各高低点的意义和相互之间的关系，这只股票是否值得一做就已经非常鲜明了。换个角度来说，当投资者到达第五层境界之后，对自己的思考将大于对股票的思考。炒股变成了自己和自己玩的游戏。以前对股票提出的能不能涨、会不会跌的疑问统统变成“我在想什么”“我要如何处理这个问题”“我在这个阶段有没有犯什么错误”等问题。

这里笔者需要着重强调：第一层至第四层给投资者带来的变化仅仅算是量变，真正的质变是身处第五层中并拥有了大局观之后产生的。大局观给投资者带来的改变不仅是深刻的、本质的，更是全方面的，例如：

从分析个股当前的局部形态为主导变化为以分析个股整体结构为主导；

从沉迷于短线盈亏的拼杀到放弃对短期利润的期盼；

从对短期不确定性的忐忑不安到对中期收益的胸有成竹……

至此，投资者终于完成从菜鸟到高手的转变。他们不再是什么都不会的菜鸟，也不是学了某种高级方法的菜鸟，而是从内心深处、思维方式、言谈举止等方面发生了彻底的、本质的、不可逆的良性转变，这种转变可以用另外一个词概括——成长！

借用王国维先生提出的治学三境界作为本节内容的收尾：

（1）昨夜西风凋碧树，独上高楼，望尽天涯路。

（2）衣带渐宽终不悔，为伊消得人憔悴。

（3）众里寻他千百度，蓦然回首，那人却在，灯火阑珊处。

二、随机力量，不容小觑

本书旨在帮助广大投资者认识到交易的真谛，从而理性投资。如果有人觉得笔者所述内容有一定道理，并从中得到收获的话，笔者深感欣慰。既然是帮助广大读者，那么在本书最后的几个小节中应该写一些正在进步中的投资者最需要的东西，其中对于随机的理解自然是首选。先来看这样一个故事：

新手、老手、高手三个人在一起谈论股票。新手说：你们看这只股票，它满足了A、B、C三个条件，所以明天一定会上涨。老手说：太绝对了，我认为当这只股票在同时满足A、B、C、D四个条件之后，才能断定它近期上涨的可能性会更大一些。这时高手清了清嗓子，喝了一口茶。新手、老手立刻竖起耳朵，等待高手发表高论。高手说：我什么都不知道，你们二位请继续说吧。

请不要以为高手在这里故作谦虚，他不是不想说，而是什么都不敢说。有些人无论事前做了多么错误的判断，事后都会厚着脸皮为自己找到挽回颜面的借口，而有些人认为错了就是错了。很多人面对着股票侃侃而谈，其潜意识里都是为了能够在股票上涨之后炫耀一下自己的分析能力，和面子相比，是否真的能从这只股票上赚取真金白银并不是最重要的。

但还有些人，他们认为如果自己推荐的股票下跌了，对于他们自己而言，这只是个不到10%的小概率事件。但在别人眼里，这却是一个100%的错误。所以对他们而言，与其事后寻找借口，还不如当初承认自己什么都不知道更舒服一些，因为他们知道一切皆有可能。

“一切皆有可能”是一个比较抽象的道理。因为无限的原因与无限的结果被当下这一时刻左右分隔，左面是无限的原因，右面是无限的结果。任何一个原因都会对未来的结果造成影响，而我们永远只能看到其中有限的一部分。任何一个结果在确实发生之前都只是一种“可能”，只有在发生了之后才能被称为“结果”。如果你承认自己能够看到的原因是有限的，尚未看到和不可能看到的原因是无限的，那么你就会明白为什么无论如何分析，你认为即将发生的那个“结果”都不一定是肯定会发生的那个“结果”，这就叫随机。

因为宇宙是在不断变化的，宇宙中的一切也在随之不断变化。假如你可以控制时间，让刚刚发生的事情重来一次，那么第二次发生的结果和第一次未必相同。因为产生结果的原因本身也受随机因素的影响在不断变化。所以，就算你把时间倒推至2亿年前，让地球重来一次的话，你会发现，当时称霸地球的未必还是恐龙，这也叫随机（在这里笔者向大家推荐一本含金量很高的书——《随机漫步的傻瓜》）。

如果你不了解随机的力量，认为上帝不会掷骰子，于是在你发现的有限原因和已经产生的唯一结果之间硬性地寻找恒久关联，这种行为就是很多投资者正在做的事情——追求技术上的进步。

三、行为金融学对投机的重要性

如果有人问：哪个学科对股票投资最有帮助？笔者一定会毫不迟疑地回答：行为金融学！为什么不是其他学科呢，如经济学、金融学、心理学、哲学等？还记得我们在第一章中所讲述的内容吗？既然市场运行的终极规律就是让散户亏损最大化，那么哪一门学科能够清楚地告诉你市场中的散户投资者们在不同情况下的实际决策行为？只有行为金融学！

行为金融学中有很多已经成型的基础理论，不需要深度挖掘便可以轻松地使用在你明天的操作上，且效果立竿见影。例如锚定效应。

锚定效应

锚定效应指的是人们在对某人某事作出判断时，易受第一印象或第一信息支配，就像沉入海底的锚一样把人们的思想固定在某处。它一旦确定就很难被改变。作为一种心理学现象，锚定效应普遍存在于生活的方方面面。第一印象和先入为主是其在社会生活中的主要表现形式。

在股票投资中，市场经常利用“一旦形成就很难改变”的锚定效应来诱使投资者作出错误的决策。例如，股票在某一日突然走出一根强劲有力的大阳线。在很多人看来，这是股票向上突破并持续上涨的积极信号，但这仅仅是一个“锚”。这个“锚”定住了无数散户的多方思维，以至于在上涨当日和未来的一段时间里，只要这只股票在盘中稍微一涨，就有很多跟风的散户立刻买入。而这些散户买入的真正原因不是今天的上涨，而是前几天的那个“锚”。他们看到前几天的那个大“锚”之后，就认为今天或者明天也能走出一根同样涨幅的大阳线。这个理论或许听起来有些荒谬，但它确确实实存在于散户们的潜意识中。

一个散户的思想是否已经被市场“锚定”，是很容易区分出来的。

没有被锚定的投资者，他们买入的理由是“我看能涨”。已经被锚定的投资者，他们买入的理由是“再不买就涨上去了”（潜意识在催促你尽快买入）。这里是有细微差别的，我们在即将按下“买入”键的那一刻，只要稍加留意便可感知到自己内心的真正想法。然而无数事实证明，没有被锚定的思想所指导出来的交易，大部分都是成功的，而已经被锚定的思想所指导出来的交易，几乎都是失败的。

与上涨同理，下跌形态一样可以锚定散户投资者的思想。没有被锚定的投资者，他们卖出时所想的是“上涨趋势已经结束了”。而已经被锚定的投资者，他们卖出时想的却是“再不卖就要跌了”或者“再不卖说不定还会跌更多”（潜意识在催促你尽快卖出或者此时千万不要入场）。

在笔者看来，一位投资者在交易上能否取得成功，并不在于他分析方法是否高明，而在于他的交易有多少笔是被市场事先锚定之后做下的。这就可以解释，为什么很多人分析得头头是道，可一上手交易就会亏损。

下面请看实战案例：

如图 6-2 所示，武昌鱼这只股票经过前期稳步的向上攀升之后，今日（2015 年 11 月 27 日）出现加速上涨，直逼 10.00 元整数关口，当日涨幅为 8.14%，最高价 10.00 元是当日涨停价格。这就是一个非常漂亮的锚，它定住了散户们的上涨思维。从前期稳步的攀升形态来看，这段形态本身就是一个铺垫，无数散户都在等着它开始快速上涨的这一天，同时也深信它能继续涨下去。

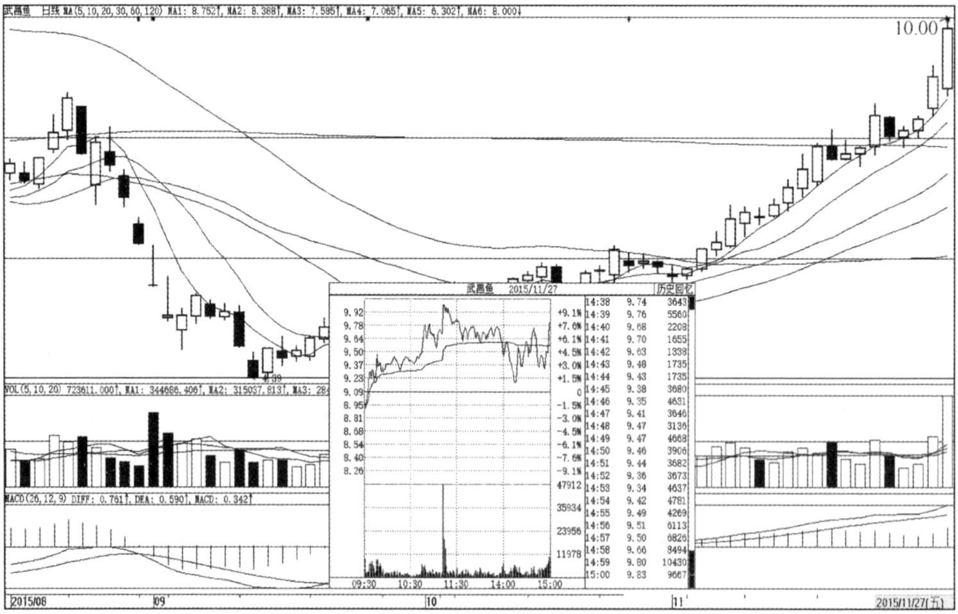

图 6-2

如果有人说，那天一下子涨得太高，我肯定不会买。那就先看看该股盘中的走势再说吧。

从分时图中我们可以看出，该股当日小幅低开，然后快速上升。短时间内，就把涨跌幅从-1.8%变成+3.5%，如果你在涨幅为8%的高度不敢买入的话，那么3.5%呢？该股在拉升到3.5%的时候，当日阳线长度为1.8%+3.5%=5.3%。试想5.3%的阳线多么漂亮，3.5%的高度也不让人害怕，再加上前期稳步的攀升，让散户有足够的理由相信这仅仅是上涨的开始。

回顾当日的分时图，我们能得到的信息还有很多。总之，这是一种诱惑散户买入的形态，再分明不过。

如图6-3所示，在下一交易日（2015年11月30日）中。该股盘中跌幅一度超过8%，没有被“锚定”的散户一定止损离场，已经被“锚定”的投资者则继续持股到收盘。全日最终跌幅为2.64%，还说得过去，盘中的急跌甚至会被认为是洗盘。

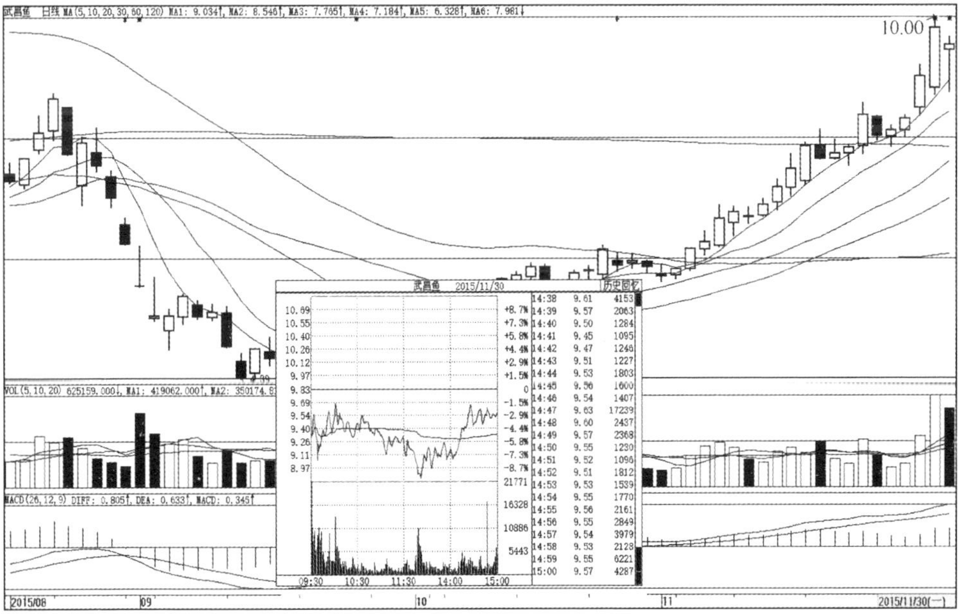

图6-3

2015年12月1日，该股走势如图6-4所示。害怕下跌的人，昨天就卖了，持股到今天都是不怕跌的。所以今日盘中的急跌并不会起到恐吓散户离场的作用，能不能诱发抄底资金入场就不好说了。但总的来说，今天跌幅并不大，只有 3.87%，并且貌似在 5 日均线处获得支撑。场内已经被“锚定”的散户继续忐忑地持有着，该股连续 2 日累计跌幅已经超过了 6%。

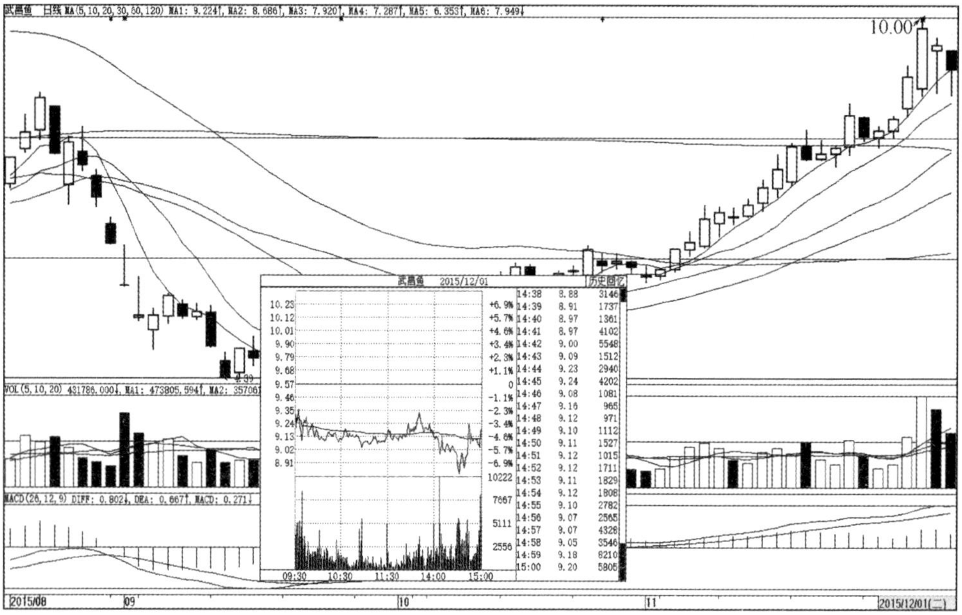

图 6-4

2015 年 12 月 2 日，该股走势如图 6-5 所示。在已经下跌 6%的基础上再跌 6%，这就不是一般散户所能轻易承受的风险了。前几天看起来貌似要持续拉升的股票，3 个交易日之后便跌去了 12%，看着略微放大的成交量，恐怕会有相当一部分散户认亏离场了。不过，这个股票的故事还没讲完。

如图 6-6 所示，2015 年 12 月 3 日，散户集中离场之后的第二天，该股收出一根软弱无力的小阳线。没有放大的成交量，外加上方均线压制，让人丝毫看不出它有什么强劲的后势。大家有没有觉得此处与第三章中所讲述的反弹行情操作方法有点相似？没错，只要场内散户有离场迹象，只要下跌时候形态足够恐怖，只要下跌之后出现软弱无力的小阳线，我们就可以勇敢地试上一试，炒股本身就是一个不断尝试的过程，只不过要在正确思想的引导之下进行。

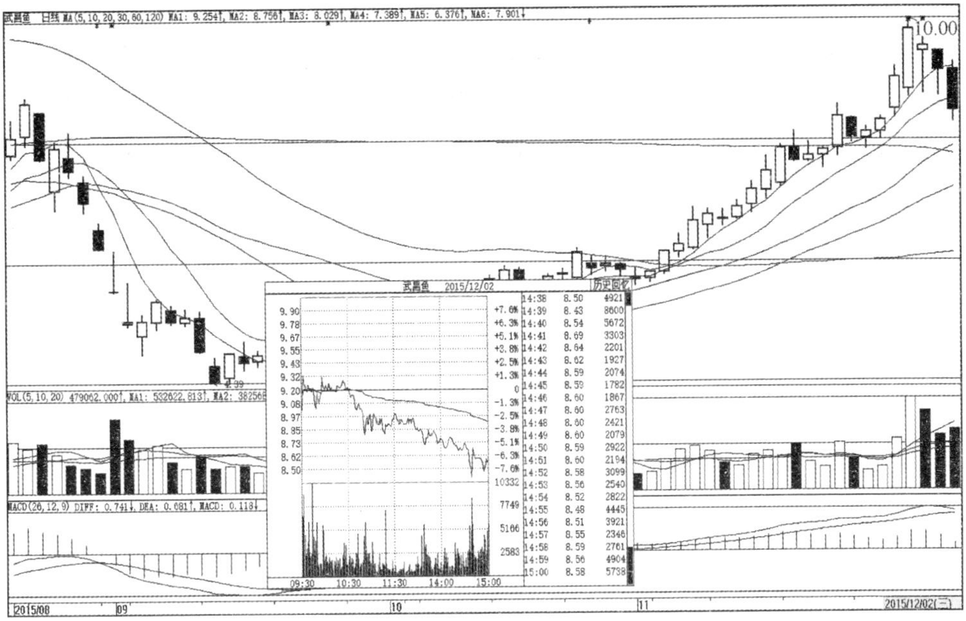
武昌鱼　日线 MA(5,10,20,30,60,120) MA1: 9.254↑, MA2: 8.756↑, MA3: 8.029↑, MA4: 7.389↑, MA5: 6.376↑, MA6: 7.901↓
10.00
VOL(5,10,20) 479062.000↑, MA1: 532622.813↑
MACD(26,12,9) DIFF: 0.741↓, DEA: 0.681↑, MACD: 0.118↓
武昌鱼　2015/12/02
历史回忆
09:30
10:30
11:30
14:00
15:00
2015/08
09
10
11
2015/12/02(三)

图 6-5

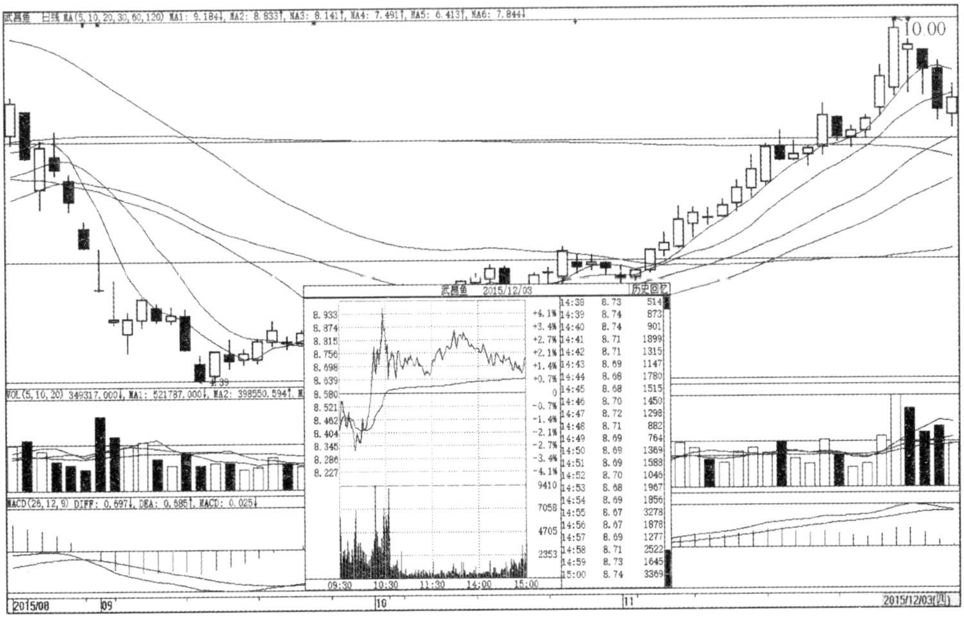
武昌鱼　日线 MA(5,10,20,30,60,120) MA1: 9.184↓, MA2: 8.833↑, MA3: 8.141↑, MA4: 7.491↑, MA5: 6.413↑, MA6: 7.844↓
10.00
VOL(5,10,20) 349317.000↓, MA1: 521787.000↓, MA2: 398550.594↑
MACD(26,12,9) DIFF: 0.697↓, DEA: 0.685↑, MACD: 0.025↓
武昌鱼　2015/12/03
历史回忆
09:30
10:30
11:30
14:00
15:00
2015/08
09
10
11
2015/12/03(四)

图 6-6

如图 6-7 所示，2015 年 12 月 7 日，在可以尝试买入的两个交易日之后，该股再次收出长阳，收盘涨幅 7.85%，盘中一度触及涨停板。从 MACD 形态来看，似乎有金叉的迹象，让人不禁怀疑，之前 5 个交易日里的疯狂下跌是不是洗盘？今天的形态与 11 月 27 日的形态前后呼应，是不是有点暗示大家新一轮涨势从此开始的意思？

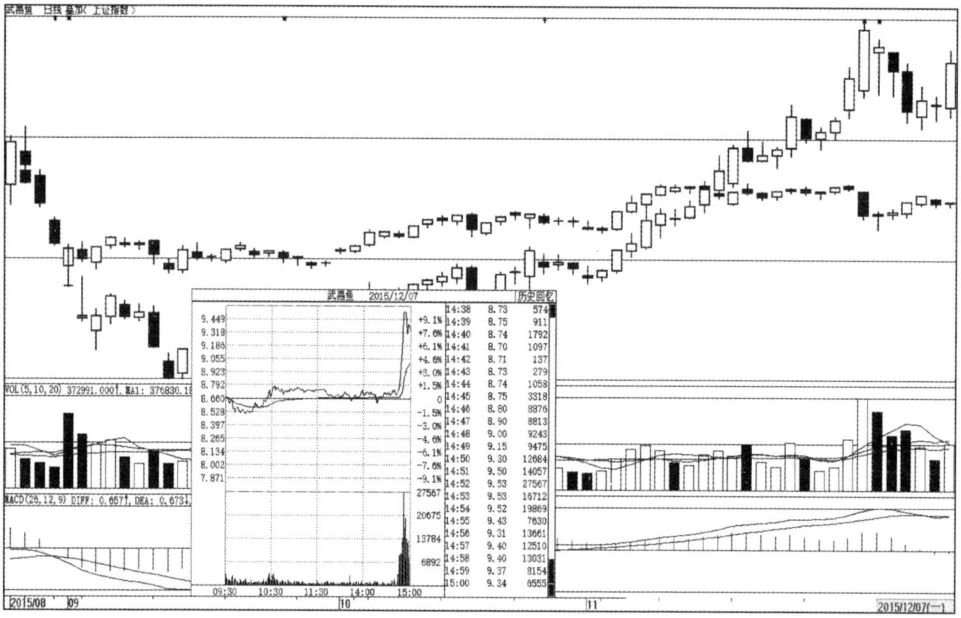

图 6-7

今天的 K 线形态没有太多好讲的，但是今天的分时图却非常特别。临近收盘的时候井喷式上涨。为什么不能正常一点呢？如此之大的涨幅，平均分配到盘中的交易时间里，不是很好吗？

答案是：当然不好！

如果今日均匀上涨会怎样？

答案是：会让前期被套的散户直接回本，那么他们很可能会卖出离场。

为什么回本了就要卖出离场呢？难道散户不想赚更多吗？

答案是：散户在大盘行情乐观，个股形态理想之时当然想赚更多，但是现在大盘行情不怎么好看，个股更是无法突破前期高点。为了把散户最大化地留在场内，为了给他们继续持股的希望，同时又不能让他们回本卖出。除了尾盘涨几分钟，给他们看一眼，明天低开低走，继续套牢他们之外，还有第二种办法吗？

存在的就是合理的，这就是今天这根 K 线存在的道理，这就是今天分时图如此运行的道理。

该股后期走势如图 6-8 所示。但由于篇幅的原因，笔者不得不把后面的部分省略掉。在该股依托 30 日均线运行的 14 个交易日里，随处可见短时间里快速拉高的情节。毫无疑问，每一次都是在诱惑散户买入。可以说，几乎在这一阶段买入的所有散户，都是在前期受到该股锚定思想的影响而做出的买入决定。

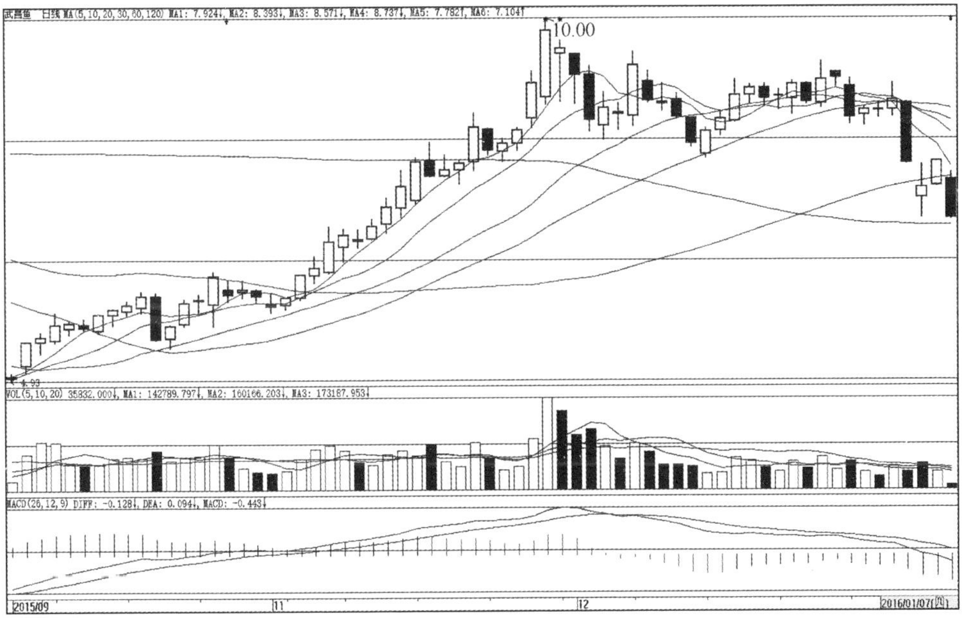

图 6-8

总结一下：

从 2015 年 11 月 27 日开始，这只股票给散户们讲述了这样一个生动的故事：

我要从缓慢拉升变成加速上涨了，你们买不买？（2015 年 11 月 27 日）

我要把你们洗出去，你们卖不卖？（2015 年 11 月 30 日—12 月 2 日）

洗盘结束，我又要开始上涨了，你们买不买？（2015 年 12 月 3—7 日）

先等等，我好像还得洗一下盘，你们先别卖。（2015 年 12 月 8—11 日）

不卖就对了吧！你们看，涨回来了。（2015 年 12 月 14—16 日）

我随时会快速拉升，你们要不要加仓？（2015 年 12 月 17—24 日）

该买的都买了吗？没买我的请举手。（2015 年 12 月 25 日）

大家确定都已经买好了？OK，我拿着你们的钱过节去了。祝大家节日快乐！（2015 年 12 月 28—31 日）

Game over，开始下跌，跌多少合适呢？算了，想那么多干吗？反正散户已经最大化地买了进来，而且大盘又跌了这么多，我就直接跌停好了。（2016 年 1 月 1 日）

这是一个非常典型的案例，值得你反复看上十遍。市场诱惑散户高位接盘的手段虽然千变万化，但是万变不离其宗，那就是锚定。

每个故事的结局都是一样的，只不过情节各有各的不同。我本想再举个下跌的例子，可那只不过是把上涨的故事反过来说一遍而已。

锚定到底有什么用？对于市场而言，它要想让散户大幅度亏损，就必须先锚定散户的上涨思维，在高位的时候让他们觉得并不高，没到顶，可以买入。在接下来的下跌阶段，没有被锚定的投资者会纷纷离场，而已经被锚定的散户呢？他们会坚定地持有到不忍心割肉的亏损程度。

在熊市末期，市场唯一要做的事情便是把场内投资者驱赶出去，这段时期它会用尽浑身解数恐吓投资者离场，无论是技术面的绝望、基本面的荒凉，还是消息面的晴天霹雳。当然，这些都要有个重要前提，那就是锚定投资者的下跌思路。

只有当你明白了这个道理之后，一些变化才会在你的脑海中产生。

懂得了锚定和市场运行的真正规律，任何一个散户都能轻松地看懂以往任何一段历史行情。笔者这里说的“懂”，是真正的懂，是在思路和逻辑两个方面史无前例地清晰和明白。这是在股市中觉醒的开端，它具有里程碑式的意义。在你“懂”之前，你会觉得历史走势枯燥无味，你很难把任何两段或更多相邻的历史走势连起来解读。在你“懂”之后，你对大盘甚至任何一只股票的历史走势都会痴迷好一阵子，那种终于可以和市场交流，看懂市场所表达意思的喜悦定会让你久久不能忘怀。然而这时，你会惊讶地发现，原来过往的历史是那么的环环相扣、因果相连。读 K 线图就是在听市场讲故事，一个很长的故事，一直讲到今天，而且还会无穷无尽地继续讲下去。

还没等你看够大盘的历史形态，你会迫不及待地用这种本领去分析现在的走势，迫不及待地要把这种本领换成实实在在的收益。这并没有错，但是当你静下心来，细细品读当前形态的时候，你才发现，大致的意思你虽然读懂了，但是明天、后天，甚至本周到底会涨会跌，你很难得出定论。不仅今天如此，随着时间的推移，以后的每一个“今天”都是如此。过去你曾有的（精准分析股票短期走势）梦想似乎永远无法实现，黑白两极不再分明，你似乎迷失在永恒的灰色当中。此时我应该恭喜你，终于看见了随机的力量，你在股市中进一步觉醒了！

对于明天的涨跌永远没有定论，但这并不代表永远无法操作。你只需要做好一件事，成功的惊喜便会经常光顾你的账户，那就是勇敢地尝试。（到底应该如何尝试？在什么时候尝试？请参照本书中任何一个买入的实战案例。）你只需要做对一件事，深度被套、大幅亏损将永远和你无缘。那便是把任何一次买入都仅仅作为尝试，买入之后个股没有表现得强势，没有持续那种让散户望而却步的形态，就立刻离场，保持思维的清醒，切勿被市场锚定！

以上部分是笔者对于行为金融学中锚定理论的粗浅理解，更多精彩的理论还有待大家自行发掘。如果大家觉得有必要，日后笔者也可以就此类话题专门写一本书。只要是对大家有帮助的，笔者定会不遗余力地去做。

四、你的智商被打了几折？

无论在生活上还是交易中，我们经常会面临各种各样的选择。有些“幸运儿”，因为他们总能在关键时刻作出非常正确的选择，所以他们要么事业上平步青云，要么生活上美满幸福，要么鱼和熊掌兼得。与“幸运儿”形成鲜明对比的是，很多人只能仰天长叹，因为他们不是没有选择的机会，而是当机会摆在面前时，他们没有去选择。就像大多数投资者曾经感慨的那样，昨天因为一念之差没有买入的股票，今天涨停了……

其实那些“幸运儿”同样没有先后眼，他们之所以能经常在关键时刻作出正确的选择，是因为他们在这方面有着比常人明显的优势——带宽负担。

为了向大家说明“带宽负担”是什么，以及它如何影响我们在生活和交易中的选择，请大家首先了解以下几个专业名词。

（1）稀缺：在经济学中有个名词叫作“稀缺”，意思是某种事物由于存在量稀少，会导致其市场价格不断高涨。但在行为金融学中，稀缺并不意味着价格上涨，它真正代表的是拥有少于需要的感觉。各种资源在不同的人群中都会存在稀缺的现象，其中对于金钱的稀缺则尤为突出地存在于大部分股民身上（不炒股的人也会缺钱，但我们不加讨论）。

（2）管窥：管中窥豹的意思。因为稀缺，所以人的大脑会将大部分注意力转移到所稀缺的事物上，从而使视野变得集中而狭窄，如同从一根管子向外看世界一样。管窥的好处是专注力得到了一定的提高。但害处更大，它不仅能导致思维模式僵化、鼠目寸光，更能使人们的智商和情商大打折扣，最终让人处于一种低决策力、低执行力的状态。值得说明的是，管窥现象产生于人的潜意识中。因为稀缺的存在，人类大脑的潜意识自动将更多的注意力转移至稀缺的事物上，从而形成了管窥的现象。这一点很难被轻易地察觉到。

为了向大家展示稀缺和管窥是如何最终影响人们思维方式的，笔者这里介绍一个真实而有趣的实验：

事情发生在第二次世界大战临近尾声的时候，盟军进入德军占领区后遇到了一个麻烦。当时在那里生活的人正处于饥饿的边缘，不过真正的麻烦不是盟军携带食物的短缺，而是不知道应该如何向大量饥民正确、合理、有效地分发食物。专家们当时并没有妥善的解决办法，所以决定做一项实验。

他们找来几十位志愿者，生活在封闭的集体宿舍中，每天只给最低份额的食物，仅仅保证他们不会被饿死，并且他们的每一个行为都将受到严格的监控。这样的饥饿状态持续了几个月之后，让人意想不到的变化开始显现出来。

①志愿者们对食物的占有欲明显增强，打饭的时候会用胳膊环绕在餐盘周围，就像我们保护钱包一样保护着自己的食物。

②原来挑食的人现在不再挑三拣四，每次都把饭菜吃光之后，再用舌头把餐盘舔净（据跟踪调查报告，有些志愿者甚至在实验结束之后，保持着吃完饭舔盘子的奇怪习惯）。

③打发时间最好的方式从聊天、看电视变成了研究菜谱，对着一张普通的菜单就能看上一两个小时，你或许会觉得他们疯了，但他们确实很享受研究菜谱的过程。

④原来身处各行各业的人，现在都有了转行的打算，有人想当农民，有人想当厨师，还有的早就计划好了，在实验结束之后去开饭店……

一位参加这个实验的志愿者在回忆当时的情景时，是这样描述的：“这辈子没有几件事能让我这样恨不得早点结束，其实不是因为身体上的不适，真正难以忍受的是在这几个月中，食物成了生活中唯一需要关心和考虑的事情。看电影时，男欢女爱的场面不会让我提起兴趣，只要那些男男女女一吃东西，我会立刻眼前一亮，此时我根本无法将目光移开，只能一边全神贯注地看着他们吃东西，一边吞咽自己大量分泌的口水。这简直是一种折磨。”由于稀缺和管窥对人们产生的影响是深藏在潜意识之中的，所以它对人们思想上的改变使人们很难察觉。

以上内容仅仅是这个实验记录中的一小段注脚，并不是当时研究人员所关注的重点，但对我们却有非凡的意义。看到参与这个实验的志愿者们，因为对食物的稀缺导致了管窥。在短短几个月的时间里，他们的思维方式就产生了如此巨大的变化。这让我们感慨，对于金钱方面的稀缺，在长达几年甚至几十年的生活中，管窥效应将对我们的思维方式产生了多大的影响？这简直不敢想象！

（3）带宽负担：这里的带宽并不是我们用来上网的带宽，而是衡量我们计算能力、关注能力、决策能力、执行能力的一个综合指标的名称。它不仅会体现在对交易策略的制定和执行上，而且渗透到我们日常生活中的方方面面。在这里，笔者可以大胆而又负责任地声明：如果你的学习成绩不理想，不一定是智商的问题，很有可能是因为某些事情，对你的心智造成影响，从而形成了学业上的带宽负担；如果你始终无法成功节食，有可能是因为某些因素在你内心深处产生了在减肥行动上的带宽负担；无论你在交易或者日常生活中的任何一个方面，只要深陷淤泥而不能自拔，那一定有某个或某些因素对你造成了这一方面的带宽负担，从而阻挠你进入良性循环。想办法找到那些根源问题，解决它们，你的带宽才能恢复到最佳状态。

如果你想知道带宽负担对一个人有多大的影响，笔者再来讲述一组有趣的实验。

这是由美国的一个行为金融学研究小组在美国一家大商场内，分别对数十位穷人和同样数量的富人提出相同问题之后所得出答案的对比结果……

“请想象一下，你的汽车刚刚出了问题，修理厂说需要 300 美元来维修。而你没有保险，只能自掏腰包。”当实验对象们把这句话在脑海中想象成现实之后，实验小组向穷人和富人们出示完全相同的智力测试问卷，并要求他们在相同时间内答完。当实验小组批阅这些答卷的时候发现，几十位穷人和几十位富人在这一假设情景下的平均智商相差无几。由此实验小组得出结论：穷人和富人的智商水平几乎是相同的。

这并不是实验的目的，也不是实验的最终结论。有趣的事情在后面发生了。

实验小组在同一商场，又另外选择了几十位穷人和相同数量的富人作为第二次实验对象，并向他们提出如下假设："请想象一下，你的汽车刚刚出了问题，修理厂说需要 3000 美元来维修。而你没有保险，只能自掏腰包。"当实验对象们把这句话在脑海中想象成现实之后，实验小组同样向穷人和富人们出示完全相同的智力测试问卷，并同样要求他们在相同时间内答完。然而当实验小组批阅第二批实验对象答卷的时候惊讶地发现，几十位富人的平均智商与第一批实验对象近乎相同，而这回穷人们的平均智商却一落千丈！

无论是拿出 300 美元还是 3000 美元，对于美国的富人来讲都是轻而易举的事情。但是对于穷人来说就没那么简单了。据美国 2011 年的一项调查显示，近半数美国人没有能力在 30 天内凑齐 2000 美元。修车费用虽然是一件虚构的事情，但会在实验对象的脑海中留下真实的感受，单单一笔修车的费用就可以让穷人们的智商水平大幅下降，那么日常生活中的其他事情呢？我们被金钱以及其他各方各面的问题所困扰，不是被困扰一刻，而是被一直困扰。可想而知，在面临关键抉择的时刻，你将用自己打了几折的智商去思考问题呢？

以上就是本书的全部，感谢各位读者朋友耐心读完本书。这些内容或许和你想象中的"炒股秘诀"有着天壤之别，但它们确实是一个股票投资者在市场中应该具备的行为能力和思维方式。

虽然本书中的一些经典案例会给读者带来启发，但是笔者深信，能够因为读过本书而真正改变自己的投资者一定不多。即便读过本书，我们依然要面对日常生活中出现的琐事和麻烦，依然被某种事物（大多数人主要是金钱）的稀缺而困扰。想想如要改变现状所需要付出巨大努力，一定会有很多人选择放弃改变而安于现状。"躺平"这个网络流行词便是这么来的。笔者写这本书的目的不是剥夺"躺平者"的权利和借口，而是为了帮助那些不甘于终生泡在温水中的"青蛙"们，使他们在投资中多一些思考，少一些盲从。最后，笔者要说，炒股的目的是更加幸福地生活。倾尽家当在股市中孤注一掷的做法是不可取的。作为普通散户投资者，我们最好从小炒怡情开始，等摸透股市规律之后再逐步扩大投资。祝广大投资者朋友都能早日得到股市的真谛，投资顺利，幸福安康！